Lissa Rankin, M.D., ist Ärztin für Body-Mind-Medizin, Gründerin des Whole-Health-Medicine-Institute und Bestseller-Autorin. Ihre Mission: das Gesundheitssystem gesunden zu lassen. Sie bildet Ärzte aus, hilft Patienten, eine aktive Rolle bei ihrem eigenen Heilungsprozess zu spielen, und ermutigt die Akteure des Gesundheitswesens, Selbstheilungsphänomene zuzulassen. Lissa Rankin lebt mit Mann und Tochter in San Francisco.

www.mindovermedicine.com
www.lissarankin.com

Außerdem von Lissa Rankin lieferbar:

Mut zur Angst

Besuchen Sie uns auf www.penguin-verlag.de
und Facebook.

Lissa Rankin

Warum Gedanken stärker sind als Medizin

Wissenschaftliche Beweise für die Selbstheilungskraft

Aus dem amerikanischen Englisch von Ulla Rahn-Huber

PENGUIN VERLAG

Die amerikanische Originalausgabe erschien 2013
unter dem Titel *Mind over Medicine*
bei Hay House, USA.

FSC
www.fsc.org
MIX
Papier aus verantwortungsvollen Quellen
FSC® C083411

Verlagsgruppe Random House FSC® N001967

PENGUIN VERLAG

2. Auflage 2017

Umschlag: any.way Grafik
Druck und Bindung: CPI books GmbH, Leck
Printed in Germany
ISBN 978-3-328-10130-7
www.penguin-verlag.de

Dieses Buch ist auch als E-Book erhältlich.

EIN WICHTIGER HINWEIS:

Die in diesem Buch enthaltenen Informationen, Empfehlungen und Übungsvorschläge dienen der Selbsterkenntnis und können den Weg zur Selbstheilung fördern. Sie sollen jedoch keine medizinische Diagnose und entsprechende Behandlung ersetzen. Im Zweifelsfall, bei akuten Schmerzen oder bestehender Erkrankung ist stets ein Arzt oder eine andere qualifizierte Fachperson aufzusuchen. Autorin und Verlag weisen darauf hin, dass Leserinnen und Leser selbst zu entscheiden haben, inwieweit sie die Anregungen in diesem Buch umsetzen möchten, und dass Selbstbehandlung in eigener Verantwortung geschieht. Eine Haftung für Schäden jeglicher Art, die durch Missachtung dieses Hinweises entstehen, wird von Seiten der Autorin und des Verlags hiermit ausgeschlossen.

Der Verlag weist außerdem darauf hin, dass Präparate zur Nahrungsmittelergänzung in den USA zu den gängigen Medizinempfehlungen gehören. In Europa werden solche Präparate kritisch geprüft, weshalb für sie strenge EU-Richtlinien gelten. Die Hinweise der Autorin sollten daher neutral betrachtet werden.

In liebevollem Gedenken an David,
meinen geliebten Daddy,
den Original-Dr. Rankin.

INHALT

VORWORT

In diesem klugen Buch führt uns Lissa Rankin zurück zur Quelle des alten Wissens und zeigt uns, dass wir über die Kraft verfügen, uns selbst zu heilen. Sie trägt dabei die Fackel, die ihr von einigen der bedeutendsten Geist-Körper-Heilerinnen und -Heilern unserer Zeit weitergereicht wurde. Leute wie Bernie Siegel, Dean Ornish, Deepak Chopra, Candace Pert, Jon Kabat-Zinn und unzählige andere Pioniere sind ihr vorausgegangen. Um es in einfachen Worten zu sagen: Lissa ist die führende Stimme einer neuen Generation von Wegbereitern und Erneuerern in der Medizin, die eine Brücke zwischen harten Fakten und der Intuition des Herzens schlagen. In der Stille und Beschaulichkeit des Ortes, an dem sich Wissenschaft und Wunder begegnen, feiert *Mind over Medicine* seinen Triumph.

Die Verbindung von Körper und Geist steht seit mehr als einem Jahrzehnt im Mittelpunkt meines Schreibens. Ich habe gelernt, mich gut mit einer chronischen Krankheit zu arrangieren, und um dies zu erreichen, habe ich mich irgendwann auf die Suche nach Antworten auf einige der schwierigsten Fragen zum Thema Gesundheit begeben. Was ich dabei herausfand, hat mein Leben radikal verändert, und in diesem Buch finde ich meine eigenen Erfahrungen und Erkenntnisse auf eindrückliche Weise bestätigt.

Mit den bemerkenswerten Fortschritten von Technologie und Wissenschaft haben sich uns viele Möglichkeiten eröffnet, und wir genießen Vorteile, die früheren Generationen verwehrt waren. Und dennoch kommt es häufig vor, dass wir unter starkem Stress und großen Ängsten leiden. Viele von uns stehen ständig unter Druck. Wir machen uns Sorgen über unsere Finanzen, unsere Beziehungen, eine ungewisse Zukunft. Wir fühlen uns nirgendwo zugehörig, haben Angst, sind allein. Diese und ähnliche Gefühle bewirken spürbare physische Veränderungen in unserem Körper.

Anders als wir früher angenommen haben, sind unsere Gene nichts Festgefügtes. Epigenetische Forschungen haben gezeigt, dass sie in Wirklichkeit fließend, flexibel und in hohem Maße von unserem Umfeld abhängig sind. Das ist eine großartige Erkenntnis: Nur weil wir ein erhöhtes genetisches Risiko für X, Y oder Z haben, muss das noch lange nicht heißen, dass die entsprechenden Gene tatsächlich zur Manifestation gelangen. Vom persönlichen Lebensstil abhängige, äußere Faktoren wie Ernährung, Umweltbelastungen, körperliche Aktivität, positive oder negative Gedanken und Emotionen wirken sich ganz konkret und unmittelbar auf unsere DNA aus. Worin genau also besteht unsere familiäre Vorbelastung? Gibt es da wirklich eine Veranlagung zu Herzinsuffizienz und Diabetes? Oder ist es eher ein allzu ausgeprägter Hang zum Verzehr von Schmalzgebäck und Wurst? Und wie sieht es in unserer Familie mit Dankbarkeit und Wertschätzung aus, oder mit Erniedrigung und Übergriffigkeit? Verändern wir unsere Gedanken, verändern wir damit unser Verhalten. Und mit dem Wechsel unseres Verhaltens greifen wir in die biochemischen Abläufe unseres Körpers ein.

Wie Lissa Rankin schreibt, können unsere Gedanken uns entweder krank oder gesund machen. Was wir fühlen und glauben, wirkt sich auf jede unserer Zellen aus. Wie wir mit uns selbst reden, hat einen Einfluss auf unser physisches Wohlbefinden. Auf der Grundlage neuester wissenschaftlicher Forschungen legt sie schlüssig dar, dass wir Zugang zu einem umfangreichen Fundus an regenerativen Informationen haben – man könnte auch von einer inneren Apotheke sprechen. Und in dieser Apotheke steht ständig ein Arzt bereit, der ganz genau weiß, welche Medizin wir im Moment gerade brauchen.

Wenn wir dies wissen, können wir uns für das Gesundsein entscheiden. Wie gut würde es sich anfühlen, wenn Sie einmal wirklich zufrieden und glücklich darüber wären, in Ihrer eigenen Haut zu stecken, weil es keine bessere gibt! Wie großartig wäre es, alles loszulassen, was Sie blockiert und in sich selbst all das Einzigartige und Schöne zu erkennen, das Sie zu einem so wertvollen Vertreter der menschlichen Spezies macht! Halten Sie einen Augenblick inne. Stellen Sie es sich vor! Sehen Sie sich: glücklich, vollkommen, rundum zufrieden mit sich selbst. Spüren Sie, wie wertvoll Sie sind. Spüren Sie Ihre Kraft. Spüren Sie das Genesungspotenzial, das Sie in sich tragen.

In unseren Gedanken schwingt oft mehr Heilkraft mit als in den erstaunlichen Errungenschaften unserer Zeit. Lissa Rankin entwirft in ihrem Buch einen neuen Ansatz für ein Leben ohne Krankheit durch die Bündelung und gezielte Nutzung eben dieser Kraft. Beherzigen Sie ihren großartigen Rat, und Sie werden Ihr Leben nicht nur verändern, sondern vielleicht sogar retten. Sollten Sie vergessen haben, wie bemerkenswert Sie sind, dann erweckt Lissa Rankins Buch dieses Bewusstsein zu neuem Leben. Mir ist bewusst, dass ich mit diesen Zeilen bloß an der Oberfläche der unermesslichen Weisheit kratze, die in meinem Wunder-Körper steckt.

Seien Sie gesegnet auf Ihrer Reise zur Genesung, zu spirituellem Reichtum und dauerhaftem Glück.

Kris Carr

Autorin mehrerer *New-York-Times*-Bestseller, strahlende Siegerin über ihre Krebskrankheit und Wellness-Aktivistin

EINLEITUNG

»Es gibt keine Krankheit des Körpers
außerhalb des Geistes.«
SOKRATES

Was wäre, wenn ich behaupten würde, dass es für unsere Gesundheit am *wenigsten* darauf ankommt, auf unseren Körper zu achten? Dass andere Faktoren von größerer Bedeutung dafür sind, ob er wirklich vital ist? Was, wenn der Schlüssel zur Gesundheit nicht nur darin läge, uns gut zu ernähren, täglich Sport zu betreiben, auf unser Gewicht zu achten, acht Stunden am Tag zu schlafen, unsere Vitamine einzunehmen, unseren Hormonhaushalt in Balance zu halten oder uns regelmäßig beim Arzt durchchecken zu lassen? Gewiss, dies alles sind wichtige, ja entscheidende Dinge, um gesund und fit zu bleiben. Aber was wäre, wenn es etwas anderes gäbe, das noch wichtiger ist?

Was, wenn wir in der Lage wären, unseren Körper allein mit der Kraft unserer Gedanken und Emotionen zu heilen?

Ich weiß, diese Vorstellung klingt radikal, zumal wenn ich als Ärztin sie formuliere. Glauben Sie mir: Als ich zum ersten Mal auf wissenschaftliche

Studien stieß, die genau darauf hinauszulaufen schienen, war ich ebenso skeptisch. Ich hielt den menschlichen Körper nicht für so schlicht, dass wir ihn einfach gesund denken oder ihn durch Sorgen krank machen könnten.

Oder etwa doch?

Nach zwölf Jahren klassischer medizinischer Ausbildung und acht Jahren klinischer Erfahrung war ich durch und durch indoktriniert von den schulmedizinischen Lehrmeinungen, die ich wie die Bibel verehrte. Ich weigerte mich, irgendetwas zu glauben, was nicht durch eine unter klinischen Bedingungen durchgeführte, reproduzierbare Doppelblindstudie erwiesen war. Noch dazu war ich die Tochter meines Vaters, der sich als eingefleischter Schulmediziner über alles lustig machte, was auch nur ansatzweise esoterisch klang. Dementsprechend war ich so verbissen, verbohrt und zynisch, wie man nur sein kann. Die Medizin, die zu praktizieren ich gelernt hatte, bot keinen Platz für die Vorstellung, dass sich der Mensch mit der Kraft seiner Gedanken und Emotionen gesund denken oder krank machen kann. Zwar stuften auch meine Professoren manche Krankheiten, die sich biochemisch nicht erklären ließen, als »psychosomatisch« ein. Doch wann immer sie die Ursache »allein im Kopf des Patienten« sahen, verdrehten sie die Augen und schrieben kopfschüttelnd und ohne weiteren Kommentar eine Überweisung an einen Psychiater aus.

Dass die Vorstellung, der Geist könne den Körper heilen, vielen Ärzten im medizinischen Mainstream bedrohlich erscheint, ist kein Wunder. Schließlich haben wir alle ein ganzes Jahrzehnt damit zugebracht, das Handwerkszeug zu erlernen, das es uns erlaubt, den Körper anderer Leute zu beherrschen. Da wollen wir schon davon ausgehen, nicht umsonst so viel Zeit, Geld und Energie in unsere Ausbildung investiert zu haben. Wir sind professionell und emotional darauf gepolt, dass jemand, der einen körperlichen Zusammenbruch erleidet, auf unseren fachlichen Beistand angewiesen ist. Wir Ärzte sind überzeugt, dass wir Ihren Körper besser kennen als Sie selbst. Der ganze schulmedizinische Betrieb basiert auf dieser Annahme.

Die meisten Menschen kommen problemlos mit diesem Weltbild zurecht. Die Alternative, dass unsere Selbstheilungskräfte stärker sind, als wir es uns je erträumt haben, schlägt uns den Ball in unser eigenes Spielfeld zurück, und vielen ist die Verantwortung dafür zu groß. Es ist doch wesentlich einfacher, die Macht abzugeben in der Hoffnung, dass ein anderer klüger, weiser und erfahrener ist als wir selbst und uns schon wieder »hinkriegen« wird.

Aber was, wenn sich das als Irrtum erweist? Was, wenn wir uns in Wirklichkeit selbst sabotieren, solange wir unsere Augen vor der Tatsache verschließen, dass der Körper als ein sich selbst heilendes System verdrahtet ist, dessen Steuerung vom Kopf aus erfolgt?

In unserem Klinikalltag begegnen uns Ärzten immer wieder Dinge, die sich wissenschaftlich einfach nicht erklären lassen. Selbst dem engstirnigsten Kollegen kommen gelegentlich Patienten unter, die gesund werden, obwohl dies aus rein fachlicher Sicht eigentlich nicht möglich sein kann. In solchen Situationen fangen wir zwangsläufig an, all das zu hinterfragen, was uns an schulmedizinischem Wissen lieb und teuer ist. Und uns beschleicht womöglich das vage Gefühl, dass hier irgendwelche mystischen Kräfte wirksam sind.

Diese Möglichkeit diskutieren Ärzte normalerweise nicht in Anwesenheit von Patienten, doch in den Stationszimmern von Krankenhäusern und in Vorlesungssälen von Eliteuniversitäten wird sehr wohl darüber gemunkelt. Wer von Natur aus neugierig ist und die Ohren offenhält – also jemand wie ich –, bekommt bisweilen Geschichten zu hören, die den Rahmen des Vorstellbaren sprengen.

Da wird hinter vorgehaltener Hand über den Fall einer Frau gesprochen, deren bösartiger Tumor während der Bestrahlungen verschwunden ist. Und später merken die Ärzte, dass das Bestrahlungsgerät defekt war und sie nicht ein Fitzelchen Strahlung abbekommen hat. *Sie hatte es nur geglaubt*. Und ihre Ärzte ebenfalls.

Da erzählt man sich von einer Patientin, bei der man nach einem Herzinfarkt einen Bypass setzte; während der Operation kam es zu einem Schock und infolgedessen zu einem akuten Nierenversagen, das unbehandelt eigentlich zum Tod führen müsste. Als die Ärzte die Frau zur Dialyse schicken wollten, verweigerte sie ihre Zustimmung, weil sie keine weiteren invasiven Behandlungen mehr erdulden mochte. Neun Tage lang produzierten ihre Nieren keinerlei Urin, doch am zehnten Tag fing sie wieder an, Wasser zu lassen. Nach zwei Wochen ging sie – wohlgemerkt ohne jede Behandlung – wieder zur Arbeit, und ihre Nieren funktionierten besser als vor der Operation.

Dann ist da dieser Mann, der sich nach einem Herzinfarkt keine Stents implantieren lassen wollte, um seine »unumkehrbar« blockierten Koronararterien offen zu halten. Sie öffneten sich von ganz allein, als er seine Ernährung umstellte, damit begann, regelmäßig Sport zu machen und Yoga zu praktizieren, täglich meditierte und an einer Gruppentherapie teilnahm.

Eine weitere Patientin mit Lymphom im Stadium IV, die bereits auf der Intensivstation lag, da ihre Organe eins nach dem anderen den Dienst einstellten, hatte ein Nahtoderlebnis, bei dem sie in reine, bedingungslose Liebe eintauchte. Ihr wurde sofort klar, dass ihr Krebs beinahe augenblicklich verschwinden würde, wenn sie sich entschloss, nicht auf die andere Seite hinüberzuwechseln. Nicht einmal einen Monat später konnten bei einer erneuten Biopsie der Lymphknoten keinerlei Krebszellen mehr nachgewiesen werden.

Wieder eine andere Patientin brach sich das Genick. Auf den Röntgenaufnahmen waren zwei Brüche im Bereich der Halswirbelsäule zu erkennen. Trotz vehementen Insistierens vonseiten der Ärzte ließ sie sich nicht dazu bewegen, sich operieren zu lassen. Dessen ungeachtet ging sie bereits einen Monat später wieder joggen.

Und auch die folgende Geschichte machte die Runde: Bei einem Onkologen wies das Forschungsprotokoll für ein Chemotherapeutikum namens EPOH nur marginal positive Ergebnisse aus, während ein anderer von extremen Behandlungserfolgen berichtete. Wie war das möglich? Den Gerüchten zufolge soll dieser Arzt beim Durchgehen des Medikamentenbogens im Patientengespräch den Namen des Präparats einfach umgedreht haben: Statt ihnen EPOH zu injizieren, gab er ihnen HOPE, also Hoffnung.

Als Autorin eines viel beachteten Blogs erreiche ich eine große, treue Anhängerschaft rings um den Globus, und so bekomme ich Begebenheiten wie die geschilderten laufend zu hören. Seit ich angefangen habe, meinen Lesern von solchen – wie mir versichert wird – wahren Geschichten zu berichten, gehen laufend E-Mails mit neuen Berichten über ebenso unglaubliche Dinge bei mir ein. Eine Frau, die an amyotropher Lateralsklerose erkrankt war, ließ sich von einem Geistheiler namens John of God behandeln, und anschließend konnte ihr Neurologe keinen pathologischen Befund mehr feststellen. Ein gelähmter Mann unternahm eine Pilgerreise zu den Heiligen Wassern von Lourdes und kehrte auf eigenen Füßen zurück. Eine Frau mit Eierstockkrebs im Stadium IV »wusste einfach«, dass sie nicht sterben würde; sie vergewisserte sich des Beistands der Menschen, die sie lieben, und ist heute zehn Jahre später immer noch am Leben. Einem Mann mit blockierten Herzkranzgefäßen teilte man nach einem Herzinfarkt mit, dass er ohne Operation innerhalb eines Jahres sterben würde. Er weigerte sich, sich dem Eingriff zu unterziehen, lebte weitere zwanzig Jahre und starb schließlich im Alter von 92 Jahren (und zwar nicht an den Folgen einer Herzkrankheit).

Immer wieder kamen mir solche Geschichten zu Ohren, und in mir meldete sich eine nagende Stimme zu Wort. Diese Menschen konnten doch nicht allesamt Lügner sein. Und wenn sie nicht logen, dann musste es eine Erklärung jenseits dessen geben, was ich in meiner schulmedizinischen Ausbildung gelernt hatte.

Ich kam ins Grübeln. Wir wissen, dass es gelegentlich zu unerklärlichen Spontanheilungen kommt. Jeder Arzt hat so etwas schon einmal erlebt. Wenn dies geschieht, zucken wir mit den Achseln und gehen zum Tagesgeschäft über, auch wenn da meist ein eigentümlicher Nachgeschmack bleibt, weil wir keine logische Begründung finden können.

Irgendwo in meinem Hinterkopf geisterte aber nun die Frage herum, ob sich dieser Prozess womöglich steuern ließe. Wenn einem Menschen das »Unmögliche« passiert, können wir dann aus seinem Verhalten etwas lernen? Gibt es Ähnlichkeiten zwischen den Patienten, die noch einmal Glück gehabt haben? Gibt es Möglichkeiten, die Chancen auf eine Spontanheilung zu erhöhen, insbesondere in Fällen, in denen die Schulmedizin nicht mit einer effizienten Behandlungsmethode aufwarten kann? Und inwiefern und auf welche Weise können Ärzte dazu beitragen, einen solchen Prozess zu unterstützen?

Es drängte sich mir die Frage auf, ob ich nicht zumindest die Möglichkeit *in Betracht ziehen* musste, dass Patienten ein gewisses Maß an Kontrolle über den Genesungsprozess haben, um meiner Verantwortung als Ärztin gerecht zu werden und nicht gegen den sakrosankten Hippokratischen Eid zu verstoßen. Um meinen Patienten eine gute Ärztin zu sein, sollte ich doch wenigstens die Bereitschaft aufbringen, mit einer gewissen Unvoreingenommenheit an diese Dinge heranzugehen.

Doch wundersame Geschichten, wie man sie sich in den Stationszimmern erzählt oder wie sie im Internet kursieren, reichten mir einfach nicht aus! Ich bin Wissenschaftlerin von Beruf und von Natur aus skeptisch. Ohne harte, nüchterne Fakten geht bei mir gar nichts! Und als ich danach zu suchen begann, lief ich erst einmal ins Leere.

Ich versuchte zu recherchieren, was es mit diesen Gerüchten auf sich hatte. Ich ging dazu über, von Menschen, die mir ihre Geschichten erzählten, Beweise zu erbitten. Konnte ich die Objektträger der mikroskopischen Untersuchung sehen? Konnte ich mit dem Techniker sprechen, der für die Reparatur des Linearbeschleunigers zuständig war? Konnte ich in die Krankenakte einsehen? In den meisten Fällen fielen die Antworten enttäuschend aus. Sobald ich Krankenakten oder Berichte zur Dokumentation des Vorfalls verlangte, machten die meisten Leute einen Rückzieher. »Das ist alles schon so lange her.« »Ich bin mir sicher, dass das alles damals in einer Studie dokumentiert wurde, aber das Aktenzeichen weiß ich leider nicht.« »Sie haben meine Krankenakte vernichtet.«

Sogar die Fälle von Selbstheilung, die ich selbst irgendwann einmal miterlebt hatte, entzogen sich meinem Zugriff. Ich hatte keine Aufzeichnungen gemacht. Ich konnte mich nicht an Namen erinnern. Ich wusste nicht, wie ich Kontakt zu den Betroffenen aufnehmen sollte. Ich konnte mich drehen und wenden, wie ich wollte, ich landete stets in einer Sackgasse. Doch je mehr Fragen ich im Internet postete, desto mehr Geschichten erreichten mich. Als ich anfing, mich im Kollegenkreis umzuhören, stellte sich heraus, dass ausnahmslos jeder von ihnen schon die abstrusesten Fälle von unerklärlichen Spontanheilungen erlebt hatte – bei Patienten, die von »unheilbaren« Krankheiten genesen waren, sodass die, die die »tödliche« Diagnose gestellt hatten, plötzlich wie Idioten dastanden. Trotzdem konnten auch sie mir keine Beweise liefern.

Inzwischen hatte mein Jagdeifer beinahe schon zwanghafte Züge angenommen. Meine Neugier trieb mich, tiefer zu bohren. Hunderte von E-Mails und Dutzende von Interviews hatten mich überzeugt, dass mit diesen Patienten, von denen in metaphysischen Büchern und im Internet berichtet wurde, tatsächlich etwas Reales passiert war. Zwar ist die Versuchung groß, die oft lächerlich anmutenden Schilderungen von angeblich aus eigener Kraft genesenen Patienten als bloßes Geschwätz abzutun, doch wenn man den Arztberuf ernst nimmt und wirklich heilen will, kann man sie eigentlich nicht ignorieren. Je länger man zuhört, desto mehr fragt man sich, wozu der Körper wirklich in der Lage ist.

Sofern sie nicht unbedingt dem Kreis der besonders kritischen, voreingenommenen Kollegen angehören, geben Ärzte im Gespräch unter vier Augen oft eines zu: Tief im Inneren sind sie überzeugt, dass ein Brückenschlag zwischen dem Mystischen und Physiologischen eine Rolle im Genesungsprozess spielt. Und das verbindende Element sehen sie im erhabenen, mächtigen menschlichen Geist. Doch laut spricht so etwas keiner aus, denn die Furcht ist groß, zum Quacksalber gestempelt zu werden.

Dass es eine Verbindung zwischen Körper und Geist gibt, wird von Pionieren der Medizin seit Jahrzehnten behauptet. Doch im schulmedizinischen Mainstream hat sich diese Vorstellung nicht durchsetzen können. Als ich anfing, meine ersten beruflichen Erfahrungen zu sammeln, hatten renommierte Ärztinnen und Ärzte wie Bernie Siegel, Christiane Northrup, Larry Dossey, Rachel Naomi Remen und Deepak Chopra bereits ein gewisses Bewusstsein für den Zusammenhang zwischen Körper und Geist geschaffen, und man hätte annehmen können, dass ihre Lehren in meine medizinische Ausbildung Eingang gefunden hätten. Aber ich hatte meinen Abschluss schon lange in der Tasche, als ich zum ersten Mal von ihrer Arbeit hörte. Ihre Bücher fing ich erst an zu lesen, als ich selbst zu recherchieren begann.

Und als ich es schließlich tat, ärgerte ich mich maßlos. Wie war es möglich, dass ich diese im Geist wie im Herzen so offenen Mediziner nicht kannte? Warum standen ihre Bücher nicht auf den Leselisten von Medizinstudenten?

In dem Maße, wie ich mich in die Materie vertiefte, regte sich mein Widerspruchsgeist, und meine Leidenschaft wurde zur Mission, zur Triebfeder meiner jahrelangen Forschungs- und Autorentätigkeit. Ich las jedes Fachbuch zum Thema Körper und Geist, das mir in die Hände fiel. Ich fing an, über meine Erkenntnisse zu bloggen, zu twittern und auf Facebook zu posten, wodurch sich die Anzahl der Leute mehrte, die mir ihre Geschichten erzählten. Geschichten von Heilungen, die man nur als medizinisches Wunder bezeichnen kann. Ich war wie elektrisiert. Das Beweismaterial wuchs. Aber nichts von alledem, was ich erfuhr, ließ sich als »Wissenschaft« bezeichnen. Was ich dringend brauchte, war der wissenschaftliche Beweis, dass dies alles nicht totaler Nonsens war.

Also forschte ich weiter. Ich war bereit, mich unvoreingenommen mit allem auseinanderzusetzen, was ich über die Wirkung des Geistes auf den Körper erfuhr. Es gab eine Seite in mir, die offen für diesen Zusammenhang war. Ich spürte intuitiv, dass die Vorstellung nicht einfach aus der Luft gegriffen war. Doch eine andere Seite in mir wehrte sich mit aller Kraft dagegen. Wollte ich wirklich glauben, was da an mich herangetragen wurde, musste ich vieles von dem über Bord werfen, was ich bis dahin gelernt hatte – sowohl von meinem äußerst traditionell orientierten Vater, der ebenfalls Arzt war, als auch von meinen Professoren an der Uni.

Eines der ersten Bücher, mit denen ich mich befasste, war *The Cure Within*, in dem die Harvard-Historikerin Anne Harrington einen Streifzug durch die Geschichte der Körper-Geist-Medizin unternimmt. Es berührte mich auf so eigentümliche Weise, dass ich beim Lesen ein flaues Gefühl in der Magengrube bekam. So schreibt sie etwa, dass sich der Körper gelegentlich »regelwidrig benimmt«, also nicht so reagiert, wie er eigentlich sollte, und sie ist der Ansicht, dass sich solche mysteriösen Verhaltensabweichungen einzig mit der Kraft des Geistes erklären ließen.[1]

Als Beispiel für dieses körperliche »Fehlverhalten« verweist Harrington auf die Geschichte von Heimkindern, die zwar in materieller Hinsicht alles bekommen, was sie brauchen, aber in ihrer Entwicklung und mentalen Reife trotzdem verzögert sind, weil es ihnen an Liebe und Zuwendung fehlt. Auch berichtet sie von zweihundert kambodschanischen Frauen, die erblindeten, nachdem die Roten Khmer sie gezwungen hatten, die Folterung und regelrechte Abschlachtung ihrer nächsten Angehörigen mit anzusehen. Eine augenärztliche Untersuchung der Frauen ergab keinerlei pathologischen Befund, doch sie behaupteten, »so viele Tränen geweint zu haben, dass sie nicht mehr sehen konnten«.[2]

Irgendetwas musste an der Sache dran sein! Die Schmetterlinge in meinem Bauch trieben mich, weiter zu forschen. Ich war so fasziniert von dem Thema, dass ich die Zusammenhänge unbedingt verstehen wollte. Welche Beweise sprachen dafür, dass der Geist eine transformierende Wirkung auf den Körper hat? Welche physiologischen Kräfte konnten da wirken? Und was war zu tun, um diese Heilkräfte womöglich sogar gezielt einsetzen zu können?

Wenn es mir gelingen würde, Antworten auf diese Fragen zu finden, würden nicht nur all die abstrus anmutenden Geschichten, die man mir erzählte, einen tieferen Sinn, sondern auch mein Leben und mein berufliches Wirken insgesamt eine neue Ausrichtung bekommen.

Während dieser Zeit, in der ich die Verbindung zwischen Körper und Geist zu ergründen versuchte, war mir mein Platz in der Welt der Medizin noch nicht klar. Nach zwanzig Jahren Berufserfahrung hatte ich jegliche Illusionen in Bezug auf unser kaputtes Gesundheitswesen verloren – auf ein System, das von mir verlangte, täglich vierzig Patienten in einem Zeitfenster von jeweils maximal siebeneinhalb Minuten abzufertigen, sodass kaum Raum für ein Gespräch, geschweige denn den Aufbau einer tragfähigen Arzt-Patienten-Beziehung blieb.

Einmal war ich kurz davor, alles hinzuschmeißen: Eine langjährige Patientin schrieb mir, dass sie sich vorgenommen hatte, sich mir in einer heiklen gesundheitlichen Angelegenheit anzuvertrauen, die sie mir bisher verschwiegen hatte. Tagelang hatte sie sich mit Hilfe ihres Mannes jedes einzelne Wort zurechtgelegt. Doch als der Augenblick da war und sie mir ihr Herz ausschütten wollte, muss ich offenbar an der Tür des Behandlungszimmers stehen geblieben sein, ohne die Hand von der Klinke zu nehmen. Die Haare standen mir kreuz und quer zu Berge und mein Kittel war komplett verschmiert. Sie vermutete, dass ich die ganze Nacht auf den Beinen gewesen war, um Babys auf die Welt zu bringen, und da hatte sie vermutlich recht. Sie ahnte, dass ich mit meinen Kräften am Ende war. Trotzdem hoffte sie, dass ich ihr die Hand auf den Arm legen und auf dem Hocker neben ihr Platz nehmen würde; dass ich ihr so viel Mitgefühl und Zuwendung entgegenbringen würde, dass sie sich mit ihrem Anliegen bei mir gut aufgehoben fühlte.

Aber meine Augen seien leer gewesen, schrieb sie. Ich habe wie ein Roboter gewirkt – zu beschäftigt, um die Hand vom Türgriff zu nehmen.

Als ich diesen Brief las, wurde es mir so eng um die Brust, als würde ich einen Schluckauf bekommen. Ich wusste tief im Inneren, dass ich nicht Ärztin geworden war, um diese Art von Medizin zu praktizieren, wie ich es jetzt tat. Ich hatte mich berufen gefühlt, Ärztin zu werden, wie sich andere dazu berufen fühlen, Priester zu werden. Ich war nicht angetreten, um routinemäßig Rezepte auszustellen und wie am Fließband im Akkord einen Patienten nach dem anderen zu untersuchen. Ich wollte Menschen heilen. Ich wollte meine Patienten im Herzen erreichen, ihnen die Hand halten, ihnen in ihrem Leid beistehen und ihnen nach Möglichkeit helfen, wieder gesund zu werden; und falls keine Aussicht auf Heilung bestand, für sie da sein, um ihre Einsamkeit und Verzweiflung zu lindern.

Wenn mir das abhandenkam, war alles verloren. Jeder einzelne Tag, den ich in der Klinik verbrachte, nagte an meiner Integrität. Ich wusste, welche Art von Medizin ich aus meiner Seele heraus praktizieren wollte, und doch sah ich keine Möglichkeit, je die Art von Arzt-Patienten-Bindung aufzubauen, von der ich träumte. Ich fühlte mich hilflos und zudem als Opfer des rein auf Effizienz ausgerichteten Medizinbetriebs, der Pharmaindustrie, von auf ärztliche Kunstfehler spezialisierten Anwälten, Politikern und von anderen Faktoren, die die Kluft zwischen mir und meinen Patienten ständig weiter zu vergrößern drohten.

Ich fühlte mich wie eine Hochstaplerin – wie verkauft, wie eine billige Plastikimitation der Ärztin, die zu werden ich mir als idealistische Medizinstudentin erträumt hatte. Aber welche Alternativen boten sich mir? Ich war die einzige Brotverdienerin in der Familie und allein dafür zuständig, die Raten für meinen eigenen Studienkredit und den meines Mannes, das Hypothekendarlehen für unser Haus und den College-Fond für unsere neugeborene Tochter zu zahlen. Meinen Job hinzuwerfen, kam nicht infrage.

Dann starb mein Hund, mein eigentlich kerngesunder jüngerer Bruder erlitt als seltene Nebenwirkung einer Antibiotikabehandlung ein plötzliches akutes Leberversagen, und mein geliebter Vater erlag einem Gehirntumor – und das alles innerhalb von zwei Wochen.

Dies war der Tropfen, der das Fass zum Überlaufen brachte.

Ohne einen Plan B in der Hinterhand oder irgendein Sicherheitsnetz kehrte ich der Medizin den Rücken auf Nimmerwiedersehen, wie ich mir sagte. Ich verkaufte das Haus, löste meine private Rentenversicherung auf und zog mit meiner Familie aufs Land, um dort ein einfaches Leben zu führen. Das Ding mit dem Arztberuf schrieb ich als einen einzigen riesigen Fehler ab und nahm mir vor, künftig mein Geld als Künstlerin und Schriftstellerin zu verdienen.

Ich war an einem Punkt angelangt, an dem ich aus den Augen verloren hatte, wozu ich eigentlich hier auf dieser Erde bin. Ein paar Jahre lang vertrieb ich mir die Zeit mit Bloggen, Bücherschreiben und künstlerischen Aktivitäten, doch ich empfand dabei nie jene Form von innerer Berufung, wegen der ich mich damals für das Studienfach Medizin entschieden hatte. Die Stimme in meiner Seele, die mich im Dienst der Menschheit wissen wollte, mochte einfach nicht verstummen. Nicht nur, dass mir das Malen und

Schreiben eine zu einsame Angelegenheit war, ich empfand es auch als egoistisch. Mir war fast so, als ginge ich diesen kreativen Aktivitäten, die ich eigentlich sehr mochte, lediglich zu meinem eigenen Vergnügen nach, und dies auf Kosten meiner Berufung.

Monatelang konnte ich kaum schlafen, und wenn doch, dann träumte ich davon, Kranken zu helfen, an ihrem Bett zu sitzen, mir ihre Geschichten anzuhören, ohne die Uhr im Auge oder die Hand auf dem Türgriff behalten zu müssen. Tränenüberströmt wachte ich auf, als ob das Trauern Teil meiner Seele wäre.

2009 fing ich an, in meinem Blog darüber zu schreiben, was ich vermisste, seit ich den Arztberuf an den Nagel gehängt hatte. Was ich an dem Beruf liebte und was mich ursprünglich zu ihm hingezogen hatte. Ich schrieb darüber, dass Medizin für mich eine spirituelle Übung sei; dass man Medizin praktizieren solle, wie man Yoga oder Meditation praktiziert – in dem Bewusstsein, das Ganze nie wirklich perfekt beherrschen zu können. Ich schrieb, dass das Verhältnis zwischen Arzt und Patienten, wenn man ihm denn den gebührenden Respekt entgegenbrächte, etwas Heiliges sei und wie ich mich danach sehnte, diesen ursprünglichen Zustand wiederherzustellen; ich schrieb, wie der Medizinbetrieb mich verletzt hatte und ich darum ungewollt andere verletzt hatte.

Patienten und Heiler der unterschiedlichsten Ausrichtungen schrieben mir daraufhin E-Mails mit ihren Geschichten oder posteten mir ihre Kommentare, und ich spürte, wie ein Funke übersprang. Ich hatte das Gefühl, dass sich mir da eine Gelegenheit bot, mich wieder in den Dienst der Menschheit zu stellen. Es waren also die Abonnenten meines Blogs, die meine Wunden ganz allmählich zum Heilen brachten.

In dieser Zeit erreichten mich all die bemerkenswerten Geschichten von Patienten aus aller Welt, die aus eigener Kraft *unheilbare* und *tödliche* Krankheiten überwunden hatten. Und obwohl ich mich anfangs massiv dagegen sträubte, mich wieder in die Welt der Medizin hineinziehen zu lassen, zog es mich doch zu dem Austausch hin, der auf meinem Blog stattfand.

Ich wollte nicht zurück in den Arztberuf. Wann immer das Universum in diesen ersten Jahren einen Wegweiser in diese Richtung vor mich in die Erde pflanzte, machte ich auf dem Absatz kehrt und lief schreiend davon.

Doch das mit der Berufung ist eine seltsame Sache. Wir können sie uns nicht auswählen. Sie wählt uns aus. Einen Job kann man kündigen. Einen Beruf nicht. Ein glücklicher Zufall nach dem anderen führte mich auf einen ungeplanten, kartographisch nicht erfassten Pfad, als würden Vögel aus heiterem Himmel Brotkrumen für mich fallen lassen, um mir eine unübersehbare Fährte hin zu meinem Heiligen Gral zu legen. Bücher fielen wie von Zauberhand aus dem Regal. Ärzte kreuzten meinen Weg, um mir Botschaften zu überbringen. Leute aus meiner Online-Community schickten mir Artikel. Beim Wandern tauchten ungefragt Visionen auf, die ich wie einen Film vor meinem geistigen Auge ablaufen sah. Träume kamen. Mentoren traten auf den Plan. Allmählich erwachte ich aus der tiefen Narkose, die meine schulmedizinische Ausbildung und die jahrelange Arbeit im Klinikbetrieb bewirkt hatte, und durch die Nebelschwaden, die mir den Blick verschleierten, schimmerte erstmals wieder Licht.

Eine Frage führte zur nächsten, und bevor ich recht begriff, was da eigentlich passierte, steckte ich bereits knietief in Fachartikeln, um herauszufinden, was genau im Körper vorgeht, wenn der Geist gesund ist, und warum wir krank werden, sobald er es nicht ist. Ich erkannte, dass ich keine Laborbefunde anfordern, Medikamente verschreiben oder Operationen vornehmen musste, um als Ärztin einen Dienst an der Menschheit zu versehen. Ich konnte noch viel mehr Leuten von Nutzen sein, wenn ich herausfand, wie sich der Einzelne selbst helfen und aus eigener Kraft heilen kann.

Was nun folgte, war ein einziges tiefes Eintauchen in die Evangelien der modernen Medizin, in die gesicherte medizinische Fachliteratur, wo ich nach wissenschaftlichen Beweisen für das Wirken der Selbstheilungskräfte suchte. Die Rede ist von Fachzeitschriften wie dem *New England Journal of Medicine* und dem *Journal of the American Medical Association.* Was ich hier entdeckte, hat mein Leben für immer verändert, und ich hoffe, es wird auch Ihres und das der Ihnen nahestehenden Menschen verändern.

Dieses Buch ist eine Chronik meiner Forschungsreise. Ich gebe darin die wissenschaftlichen Erkenntnisse weiter, die ich gewonnen habe und die meine Auffassung von Medizin – wie sie praktiziert werden soll und welche Rolle dem Patienten darin zukommt – von Grund auf verändert hat. Es gibt den Beweis, dass wir radikal in die physiologischen Abläufe in unserem Körper eingreifen können, indem wir unser Denken ändern. Und es lässt sich belegen, dass wir uns mit Gedanken und Emotionen, die uns nicht guttun, tatsächlich krank machen können – und zwar nicht nur auf der geistigen, sondern ganz konkret auf der physiologischen Ebene. Wie das passieren kann? Keine Angst. Ich werde Ihnen nicht nur ganz genau erklären, wie ungesunde Gedanken und Gefühle möglicherweise zum Krankheitsauslöser werden, sondern auch, wie Sie dem Selbstreparaturmechanismus Ihres Körpers mit gesunden Gedanken und Gefühlen auf die Sprünge helfen können.

Doch damit nicht genug. Es gibt Belege dafür, dass Ärzte Sie in Ihrem Genesungsprozess womöglich weniger durch die verordneten Behandlungen voranbringen, als vielmehr durch die persönliche Autorität, die Sie selbst ihnen einräumen. Erwiesen ist ferner, dass ein überraschender Faktor mehr zu Ihrem gesundheitlichen Wohl beitragen kann als der Verzicht auf Zigaretten; dass etwas, das Sie womöglich gar nicht mit Ihrer Gesundheit in Zusammenhang bringen, Ihre Lebenserwartung um über sieben Jahre verlängern kann; dass eine Sache, die Ihnen Spaß bereitet, die Zahl der erforderlichen Arztbesuche dramatisch reduzieren kann; dass eine positive Verschiebung Ihrer inneren Einstellung Ihnen zehn zusätzliche Lebensjahre schenken kann; dass eine eingefahrene Routine am Arbeitsplatz Ihr Risiko eines vorzeitigen Todes erhöht; und dass eine angenehme Aktivität, die Sie wahrscheinlich nicht als gesundheitsrelevant betrachten würden, Ihre Anfälligkeit für Herzerkrankungen, Schlaganfall und Brustkrebs drastisch herabsetzen kann. Dies sind nur einige wenige der wissenschaftlich belegten Fakten, von denen in diesem Buch die Rede sein wird und die meine Auffassung von Medizin radikal verändert haben.

Das Buch ist in drei Teile gegliedert. Im *ersten* Teil führe ich den Nachweis, dass der Geist im wirksamen Zusammenspiel von positiver innerer Einstellung und einer liebevollen Zuwendung durch die richtigen medizinischen Behandler in der Lage ist, im Körper physiologische Veränderungen zu bewirken. Im *zweiten* Teil zeige ich auf, wie der Geist auf der Basis unserer persönlichen Lebensentscheidungen in die Physiologie des Körpers eingreifen und diese verändern kann. Es geht hier unter anderem um die Beziehungen, die wir pflegen, unsere Sexualität, unseren beruflichen Alltag, den Umgang mit finanziellen Angelegenheiten, unser persönliches Maß an Kreativität, eine optimistische oder pessimistische Grundeinstellung, unsere Zufriedenheit im Leben und die Art und Weise, wie wir unsere Freizeit gestalten. In diesem Teil gebe ich Ihnen ein wertvolles Instrument an die Hand, das sich universal einsetzen lässt und sich vielleicht sogar als lebensrettend erweisen könnte.

Damit sind Sie gut für den *dritten* Teil vorbereitet, in dem ich Ihnen einen radikal neuen Ansatz von Gesundheit vorstellen und Sie durch die sechs Schritte zur Selbstheilung führen werde. *Wenn Sie am Ende dieses Buches angelangt sind, haben Sie sich Ihre eigene Diagnose gestellt, sich selbst ein Rezept geschrieben und einen klaren Aktionsplan entwickelt, um Ihren Körper so auszurichten, dass er reif für ein Wunder ist.*

Ich will an dieser Stelle ausdrücklich betonen, dass ich mich mit meinen Anregungen nicht nur an Kranke richte, sondern auch an gesunde Menschen, die gesundheitlichen Problemen vorbeugen möchten. Ich will nicht, dass Sie warten, bis Ihr Körper Ihnen einen Hilferuf in Form einer lebensbedrohlichen Erkrankung entgegenschreit. Vielmehr will ich Sie lehren, auf das Flüstern Ihres Körpers zu hören: Es verrät Ihnen, wo die Wegmarken auf dem Pfad hin zum optimalen Wohlbefinden liegen; es führt Sie weg von dem, was krank macht, hin zu dem, was Sie erwiesenermaßen gesünder und vitaler sein lässt und Ihre Lebenserwartung verlängert.

Dieses Buch hält viel Überraschendes und vielleicht sogar manches Bedrohliche für Sie bereit. Aber bitte tun Sie Ihrem Körper den Gefallen und versuchen Sie, sich während der Lektüre mit Urteilen zurückzuhalten. Seien Sie offen und bereit, sich auf eine andere Sicht der Dinge einzulassen. Vielleicht stelle ich mit dem, was ich hier schreibe, Ihre langjährigen Überzeugungen infrage, stoße Sie hinaus aus Ihrer Komfortzone und dränge Sie zu der Frage, ob ich mir das alles womöglich aus den Fingern gesogen habe. Doch ich schwöre Ihnen: Das ist nicht der Fall. Von der ersten bis zur letzten Seite habe ich alles unternommen, um die bisweilen weit hergeholt klingenden Behauptungen mit wissenschaftlichen Quellen zu belegen.

Mir ist bewusst, dass sich bei der Lektüre dieses Buches so manche Augenbraue heben wird, denn ich habe es ausdrücklich für Menschen geschrieben, die ebenso skeptisch sind, wie ich es war. Ich will Sie bei der Hand nehmen und Sie Schritt für Schritt durch meine Argumentation führen, so wie ich es machen würde, wenn ich meinen Standpunkt vor einem Fachgremium von Kollegen zu vertreten hätte. Dennoch geht es mir nicht in erster Linie darum, Ärzte zu überzeugen. Natürlich hoffe ich, dass möglichst viele Kollegen mich anhören, denn wenn sie es tun, wird sich das Gesicht der modernen Medizin ein für alle Mal wandeln.

In Wirklichkeit aber habe ich dieses Buch für *Sie* geschrieben; für all jene, die schon einmal krank gewesen sind oder miterlebt haben, wie ein ihnen nahestehender Mensch krank geworden ist; und auch für jene, die vorbeugen wollen, damit dies gar nicht erst geschieht. *Ihnen* will ich helfen, denn ich wünsche mir aus ganzem Herzen, dem Leiden ein Ende zu setzen und Ihnen ein langes Leben voll Vitalität und Gesundheit zu ermöglichen. Dies ist meine Mission. Sie war schon damals die Triebfeder, die mich meinen Beruf hat wählen lassen.

Wenn Sie nun mit der Lektüre beginnen, bitte ich Sie nur um eines: Folgen Sie mir in meinen Gedankengängen. Geben Sie mir die Chance, Ihren Horizont zu erweitern, so wie sich meiner plötzlich geöffnet hat. Lassen Sie mich Ihnen helfen, Ihre Gedanken zu heilen, damit Ihr Körper folgen kann. Und geben Sie sich die Erlaubnis, antiquierte Vorstellungen von Gesundheit und Medizin über Bord zu werfen. Die Zukunft der Medizin liegt zum Greifen nahe vor uns. Kommen Sie, nehmen Sie meine Hand. Lassen Sie uns gemeinsam auf Erkundungstour gehen.

TEIL I

GLAUBEN SIE SICH GESUND

1

DIE SCHOCKIERENDE WAHRHEIT ÜBER DAS, WAS SIE ÜBER GESUNDHEIT ZU WISSEN GLAUBEN

Alle Dinge entstehen im Geist,
Sind unseres mächtigen Geistes Schöpfung.

DHAMMAPADA, KAPITEL 1, VERS 1

In einer Fallstudie aus dem Jahr 1957 beschreibt Dr. Bruno Klopfer (der für seine Pionierarbeit zur Standardisierung des Rorschach-Tintenklecks-Tests bekannt ist) die Geschichte von Dr. Philip West und seinem Patienten Mr. Wright. Dieser litt an einem Lymphosarkom im fortgeschrittenen Stadium. Er hatte auf keine der Behandlungen angesprochen, und die Zeit schien ihm davonzulaufen. Im Bereich von Nacken, Brustkorb, Bauchraum und Achselhöhlen hatten sich orangengroße Tumore gebildet, seine Milz und Leber waren vergrößert, und in seiner Brust sammelte sich täglich ein Viertelliter milchige Flüssigkeit, die abgesaugt werden musste, damit er überhaupt atmen konnte. Dr. West gab ihm höchstens eine Woche zu leben.

Doch Mr. Wright hatte einen unbändigen Lebenswillen und legte seine ganze Hoffnung in ein vielversprechendes neues Medikament namens »Krebiozen«. Er bat seinen Arzt, ihm das Mittel zu geben, doch es befand sich noch in der klinischen Erprobung und wurde nur an Patienten getestet, deren Lebenserwartung mindestens drei Monate betrug. Mr. Wright war also zu krank, um für die Studie infrage zu kommen.

Doch er gab nicht auf. Er wusste, dass es das Medikament gab, und glaubte fest daran, dass es bei ihm Wunder wirken könnte. So setzte er Dr. West derart zu, dass ihm dieser die Krebiozen-Injektion schließlich gab. Dies geschah an einem Freitag. Um seine ehrliche Meinung gebeten, hätte der Arzt geantwortet: Der Patient überlebt das Wochenende nicht.

Doch als er am Montag in die Klinik kam, stellte er zu seiner absoluten Verblüffung fest, dass sein Patient auf den Beinen war und in seinem Zimmer auf- und abging. Nach Aussage von Dr. Klopfer waren die »Tumormassen wie Schneebälle auf einem heißen Ofen geschmolzen« und nur noch halb so groß wie vorher. Zehn Tage nach der ersten Behandlung mit Krebiozen verließ Mr. Wright das Krankenhaus. Wie es aussah, war er völlig von seinem Krebs geheilt.

Dem Mann ging es prächtig, und zwei Monate lang pries er Krebiozen als Wundermittel, bis in der wissenschaftlichen Literatur die ersten Berichte darüber auftauchten, dass das Mittel wirkungslos zu sein schien. Mr. Wright war einer, der glaubte, was er schwarz auf weiß zu lesen bekam – er verfiel in eine tiefe Depression, und sein Krebs kehrte zurück.

Diesmal war es sein Arzt, Dr. West, der sich in dem Wunsch, seinen Patienten zu retten, eine List einfallen ließ. Er ließ Mr. Wright wissen, dass ein Teil der ersten Lieferung des Medikaments im Versand gelitten und an Wirkung verloren hätte, er sich aber inzwischen eine neue Charge habe sichern können. Es handle sich um hoch konzentriertes, ultra-reines Krebiozen, das er ihm verabreichen könne (was natürlich komplett gelogen war). Daraufhin injizierte Dr. West seinem Patienten Mr. Wright eine Dosis destilliertes Wasser.

Und *wieder* geschah so etwas wie ein Wunder. Die Tumoren lösten sich auf, die Flüssigkeit in seinem Brustraum verschwand, und Mr. Wright ging es wieder prächtig – ganze zwei Monate lang.

Dann machte die *American Medical Association* den Erfolg mit einem Streich zunichte, als sie bekannt gab, dass sich Krebiozen in einer USA-weiten Studie als völlig wirkungslos erwiesen hatte. Diesmal verlor Mr. Wright jegliches Vertrauen in die Behandlung. Der Krebs kehrte zurück, und nach zwei Tagen war er tot.[3]

Als ich dies las, dachte ich: *Na, klar!* Eine solche Fallstudie ... Das war doch an den Haaren herbeigezogen! Wie können bösartige Tumore einfach »schmelzen wie Schneebälle«, bloß weil man einem Patienten Wasser injiziert? Wenn es wirklich so wäre und sich Krebs auf derart simple Weise kurieren ließe, warum liefen die Onkologen dann nicht in den Kliniken mit einer Wasserspritze von Bett zu Bett, um Tumorkranke im Stadium IV zu behandeln? Wenn ein Patient nichts mehr zu verlieren hat, könnte es zumindest nicht schaden, oder?

Das Ganze kam mir derart unwahrscheinlich vor, dass ich zu recherchieren begann. Sollte wirklich irgendetwas an dieser Geschichte dran sein, müssten in der Fachliteratur Berichte über ähnliche Fälle zu finden sein.

Im *Journal of Clinical Investigation* entdeckte ich die Geschichte einer anderen Patientin, die an schwerer Übelkeit und Erbrechen litt. Die Messung ihrer Magenkontraktionen ergab ein chaotisches Bild, das die Diagnose bestätigte. Man bot der Frau an, sie mit einem geheimnisvollen, neuen, extrem wirksamen Medikament zu behandeln, das ihre Übelkeit nach Aussage der Ärzte zweifelsfrei beseitigen würde.

Innerhalb von nur wenigen Minuten war die Frau tatsächlich beschwerdefrei, und auch das Messprotokoll zeigte keinerlei ungewöhnliche Magenkontraktionen mehr. Doch die Ärzte hatten gelogen. Sie hatten der Frau kein hochwirksames neues Medikament verabreicht, sondern den Wirkstoff »Ipecac« – ein Brechmittel, das Übelkeit nicht beseitigt, sondern auslöst.

Als man in der Patientin die Erwartungshaltung weckte, sie könne ihre Symptome damit loswerden, geschah dies tatsächlich: Obwohl Ipecac die Symptome eigentlich hätte verschlimmern müssen, legte sich die Übelkeit und die anormalen Magenkontraktionen verschwanden.[4]

Ich saß da und kratzte mich am Kopf. Eigenartig. Aber bewiesen war damit noch gar nichts.

DIE HEILKRAFT VON SCHEINOPERATIONEN

Kurze Zeit später fiel mir ein Artikel im *New England Journal of Medicine* in die Hände. Der Autor war Dr. Bruce Moseley, ein Facharzt für orthopädische Chirurgie, der eine spezielle Operationsmethode für Patienten mit Arthrose im Kniegelenk entwickelt hatte. Um deren Effizienz nachzuweisen, ließ er sich eine brillante Kontrollstudie einfallen.

Die Patienten der einen Gruppe wurden nach Dr. Moseleys bekanntem Verfahren operiert. An den Probanden der anderen Gruppe wurde ein komplexer vorgetäuschter Eingriff vorgenommen: Man sedierte sie, nahm drei oberflächliche Schnitte in exakt der gleichen Position wie bei der richtigen OP vor und spielte während des »Eingriffs« auf dem Patientenmonitor die Videoaufzeichnung der Operation an einem anderen Patienten ab. Dr. Moseley spritzte sogar mit Wasser herum, um das Geräusch der Gelenkspülung zu simulieren. Anschließend vernähte er die Wunden.

Bei dem einen Drittel der Probanden, die man tatsächlich operierte, wurden die Knieprobleme erwartungsgemäß behoben. Doch zum Entsetzen des Forscherteams war das Ergebnis bei den Patienten, die nur zum Schein operiert worden waren, genauso gut! Es zeigte sich sogar, dass diese phasenweise über weniger Schmerzen im Knie klagten als die Probanden, die sich der echten Operation unterzogen hatten, vermutlich weil sie kein OP-Trauma zu verarbeiten hatten.[5]

Wie äußerten sich Dr. Moseleys Patienten zu den Ergebnissen der Studie? Ein Veteran aus dem Zweiten Weltkrieg, an dem die Placebo-Operation vorgenommen war, sagte dazu: »Es ist jetzt zwei Jahre her, dass ich operiert wurde, und seither hat mir mein Knie nie wieder Probleme gemacht. Es fühlt sich jetzt genauso an wie mein anderes Knie.«[6]

Diese Studie ging mir durch Mark und Bein.

Bei Mr. Wright und der Frau, der man Ipecac gegeben hatte, handelte es sich nur um Fallstudien, von denen man weiß, dass sie nie absolut unvoreingenommen sein können. In der medizinischen Fachliteratur gelten sie darum nicht als Goldstandard. Um in letztere Kategorie zu fallen, müssen wissenschaftliche Daten im Rahmen einer randomisierten, doppelblinden, placebokontrollierten Doppelblindstudie erhoben und in einer angesehenen wissenschaftlichen Fachzeitschrift veröffentlicht werden. So hatte ich es in meiner Ausbildung gelernt.

Bei Dr. Moseleys Untersuchung handelte es sich um genau diese Art von

Studie. Die Ergebnisse waren noch dazu in einem der renommiertesten medizinischen Fachblätter weltweit publiziert worden. Und das Ergebnis lautete, dass es bei einem signifikanten Teil der Patienten nur deshalb zu einer Ausheilung der Knieschmerzen gekommen war, weil sie *glaubten*, operiert worden zu sein. Dies lieferte mir den ersten echten Beweis dafür, dass eine Erwartungshaltung, also etwas, das sich ausschließlich im Kopf abspielt, ein reales, konkretes körperliches Symptom lindern kann. Dr. Moseleys Studie gab mir den Anstoß, mich eingehender mit dem Placebo-Effekt zu befassen, jenem geheimnisvollen, hochwirksamen, zuverlässig reproduzierbaren Behandlungserfolg, der sich bei manchen Patienten einstellt, wenn man sie im Rahmen einer klinischen Studie einer Scheintherapie unterzieht.

DAS HOCHWIRKSAME PLACEBO

Wie alle Wissenschaftler war auch ich mit dem Placebo-Effekt vertraut. Scheinbehandlungen mit Traubenzuckerpillen, Kochsalzinjektionen oder vorgetäuschten chirurgischen Eingriffen werden in modernen klinischen Studien routinemäßig vorgenommen, um die Wirksamkeit eines bestimmten Medikaments, einer Operationsmethode oder Behandlungsweise zu überprüfen. Der Begriff *placebo*, abgeleitet vom Lateinischen »ich werde gefallen«, wird in der medizinischen Fachsprache seit ewigen Zeiten als Begriff für eine Behandlung mit wirkstofffreien Medikamenten verwendet, wie man sie traditionell einsetzt, um Neurotiker zu beruhigen.

Jahrhundertelang verschrieben Ärzte ihren Patienten Behandlungen, ohne dass deren Effizienz anhand von klinischen Untersuchungen belegt war. Niemand stellte solche ärztlichen Verordnungen infrage, und keiner prüfte nach, ob die Mittel oder Methoden tatsächlich wirkten oder nicht.

Erst Ende des 19. Jahrhunderts tauchte die Idee auf, in der klinischen Forschung Placebos einzusetzen. 1955 schließlich veröffentlichte Dr. Henry Beecher einen bahnbrechenden Artikel im *Journal of the American Medical Association* mit dem Titel »The Powerful Placebo« (»Das hochwirksame

Placebo«). Durch die Gabe von Medikamenten, so schreibt er darin, stellt sich bei vielen Patienten eine Verbesserung der Symptome ein. Verabreicht man ihnen aber einfache Kochsalzlösung oder irgendeine andere wirkstofffreie Substanz, würde dadurch ein Drittel ebenfalls geheilt, und zwar nicht nur auf der geistigen Ebene, sondern auf reale, physiologische und im Körper nachweisbare Weise.[7]

Mit einem Schlag avancierte der »Placebo-Effekt« zu einem festen Begriff in der modernen Medizin, und die klinische Studie heutigen Zuschnitts war geboren. Um die Bezeichnung »gut« zu verdienen, müssen wissenschaftliche Untersuchungen seither den Nachweis erbringen, dass die Heilwirkung des getesteten Medikaments bzw. chirurgischen Eingriffs die möglichen therapeutischen Effekte des Placebos übersteigt. Nur wenn die Wirksamkeit eines Mittels oder Eingriffs über der des Placebos liegt, gilt sie als bestätigt. Andernfalls wird die behördliche Zulassung für das Medikament verweigert, die Operationsmethode ad acta gelegt und die Therapie als ineffizient verworfen, wie dies bei Dr. Moseley und seinem Arthrose-Eingriff der Fall war. Eine Behandlung zu verschreiben, die nicht besser als ein Placebo wirkt, widerspricht nach gängiger Auffassung den Prinzipien der evidenzbasierten Medizin, die den echten Arzt vom Quacksalber unterscheidet. So hatte ich es zumindest gelernt.

Ich kam ins Grübeln. Was genau verbirgt sich hinter dem Placebo-Effekt? Bis ich mit meiner Recherche begann, hatte ich mir darüber nie wirklich Gedanken gemacht. Es ist allgemein bekannt, dass es in klinischen Studien Probanden gibt, denen es nach der Einnahme von bloßen Zuckerpillen besser geht. Aber warum ist das so?

Als ich mir diese Frage stellte, erkannte ich, dass ich in meiner Suche nach Beweisen für die Beeinflussung des Körpers durch den Geist auf eine Goldader gestoßen war. Wenn ein gewisser Prozentsatz der Probanden von klinischen Studien allein deshalb gesund wird, weil diese *glauben*, ein echtes Medikament bekommen bzw. sich einem echten chirurgischen Eingriff unterzogen zu haben, wird diese Reaktion *ausschließlich im Geist* ausgelöst. Diese Erkenntnis brachte mein Weltbild ziemlich ins Wanken.

BEWEISE DAFÜR, DASS EINE POSITIVE ERWARTUNGSHALTUNG SYMPTOME LINDERN KANN

Wieder fing ich an, medizinische Fachzeitschriften zu wälzen. Ich suchte nach weiteren Beweisen dafür, dass allein die Erwartung, der Körper würde medikamentös oder chirurgisch behandelt, eine reale, konkret spürbare Linderung von Symptomen bewirken kann. Gleich mehrfach wurde ich fündig: Bei annähernd der Hälfte der Asthmatiker lässt sich mit einem wirkstofffreien Inhalator oder einer Scheinakupunktur eine Verbesserung der Beschwerden erreichen.[8] Etwa 40 Prozent der Kopfschmerzpatienten sprechen positiv auf ein Placebo an.[9] Die Hälfte der Patienten mit Colitis fühlen sich nach einer Placebo-Behandlung besser als zuvor.[10] Bei über der Hälfte der Patienten mit schmerzhaften Magengeschwüren stellt sich eine Linderung der Beschwerden ein, wenn man ihnen ein Placebo verabreicht.[11] Mit Scheinakupunktur lässt sich die Häufigkeit von Hitzewallungen bei Frauen in den Wechseljahren halbieren (echte Akupunktur hilft nur einem Viertel der Patientinnen). Bis zu 40 Prozent der wegen Unfruchtbarkeit behandelten Patientinnen werden nach der Einnahme von Placebo-»Fruchtbarkeitsmedikamenten« schwanger.[12]

In der Schmerzbehandlung sind Placebos tatsächlich annähernd so wirksam wie Morphium.[13] Und zahlreiche Studien beweisen, dass die glücklich machenden Wirkungen von Antidepressiva fast ausnahmslos dem Placebo-Effekt zugeschrieben werden können.[14]

Nicht nur Pillen und Spritzen wirken Wunder in der Linderung von Symptomen. Wie Dr. Moseleys Knie-OP-Studie zeigt, können chirurgische Scheininterventionen sogar noch effektiver sein. Früher nahm man bei Angina pectoris standardmäßig eine linksseitige Ligatur der Brustwandarterie vor, da man davon ausging, dass mehr Blut zum Herzen strömen würde, wenn man in dieser Arterie den Durchfluss unterbinden würde. Patienten mit ungenügender koronarer Blutversorgung müssten dadurch, so zumindest die Theorie, eine Symptomlinderung erfahren. Jahrzehntelang führten Chirurgen diese Operation durch, und bei so gut wie allen Patienten besserten sich die Beschwerden tatsächlich.

Aber sprachen sie wirklich auf die Ligatur der Brustwandarterie an? Oder reagierte ihr Körper auf die Erwartungshaltung, dass sich der Eingriff positiv auf ihre gesundheitliche Verfassung auswirken würde?

Um dieser Frage nachzugehen, verglich man in einer Studie Angina-pectoris-Patienten, bei denen die Brustwandarterie tatsächlich abgebunden worden war, mit anderen, bei denen man zwar einen entsprechenden Schnitt im Brustbereich gesetzt hatte, die Arterie selbst aber unangetastet ließ. Was geschah? Bei 71 Prozent der Patienten, die nur zum Schein operiert worden waren, besserten sich die Symptome. Bei den tatsächlich operierten Patienten war dies nur bei 67 Prozent der Fall.[15] Inzwischen kommt die Ligatur der Brustwandarterie nur noch in der Medizingeschichte vor.

Das Datenmaterial, das ich sammelte, war beeindruckend, doch es drängte sich mir die Frage auf, ob es nicht noch beeindruckender wäre, wenn man in klinischen Studien nicht alles daransetzen würde, den Placebo-Effekt möglichst gering zu halten.

Was wäre, wenn der Placebo-Effekt in der Wissenschaft als etwas Positives, ja Erstrebenswertes angesehen würde? Wäre ihre Erfolgsrate dann womöglich noch höher? Diese Frage steht jedoch meist nicht im Mittelpunkt des ärztlichen Interesses. Im Gegenteil: Die Koordinatoren von klinischen Studien und die in der Forschung tätigen Ärzte (die meist im Dienst der Pharmaindustrie stehen) unternehmen alles Erdenkliche, um den Placebo-Effekt möglichst klein zu halten. Schließlich schlägt jeder Patient, dessen Symptome sich aufgrund von Placebos bessern, bei der Bewertung der Wirksamkeit des getesteten Medikaments negativ zu Buche und gefährdet damit dessen Zulassung. Um Probanden auszufiltern, von denen man glaubt, sie würden »exzessiv auf Placebos ansprechen«, wird den meisten randomisierten, doppelblinden, placebokontrollierten Medikamentenstudien eine »Wash-out-Phase« vorgeschaltet, in der man allen Teilnehmern eine wirkstofffreie Pille verabreicht und diejenigen, die positiv darauf reagieren, aus der Studie ausschließt.

Wären die Wissenschaftler, die neue Arzneimittel auf ihre Wirksamkeit kontrollieren, nicht mehrheitlich mit der Pharmaindustrie verbandelt, könnten wir in klinischen Versuchen womöglich Placebo-Reaktionen zu sehen bekommen, die weit über das bisher Bekannte hinausgehen.

SPRICHT JEDER MENSCH AUF PLACEBOS AN?

Während ich mich mit dem Placebo-Effekt beschäftigte, tauchte in mir die Frage auf, ob ich persönlich, wenn ich Teilnehmerin einer wissenschaftlichen Studie wäre, auch auf eine solche Scheinbehandlung ansprechen würde. Schließlich bin ich Ärztin. Als Wissenschaftlerin habe ich selbst klinische Studien durchgeführt. Ich bin ein ziemlich kluges Köpfchen und überzeugt, dass ich es einfach *merken* würde, ob man mir eine echte Behandlung angedeihen lässt oder nicht. Und wenn ich den Verdacht hätte, dass man mir ein Placebo gibt, würde es wohl kaum gegen meine Beschwerden helfen, oder?

Die Sache ging mir nicht aus dem Kopf. Sind bestimmte Typen von Patienten empfänglicher für Placebo-Reaktionen als andere? Liegen irgendwelche Daten vor, aus denen sich ein klassisches Profil solcher Menschen ableiten ließe? Gibt es irgendwelche Persönlichkeitsmerkmale oder Intelligenzfaktoren, die darauf schließen lassen, dass jemand positiv auf eine Zuckerpille ansprechen wird? Ist der Placebo-Effekt bei Menschen mit hohem IQ weniger ausgeprägt? Lassen sich manche Leute einfach leichter hinters Licht führen als andere?

Es zeigte sich, dass es hierzu tatsächlich eine Untersuchung gibt. Die Forscher gingen davon aus, dass sie bei Probanden, die positiv auf Placebos ansprachen, einen geringeren IQ oder eine »neurotischere« Veranlagung feststellen würden. Doch sie fanden heraus, dass bei entsprechenden Grundvoraussetzungen so gut wie jeder Mensch dazu gebracht werden kann, auf Placebos zu reagieren. Jeder ist empfänglich, selbst Ärzte und Wissenschaftler. Es gibt sogar Studien, die darauf hinweisen, dass Menschen mit höherem IQ stärker auf Scheinmedikamente reagieren.

Mir erschien dies als eine gute Nachricht. Wenn es nämlich stimmt, dass allein eine positive Erwartungshaltung den Körper heilen kann, haben wir alle die gleiche Chance, von diesem Phänomen zu profitieren. Es sind nicht nur die vertrauensseligen Schlichtgemüter, die sich gesund glauben können; auch Schlaumeiern wie *Ihnen* kann dies gelingen.

GESCHIEHT HEILUNG DURCH PLACEBOS AUSSCHLIESSLICH IM KOPF?

Noch immer hatte ich während meiner Recherchen das Gefühl, dass die gewonnenen Erkenntnisse kein rundes Bild ergaben. Das, was ich an Beweisen fand, sah zwar in der Tat vielversprechend aus: Sind Patienten, und zwar nicht nur die leicht Beeinflussbaren, sondern alle davon überzeugt, dass sie geheilt werden, wird sich bei einem hohen Prozentsatz von ihnen tatsächlich eine klinische Besserung einstellen.

Doch meine Neugier war damit nicht gestillt. Was sich daraus ableiten ließ, war in der Tat, dass sich die Linderung der Symptome ausschließlich im Kopf abspielte. Denn was ist Schmerz anderes als eine geistige Wahrnehmung? Was ist Depression anderes als eine geistige Verfassung? Selbst bei greifbareren Krankheitsbildern wie Asthma oder Colitis könnte es doch sein, dass wir nur *den Eindruck haben*, dass uns das Atmen leichter fällt oder wir *meinen*, dass unsere Magen-Darm-Beschwerden weniger geworden seien. Mag sein, dass sich die geistige Wahrnehmung verändert, es aber dennoch nicht zu nachweisbaren, physiologischen Verbesserungen im *Körper* kommt. Vielleicht *bilden wir uns das Ganze einfach nur ein* und fühlen uns schon allein deshalb besser.

Wenn es wirklich stimmt, dass der Geist den Körper heilt, muss sich der Nachweis erbringen lassen, dass der Körper anspricht – und zwar nicht nur mit einer Linderung von Symptomen, sondern auf physiologisch messbare

Weise. In der nächsten Phase meiner Recherche begab ich mich darum auf die Suche nach Nachweisen dafür, dass die Heilung nicht nur im Kopf geschieht, sondern der Geist tatsächlich physiologische Veränderungen im Körper bewirken kann.

Angesichts von Hunderttausenden in Fachzeitschriften publizierten placebokontrollierten Studien ist es alles andere als einfach, hier eine Antwort zu finden, zumal es in den mir vorliegenden Untersuchungen meist um Symptome wie Kopfschmerzen, Rückenbeschwerden, Depressionen und verminderte Libido ging – alles Dinge, die sich schwer messen lassen. Berichten Patienten hier über eine Besserung ihrer Beschwerden, ist dies weitgehend subjektiv. Objektiv lässt sich nicht nachweisen, ob ihr Eindruck wirklich den Tatsachen entspricht.

Schließlich aber fand ich doch Beweise dafür, dass der Einsatz von Placebos zumindest manchmal echte physiologische Veränderungen im Körper auslöst: Nach der Gabe von Placebos wachsen kahlköpfigen Männern Haare, der Blutdruck sinkt, Warzen verschwinden, Geschwüre heilen aus, überschüssige Magensäure wird reduziert, Darmentzündungen werden gelindert, Cholesterinwerte sinken, nach zahnmedizinischen Eingriffen entspannt sich die Kiefermuskulatur und Schwellungen gehen zurück, bei Parkinson-Patienten steigen die Dopaminwerte im Gehirn, die Aktivität von weißen Blutkörperchen verbessert sich, und bei Schmerzpatienten kommt es nach einer Symptomlinderung zu einer Aufhellung der entsprechenden Gehirnareale, wie sich mit bildgebenden Verfahren nachweisen lässt.[16]

Diese Forschungsergebnisse überzeugten mich. Placebos beeinflussen nicht nur, wie wir uns fühlen, sondern wirken bis in unsere Biochemie hinein. An dieser Stelle fing es an, wirklich spannend zu werden.

Die biochemische Wirksamkeit von Placebos hatte das Potenzial, unsere Vorstellungen von Krankheit komplett infrage zu stellen. Doch bevor ich mich hinreißen ließ, mich allzu weit aus dem Fenster zu lehnen, musste ich sicherstellen, dass es keine anderen Erklärungen dafür gab, dass der Körper von Patienten mit einer Linderung von Symptomen und messbaren physiologischen Veränderungen auf eine Behandlung mit Placebos ansprach. Lag es nur an der positiven Erwartungshaltung, oder waren andere Faktoren mit im Spiel? Im nächsten Schritt meiner Recherche wandte ich mich einigen diesbezüglichen Theorien zu.

FÜNF ERKLÄRUNGEN FÜR DEN PLACEBO-EFFEKT

Wenn in der klinischen Forschung vom Placebo-Effekt gesprochen wird, kann damit eine Vielzahl von Faktoren gemeint sein, die zu greifen beginnen, sobald man Menschen in ein klinisches Umfeld bringt, ihnen eine Behandlung anbietet, von der sie wissen, dass sie entweder tatsächlich oder nur zum Schein erfolgen wird, und sie über eine festgelegte Zeitdauer hinweg unter Beobachtung behält. Schauen wir uns also zunächst die fünf möglichen Erklärungen für das Phänomen an, um sicherzustellen, dass wir von ein und derselben Sache reden.

Die offensichtlichste Erklärung – und die, an die wir am liebsten glauben würden – ist, dass es zu subjektiven Symptomverbesserungen und physiologischen Veränderungen kommt, weil der Patient überzeugt ist, dass dies passieren wird. Studienteilnehmer müssen im Rahmen ihres Aufklärungsgesprächs darüber informiert werden, dass sie möglicherweise mit einem Placebo behandelt werden. Probanden von Placebo-Gruppen *glauben* oft trotzdem, das echte Mittel zu bekommen, und folglich *erwarten* sie, dass es ihnen besser gehen wird. Mit anderen Worten: Die Erwartung, dass man sich anders fühlen wird, führt dazu, dass man sich tatsächlich anders fühlt.[17]

Allerdings ist es möglich, dass eine positive Erwartungshaltung nicht der einzige Faktor ist, der zur Erklärung des Phänomens herangezogen werden kann. Die zweite Erklärung, warum viele Menschen auf eine Scheinbehandlung ansprechen, liegt in der klassischen Konditionierung. Wir alle kennen Pawlows Versuch mit dem Hund: Dieser reagierte nicht nur mit vermehrtem Speichelfluss, wenn er Futter bekam; der Sabber begann bei ihm schon zu laufen, wenn er nur das Glöckchen hörte, das bei jeder Fütterung ertönte.

Der Placebo-Effekt könnte auf ähnliche Weise funktionieren: Wer es gewohnt ist, von einer Person im weißen Kittel echte Medikamente verabreicht zu bekommen, ist womöglich darauf konditioniert, sich auch dann besser zu fühlen, wenn ihm ein ebensolcher Weißkittel eine bloße Zuckerpille reicht.[18] Sollte dieser Effekt tatsächlich mit im Spiel sein, wäre das ein weiteres Argument für die These, dass der Geist den Körper heilen kann. Schließlich wird mit der klassischen Konditionierung eindeutig die Existenz einer Verbindung zwischen Geist und Körper nachgewiesen.

Die dritte Erklärung läuft darauf hinaus, dass Patienten, die an einer klinischen Studie teilnehmen, in den Genuss von emotionaler Zuwendung kommen. Der Harvard-Professor Ted Kaptchuk, der den Placebo-Effekt erforscht hat, vertritt in seinen Fachartikeln und Interviews oft die These, dass die fürsorgliche Zuwendung durch eine anerkannte Autoritätsfigur gleich stark, wenn nicht noch stärker, am Placebo-Effekt beteiligt ist als die positive Erwartungshaltung. Ein Patient in einer klinischen Studie kommt in den Genuss von Aufmerksamkeit, Unterstützung und manchmal sogar heilenden Berührungen, in vielen Fällen noch dazu von einer angesehenen Person im weißen Kittel, die nach tradierter Auffassung als Inbegriff von Gesundheit und Heilung gilt. Wir alle möchten gesehen, gehört, ja geliebt werden, und wird uns dieser Wunsch erfüllt, kann allein das Symptome lindern und positive physiologische Veränderungen bewirken – auch dies eine Folge der Verbindung zwischen Körper und Geist.

Die vierte Erklärung für die Wirksamkeit von Placebos kann damit zu tun haben, dass man in Studien zwar ganz bewusst Teilnehmer ausschließt, die sich parallel zu der vorgesehenen Behandlung weiteren Therapien unterziehen, manche dies heimlich aber trotzdem tun, sodass die Ergebnisse möglicherweise verfälscht werden. Verbessert sich der Gesundheitszustand eines Probanden der Placebo-Gruppe, könnte dies auf die Wirkung der quasi unter der Hand erschlichenen Zweitbehandlung zurückzuführen sein.

Die fünfte und letzte Erklärung zielt darauf ab, dass sich bei manchen Patienten einfach deshalb eine Besserung einstellt, weil die Krankheit von allein verschwindet. Schließlich ist der Körper ein sich selbst heilender Organismus, der permanent bestrebt ist, zu seinem homöostatischen Gleichgewicht zurückzufinden. Selbst wenn man Patienten in einen dunklen Raum sperren und ihnen weder Behandlung noch persönliche Zuwendung angedeihen ließe, würde vielleicht ein bestimmter Prozentsatz von ihnen geheilt. Auch wenn diese These kontrovers diskutiert wird, sind manche Wissenschaftler davon überzeugt, dass sich der Placebo-Effekt einzig mit dem Phänomen der Spontanremission erklären lässt.

In ihrem im *New England Journal of Medicine* veröffentlichten Artikel »Is the Placebo Powerless?« vertreten Dr. Asbjørn Hróbjartsson und Dr. Peter C. Gøtzsche die Auffassung, dass sich das Vorhandensein eines Placebo-Effekts nur dann einwandfrei nachweisen ließe, wenn im Studienumfang eine behandlungsfreie Gruppe vorgesehen sei, in der die Teilnehmer weder das Verum – also das echte Medikament – noch die Zuckerpille bekommen. Dies sei jedoch bislang meist nicht der Fall.[19] In ihrer Studie fanden sie kaum Hinweise auf einen nennenswerten Placebo-Effekt in der Gruppe der Nichtbehandelten. Daraus leiteten sie ab, dass Genesung weder auf eine positive Erwartungshaltung noch auf fürsorgliche Zuwendung zurückzuführen sei, sondern sich aus dem natürlichen Krankheitsverlauf ergäbe.[20]

Kritiker weisen jedoch auf Mängel im Aufbau der Studie hin und geben zu bedenken, dass das Nebeneinanderstellen von Placebo-Gruppen der verschiedensten Studien, in denen es um jeweils ganz andere Krankheitsbilder geht, einem Vergleich von Äpfeln und Orangen gleichkäme. Bei der Interpretation der Daten im Zusammenhang würde es infolgedessen zu irreführenden Ergebnissen kommen.[21]

Wie dem auch sei, Fälle von Spontanheilungen können in der Tat die Resultate von klinischen Studien verzerren. Und sie geschehen selbst dann, wenn keine Placebos mit im Spiel sind. Aber liefert nicht gerade das ein weiteres Argument für die These, dass der Körper als ein sich selbst reparierendes System angelegt ist? Wenn selbst unbehandelte Studienteilnehmer zu einem guten Prozentsatz genesen, beweist das nicht, dass der Körper in der Lage ist, sich selbst zu heilen? Selbst wenn wir, nur um des Spaßes willen, argumentieren würden, dass der Placebo-Effekt nicht wirklich existiert (wovon die meisten Experten nicht ausgehen), wissen wir doch, dass es zu unerklärlichen Spontanheilungen kommen kann, und zwar wahrscheinlich häufiger, als wir meinen: Wer sich außerhalb von klinischen Studien selbst heilt, wird von den Statistiken des Gesundheitswesens nämlich gar nicht erfasst.

Dies führt uns zu dem Schluss, dass sich physiologische Veränderungen, wie sie sich infolge einer Placebo-Behandlung einstellen, zwar möglicherweise nicht ausschließlich mit einer positiven Erwartungshaltung erklären lassen. Dennoch bestätigt die Wirksamkeit von Scheinbehandlungen die Existenz einer Verbindung zwischen Körper und Geist und die dem Körper eigene Fähigkeit, sich selbst zu reparieren.

DIE PHYSIOLOGIE DES PLACEBO-EFFEKTS

Wir wissen, dass der Placebo-Effekt funktioniert. Aber mit welchen physiologischen Mechanismen lässt sich erklären, dass sich Gedanken, Gefühle und Erwartungshaltungen in physiologischen Veränderungen niederschlagen können?

Die Wissenschaft streitet noch über die Antworten auf diese Frage, doch es haben sich mehrere Theorien herauskristallisiert. Eine positive Erwartungshaltung in Bezug auf die eigene Genesung kann die Ausschüttung von natürlichen Endorphinen stimulieren und auf diese Weise zu einer Symptomverbesserung, Schmerzlinderung und Stimmungsaufhellung beitragen. Dies funktioniert auch in umgekehrter Richtung: In einer Studie wurde Patienten, die positiv auf eine Placebo-Behandlung angesprochen hatten, der Opioid-Antagonist Naloxon verabreicht, und daraufhin wirkte das Placebo plötzlich nicht mehr.[22]

Kommt zur positiven Erwartungshaltung eines Patienten die fürsorgliche Zuwendung durch die klinischen Wissenschaftler hinzu, kann auch dies zu einem Abbau von physiologischem Stress führen, der den Körper bekanntermaßen krankheitsanfälliger macht. Zudem leitet es die physiologische Entspannung ein, die notwendig ist, damit die Selbstreparaturmechanismen des Körpers richtig greifen können. Wie der Harvard-Professor Dr. Walter Cannon als Erster beschrieb, verfügt der Körper über etwas, das er als Stressreaktion bezeichnet (oft auch »Kampf-oder-Flucht-Reaktion« genannt): ein Überlebensmechanismus, der anspringt, wenn unser Gehirn eine Bedrohung wahrnimmt. Wird diese hormonelle Kaskade von einem Gedanken bzw. Gefühl wie zum Beispiel Angst ausgelöst, kommt es zu einer Aktivierung der Hypothalamus-Hypophysen-Nebennieren-Achse (kurz: »HHN-Achse!«). Das sympathische Nervensystem läuft auf Hochtouren, und der Körper wird mit Cortisol und Adrenalin geflutet. Ist der Spiegel dieser Stresshormone längerfristig erhöht, kann sich dies in physischen Symptomen äußern und den Körper im Laufe der Zeit krankheitsanfällig machen.

Doch wie wir in Kapitel 8 noch im Detail sehen werden, verfügt der Körper nicht nur über den Überlebensmechanismus der Stressreaktion, der darauf ausgelegt ist, uns in Notsituationen die Haut zu retten. Vielmehr steht diesem als Gegengewicht eine entsprechende Entspannungsreaktion gegenüber. Wird diese ausgelöst, sinkt der Anteil der Stresshormone im Blut und entgegengesetzt wirkende, gesundheitsförderliche Entspannungshormone werden freigesetzt. Das parasympathische Nervensystem übernimmt das Steuer, und der Körper kehrt in seine homöostatische Balance zurück. Nur in diesem ruhigen, entspannten Zustand kann sich der Körper selbst reparieren. Alles, was Stress abbaut und eine Entspannungsreaktion auslöst, trägt nicht nur zur Linderung der von der Stressreaktion verursachten Symptome bei, sondern versetzt den Körper gleichzeitig in die Lage zu tun, wozu er von Natur aus angelegt ist: sich selbst zu heilen.

Eine positive Erwartungshaltung und fürsorgliche Zuwendung können auch Veränderungen im Immunsystem bewirken. Durch eine Placebo-Behandlung kann die Immunfunktion derart stimuliert werden, dass Stressreaktionen zurückgefahren werden und an ihre Stelle eine Entspannungsreaktion tritt. Auch eine Unterdrückung der Immunantwort kann durch Placebos ausgelöst werden. In einer Studie wurde Ratten der Immunsuppressor Cyclophosphamid (in einer Saccharin-Wasser-Lösung) verabreicht. Und siehe da: Ihr Immunsystem blieb unterdrückt, auch nachdem das Medikament wieder abgesetzt wurde, was die Vermutung nahelegt, dass selbst Ratten auf eine positive Erwartungshaltung und fürsorgliche Zuwendung mit einer messbaren physiologischen Immunantwort reagieren.[23]

Eine positive Erwartungshaltung und fürsorgliche Zuwendung kann gleichzeitig die Akutphasenantwort reduzieren, eine Form von Entzündungsreaktion, die zu Schmerzen, Schwellungen, Fieber, Lethargie, Apathie und Appetitlosigkeit führt.[24] Die Geist-Körper-Verbindung kann zudem über ausführende Funktionen des präfrontalen Kortex im Gehirn vermittelt werden. Dass die Alzheimerkrankheit eine Reaktion auf Placebos unterbindet, stützt diese These.[25] Viele der davon betroffenen Patienten sprechen nicht auf Scheinmedikamente an. Darum ist anzunehmen, dass ein Gehirnareal, das am Aufbau von Erwartungshaltungen beteiligt ist und durch eine neurologische Erkrankung zerstört werden kann, über die Empfänglichkeit eines Patienten für Placebos mit entscheidet. Der Evolutionsbiologe Robert Trivers ist überzeugt, dass sich die Geschehnisse, die das Gehirn in der nahen Zukunft erwartet, auf dessen physiologischen Zustand auswirken. Er vermutet, dass Alzheimerpatienten deshalb nicht auf Placebos ansprechen, weil sie zukünftige Ereignisse nicht vorhersehen können und sich ihr Gehirn folglich physiologisch nicht darauf einstellen kann.

Es gibt außerdem einen Zusammenhang zwischen der Empfänglichkeit für Placebos und der Dopaminregulation im Nucleus accumbens, einer Hirnregion, die Teil des Belohnungssystems ist. Wissenschaftler untersuchten das Gehirn von Menschen, denen man zuvor Geld geschenkt hatte. Sie wollten wissen, wie viel Dopamin dadurch im Nucleus accumbens freigesetzt wurde, und stellten fest: Je stärker die gemessene Reaktion war, desto wahrscheinlicher sprach der betreffende Proband auf eine Behandlung mit Placebos an.[26]

Welcher Mechanismus auch immer im Spiel ist, fest steht, dass die Kommunikation zwischen Körper und Geist über Hormone und Neurotransmitter erfolgt, die im Gehirn ausgeschüttet und von dort in Form von Signalen an andere Stellen des Körpers weitergeleitet werden. Es sollte uns darum kaum verwundern, dass unser Denken und Fühlen eine physiologische Antwort im Rest des Körpers nach sich zieht.

Und trotzdem überrascht es uns, oder? Wir befassen uns kaum mit der Frage, ob unsere Gedanken und Emotionen sich auf unsere körperliche Gesundheit auswirken. Wenn es aber tatsächlich so ist, warum achten wir dann nicht sorgfältiger darauf, was wir auf dieser Ebene an uns heranlassen? Aber ich greife voraus. Wie wir Geist und Körper gesund erhalten können, darauf kommen wir in Teil II dieses Buches noch ausführlich zu sprechen.

SPRECHEN ALLE KRANKHEITEN GLEICH GUT AUF PLACEBOS AN?

Als Nächstes stellte ich mir die Frage, ob der Placebo-Effekt bei allen Krankheiten gleichermaßen zum Tragen kommt. Sprechen sämtliche Symptome und Krankheiten auf eine Scheinbehandlung an, oder wirkt sie nur bei bestimmten Erkrankungen?

Es zeigte sich, dass so gut wie jeder klinische Test einen gewissen Placebo-Effekt verzeichnet, dieser aber bei manchen Beschwerdebildern besonders ausgeprägt zu sein scheint. Am effizientesten wirken Scheinmedikamente bei Störungen im Bereich des Immunsystems wie Allergien, endokrinen Störungen wie Diabetes, Entzündungen wie Colitis, neurologischen Störungen wie der Parkinson-Krankheit und Schlaflosigkeit, Herzproblemen wie Angina pectoris, Atembeschwerden wie Asthma und Husten und insbesondere bei Schmerzzuständen.

Aber funktioniert eine Placebo-Behandlung auch bei Krebs? Herzinfarkt? Schlaganfall? Leberversagen? Nierenschwäche?

In meiner Recherche konnte ich hierzu nur wenig an Informationen finden, vielleicht weil in solchen Fällen eine Placebo-Behandlung im Rahmen von klinischen Studien als unethisch gelten würde. Bei solchen lebensbedrohlichen Erkrankungen werden zur Beurteilung der Wirksamkeit neuer

Behandlungsmethoden meist die Vergleichswerte bereits bekannter Goldstandard-Verfahren herangezogen, deren Effizienz zumindest einigermaßen als erwiesen gilt. Es ist darum schwierig zu wissen, wo genau der Placebo-Effekt an seine Grenzen stößt.

Während der intensiven Auseinandersetzung mit diesem Thema regte sich in meinem Bauch das Gefühl, dass der Placebo-Effekt womöglich nur die Spitze eines riesigen, unter der Oberfläche treibenden Körper-Geist-Eisbergs war. Ich dachte viel nach und stellte mir so manche Frage, die sich in letzter Konsequenz wohl nie wird beantworten lassen. Zum Beispiel: Die Teilnehmer von klinischen Studien werden vor ihrer Behandlung darüber informiert, dass sie möglicherweise ein Placebo bekommen werden, und sprechen dennoch oft extrem gut auf die Behandlung an. Doch was wäre, wenn wir sie anlügen würden? Wenn wir unsere ethischen Grundsätze einmal beiseitelassen und eine Studie durchführen würden, bei der man allen Probanden versichert, dass sie das effizienteste neue Medikament bekommen werden, das auf dem Markt verfügbar ist, und ihnen dann ein Placebo verabreicht? Natürlich würde eine solche Studie am Veto der wissenschaftlichen Kontrollgremien scheitern, denn es gilt die Aufklärungspflicht, und Patienten haben ein Recht darauf, dass man ihnen die Wahrheit sagt. Aber was wäre, wenn wir die Möglichkeit hätten? Ich vermute, das Ergebnis würde uns vom Hocker reißen. Warum? Weil es immer dann, wenn wir zweifelsfrei von unserer Heilung überzeugt sind und von Klinikärzten begleitet werden, die unseren Optimismus teilen, zur Freisetzung ungeheurer Kräfte kommt. Der Fall von Mr. Wright (S. 34 f.) und seinem Krebiozen hat es gezeigt.

Auch wenn sich dies letztlich nicht beweisen lässt, reifte in mir die Überzeugung, dass der Placebo-Effekt nur der Anfang war. Ich konnte nicht umhin, den gedanklichen Sprung über den Tellerrand zu wagen. Dort nämlich wartete eine größere, wichtigere Frage, die sich vor mir aufbaute wie ein Elefant und nicht länger zu ignorieren war: *Sind wir wirklich in der Lage, uns selbst zu heilen?*

DAS GEHEIMNIS DER SPONTANHEILUNGEN WIRD GELÜFTET

Meine Frage wurde mir auf einer Cocktailparty am *Institute of Noetic Sciences* (IONS) im kalifornischen Petaluna teilweise beantwortet. Eigentlich hatte ich Urlaub, doch ich stand mit einem Glas Wein in der Hand neben der Präsidentin des Instituts, Marilyn Schlitz, und erzählte ihr von meiner Recherche. Als ich ihr von meinem Dilemma berichtete, setzte sie ein Lächeln auf, als wollte sie sagen: »Wo ist das Problem?« Sie verwies mich auf die Online-Datenbank von Carlyle Hirshberg und Brendan O'Regan, die sich im Rahmen des sogenannten *Spontaneous Remission Project* (»Spontanheilungsprojekt«) dem Phänomen der Spontanheilungen widmet: Die Sammlung umfasst die beeindruckende Zahl von 3.500 kommentierten Quellen aus über 800 Zeitschriften in 20 verschiedenen Sprachen, in denen über solche unerklärlichen Fälle berichtet wird, wobei folgende Begriffsdefinition zugrunde gelegt wird: »Als Spontanheilung bezeichnet man ein komplettes oder teilweises Verschwinden einer Krankheit oder eines bösartigen Tumors ohne jede Behandlung oder infolge von Behandlungen, für die kein Wirksamkeitsnachweis geführt werden konnte.« [27]

In der Tat sind hier einige erstaunliche Berichte zu finden: Ein HIV-positiver Patient wurde HIV-negativ. Bei einer Frau mit unbehandeltem metastasierendem Brustkrebs lösten sich die Tumoren in Brust, Lunge und Oberschenkelknochen spontan auf. Die Plaque in den Herzkranzgefäßen eines Patienten verschwanden ohne jede Behandlung. Bei einem Patienten bildete sich ein Aneurysma im Gehirn zurück. Beim Zustand einer Patientin mit Kardiomyopathie und Herzinsuffizienz wurde eine Besserung verzeichnet. Bei einer Frau mit Schilddrüsenerkrankung kam es zur Spontanheilung.[28]

Etwa zeitgleich wurde ich auf zwei Bücher mit gleichlautendem Titel aufmerksam, die in den 1960er-Jahren erschienen waren: *The Spontaneous Regression of Cancer* (»Die Spontanheilung von Krebs«), einmal von Boyd und einmal von Everson und Cole. Die Zahl der in der medizinischen Fachliteratur dokumentierten Fälle wuchs damit noch einmal deutlich an.

Beim Lesen all dieser Berichte schnellte mir vor Aufregung der Puls in die Höhe. Was jedoch meist fehlte, waren Angaben darüber, *wie* es zu der Spontanheilung gekommen war. Die Patienten wurden nicht dahingehend befragt, ob sie an ihre Heilung geglaubt oder irgendetwas Besonderes getan hatten, um eine Heilung zu bewirken.

Doch eines bewiesen sie: Dass es so gut wie keine Krankheit gibt, die man als »unheilbar« bezeichnen kann. Die Erkrankungen, die die Patienten spontan überwunden hatten, waren just jene, die nach allem, was ich im Studium gelernt hatte, als tödlich und nicht behandelbar galten. Man hatte mich hier eindeutig falsch informiert.

Meine Gedanken rotierten. Ich hatte so viele Schmetterlinge im Bauch, dass ich kaum etwas essen konnte. Innerhalb von wenigen Wochen nahm ich fünf Kilo ab. Inzwischen war ich konvertiert, und ich hatte meine Mission gefunden.

Mir blieb nicht der Schatten eines Zweifels. Ich hatte mir selbst bewiesen, dass der Geist den Körper heilen kann. Ja, ich konnte sogar logisch und physiologisch nachvollziehen, wie es funktioniert. Aber mir war bewusst, dass ich erst anfing, die komplexen Zusammenhänge der Körper-Geist-Verbindung zu verstehen. Und wie sich die Kraft des Geistes so steuern ließe, dass sie tatsächlich zur Krankheitsvorbeugung oder -Behandlung genutzt werden konnte, stand noch immer in den Sternen. Darum forschte ich weiter.

2

DER TODSICHERE WEG, SICH KRANK ZU MACHEN UND KRANK ZU BLEIBEN

»Bejahe oder wiederhole nie eine Aussage über deine Gesundheit, die du nicht verwirklicht sehen willst.«

RALPH WALDO TRINE

Nach allem, was ich über die positiven Wirkungen des Placebo-Effekts erfahren hatte, stellte sich mir als Nächstes die Frage, ob auch das Gegenteil der Fall sein könnte: Wenn eine positive Erwartungshaltung in Kombination mit der fürsorglichen Zuwendung von Klinikärzten die Heilung körperlicher Symptome zu bewirken vermag, heißt das im Umkehrschluss, dass eine negative Einstellung zum Krankheitsverlauf und die lieblose Pflege von unsensiblen Behandlern dem Körper Schaden zufügen kann?

Um dies herauszufinden, forschte ich zunächst nach, welchen Einfluss negative Erwartungshaltungen auf die physiologischen Abläufe im Körper haben. Können Menschen sich krank denken?

Wie es aussieht, ist dies tatsächlich möglich. In San Diego wertete ein Forscherteam die Totenscheine von fast 30.000 chinesisch-stämmigen und über 400.000 zufällig gewählten US-Bürgern aus. Dabei stellten sie fest, dass Menschen mit chinesischer Abstammung im Vergleich zur weißen Bevölkerung signifikant früher als normal sterben (um bis zu fünf Jahre), wenn zwei Faktoren zusammentreffen: eine Krankheit und ein Geburtsjahr, das in der Chinesischen Astrologie und Chinesischen Medizin als ungünstig gilt. Je stärker die betreffenden Personen in der Chinesischen Tradition verankert waren, desto früher starben sie. Anhand der Datenlage konnten die Wissenschaftler ausschließen, dass genetische Faktoren, Besonderheiten in der Lebensweise, spezielle Verhaltensmuster, die Fähigkeiten des behandelnden

Arztes oder irgendwelche anderen Variablen bei der Verkürzung der Lebenserwartung eine Rolle spielten.

Warum starben die chinesisch-stämmigen Amerikaner früher? Nicht ihre chinesischen Gene, so das Fazit der Forscher, sondern ihre chinesischen Überzeugungen waren der Grund für ihr vorzeitiges Ableben. Diese Leute glaubten, früher sterben zu müssen, weil ihnen die Sterne nicht wohlgesonnen waren. Und ihre negative Erwartungshaltung ließ sie tatsächlich früher aus dem Leben scheiden.[29]

Viele Untersuchungen kommen zu dem Schluss, dass negative Überzeugungen und Erwartungshaltungen unserer Gesundheit schaden. In einer Studie an Medizinstudenten gaben 79 Prozent der Befragten zu Protokoll, dass sich bei ihnen die Symptome der Krankheiten zeigen würden, mit denen sie sich während ihres Studiums gerade befassten.[30] Sie steigerten sich also in die Vorstellung hinein, krank zu werden, und wurden dann tatsächlich krank.

Ich kann selbst ein Lied von diesem Phänomen singen. Es war im ersten Jahr meines Studiums. Ich befasste mich mit all den verschiedenen Möglichkeiten, wie der Körper Amok laufen kann, und arbeitete bis spät in die Nacht hinein, um mir die Litanei der pathologischen Prozesse einzuhämmern, die zu tausenderlei verschiedenen Krankheiten führen können von Porphyrie bis Denguefieber, von Osteogenesis imperfecta bis Narkolepsie. Eines Tages spürte ich, wie es unter meiner Haut zu krabbeln begann. Ich war überzeugt, dass sich im Unterhautgewebe ein Medinawurm eingenistet hatte, der jeden Augenblick nach außen durchbrechen und mir seinen kleinen Kopf entgegenstrecken könnte. Auch hatte ich das Gefühl, dass sich meine Füße morgens nach dem Aufwachen ganz taub anfühlten. Ich war mir hundertprozentig sicher, Lepra zu haben. Meine Handflächen waren von einem fleckigen Muster überzogen, was in meinen Augen ein eindeutiges Zeichen für Ringelröteln war. Und die nächtlichen Schweißausbrüche, die mich klatschnass aufwachen ließen, konnten nur eines bedeuten: Malaria.

Wie ich in Kapitel 9 noch im Einzelnen schildern werde, wurden bei mir in dieser Zeit die verschiedensten chronischen Leiden diagnostiziert, die allesamt auf dem Lehrplan standen, und ich bin fest davon überzeugt, dass mein negatives Gesundheitsbild etwas damit zu tun hatte. Ich war beileibe nicht die Einzige in der Studentenschaft der medizinischen Fakultät, der es so ging. In der Tat schien es beim studentischen Gesundheitsdienst niemanden auch nur im Mindesten zu wundern, meine Kommilitonen und mich dort kurz vor dem Examen mit den skurrilsten Krankheitsbildern und einer Fülle von Eigendiagnosen hereinschleichen zu sehen. Die Ärzte und das Pflegepersonal des Behandlungszentrums hatten über die Jahre hinweg nicht nur unzählige ähnliche Fälle erlebt, sondern ließen mich wissen, dass das Syndrom sogar einen eigenen Namen hatte: »Medizinstudentitis«.

KRANK DENKEN, KRANK SEIN

Ob Sie nun chinesische Wurzeln haben, Medizin studieren oder einfach Sie selbst sind – dass es krank macht, sich auf Krankheiten zu fokussieren, ist wissenschaftlich erwiesen. Zu viel darüber zu wissen, was im Körper alles schiefgehen kann, kann uns tatsächlich schaden. Je mehr wir unsere Aufmerksamkeit auf die unendlich vielfältigen Möglichkeiten eines körperlichen Zusammenbruchs fixieren, desto höher ist die Wahrscheinlichkeit, physische Symptome zu entwickeln.

Wissenschaftler bezeichnen dieses Phänomen als Nocebo-Effekt. Der Placebo-Effekt hingegen steht für die Macht von positivem Denken, Erwartungshaltungen, Hoffnung und fürsorglicher Zuwendung, der Nocebo-Effekt beschreibt den Einfluss von negativen Einstellungen. Während Placebos von jeher verschrieben wurden, um einen Patienten im Prozess der Genesung zu unterstützen, wurde der Begriff *Nocebo* (vom Lateinischen *nocere,* »ich werde schaden«) eingeführt, um zwischen den förderlichen und möglichen schädlichen Wirkungen von Scheinbehandlungen zu unterscheiden.

Teilt man den Teilnehmern einer klinischen Studie beispielsweise mit, dass sie ein Medikament bekommen, das gegen ihre Schmerzen hilft, stehen die Chancen gut, dass diese tatsächlich verschwinden, selbst wenn man ihnen nur eine Zuckerpille verabreicht. Warnt man sie aber, dass die Behandlung Übelkeit und Erbrechen auslösen könnte, wird ihr Magen höchstwahrscheinlich auch dann rebellieren, wenn sie den echten Wirkstoff gar nicht bekommen.

In seinem Buch *Prognose Hoffnung* zitiert Dr. Bernie Siegel eine Studie, in der man den Patienten der Kontrollgruppe anstelle eines neuen Chemotherapeutikums eine Kochsalzlösung verabreichte, jedoch verknüpft mit der Warnung, dass es sich um das richtige Medikament handeln könne. Daraufhin fielen 30 Prozent von ihnen die Haare aus.[31] In einer weiteren Studie gab man Patienten Zuckerwasser und sagte ihnen, dass es ein Brechmittel sei. 80 Prozent von ihnen übergaben sich tatsächlich.[32]

Eine andere Studie untersuchte Asthmatiker, die man eine harmlose Kochsalzlösung inhalieren ließ, die angeblich allergieauslösende Substanzen enthielt. Nicht nur, dass sie zu keuchen begannen und Atemnot bekamen: ihre Bronchien verengten sich tatsächlich. Den Teilnehmern, die einen richtiggehenden Asthmaanfall bekamen, ging es sofort besser, wenn man ihnen dieselbe Lösung noch einmal gab, diesmal aber mit dem Hinweis, dass sie ihnen Linderung verschaffen würde.[33]

In einer Studie klagten mehr als Dreiviertel der Probanden über Müdigkeit, nachdem sie ein vermeintliches Antihistamin-Präparat bekommen hatten. In Wirklichkeit handelte es sich jedoch um ein Placebo.[34] Als man den Teilnehmern einer anderen Studie sagte, dass Lachgas (ein Anästhesiemittel, das normalerweise schmerzlindernd wirkt) Schmerzen verursachen würde, war dies tatsächlich der Fall.[35]

Im *Pavlovian Journal of Biological Science* wurde eine Studie veröffentlicht, bei der man 34 Studenten vor einen Monitor setzte und ihnen sagte, dass ein elektrischer Strom durch ihr Gehirn geleitet würde und dies womöglich Kopfschmerzen auslösen könne. Obwohl kein einziges Volt durch die Leitung ging, tat über zwei Dritteln der Studenten nachher der Kopf weh.[36]

Selbst Gedanken an den Tod scheinen ihre Wirkung zu haben. Dr. Herbert Benson, Harvard-Professor und Präsident des *Mind/Body Medical Institute* in Boston, schreibt dazu: »Chirurgen sind besonders auf der Hut im Umgang mit Patienten, die überzeugt sind, sterben zu müssen. Es gibt Studien zu

Menschen, die bei einer anstehenden Operation ihren Tod geradezu herbeisehnen, um im Jenseits einem nahestehenden Menschen wieder zu begegnen. Annähernd 100 Prozent solcher Patienten überleben den Eingriff nicht.« [37]

In einer Untersuchung verglich man Patienten, die vor einem chirurgischen Eingriff ihren »sicheren« Tod vor Augen hatten, mit solchen, die der Gedanke an den eigenen Tod lediglich »ungewöhnlich stark beunruhigte«. Während die Vertreter des nervösen Typus sich ziemlich gut machten, ließen die, für die ihr Tod unausweichlich schien, tatsächlich so gut wie immer ihr Leben. Ähnlich erging es Frauen, die glaubten, besonders anfällig für ein Herzleiden zu sein. Ihre Sterblichkeit war um das Vierfache erhöht. Es ist nicht etwa so, dass sie sich schlechter ernährten, einen höheren Blutdruck oder Cholesterinspiegel oder eine ausgeprägtere familiäre Disposition in dieser Richtung hatten als Frauen, deren Herz gesund blieb. Der einzige Unterschied zwischen beiden Gruppen lag in der jeweiligen Erwartungshaltung.[38]

Eine faszinierende Fallstudie beschreibt eine Psychiatriepatientin mit gespaltener Persönlichkeit. Der eine Teil von ihr war nicht Diabetikerin und hatte ganz normale Blutzuckerwerte. Doch in dem Augenblick, indem sie in ihr Alter Ego schlüpfte, *glaubte* sie, Diabetikerin zu sein und wurde es *tatsächlich*. Ihre komplette Physiologie veränderte sich. Ihr Blutzuckerwert schoss in die Höhe, und nach den Maßstäben der Medizin zu urteilen, litt sie an Diabetes. Kehrte sie in ihre andere Persönlichkeit zurück, normalisierte sich der Blutzuckerwert wieder.[39]

Der Psychiater Bennett G. Braun, Autor von *The Treatment of Multiple Personality Disorder* (etwa: »Die Behandlung der multiplen Persönlichkeitsstörung«), beschreibt mehrere ähnliche Fälle. Timmy zum Beispiel kann ohne Probleme Orangensaft trinken. Doch Timmy ist nur eine von vielen Persönlichkeiten eines Patienten. Alle anderen reagieren allergisch auf das Getränk. Ein winziger Schluck genügt, und sie bekommen einen heftigen nesselnden Ausschlag am ganzen Körper. Tritt Timmy mitten in einem allergischen Anfall auf den Plan, bilden sich die wässrigen Bläschen sogleich zurück.[40]

Nocebos können Krankheiten auslösen und sogar zum Tod führen, wenn der Patient dies erwartet. Die Durchführung von wissenschaftlichen Untersuchungen zu diesem Phänomen kann sich jedoch als ethische Herausforderung erweisen, denn institutionelle Prüfungsgremien tun sich gemeinhin schwer, Studien zu genehmigen, die explizit darauf ausgelegt sind, den Gesundheitszustand von Patienten zu verschlechtern. Aus diesem Grund ist die Datenlage hier schlechter als beim Placebo-Effekt. Das meiste, was wir wissen, hat sich als Nebeneffekt aus klinischen Studien mit Placebos ergeben.

Werden Patienten in klinischen Doppelblindstudien auf die möglichen Nebenwirkungen des im Test befindlichen Medikaments hingewiesen, stellen sich diese manchmal sogar in schwerer Form bei etwa 25 Prozent der Probanden ungeachtet der Tatsache ein, dass sie sich in der Kontrollgruppe befinden und nur Zuckerpillen bekommen.[41] Nach der Einnahme von Scheinmedikamenten klagen Patienten oft über Müdigkeit, Erbrechen, Muskelschwäche, Erkältungen, Klingeln in den Ohren, Geschmacksbeeinträchtigungen, Gedächtnisstörungen und andere Symptome, die eine bloße Zuckerpille eigentlich nicht auslösen dürfte.

Das Interessante ist, dass solche Nocebo-Beschwerden kein zufälliges Geschehen darstellen, sondern sich infolge von Informationen zu den Nebenwirkungen eines Medikaments bzw. einer Behandlungsmethode einstellen. Allein die Andeutung, es könnte nach der Verabreichung eines Medikaments (bzw. einer Zuckerpille) zu negativen Symptomen kommen, wirkt mitunter wie eine selbsterfüllende Prophezeiung. Sagt man einem Patienten bei der Gabe eines Placebos zum Beispiel, dass ihm übel werden könnte, wird ihm wahrscheinlich übel werden. Warnt man ihn vor Kopfschmerzen, brummt ihm womöglich der Schädel. Anders ausgedrückt: Die Macht der Suggestion ist beachtlich![42]

Am offensichtlichsten tritt dieses Phänomen wohl im »Voodoo-Tod« zutage, wenn ein Mensch mit einem tödlichen Fluch belegt wird und dann wirklich stirbt.[43] Er ist jedoch längst nicht auf den Kontext von Zauberbeschwörungen in Stammeskulturen beschränkt. In der Literatur wird von Patienten berichtet, die man für austherapiert hielt und denen man aufgrund eines Fehlers mitteilte, dass sie nur noch wenige Monate zu leben zu hätten.

Sie starben innerhalb des vorgegebenen Zeitrahmens, ohne dass die Autopsie eine physiologische Erklärung für das vorzeitige Ableben ergab.[44]

Dr. Sanford I. Cohen beschreibt den Fall eines AIDS-Patienten, der nach Ansicht von Experten starb, weil er mitbekommen hatte, dass seine Mutter seinen Tod herbeiwünschte. Die Frau hatte an ein und demselben Tag erfahren, dass er schwul und noch dazu an AIDS erkrankt war. Daraufhin betete sie vor seinem Zimmer in der Intensivstation in aller Öffentlichkeit, dass er sterben möge, weil er solche Schande über sie gebracht hatte. Eine Stunde später war der junge Mann tot – sehr zur Überraschung des Arztes, denn der Zustand des Patienten hatte nicht auf ein baldiges Ende hingedeutet.[45]

Manche vermuten, dass auch Frauen, die am prämenstruellen Syndrom (PMS) leiden, Opfer des Nocebo-Effekts sein könnten. Da sie erwarten, vor Einsetzen der Regel Beschwerden zu bekommen, treten diese tatsächlich auf. In einer Studie brachten Forscher ihre Probandinnen mit einer List zu der Überzeugung, dass sich ihre Regel zeitlich verschieben würde: Sie gaben ihnen ein angeblich zyklusverzögerndes Scheinmedikament. Eine Frau etwa bekam ihre Periode normalerweise Mitte des Monats, und üblicherweise setzten bei ihr drei Tage vorher die PMS-Beschwerden ein. Nun sagte man ihr, der Beginn ihrer Blutung würde sich auf den Ersten des Monats vorverschieben. Und was passierte? Obwohl ihre Periode nicht früher kam als gewöhnlich, stellten sich die PMS-Beschwerden bereits zu Monatsbeginn ein, weil sie *erwartete*, dass es so sein würde.[46]

Der Nocebo-Effekt kann sich nicht nur in einzelnen Personen, sondern auch in größeren Gruppen manifestieren. Nach der Nuklearkatastrophe von Fukushima 2011 etwa klagten weit entfernt lebende Menschen, die keinen nachweislichen Strahlenbelastungen ausgesetzt waren, über typische Verstrahlungssymptome. Noch in den USA war das Phänomen zu beobachten. Auf ähnliche Weise zeigten Tausende von Menschen Symptome der Schweinegrippe, nachdem in Fernsehen, Zeitungen und Internet die Horrorszenarien einer Pandemie verbreitet wurden. Ähnliche »Epidemien« breiten sich in Firmen, Schulen und Städten aus, wann immer in den Medien über undichte Gasleitungen, merkwürdige Gerüche oder Insektenstiche berichtet wird.[47]

Wie ist all dies möglich? Wie können einem Menschen die Haare ausfallen, bloß weil man ihm eine Kochsalzlösung verabreicht? Wie kann jemand nach der Einnahme von Zuckerwasser erbrechen? Wie kann ein Mensch plötzlich Diabetiker oder allergisch gegen Orangensaft sein, bloß weil er in eine andere Persönlichkeit schlüpft? Was passiert da im Gehirn und im Körper? Auf der Suche nach Antworten recherchierte ich weiter.

Wissenschaftler sind davon überzeugt, dass der Nocebo-Effekt im Wesentlichen auf die Aktivierung eben jener Stressreaktion zurückzuführen ist, die der Placebo-Effekt dämpft. Wird ein Patient mit einem Fluch belegt, ob durch einen Voodoo-Zauberer, ein Familienmitglied oder einen modernen Schulmediziner, löst diese Negativbotschaft im Körper Stressalarm aus. So teilte man Patienten in einer Studie mit, dass sie Schmerzen bekommen würden (obwohl man sie bloß mit einer wirkstofffreien Substanz behandelte), woraufhin es tatsächlich zu einer Stimulation der HHN-Achse und einem Anstieg des Cortisolspiegels kam. Die auftretenden Schmerzen und die überschießende Reaktion der HHN-Achse ließen sich mit Valium behandeln, was darauf hindeutet, dass ein Stressmechanismus beteiligt war.[48]

Manche vertreten auch die Theorie, dass Menschen, die man für krank erklärt, dies als einen solchen Tiefschlag erleben könnten, dass sie nicht mehr für sich sorgen und sich ihr Zustand darum verschlechtert. Vielleicht werden sie sogar depressiv, und wie wir in Kapitel 7 noch sehen werden, besteht ein eindeutiger Zusammenhang zwischen Depression und mangelnder Gesundheit.

SIE SIND NICHT OPFER IHRER GENE

Weitere Belege dafür, dass unsere innere Einstellung die physiologischen Abläufe in unserem Körper beeinflusst, liefern molekularbiologische Forschungen im Rahmen der sogenannten »Epigenetik«, also im Bereich »jenseits der Gene«. Und welche Kontrollinstanz ist da am Werk?

Ja. Richtig geraten. Der Geist. Wie sich gezeigt hat, können wir unsere DNA selbst nicht verändern, doch auf welche Art und Weise sie zum Ausdruck kommt, können wir womöglich auf geistigem Weg beeinflussen. Der traditionelle genetische Determinismus, wie er von Watson und Crick, den Entdeckern der DNA-Doppelhelix, propagiert wurde, basiert auf der Vorstellung, dass alles im Körper von unseren Genen gesteuert wird. Ihm zufolge sind unsere Gene unser Schicksal. Herzerkrankungen, Brustkrebs, Alkoholsucht, Depression, ein zu hoher Cholesterinspiegel – die Liste ließe sich beliebig fortführen: Wenn wir eine familiäre Vorbelastung in einer solchen Richtung haben, ist die Sache für uns praktisch gelaufen.

Das Dogma des genetischen Determinismus, wie er traditionell gelehrt wird, ist einfach. Wir werden mit unserer DNA geboren, die sich als RNA verdoppelt, bevor sie auf ein Protein übertragen wird. Doch das Spezialgebiet der Epigenetik eröffnet uns neue Sichtweisen, die den gesamten Komplex des genetischen Determinismus infrage stellen.

Wissenschaftler gehen mittlerweile davon aus, dass externe Signale, Faktoren wie unsere Ernährung, das Umfeld, in dem wir leben, ja sogar unsere Gedanken und Emotionen Einfluss auf die Steuerproteine nehmen, die bestimmen, ob und wie sich unsere DNA manifestiert. Mit anderen Worten: Das Ganze ist nicht so in Stein gemeißelt, wie früher angenommen wurde.

Eine wachsende Zahl von wissenschaftlichen Untersuchungen befasst sich damit, wie es sich physiologisch auswirkt, ob ein Mensch glaubt, dass er gesund oder krank wird. Doch unsere diesbezüglichen Einstellungen gehen oft auf kindliche Prägungen zurück. Womöglich wurden uns gegen unseren Willen negative Gedanken einprogrammiert. Leider haben nur die wenigsten von uns eine positive Haltung zur eigenen Gesundheit mit auf den Weg bekommen. Im Gegenteil: Von klein auf hat man uns Überzeugungen eingeimpft, die uns in unserem Bemühen sabotieren, rundum gesund und zufrieden zu sein. Unter dem Einfluss von Glaubenssätzen wie »Ich erkälte mich leicht«, »Ich esse immer zu viel«, »Ich werde wahrscheinlich nicht sehr lange leben« und »Meine Familie ist besonders krebsanfällig«, löst der Geist physiologische Mechanismen aus, die dem Körper schaden. Solche Überzeugungen müssen nicht unbedingt gesundheitliche Themen zum Inhalt haben. Ebenso negativ wirken sich tiefergehende, allgemeiner gefasste selbsteinschränkende Glaubenssätze aus. (»Ich bin nichts wert«, »Ich bin nicht schlau genug«, »Es steht mir nicht zu, viel Geld zu verdienen«, »Ich bin ein Versager«, »Keiner wird mich je lieben«.)

EIN EXKURS IN DIE EPIGENETIK

Ändern wir unser Denken, so hat sich gezeigt, kann sich dies tatsächlich darauf auswirken, wie unser Gehirn mit dem übrigen Körper kommuniziert, und damit in dessen biochemische Abläufe eingreifen. Nicht nur unser Gehirn verfügt über diese Art von Plastizität. Der Zellbiologe und Autor Dr. Bruce Lipton geht davon aus, dass sich mit unseren Überzeugungen zwar nicht unsere DNA selbst verändern lässt, sehr wohl aber, wie diese zum Ausdruck kommt.[49]

Unser genetischer Code ist wie eine Blaupause, die auf millionenfache Weise interpretiert werden kann. Bevor im Rahmen des sogenannten *Human Genome Project* mit der Entschlüsselung des menschlichen Genoms begonnen wurde, schätzten Biologen, dass der Mensch über mindestens 120.000 verschiedene Gene verfügt – eines für jedes Protein. Zu ihrem großen Erstaunen stellten sie dann aber fest, dass es nur etwa 25.000 sind, die auf vielerlei verschiedene Weise zum Ausdruck kommen können.

Heute wissen wir, dass jedes dieser 25.000 Gene mit Hilfe von Steuerproteinen, die von äußeren Signalen beeinflusst sind, über mindestens 30.000 verschiedene Ausdrucksmöglichkeiten verfügt. (Rechnen Sie das einmal aus!) Studien haben gezeigt, dass sogar bestimmte genetische Mutationen von äußeren Faktoren überlagert werden können, sodass hier effektiv in den DNA-Ausdruck eingegriffen wird. Die solchermaßen veränderten Gene können an die Nachkommenschaft weitergegeben werden, sodass sich in dieser ungeachtet der weiterhin vorhandenen Genmutation gesündere Merkmale manifestieren.[50] Die Erforschung der epigenetischen Steuerung revolutioniert unsere Vorstellung von den Erbfaktoren. Früher dachten wir, dass manche Menschen mit »guten Genen« gesegnet seien, während andere die

Bürde dessen zu tragen hätten, was von Medizinern bisweilen unsensibel als »grottenschlechtes Protoplasma« bezeichnet wurde. In Wirklichkeit gibt es nur wenige Krankheiten, die auf die Mutation eines einzelnen Gens zurückzuführen sind. Nicht einmal 2 Prozent aller Krankheiten, etwa Mukoviszidose, Chorea Huntington und β-Thalassämie, werden durch ein einziges fehlerhaftes Gen verursacht, und nur etwa 5 Prozent der Krebs- und Herzerkrankungen gehen auf eine erbliche Vorbelastung zurück.[51]

Unter Wissenschaftlern setzt sich zunehmend die Erkenntnis durch, dass das menschliche Genom deutlich empfänglicher für äußere Einflüsse ist, als der genetische Determinismus uns glauben machen wollte. Das heißt, dass sich die Mehrzahl aller pathologischen Prozesse mit Faktoren aus dem Umfeld erklären lässt, dem die Zellen ausgesetzt sind: auf Einflüsse wie Ernährung, hormonelle Veränderungen und sogar Liebe. Wir müssen also kein Opfer unserer DNA sein.

DER KÖRPER ALS PETRISCHALE

Nachdem ich Liptons hochinteressantes Buch gelesen hatte, wollte ich mehr wissen und besuchte ihn zu einem Interview. Als Zellbiologe in der Grundlagenforschung arbeitet er mit pluripotenten Stammzellen, also solchen, die sich in die verschiedensten Zellen oder Gewebe ausdifferenzieren können. Er erzählte mir von einem Versuch, bei dem er eine dieser Zellen in eine Petrischale legte, wo sie mit einem Zellkulturmedium ernährt wurde, während sie sich in viele genetisch identische Zellen teilte.

Die so gezüchteten Zellen verteilte er auf drei Petrischalen und setzte sie drei verschiedenen Kulturmedien aus. Dabei entdeckte er, dass das jeweilige Umfeld entscheidend dafür war, ob sich eine Zelle zur Muskel-, Fett- oder Knochenzelle entwickelte. Obwohl alle Zellen genetisch identisch waren, also über ein und dieselbe DNA verfügten, drückten sie sich auf völlig verschiedene Weise aus.

Wovon hing das Schicksal der Zellen ab? Nicht von den Genen. Genetisch waren sie alle gleich. Der einzige Unterschied lag in dem Milieu, dem sie ausgesetzt waren. Und dieses entschied auch darüber, ob sie gesund blieben oder nicht. War es »gut« (gesundes Zellkulturmedium), entwickelten sie sich prächtig, war es »schlecht« (ungesundes Zellkulturmedium), nahm ihre Entwicklung einen ungünstigen Verlauf.

Lipton beschreibt es so: »Wäre ich eine Art Schulmediziner für Zellen, würde ich die dem schädlichen Milieu ausgesetzten Exemplare als krank diagnostizieren. Dass sie der medizinischen Behandlung bedürfen, ist offensichtlich. Aber eigentlich brauchen sie etwas anderes. Nimmt man sie nämlich aus dem schädlichen Milieu heraus und bringt sie zurück in das gute, genesen sie auf natürliche Weise – ohne ärztliches Zutun.«

Eines Tages, berichtet Lipton, hatte er während der Arbeit in seinem Labor eine Offenbarung. Er erkannte, dass der menschliche Körper letztlich nichts anderes ist als die Zellen, die er da beobachtete. »Der Mensch ist nichts als eine von Haut überzogene Petrischale, in der eine Gemeinschaft von 50 Trillionen Zellen lebt. Ob diese im Körper oder in einer Glasschale existieren, ist letztlich unerheblich. Im Körper ist das Blut das Kulturmedium, in dem die Zellen schwimmen und aus dem sie ihre Nahrung beziehen. Verändern wir dessen Zusammensetzung, verändern wir damit das Zellumfeld. Und wer steuert die Zusammensetzung des Blutes? Das Gehirn! Es ist der Chemiker, der dem Blut Neuropeptide, Hormone, Wachstumsfaktoren und andere Substanzen zuführt wie ein Forscher, der mit der Pipette Chemikalien in eine Petrischale träufelt, um das Kulturmedium zu verändern.«

Auf meine Frage, wie innere Überzeugungen das Zellmilieu beeinflussen können, erklärte er mir, dass das Gehirn für die Wahrnehmungen zuständig sei und der Geist für deren Interpretation. Alles hängt davon ab, wie dieser ein Erlebnis bewertet. Nehmen wir an, wir machen die Augen auf und sehen plötzlich jemanden vor uns stehen. (Dies ist die objektive Wahrnehmung im Gehirns.) Der Geist erkennt in der betreffenden Person einen Menschen, den wir lieben. (Dies ist die gedankliche Interpretation.) Daraufhin werden im Gehirn Oxytocin, Dopamin, Endorphine und andere positive Botenstoffe freigesetzt, die das Blut zu einem förderlichen Kulturmedium für alle Zellen im Körper werden lassen.

Öffnen wir hingegen die Augen und sehen da jemanden stehen (= Wahrnehmung), den wir als bedrohlich erleben (= Interpretation), setzt das Gehirn Stresshormone und andere durch Angst stimulierte Botenstoffe frei, die für die Zellen schädlich sind. Dazu Lipton: »Wenn wir die gedankliche Interpretation einer Krankheit so verändern, dass eine positive Erwartungshaltung an die Stelle von Angst und Bedrohung tritt, löst dies eine biochemische Reaktion im Gehirn aus, die sich auf die Zusammensetzung des Blutes sprich: des Kulturmediums auswirkt. Und dies wiederum ruft Zellveränderungen auf der biologischen Ebene hervor.«

Während meines Gesprächs mit Dr. Lipton ging auch mir ein Licht auf. Plötzlich machte das Ganze Sinn. Letztlich lief alles auf die jeweiligen Hormone und Neurotransmitter hinaus, die im Gehirn freigesetzt werden, wenn wir etwas als positiv (Placebo-Effekt) beziehungsweise negativ (Nocebo-Effekt) erleben. Ist unsere innere Einstellung von Hoffnung und Optimismus geprägt, werden im Gehirn Substanzen ausgeschüttet, die den Körper in einen weitgehend vom parasympathischen Nervensystem kontrollierten, physiologischen Entspannungszustand versetzen. Dieser bietet die Voraussetzungen dafür, dass die natürlichen Selbstreparaturmechanismen des Körpers in Aktion treten und all das in Ordnung bringen können, was nicht mehr richtig funktioniert.

Sind wir dagegen im Griff negativer Überzeugungen, nimmt das Gehirn dies als Bedrohung war. Wenn es nach ihm ginge, könnte uns genauso gut ein Löwe auf den Fersen sein. Kampf oder Flucht, das ist jetzt die Frage. Während einer solchen Stressreaktion stellt der Körper langfristige Belange wie Zellerneuerung, Selbstreparatur und die Reduzierung von Alterserscheinungen zurück, denn er ist mit Wichtigerem beschäftigt. Er muss zusehen, dass wir dem Löwen entkommen. Warum sollte er Immunzellen mobilisieren, um vereinzelte Krebszellen zu eliminieren, oder sich mit Zellerneuerung aufhalten, wenn wir gleich gefressen werden?

Im Laufe der Zeit können negative Gedanken, die ständig neue Stressreaktionen auslösen, ihren Tribut fordern, denn das Zellmilieu wird dabei mit Stresshormonen vergiftet. Kein Wunder, dass der Körper krank wird und kaum in der Lage ist, sich selbst zu reparieren.

PRÄGUNGEN IM MUTTERLEIB

Die Wirkung von äußeren Faktoren auf die Genexpression kann bis in die Zeit zurückreichen, als wir noch im Mutterleib waren. Eine breite Palette von Krankheiten, die im Erwachsenenalter auftreten – etwa Osteoporose und Depression –, werden mit prä- und perinatalen Einflüssen in Zusammenhang gebracht.[52] Auch diese Erkenntnis stellt das gesamte Konzept des genetischen Determinismus infrage.

In seinem Buch *Life in the Womb* (etwa: »Leben im Mutterleib«) führt der Gynäkologe Peter W. Nathanielsz die sich mehrenden Beweise dafür an, dass die Einflüsse im Mutterleib ebenso wichtig, wenn nicht gar wichtiger für die künftige geistige und physische Entwicklung eines Kindes sind als seine Gene. Er bezeichnet das vornehmliche Starren auf die Gene als *genetische Kurzsichtigkeit*.[53]

Die Zuwendung, die uns in frühester Kindheit zuteil wird, hat zudem einen prägenden Einfluss auf unser Gehirn und dessen Rezeptoren, die wie eine Art Thermostat darüber entscheiden, wie wir als Erwachsene mit stressverursachenden Reizen umgehen. Auch hierdurch können sich also im späteren Leben Krankheiten ergeben. Eine fehlende Bindung zwischen Mutter und Baby in der ersten Zeit nach der Geburt drückt sich nicht nur im Körper des Einzelnen aus. Die Wirkungen reichen bis in unsere Gesellschaft hinein, werden hier doch die Weichen in Richtung Depression, Aggression und Drogenmissbrauch gestellt, sodass das friedliche zwischenmenschliche Miteinander insgesamt auf dem Spiel steht.[54] Mit anderen Worten: Unsere Eltern haben womöglich bereits auf unsere Gesundheit Einfluss genommen, als wir kaum mehr waren als ein begehrliches Funkeln in ihren Augen. Eine Fülle von chronischen Krankheiten kann infolge von widrigen Umwelteinflüssen entstehen, denen wir als Fötus ausgesetzt sind.[55]

DIE ROLLE DES UNBEWUSSTEN

Unsere Eltern haben außerdem maßgeblichen Einfluss auf die Überzeugungen, die in unserem Unbewussten gespeichert sind. Ungewollt prägen wir uns bereits in jungen Jahren die negativen Glaubenssätze ein, die wir von ihnen übernehmen. Es sind Aussagen wie »Du bist schwach« oder »Wenn du so weitermachst, wirst du dick und fett und bestimmt einmal Diabetes bekommen.« Das Gedächtnis unseres Unbewussten reichert sich mit all den Überzeugungen an, die wir von Eltern, Lehrern und anderen frühen Bezugspersonen eingeimpft bekommen.

Dies sind dann die Programme, die uns ein Leben lang steuern, wenn es uns nicht gelingt, sie durch neue zu ersetzen. Ungefähr mit dem sechsten Lebensjahr ist unsere unbewusste Programmierung in der Regel abgeschlossen, und nur wenige von uns machen sich die Mühe, sie zu überprüfen und umzuschreiben. Da wir während unserer Kindheit keinerlei Kontrolle über diesen Prozess ausüben, ist es nicht verwunderlich, dass die meisten von uns Schwierigkeiten haben, sich von einschränkenden und selbstsabotierenden Überzeugungen zu lösen, die nicht nur gesundheitlich, sondern in jeder Hinsicht schädlich sind.

Selbst wenn unser Erwachsenenbewusstsein von Positivität und Hoffnung erfüllt ist, handeln wir in 95 Prozent aller Fälle aus dem Unbewussten heraus. Kaum hören wir auf, uns bewusst auf positive Gedanken zu konzentrieren, gewinnen unsere gewohnten negativen Glaubenssätze wieder die Oberhand und etablieren sich als Standardprogramm. Sie sind aktiv, während wir schlafen, während wir arbeiten oder wann immer wir nicht bewusst unsere positiven Affirmationen sprechen. Damit können sie den schon erwähnten

Nocebo-Effekt bewirken, denn wenn wir auf der unbewussten Ebene überzeugt sind, krank zu werden, nimmt das Gehirn dies als Bedrohung wahr und löst die entsprechende Stressreaktion aus. Und ehe wir uns versehen, rennt unser Körper wieder vor dem imaginären Löwen davon, mit all den schädlichen Folgen.

Die Macht des Unbewussten erklärt, warum uns positives Denken allein nur bis zu einem bestimmten Punkt voranbringen kann. Wie viele Ratgeber haben Sie gelesen, Seminare besucht und Neujahrsvorsätze gefasst? Wie oft haben Sie sich geschworen, Ihre Lebensweise zu ändern und im Jahr darauf doch gemerkt, dass alles beim Alten geblieben ist? Da wir nur zu 5 Prozent aus dem bewussten Denken heraus funktionieren, sind wir kaum in der Lage, den gewichtigen Einfluss des Unbewussten allein vom Verstand her zu überwinden. Um unsere innere Haltung auf Dauer zu verändern, müssen wir unsere Glaubenssätze nicht nur auf der bewussten, sondern auch auf der unbewussten Ebene verändern.

ACHTEN SIE DARAUF, WELCHE PROGRAMME SIE KINDERN MITGEBEN

Vielen von uns wurde bereits in jungen Jahren ein Gefühl von Ohnmacht im Hinblick auf unsere eigene Gesundheit mit auf den Weg gegeben. Nur die wenigsten haben von ihren Eltern zu hören bekommen, dass wir unseren Körper selbst kraft unseres Geistes heilen oder krank machen können. Stattdessen ließ man uns glauben, dass uns unser Körper eigentlich nichts angeht und wir wenig dazu beitragen können, ihn gesund zu erhalten.

Wir haben früh gelernt, dass man, wenn man krank ist, zum Arzt gehen und sich behandeln lassen muss. Wenn ein Kind hinfällt und sich das Knie aufschürft, sagen Eltern nur selten: »Mach dir nichts draus, Kleines. Du kannst es getrost deinem Knie überlassen, sich selbst zu heilen.« Im Gegenteil! Wir eilen sofort mit Wundtinktur und Heftpflaster herbei. Das ist an sich nichts Schlimmes, aber wir verführen damit das Kind zu der irrigen Meinung, dass der Körper auf eine von außen kommende Behandlung angewiesen ist, statt sich auf die Selbstreparaturmechanismen zu verlassen, über die jeder Mensch von Natur aus verfügt. Als Erwachsene sind wir dann überzeugt, keinerlei Einfluss darauf zu haben, wie sich unsere Gesundheit entwickelt, obwohl wir in Wirklichkeit über unendliche Kräfte verfügen.

Auch ich bin einer solchen Programmierung zum Opfer gefallen. Als Kind hatte ich eine große Schwäche statt für Süßigkeiten für Salziges. Ich liebte Suppen, Chips, Käse, alles, was irgendwie würzig schmeckte, und meine Mutter sagte immer, dass ich bei meinem Salzkonsum später einmal einen zu hohen Blutdruck bekommen würde. Niemand in meiner Familie hatte ein Problem in dieser Richtung. Meine Eltern neigten sogar beide zu ungewöhnlich niedrigen Werten. Dennoch war ich unbewusst darauf programmiert, dass mein Blutdruck einmal zu hoch sein würde. So überraschte es mich nicht, als man mir als klapperdünne, ansonsten kerngesunde Zwanzigjährige ohne jede familiäre Vorbelastung die Diagnose Hypertonie stellte. Erst Jahre später, als ich anfing, mich mit der Kraft von positiven und negativen Glaubenssätzen zu befassen, erkannte ich, wohin mich meine eigene unbewusste Programmierung geführt hatte. Konnte das Zufall sein? War es mir vom Schicksal vorbestimmt, an Bluthochdruck zu leiden? Vielleicht. Mit Sicherheit ließ sich das nicht ausschließen. Und doch kam ich ins Grübeln …

Man stelle sich vor, Eltern würden in die empfänglichen Hirne ihrer Kinder die Überzeugung einprogrammieren, dass der Mensch über enorme Selbstheilungskräfte verfügt, um Krankheiten abzuwehren und sich gesund zu erhalten. Man stelle sich vor, sie würden ihnen nicht mehr beibringen, dass man sich im Krankheitsfall mit Medikamenten vollpumpen und sich beim Arzt eine Spritze geben lassen muss. Wie überaus gesund unser Unbewusstes dann wäre!

Was ich während meiner Recherche gelernt habe, hat sich sicherlich darauf ausgewirkt, wie ich heute mit meiner Tochter Siena umgehe. Als sie drei oder vier Jahre alt war, also bevor ich das alles wusste, veranstaltete Matt, mein

Mann, jedes Mal zum Spaß ein Riesenspektakel, wenn sie sich wehtat oder krank wurde. Mit Sirenengeheul schnappte er sie sich, rannte mit ihr durch die Wohnung und schrie: »Schnell! Wir brauchen einen Krankenwagen! Wir müssen Siena in die Kinderfabrik bringen! Sie braucht ein neues Bein (eine neue Lippe, Nase …)!« Sie fing dann immer an zu lachen, und wir klebten ihr ein Pflaster auf ihr Aua oder fuhren mit ihr zum Arzt. Aber die tiefere Botschaft, wie wir ihrem Unbewussten eingepflanzt haben, lautete: »Du musst in die Kinderfabrik fahren, um wieder gesund zu werden.« Mit dieser Art von Programmierung dürfte es ihr als Erwachsener schwerfallen, sich auf die Selbstheilungskräfte ihres Körpers zu verlassen.

Bevor ich mich mit diesem Thema befasste, hatten Matt und ich keine Ahnung, dass wir mit unserem Verhalten Sienas Gesundheit und körperlichem Wohlergehen ungewollt einen Bärendienst erwiesen. Meine Mutter wünschte sich ebenfalls gewiss nichts sehnlicher für ihre Kinder, als dass es ihnen gut gehen solle. Meist sind wir uns einfach nicht darüber im Klaren, wie wir unsere Kinder programmieren und welche Konsequenzen dies für ihr späteres Leben haben kann.

Inzwischen gehen Matt und ich anders vor, wenn wir mit Siena über Krankheiten, Verletzungen und den Heilungsprozess reden. Wenn sie nachts mit Bauchweh aufwacht, erinnern wir sie daran, dass sie sich selbst heilen kann und behandeln sie oft zusätzlich mit einem Placebo – einem Hustenbonbon oder einem Tic Tac. Manchmal geben wir ihr auch ein Medikament gegen Erkältungen oder ein homöopathisches Mittel. Aber wann immer wir ihr eine Pille geben, dann mit den Worten: »Das soll dir nur dabei helfen, dich selbst zu heilen.«

Kaum hatten wir angefangen, so mit ihr umzugehen, sprach sie auf einmal ganz anders über Krankheiten und Verletzungen. Wenn sie hinfiel und sich das Knie aufschürfte, sprang sie sofort wieder auf und sagte: »Mach dir keine Sorgen, Mama. Mein Knie weiß schon, wie es sich heilen kann.«

Mein Mann und ich haben unserem Kind mit Sicherheit nie eine medizinisch notwendige Behandlung vorenthalten – das ist es nicht, worauf ich hier hinauswill. Würde bei Siena je, was Gott verhindern möge, eine ernstliche Erkrankung diagnostiziert, wir wären blitzschnell beim Arzt. Aber wir haben festgestellt, dass wir mit Siena außer zu Routineuntersuchungen so gut wie nie in eine Praxis müssen. Auch steckt sie mittlerweile sehr viel schneller die Erkältungs- und Grippeviren weg, die sie im Kindergarten aufschnappt. Vielleicht wird es ihr diese andere unbewusste Programmierung, die sie in der Kindheit später mit auf den Weg bekommen hat, im weiteren Leben leichter machen, innere Widerstände gegen den Selbstheilungsprozess aufzugeben.

Und wie sieht es mit Ihnen aus? Was ist, wenn Ihnen Ihre Eltern die unbewusste Botschaft vorenthalten haben, dass Sie sich selbst heilen können? Was, wenn Sie gern glauben möchten, dass Ihr Geist Ihren Körper heilen kann, es aber einfach nicht tun? Wenn Sie keine Hoffnung haben oder entmutigt sind, verzweifeln Sie nicht! Das Gute ist, dass sich solche negativen Glaubenssätze, die den Nocebo-Effekt auslösen und der Gesundheit schaden könnten, durchaus umprogrammieren lassen. (Näheres hierzu finden Sie in Kapitel 10.)

MEDIZINISCHE VERHEXUNG

Gelingt es uns, unsere Überzeugungen auf der unbewussten Ebene zu verändern, optimieren wir damit das Kulturmedium für die Zellgemeinschaft unseres menschlichen Körpers. Und damit verändern wir die Art und Weise, wie unsere DNA zum Ausdruck kommt. Wir sind keine Opfer unserer Gene. Wir haben unser Schicksal selbst in der Hand.

Die Beweislage war absolut überzeugend. Trotzdem hatte ich das Gefühl, irgendwie versagt zu haben. Warum hatte ich dies alles nicht schon früher gewusst? Hatte ich mit dem hippokratischen Eid nicht geschworen, meine medizinischen Kenntnisse nicht »zum Schaden und in unrechter Weise anzuwenden«? Ich fühlte mich schuldig, weil ich meinen Patienten womöglich versehentlich geschadet hatte. Ich hatte es versäumt, sie darüber aufzuklären, dass sich ihre innere Einstellung physisch manifestieren kann, und meine eigenen, potenziell schädlichen Überzeugungen auf sie projiziert. Fällen wir über unsere Patienten statistische Urteile nach dem Motto: »Neun von zehn Patienten mit Ihrer Krankheit sterben innerhalb von sechs Monaten« oder »Sie haben eine zwanzigprozentige Chance, die nächsten fünf Jahre zu überleben«, sind wir dann so weit entfernt von den Voodoo-Verwünschungen, wie sie in manchen indigenen Kulturen ausgesprochen werden? Verfluchen wir sie womöglich, indem wir ihnen Angst einflößen und in ihrem Gehirn Stressreaktionen auslösen, obwohl der Körper gerade jetzt besonders dringend auf eine Entspannungsreaktion angewiesen wäre?

Wenn wir einen Patienten für »unheilbar krank« erklären oder ihm auch nur das Etikett einer »chronischen Krankheit« wie Multiple Sklerose, Morbus Crohn oder Hypertonie aufdrücken und ihm sagen, dass er für den Rest seines Lebens darunter zu leiden haben wird, fügen wir ihm damit nicht genau genommen Schaden zu? Welchen Beweis haben wir dafür, dass er nicht irgendwann in die Spontanheilungs-Datenbank des *Spontaneous Remission Project* aufgenommen wird als einer, der eine sogenannte unheilbare Krankheit überwunden hat?

In seinem Buch *Spontanheilung* schreibt Dr. Andrew Weil, dass Ärzte unwissentlich etwas betreiben können, was er als »medizinische Verhexung« bezeichnet.[56] Wenn wir einen Patienten für »chronisch«, »unheilbar« oder »tödlich« krank erklären, programmieren wir negative Glaubenssätze in sein Unbewusstes ein und provozieren damit eine Stressreaktion, die ihm mehr schadet als nützt. Drücken wir ihm das Etikett einer negativen Prognose auf und berauben ihn seiner Hoffnung auf Heilung, könnten wir letztlich den Boden dafür bereiten, dass sich unsere fatale Prophezeiung erfüllt. Wäre es nicht besser, ihm Hoffnung zu machen? Damit würden wir seinem Geist das Signal geben, im Gehirn die Ausschüttung all der gesundheitsförderlichen Substanzen zu veranlassen, die den Selbstreparaturmechanismen des Körpers auf die Sprünge helfen.

Als bei meinem Vater ein metastasierendes Melanom diagnostiziert wurde, das sich bereits in Gehirn und Leber ausgebreitet hatte, war das ein Schock. Als Ärzte wissen wir um die statistischen Überlebensaussichten: weniger als 5 Prozent aller Patienten mit diesem Krankheitsbild überleben die nächsten fünf Jahre. Die meisten sterben innerhalb von drei bis sechs Monaten.

Aus dem Wissen heraus, das mir heute zur Verfügung steht, wünsche ich mir, wir hätten diese Statistik damals nicht gekannt. Ein Blick auf die Zahlen genügte, um alle Hoffnungen zunichte zu machen. Wir hatten stets nur die 95 Prozent der Menschen vor Augen, die der Krankheit erlagen.

Heute ist mir klar, dass Ärzte, die ihre Patienten mit dieser Art von Zahlen konfrontieren, ihnen ungewollt schaden können. Niemand vermag in die Zukunft zu schauen. Wir können nicht vorhersagen, welche von ihnen es wider alle Wahrscheinlichkeit schaffen und welche nicht. Wir haben die redlichsten Absichten. Was uns treibt, ist der Wunsch, ehrlich zu sein, die Mündigkeit unserer Patienten zu respektieren und sie auf das Schlimmste vorzubereiten, damit sie nicht in einem Zustand der Verleugnung verharren.

Aber was ist, wenn dieser Mensch, der eine unter zehn ist, der nicht stirbt? Haben wir ihm dann einen Gefallen getan mit unserer Warnung vor etwas, das womöglich niemals eintreffen wird? Ist unser Wunsch nach strikter Offenheit es wert, die Hoffnung und den Glauben an eine Heilung zu opfern, damit unsere Patienten ihre Chancen »realistisch« einschätzen können?

Ich plädiere hier nicht etwa für eine Rückkehr zum alten paternalistischen Modell nach dem Motto »Zermartern Sie nicht Ihren hübschen Kopf, gnädige Frau«. Anfang des zwanzigsten Jahrhunderts behielten Ärzte ihr Wissen über den kritischen Zustand von Patienten oft mit dem Argument für sich: »Wenn die Oma das wüsste, würde es sie umbringen.«

Nein. Ehrlichkeit und ein gleichberechtigtes Miteinander sind die Eckpfeiler einer modernen Arzt-Patienten-Beziehung. Aufklärung, Ermutigung zur Eigenverantwortlichkeit und eine komplette Offenlegung aller Informationen sind definitiv mein *modus operandi*. Was ich infrage stelle, ist jedoch die Art und Weise, in der wir diese Informationen weitergeben. Wäre es nicht sinnvoll, dass wir als Heilende wie als Patienten unsere Form zu denken und zu kommunizieren so verändern, dass wir dem Körper die größtmögliche Chance zur Heilung geben? Wenn ich eines in meinem Beruf gelernt habe, dann dies: Das Rezept der Heilung liegt irgendwo im Grenzverlauf zwischen Hoffnung, Optimismus, fürsorglicher Zuwendung und einer Partnerschaft auf Augenhöhe zwischen Arzt und mündigem Patienten.

3

DER HEILUNGSFAKTOR, DER ALLES VERÄNDERN KANN

»Das Geheimnis der Patientenfürsorge liegt darin,
sich um ihn zu sorgen.«

FRANCIS PEABODY

Ich erinnere mich daran, wie mich meine Mutter eines Tages anrief und über starke Bauchschmerzen klagte. Nach dem Tod meines Vaters litt sie immer wieder an Blähungen und Durchfällen, aber diese Schmerzen waren neu. Sie klang besorgt. Über dreitausend Meilen Entfernung hinweg tröstete ich sie, so gut es ging.

Im Stillen ging ich die Differentialdiagnose durch. War es die Gallenblase? Ein blutendes Geschwür? Eine Pankreatitis? Eine ungewöhnliche Variante von Blinddarmreizung? Ein Fall von Darmverschlingung? Ein Zwerchfellbruch? Ein Reflux?

Ich löcherte sie mit den Fragen, die man in solchen Fällen stellt. Hatte sie Fieber? Hatte sie erbrochen? Wann hatte sie zum letzten Mal Stuhlgang? Hatte sie Blähungen? Hatte sie Hunger?

Aus ihren Antworten schloss ich, dass kein chirurgischer Notfall vorlag. Ich sagte ihr das, empfahl ihr aber trotzdem, ihre Hausärztin anzurufen. Ein paar Minuten später meldete sich meine Mutter noch einmal. Sie hatte die Frau erreicht und sollte sofort in die Praxis kommen.

Der Weg dorthin war weit – fast eine Stunde Fahrt. Auf halber Strecke rief meine Mutter an, und ich fragte sie, wie es ihr ginge. Die Schmerzen hatten etwas nachgelassen. Eine Viertelstunde später – sie war fast angekommen – meldete sie sich noch einmal. »Ob du's glaubst oder nicht«, sagte sie, »aber diese verflixten Schmerzen sind so gut wie weg.« Als sie in der Praxis eintraf, tat ihr der Bauch nicht mehr weh. Wieder rief sie mich an. »Ich schwöre dir, das passiert mir *andauernd.* Ich will, dass die Symptome stark sind, wenn ich in die Praxis komme, damit sie sehen, wie schlecht es mir geht und herausfinden können, was mir fehlt. Aber meistens verschwinden sie, bevor ich aufgerufen werde.«

Bingo.

Die Ärztin meiner Mutter hatte die Ursache für die Schmerzen nie finden können, aber nach diesem Gespräch entwickelte ich eine Theorie. Meine Mutter hat großes Vertrauen in die Ärzteschaft. Sie glaubt, dass es in deren Macht steht, ihre Leiden zu lindern. Sie hat oft erlebt, dass es ihr schlecht ging und sie sich nach dem Besuch beim Arzt besser fühlte. In ihrem Inneren hat sich die Überzeugung herausgebildet, dass Ärzte ihr helfen können. Und weil sie ihre Behandler sorgfältig auswählt, mag sie diese Menschen sehr und hat das Gefühl, dass auch sie sie gern haben.

Was aber, wenn die Linderung ihrer körperlichen Beschwerden, die sich auf dem Weg zum Arzt einstellt, in erster Linie auf den Geist und dessen Einfluss auf den Körper zurückzuführen ist? Wenn meine Mutter bei ihrer Ärztin anruft und einen Termin vereinbart, könnte es doch sein, dass dies in ihr ein Gefühl von Beruhigung, Hoffnung, Optimismus, Zuneigung und den Glauben an eine baldige Besserung hervorruft. Aus ihrem Gehirn kommt ein tiefes Seufzen der Erleichterung. Ihre Gedanken beenden die Stressreaktion, die das Auftreten der Beschwerden ausgelöst hat, und die Vorstellung, gleich ihrer Ärztin gegenüberzusitzen, löst eine Entspannungsreaktion aus. Ihr Körper löst sich aus seiner Anspannung, und die natürlichen Selbstreparaturmechanismen beginnen zu greifen. Ehe sie sich versieht, hat der Körper sein Problem selbst gelöst. Und siehe da: Die Symptome sind weg!

Es sieht so aus, als hätte die Fahrt zur Ärztin die Beschwerden meiner Mutter vertrieben, doch der eigentliche Held ist ihr Geist.

Es liegt mir natürlich fern, die Leistung von Ärzten zu schmälern. Als sich mein Mann mit einer Tischkreissäge zwei Finger abschnitt und sein Dr. Jonathan Jones sie ihm unter Einsatz modernster mikrochirurgischer Techniken wieder annähte, waren wir beide voll der Bewunderung. Es war genial, wie der Mann an seinem freien Tag eigens in die Praxis kam und unter dem

Mikroskop in Matts Fingern jede Arterie, jeden Nerv und jeden Knochen einzeln wieder zusammennähte, sodass er in seiner Arbeit als Künstler und Schriftsteller weiter seine Hände benutzen konnte. Ich war meinem Kollegen so dankbar, dass ich ihm ein Bild von meiner eigenen Hand malte – als Geste des Respekts für das Können, die Liebe und die aufopfernde Hingabe, mit der er meinen Mann behandelt hatte.

Doch so dankbar ich Dr. Jones bin, einen Großteil des Heilungserfolgs schreibe ich Matt selbst zu. Vom ersten Augenblick an glaubte er fest daran, dass sich seine Finger wieder annähen lassen und genauso gut funktionieren würden wie vorher. Er hatte absolutes Vertrauen in die moderne Medizin. Gleich, nachdem es passiert ist, schaute er mich mit großen Augen an und sagte: »Es wird alles gut!« Während des Unfalls hatte er keine Schmerzen, wahrscheinlich weil sein Körper mit schmerzstillenden Endorphinen geflutet war, und als ich die 911 wählte und kurz darauf die Sanitäter eintrafen, zeigte er sich erleichtert. Ich gehe davon aus, dass sein Gehirn heilende Hormone und andere gesundheitsförderliche Substanzen ausschüttete, die den Genesungsprozess unterstützten und Dr. Jones die Arbeit erleichterten. Trotzdem: Tatsache ist, dass er jemanden brauchte, der ihm die Finger wieder annähte. Von alleine anwachsen konnten sie nicht.

Wenn Ärzte uns rettend zur Seite springen, insbesondere im Angesicht von Traumata oder Krankheiten, die Leib und Leben bedrohen, könnten wir leicht versucht sein, sie auf ein Podest zu heben und ihnen allein den Heilungserfolg zuzuschreiben. Und es stimmt: Manche Ärzte sind wirklich außergewöhnlich begabt und in der Lage, den Genesungsprozess so voranzutreiben, dass sich der Körper besser regenerieren kann. Aber selbst wenn der Arzt einen Tumor herausschneidet, ein Antibiotikum verschreibt oder einen gebrochenen Knochen ausrichtet – ohne das Zutun unserer körpereigenen Selbstreparaturmechanismen geht es nicht! Matts Körper musste die neu aneinandergefügten Knochen verschweißen und die Schnitte in seinen Arterien und Nerven ausheilen lassen. Dr. Jones schaffte die Voraussetzungen dafür.

Wenn ich den Körper als ein sich selbst reparierendes System bezeichne, will ich damit nicht sagen, dass wir uns vor den Fortschritten der modernen

Medizin verschließen sollten. Ich bin zwar davon überzeugt, dass wir über bemerkenswerte Selbstheilungskräfte verfügen, glaube aber gleichzeitig, dass wir von unserem Körper nicht erwarten sollten, die schwere Arbeit ganz allein zu verrichten. Manchmal würden wir ihn damit einfach überfordern, und er würde uns ganz den Dienst versagen.

Mag sein, dass meine Mutter ihre Bauchschmerzen auch ohne die heilenden Hände ihrer Ärztin losgeworden wäre; Matt hingegen brauchte Dr. Jones. Manchmal sind wir auf die technologischen Möglichkeiten der modernen Medizin angewiesen, ein andermal nicht. Aber eines versichere ich Ihnen: In beiden Szenarien kommt es wesentlich darauf an, sich für den Weg der Genesung den richtigen Begleiter zu suchen. In allen Studien, die ich gelesen habe, wird dies bestätigt.

DER ARZT ALS MEDIZIN

Patienten werden zumindest teilweise deswegen gesund, weil sie an die Fähigkeiten der modernen Medizin glauben und erwarten, dass es ihnen besser gehen wird, wenn sie einen Arzt oder anderen Behandler ihres Vertrauens aufsuchen. Meine Mutter und Matt sind nicht die Einzigen, die große Stücke auf ihre Ärzte halten. Es gibt viele Leute, die beim Besuch einer Praxis auf ähnliche Reaktionen konditioniert sind. Sie haben im Laufe der Zeit immer wieder die Erfahrung gemacht, dass sie sich nachher besser fühlen, sodass ihr Geist seine Wunder wirken kann, noch bevor die eigentliche Behandlung beginnt. Manchmal funktioniert das sogar ohne jeden therapeutischen Eingriff.

Aber was sagt die Wissenschaft dazu?

Wieder nahm ich mir die medizinischen Fachzeitschriften vor. Wie sich zeigte, schien ein Großteil der positiven Reaktionen auf Placebo-Behandlungen mit einer fürsorglichen therapeutischen Beziehung in Zusammenhang zu stehen. Würde ein Patient ein Placebo ohne Beteiligung eines Arztes für sich allein einnehmen, wäre dies nicht ausreichend, so sind Wissenschaftler überzeugt. Um seine Wirkung entfalten zu können, muss es ihm von einer Person verabreicht werden, in die er großes Vertrauen setzt.

Ted Kaptchuk, Leiter eines Harvard-Studienprogramms zur Erforschung von Placebos in der therapeutischen Beziehung (*Program in Placebo Studies and the Therapeutic Encounter*, kurz *PiPS*), sagte dazu in einem NPR-Interview: »Eine Zuckerpille allein bewirkt gar nichts. Was wirkt, ist der therapeutische Kontext. Es sind die Rituale des Heilens. Die Tatsache, dass eine heilende Beziehung entsteht ... Doch die Placebo-Pille oder die Injektion einer Kochsalzlösung – das sind wunderbare Instrumente, um etwas, das normalerweise im Hintergrund geschieht, isoliert betrachten zu können; um es von den Medikationen und medizinischen Verfahren loszulösen und den Akt der fürsorglichen Behandlung für sich allein zu untersuchen. Ich denke, genau das messen wir, wenn wir den Placebo-Effekt studieren.«[57]

Kaptchuk, der in Chinesischer Medizin und Akupunktur ausgebildet ist, wurde einmal gefragt, wie er als Wissenschaftler es vertreten könne, Akupunktur zu praktizieren, wo sich doch in den meisten randomisierten, kontrollierten klinischen Studien kein Nachweis einer über den Placebo-Effekt hinausreichenden Wirkung ergibt. Seine Antwort lautete: »Weil ich ein verdammt guter Heiler bin. Das ist die schwer zu begreifende Wahrheit. Wenn Sie Hilfe bräuchten und zu mir kämen, würde es Ihnen besser gehen. Bei Tausenden von Menschen ist das so gewesen. Weil es letztlich nicht um die Nadeln geht. Es geht um den Menschen, der sie setzt.«[58]

Bestätigung finden Kaptchuks Worte in einer Asthmastudie, über die das *New England Journal of Medicine* in einem von ihm mitverfassten Artikel berichtet. Die an Kurzatmigkeit leidenden Patienten wurden mit einem Salbuterol-Inhalator (Standardbehandlung bei Asthma), einem Scheininhalator (Placebo) und Scheinakupunktur (ebenfalls Placebo) behandelt oder blieben unbehandelt. Bei allen behandelten Probanden besserte sich der Zustand gleichermaßen: Ob Salbuterol-Inhalator, Scheininhalator oder Scheinakupunktur – die Erfolgsrate lag bei ca. 50 Prozent, gegenüber einer 21-prozentigen Besserung bei den unbehandelten Teilnehmern. Anders als in anderen Studien, bei denen sich die Abschwächung der Symptome in nachweisbaren physiologischen Reaktionen spiegelte, wurden diesmal Abweichungen zwischen subjektivem Erleben und physiologischen Reaktionen festgestellt. Bei den mit Scheinakupunktur und Scheininhalator Behandelten und den unbehandelt Gebliebenen verbesserte sich zwar die Lungenfunktion (7 Prozent), jedoch nicht annähernd in demselben Maß wie in der Gruppe derer, die Salbuterol bekamen (20 Prozent).[59]

Warum ging es diesen Patienten besser, obwohl ihr Körper auf der physiologischen Ebene keine Anzeichen zeigte, die die klinische Verbesserung hätten erklären können? Vielleicht hatte es nichts mit dem Salbuterol, dem Scheininhalator oder der Scheinakupunktur zu tun. Vielleicht lag es daran, dass sich jemand *um sie kümmerte*. Was, wenn nicht die medizinische Behandlung, sondern die Aufmerksamkeit der Behandler Grund für die Besserung war? Vielleicht besserte sich der Zustand der Teilnehmer aller Gruppen gleichermaßen, weil sie mit gleicher Fürsorglichkeit behandelt worden waren, und möglicherweise ist dies wichtiger als das Medikament beziehungsweise die Behandlung selbst. Bei Asthma mag es anders aussehen als bei Krebs. Im Kampf gegen eine lebensbedrohliche Krankheit steht weniger die Linderung von Symptomen als vielmehr der Wunsch nach einem günstigen Krankheitsverlauf im Vordergrund. Ist der Krebs weg oder nicht? Doch was wäre, wenn das eine mit dem anderen in Verbindung steht und von der therapeutischen Erfahrung und der Frage abhängt, ob und in welchem Maße diese auf der geistigen Ebene schädliche Stress- oder heilende Entspannungsreaktionen auslöst? Ich vermutete, dass es hier einen starken Zusammenhang gibt, aber auch hierfür brauchte ich Beweise.

BEWEISE FÜR DIE HEILENDE WIRKUNG EINER FÜRSORGLICHEN BEHANDLUNG

An diesem Punkt meiner Recherche war ich bereits mehr oder weniger davon überzeugt, dass der Placebo-Effekt größtenteils auf eine fürsorgliche Behandlung zurückzuführen ist. Und zunehmend drängte sich mir der Verdacht auf, dass ein Mangel an liebevoller Zuwendung insbesondere in Kombination mit »medizinischer Verhexung« einen Nocebo-Effekt auslösen könnte. Doch wie groß war dieser tatsächlich, und gab es irgendwelche Beweise dafür, dass das Verhalten des Arztes am Krankenbett oder seine innere Einstellung dem Patienten gegenüber einen Einfluss auf den Krankheitsverlauf haben?

Dr. Lawrence Egbert publizierte im *New England Journal of Medicine* die Ergebnisse einer randomisierten Studie an präoperativen Patienten, die er an der *Harvard Medical School* durchgeführt hatte. Die Teilnehmer wurden in zwei Gruppen eingeteilt. Die einen saßen in ihrem Aufklärungsgespräch einem gut gelaunten, optimistischen Anästhesisten gegenüber, der ihnen versicherte, dass die anstehende Operation ein Kinderspiel sei, sie bequem gelagert und keinerlei Schmerzen haben würden und alles rundum glatt ablaufen würde. Die anderen hatten Pech (die Ärmsten!). Sie wurden von Anästhesisten betreut, die man anwies, sich von ihrer gereizten, gehetzten und unsympathischen Seite zu zeigen. (Interessanterweise handelte es sich um dieselben Ärzte, die mal in die eine, mal die andere Rolle schlüpften.) Diejenigen, die einen positiv gestimmten Anästhesisten an ihrer Seite wussten, brauchten nur halb so viele Schmerzmedikamente und konnten 2,6 Tage früher aus dem Krankenhaus entlassen werden.[60]

Auch in der allgemeinmedizinischen Praxis spielt eine optimistische Grundhaltung eine Rolle. Als Dr. K. B. Thomas den Kommentar hörte: »Dr. Smith ist so erfolgreich, weil er so positiv ist«, inspirierte ihn dies, 1987 im Rahmen einer Studie an der *University of Southampton* der Frage nachzugehen, ob sich eine positive Einstellung beim Arzt tatsächlich auf den Genesungsprozess auswirkt. Die Ergebnisse wurden im *British Medical Journal* veröffentlicht. In seiner Untersuchung evaluierte er 200 seiner eigenen Patienten, die über Unwohlsein klagten, ohne dass es einen konkreten Befund gab. Sie wurden randomisiert einer von vier Gruppen zugeteilt, mit denen man in der Konsultation jeweils unterschiedlich verfuhr. Den einen begegnete man mit »positivem Auftreten«, entweder mit oder ohne Behandlung, den anderen mit »nicht positivem Auftreten«, ebenfalls mit oder ohne Behandlung. Bei 64 Prozent der Patienten, die in den Genuss der positiven Behandlung kamen, besserte sich der Zustand; zeigte sich der Behandler hingegen von seiner weniger freundlichen Seite, waren es nur 39 Prozent.

Wie sich in der Studie zeigte, ließ sich die Genesungsrate durch Aussagen steigern, die suggerierten, dass es dem Patienten »in ein paar Tagen wieder besser gehen« würde; dies war auch der Fall, wenn man einem Probanden während der Behandlung sagte, dass ihm diese bestimmt helfen würde. Andererseits zogen Negativaussagen wie »Ich bin nicht sicher, ob Ihnen die Behandlung etwas bringen wird« längere Genesungszeiten nach sich.[61] Das Fazit von Dr. Thomas: »Der Arzt selbst ist ein starkes Therapeutikum; er ist das Placebo, und sein Einfluss ist mehr oder weniger bei jeder Behandlung spürbar.«[62]

Sind Optimismus und gutes Zureden Schlüsselfaktoren im Heilungsprozess, so ist Vertrauen nicht minder bedeutsam. Nocebo-Effekte können auch auftreten, wenn ein Patient dem medizinischen Personal und den von ihnen angewandten Therapien misstraut.[63] Ich habe eine Zeitlang in San Diego in einer ambulanten Klinik gearbeitet, in der vor allem somalische Flüchtlinge behandelt wurden. Die Patienten kamen also aus einem völlig anderen Kulturkreis, in dem ganz andere Formen von Medizin praktiziert werden, und so waren sie zutiefst misstrauisch gegenüber uns amerikanischen Ärzten und den von uns verordneten Behandlungen. Mir fiel auf, dass in diesem Patientenstamm gängige, scheinbar unschädliche Behandlungen – etwa die Gabe von Vitaminen in den letzten Schwangerschaftsmonaten – sehr viel mehr Nebenwirkungen auslösten, als sie mir von meinen amerikanischen Patienten normalerweise gemeldet wurden. Ich gab mir zwar große Mühe, das Vertrauen dieser Menschen zu gewinnen, dennoch habe ich den Verdacht, dass diese Nebenwirkungen auftraten, weil manche von ihnen ehrlich meinten, dass wir sie vergiften wollten.

Auch auf die inneren Überzeugungen eines Arztes kommt es an. In einer im *Lancet* veröffentlichten Studie wurde die Rolle von Endorphinen in der Schmerzlinderung untersucht. Dabei kamen die Forscher zu dem Ergebnis, dass selbst bei der Anwendung von Doppelblindverfahren die Erwartungshaltungen der Ärzte einen Einfluss darauf hatten, wie Patienten auf die Injektion von Fentanyl, Naloxon oder einem Placebo ansprachen.[64] Fehlt einem Arzt die Überzeugung, dass eine bestimmte Behandlung funktioniert, schwächt dies unter Umständen ihre Wirksamkeit.

In einer weiteren Studie vom *National Institute of Mental Health*, verglich man 250 Patienten mit Depression, die randomisiert einer von vier Gruppen zugewiesen wurden, die 16 Wochen lang auf jeweils unterschiedliche Weise behandelt wurden: mit interpersoneller Psychotherapie, kognitiver Verhaltenstherapie, dem Antidepressivum Imipramin oder einem Placebo. Im Rahmen des Gesamtprojekts wurde parallel dazu eine weitere Studie durchgeführt, bei der Forscher aus Georgetown per Video mitschnitten, wie die an der Untersuchung teilnehmenden Ärzte mit den Patienten interagierten. In einem zweiten Schritt sollten Experten aufgrund dieser Aufzeichnungen vorhersagen, welche Patienten genesen würden und welche nicht.

Überraschenderweise gelang es diesen tatsächlich, dies unabhängig von der jeweiligen Behandlungsart allein aufgrund des Arzt-Patienten-Verhältnisses im Vorhinein zu beurteilen. Es kam dabei nicht bloß darauf an, ob es zwischen dem Arzt und seinem Patienten zu einer emotionalen Verbindung kam. Vielmehr zeigte sich, dass auch die Beurteilung der jeweiligen Heilungschancen durch den Arzt eine entscheidende Rolle spielte. War dieser überzeugt, dass sich der Zustand des Patienten bessern würde, trat dies mit höherer Wahrscheinlichkeit ein, als wenn sich der Arzt eher skeptisch zeigte.[65] Wie wichtig die Grundeinstellung des Arztes ist, wurde seither in vielen anderen Studien bestätigt, nicht nur im Zusammenhang mit psychischen Erkrankungen, sondern auch auf anderen Gebieten.

Es verwundert nicht, dass auch die Persönlichkeit des Arztes eine Rolle spielt. Eine an der *Harvard Medical School* durchgeführte und im *British Medical Journal* publizierte Studie ergab, dass sich die Wirkung eines Placebos von 44 auf 62 Prozent steigern ließ, wenn der Arzt dem Patienten mit »Wärme, Aufmerksamkeit und Zuversicht« begegnete. In einer dritten Gruppe, deren Teilnehmer man auf eine Warteliste setzte und die nicht behandelt wurden, besserte sich der Zustand nur in 28 Prozent der Fälle.[66]

Die richtige Unterstützung in Kombination mit einer positiven Grundhaltung kann sogar zu unerklärlichen Heilungserfolgen führen. Anfang der 1950er-Jahre behandelte Dr. Albert Mason im Londoner *Queen Victoria Hospital* einen Jungen, dessen Haut beinahe am ganzen Körper verdickt, rissig und ledern war. Man glaubte, dass es sich hier um einen schweren Fall von Warzenbefall handelte, und da sich Hypnose in der Vergangenheit als effiziente Behandlung hierfür bewährt hatte, war Dr. Mason zutiefst überzeugt, damit selbst in einem so fortgeschrittenen Stadium eine Heilung bewirken zu können.[67]

In dem Glauben, dass der Geist zur Selbstreparatur von Warzen in der Lage ist, schritt er zur Tat. In der ersten Sitzung konzentrierte er sich ausschließlich auf den Arm. Nachdem er den Jungen in einen Trancezustand versetzt hatte, leitete er ihn schrittweise an, die Haut in diesem Bereich als rosa und gesund zu visualisieren. Sehr zum Erstaunen seiner ungläubigen Kollegen kam es nach mehrfacher Wiederholung dieser Behandlung zu einer weitgehenden Normalisierung des Hautbilds. Dr. Mason aber war nicht überrascht. Er vertraute darauf, dass der Geist in der Lage ist, den Körper zu heilen, zumindest was Krankheitsbilder wie dieses anbelangte.

Als der Junge erneut seinem Chirurgen vorgestellt wurde, der ihm erfolglos mit Hauttransplantationen hatte helfen wollen, stellte dieser zu seiner Verwunderung fest, wie gut sich die Haut regeneriert hatte, zumal er sich bei der Diagnose geirrt hatte, denn es handelte sich nicht um Warzen. In Wirklichkeit litt der Junge an einem schweren und potenziell tödlichen genetischen Defekt, der sogenannten kongenitalen Ichthyose. Obwohl nie ein Nachweis erbracht worden war, dass der Geist dieses angeborene Krankheitsbild heilen kann, glaubten sowohl Dr. Mason als auch der Junge fest daran, dass eine Behandlung mit Hypnose erfolgreich sein würde. Und sie war es tatsächlich.

Der Fall sprach sich herum, und andere Patienten mit kongenitaler Ichthyose kamen zu Dr. Mason, um sich von ihm behandeln zu lassen, doch er konnte den Behandlungserfolg nicht wiederholen. Er machte dafür seinen mangelnden Glauben verantwortlich: Er war zwar davon überzeugt, mit

Hypnose Warzen heilen zu können, bezweifelte aber, die Methode auch bei einer ernstlichen genetischen Krankheit mit Erfolg einsetzen zu können, obwohl ihm dies bereits einmal gelungen war.

MEDIZIN ALS BEHANDLUNGSRITUAL

Eine Zuckerpille mag hochwirksam sein, aber sie ist und bleibt eine Zuckerpille. Sie birgt keine Magie. Während manche Behandlungen, wie die Operation an der Hand meines Mannes, den Körper auf eine Weise reparieren, wie er es selbst nicht könnte, setzen andere ausschließlich auf die hochwirksame gesundheitsoptimierende Kraft des Geistes, und in diesem Zusammenhang spielt die Unterstützung durch einen fürsorglichen Behandler eine entscheidende Rolle.

Manche Studien, etwa die von K. B. Thomas, kommen sogar zu dem Schluss, dass der Arzt selbst das Placebo ist und er im Heilungsprozess die Rolle des auslösenden Moments übernimmt.[68] Wie Ted Kaptchuk erklärt, ermöglicht der Einsatz von Placebos eine Betrachtung, die losgelöst ist von den Behandlungen, die wir für die eigentlich wirksamen halten, seien es Antibiotika, Knie-Operationen, Antidepressiva, Schmerzmittel oder Eingriffe am offenen Herzen. Damit wird die Medizin auf etwas zurückgeführt, das weniger mit Medikamenten oder chirurgischen Maßnahmen zu tun hat. Ohne das biochemische Beiwerk findet die Medizin zu dem zurück, was sie war, als sie noch keine so hocheffizienten Möglichkeiten wie das mikrochirurgische Replantieren von Matts Fingern bot: Sie wird wieder zum Behandlungsritual; zu einer Behandlung, der wir einen tieferen Sinn beimessen; zu einem Akt der fürsorglichen Zuwendung durch jemanden, der sich berufen fühlt, Menschen auf den Weg der Besserung zu führen.

In den modernen Gesellschaften der westlichen Welt hat die Rolle des Arztes eine solche Bedeutung gewonnen, dass der Beistand eines dem Patienten zugewandten Mediziners mitunter schwerer wiegt als der eines Priesters,

Therapeuten, Akupunkteurs oder anderen einfühlsamen Begleiters. Anders mag es in Kulturen aussehen, in denen die größte Heilkraft von einem Schamanen, einem Arzt für Traditionelle Chinesische Medizin oder einer Medizinfrau ausgeht.

Ich habe in diesem Zusammenhang mit einer Ärztin gesprochen, nennen wir sie Dr. M., und sie sagte: »Ich weiß, dass Liebe das Wertvollste ist, was ich meinen Patienten geben kann.« Sie berichtete mir von einer Patientin, deren Körper zu 90 Prozent von schweren Nervenschmerzen befallen war. Sie war bei Dutzenden von Ärzten und einer ganzen Reihe von alternativen Heilern gewesen, ohne dass sich ihr Zustand gebessert hatte. Schließlich führte ihr Weg sie in die Praxis von Dr. M., die ihr Fischölkapseln und Vitamin B verschrieb als Placebos, wie sie mir gestand. Schließlich gibt es keinerlei klinischen Beweis dafür, dass diese Nahrungsergänzungsmittel gegen Nervenschmerzen wirken. Außerdem hörte sie der Frau stundenlang zu und begleitete sie fürsorglich und liebevoll.

Bald darauf verliebte sich die Patientin Hals über Kopf in einen jungen Mann, und es dauerte nicht lange, da teilte sie Dr. M. mit, dass die Schmerzen verschwunden seien. Sie schrieb dies dem Vitamin B und den Fischölkapseln zu und pries sie als Wundermittel.

Doch Dr. M. war überzeugt: »Ich wusste, dass es nichts mit den Vitaminen zu tun hatte. Wirklich geheilt wurde sie durch die Liebe dieses jungen Mannes und die Zuwendung, die sie von mir bekam.«

DER WIRKMECHANISMUS DER FÜRSORGLICHEN ZUWENDUNG

Wie kommt es, dass die fürsorgliche Zuwendung eines Behandlers und dessen Überzeugtheit von den praktizierten Methoden zu einer Symptomverbesserung führen kann? Auch hier läuft alles auf das Wechselspiel von krank machenden Stressreaktionen und die Selbstheilungskräfte aktivierenden Entspannungsreaktionen hinaus. Vertraut ein Patient auf die Kompetenz seines Arztes und fühlt er sich umsorgt, sicher, gut aufgehoben und fürsorglich behandelt, unterbricht dies die Stressreaktion und Entspannung setzt ein. Und sofort fühlt er sich besser.

Stellen wir uns vor, bei uns würde Krebs diagnostiziert. Wir brauchen nur das Wort zu hören, und schon laufen unsere Kampf-oder-Flucht-Stressreaktionen Amok. Die Adrenalindrüsen pumpen Cortisol in den Körper. Das sympathische Nervensystem schlägt Alarm. Unser Kopf setzt den Begriff *Krebs* mit einer tödlichen Bedrohung gleich, obwohl zum Zeitpunkt der Diagnose die Gefahr des Todes meist nicht unmittelbar im Raum steht. In einem solchen physiologischen Stresszustand ist der Körper kaum dafür gerüstet, sich gegen den Krebs zu wehren. Er ist zu sehr damit beschäftigt, zu kämpfen und zu flüchten.

In diesem Moment tritt ein Onkologe auf den Plan, der freundlich und fürsorglich ist und Zuversichtlichkeit ausstrahlt. Er hält uns die Hand, nimmt uns in den Arm, wenn wir weinen, und versichert uns, dass er Tausende von Menschen behandelt hat, die den gleichen Krebs hatten und so gut wie alle sich prima gemacht haben. Mit ruhigen Worten und sanftem Gebaren erklärt er uns, dass wir nie allein sein werden, ganz gleich, was passiert; dass er uns zur Seite stehen und alles in seiner Macht Stehende tun wird, um uns zu helfen. Ein Behandlungsplan wird aufgestellt, und er gibt uns eine Telefonnummer, die wir anrufen können, falls irgendwelche Fragen auftauchen sollten. Wieder nimmt er uns in den Arm oder legt uns die Hand auf die Schulter. Obwohl uns eine große Operation und eine monatelange Chemotherapie bevorstehen, fühlen wir uns jetzt schon besser.

Warum? Weil unser Geist besänftigt wurde. Wir fürchten uns nicht mehr so sehr. Die Stressreaktion wurde unterbrochen. Der Körper entspannt sich. Der Arzt hat unseren Kopf überzeugt, dass alles gut ausgehen wird oder man zumindest alles daransetzen wird, dieses Ziel zu erreichen. In diesem entspannten Zustand kann der Körper an sein Werk gehen und tun, was er am besten kann: sich mit aller Kraft darauf konzentrieren, sich selbst zu heilen.

MANGELNDE FÜRSORGLICHKEIT KANN SCHÄDLICH SEIN

Wenn ein vom positiven Ausgang überzeugter Arzt mit einem beruhigenden, zuversichtlichen Auftreten solche positiven physiologischen Wirkungen auf den Patienten haben kann, wird auch deutlich, was passiert, wenn Behandler ihre Superkräfte unwillentlich in umgekehrter Richtung zum Einsatz bringen. Nicht nur, dass es Medizinern und anderen Akteuren der Gesundheitsbranche trotz bester Absichten oft nicht gelingt, ihren Patienten mit fürsorglicher Zuwendung und Einfühlsamkeit zu begegnen; häufig lassen sie sich zudem so viel Arbeit aufbürden und derart in die Überforderung und Erschöpfung hineintreiben, dass sie diesen regelrecht schaden. Eine Freundin schrieb mir, nachdem sie aus der Praxis ihres Arztes kam:

> »*Lissa, wenn dieser Mann mich beim Verlassen des Gebäudes ausgeraubt hätte, könnte ich ihn nicht einmal mit Sicherheit identifizieren, denn ich glaube, er hat mich nicht ein einziges Mal angeschaut. Ob die Sprechstundenhilfe am Empfang oder der Arzt im Behandlungszimmer – beide schauten* in die andere Richtung. *Sie hatten nur Augen für ihren Bildschirm, während sie mir ihre Fragen stellten und auf ihrer Tastatur herumklickten. Der PC spuckte dem Arzt mein neues Rezept aus, und er sagte kein einziges Wort dazu. Wenn ein Computerprogramm reicht, um mich wegen meiner Beschwerden zu behandeln und mir die entsprechenden Medikamente zu verschreiben, warum soll ich dann überhaupt eine Stunde im Wartezimmer vertrödeln, bloß um dann auf den Rücken irgendeines Kerls zu starren? Ach ja, und noch eines: Die Sprechstundenhilfe muss einen falschen Code in den PC eingegeben haben, denn als der Typ ins Sprechzimmer kam, wollte er mir die* Brust *untersuchen, statt mir wegen meiner asthmatischen Beschwerden die Brust abzuhorchen. Ich schüttelte nur noch den Kopf. ›Wovon reden Sie eigentlich?‹, fragte ich ihn. ›Entweder Sie haben die falschen Daten oder Sie sind im falschen Raum.‹ Seufz. Ich bin so wütend! Da gehe ich garantiert nie mehr hin!*«

In meiner Internet-Community bekomme ich öfters solche Kommentare zu lesen. Viele der im Gesundheitswesen Tätigen sind überlastet und abgekämpft und sehen sich in ihrer Arbeit nicht wirklich gewürdigt. Nach einem Besuch beim Arzt fühlen sich Patienten darum manchmal gestresster als vorher. Wenn ein Mensch zwei Stunden in einem überfüllten Wartezimmer sitzen muss, damit ihm ein erschöpfter Arzt siebeneinhalb Minuten seiner kostbaren Zeit widmet, in der er ihn dauernd unterbricht, seinen Namen vergisst und ihm nicht einmal die Hand auflegt, um ihn dann mit einer beunruhigenden Prognose in Angst und Schrecken zu versetzen, kann man sicher sein, dass er gestresst reagiert.

Natürlich geschieht das nie mit Absicht. Wer in einem Heil- oder Pflegeberuf arbeitet, opfert sich für seine Patienten oft derart auf, dass er aus den Augen verliert, warum er tut, wozu er sich irgendwann einmal berufen fühlte. Er meint, dass er mit den Opfern, die er erbringt, den Nachweis liefert, dass ihm seine Patienten am Herzen liegen. Aber es reicht nicht, sich aufzuopfern. Es ist an der Zeit, wieder den Aspekt der Fürsorglichkeit in die Behandlung und Pflege von Patienten einziehen zu lassen. Ärzte und Vertreter anderer Heil- und Pflegeberufe müssen sich wieder bewusst machen, warum sie ihren Beruf gewählt haben. Nur dann können wir maximal zur Genesung unserer Patienten beitragen. Dies gilt insbesondere dann, wenn nicht alles nach Plan läuft.

WIE ÜBERBRINGT MAN SCHLECHTE NACHRICHTEN?

Im Jahr 1974 informierte Dr. Clifton Meador seinen Patienten Sam Londe, der an Speiseröhrenkrebs litt, dass sein Fall als aussichtslos galt. Nach der Verkündung dieses Todesurteils starb der Kranke binnen weniger Wochen.

Nach seinem Tod wurde eine Autopsie durchgeführt, deren Ergebnisse die Ärzte überraschten. Es wurde nur sehr wenig Tumorgewebe gefunden – auf keinen Fall genug, um als Todesursache infrage zu kommen. Dr. Meador sagte dazu in einem im *Discovery Health Channel* ausgestrahlten Interview:

»Er starb mit Krebs, aber nicht an Krebs.« Wie lässt sich sein Tod erklären? Vielleicht löste die schlechte Nachricht solche Ängste in ihm aus, dass die Stressreaktionen in seinem Körper Amok liefen. Er starb, weil man ihm sagte, dass er sterben würde und er von der Richtigkeit dieser Aussage *überzeugt* war. Seine negativen Gedanken manifestierten sich in Form realer physiologischer Veränderungen. Noch Jahrzehnte später kommt Dr. Meador nicht über den Tod von Sam Londe hinweg. »Ich dachte, er hätte Krebs. Er dachte, er hätte Krebs. Alle in seinem Umfeld dachten, er hätte Krebs. ... Ich frage mich, ob ich ihm irgendwie die Hoffnung genommen habe?« [69]

Ich vermute, dass dies öfter vorkommt als man denkt. Natürlich schaden Ärzte ihren Patienten niemals bewusst. Die meisten haben die besten Absichten. Sie wünschen sich nichts sehnlicher, als ihre Patienten im Genesungsprozess unterstützen zu können. Dennoch habe ich oft erlebt, wie gute Ärzte immer und immer wieder das alte Spiel mit den schlechten Nachrichten spielen. Das geht dann oftmals so:

Zimmer Nr. 1

Es tut mir leid, aber Ihr Krebs ist inoperabel und nicht, wie wir zunächst angenommen haben, auf ein Organ beschränkt. Er sitzt im Magen, im Darm, in den Lymphknoten und hat bereits in den ganzen Bauchraum gestreut. Die Untersuchungen sind noch nicht komplett abgeschlossen, aber es könnten sich auch Metastasen in der Lunge, in den Knochen und im Gehirn gebildet haben.

Wenn Sie es wünschen, können wir Ihnen eine Chemotherapie geben, aber sie hätte nur eine palliative Wirkung. Eine Heilung dürfen Sie sich davon nicht versprechen. Ich bedauere es außerordentlich, Ihnen dies mitteilen zu müssen, und wir werden natürlich alles tun, um Ihnen Schmerzen weitestgehend zu ersparen. Aber es wäre jetzt ein guter Moment, Ihre Angelegenheiten zu regeln. Wenn Sie Ihr Testament auf den neuesten Stand bringen wollen, sollten Sie das jetzt tun, denn nur einer von zwanzig Patienten mit Ihrem Krankheitsbild überlebt die nächsten fünf Jahre. Die meisten sterben innerhalb von drei bis sechs Monaten.

Es tut mir furchtbar leid, dass ich Ihnen das sagen muss, und natürlich können wir noch einmal ein ausführlicheres Gespräch führen, wenn die Narkose ganz abgeklungen ist und Sie etwas wacher sind.

Werden schlechte Nachrichten auf diese Weise überbracht, löst das nur Stressreaktionen aus, die es dem Patienten erschweren, seine körpereigenen Selbstheilungskräfte zu mobilisieren, und in seltenen Fällen kann dies sogar zum Tod führen, obwohl es keinen offensichtlichen Grund dafür gibt. Es ist in der Tat möglich, einen Patienten zu Tode zu erschrecken.

Ich schlage eine neue Form der Überbringung von schlechten Nachrichten vor. Kehren wir noch einmal zu der Patientin in Zimmer Nr. 1 zurück – der Frau mit dem metastasierenden Krebs, deren Überlebenschance bei 1 zu 20 liegt. Geben wir ihr etwas mehr Zeit, um aus der Narkose aufzuwachen. Trösten wir sie im Aufwachzimmer. Teilen wir ihren Angehörigen mit, dass wir eine Familienkonferenz abhalten werden, sobald sie ganz wach ist, und dann führen wir stattdessen folgendes Gespräch:

Zimmer Nr. 2

Ich habe eine gute und eine schlechte Nachricht für Sie. Lassen Sie uns die unangenehme gleich hinter uns bringen. Leider muss ich Ihnen sagen, dass der Krebs nicht auf ein Organ begrenzt ist, wie wir gehofft hatten.
[Machen Sie eine Pause, damit diese Botschaft sickern kann.]
Wie es aussieht, scheint er in den Magen, den Darm, die Lymphknoten und den Bauchraum gestreut zu haben. Wir müssen noch ein paar weitere Tests abwarten, um zu klären, ob er noch an anderen Stellen Fuß fassen konnte. Die Ergebnisse müssten schon bald vorliegen. Dann können wir sehen, was als Nächstes ansteht. Aber Sie sollen wissen, dass Sie das, was auf Sie zukommt, nicht allein durchstehen müssen. [Wieder eine Pause.]
Ich weiß, dass das alles sehr viel für Sie ist, aber ich will Ihnen trotzdem die gute Nachricht nicht vorenthalten. Die gute Nachricht ist, dass 1 Prozent der Patienten mit exakt der gleichen Diagnose überleben, und es gibt einige Indikatoren, die darauf hinweisen, wer diese Menschen sind. Der Körper

ist von Natur aus so ausgelegt, dass er sich im Krankheitsfall selbst reparieren kann, und es gibt eindeutige Beweise dafür, dass diejenigen, die sich ihrem Körper, ihrem Geist und ihrer Seele positiv zuwenden und sich die Hoffnung und das Vertrauen in eine mögliche Genesung bewahren, mit größerer Wahrscheinlichkeit wieder gesund werden. Es ist wichtig für Ihren Körper, dass wir alle optimistisch bleiben und Sie geistig und körperlich so entspannt wie möglich bleiben, denn nur aus diesem entspannten Zustand heraus kann Ihr Körper sich gegen den Krebs wehren.

Sie sollen wissen, dass ich selbst davon überzeugt bin, dass Sie den Krebs überwinden können, und ich bin für Sie da, um Sie auf jedem einzelnen Schritt des Weges zu begleiten. Morgen werden wir über die Therapiemöglichkeiten und alles Weitere reden, aber jetzt ruhen Sie sich erst einmal aus und nehmen sich Zeit, das alles im Familienkreis zu verarbeiten. Bevor ich wieder in den OP gehe, haben Sie noch irgendwelche Fragen, die Sie mir gern stellen würden? [Pause. Zuhören.]

Ich komme morgen gleich in der Früh zu Ihnen, und wenn bis dahin irgendwelche dringenden Fragen auftauchen, rufen Sie mich einfach an. Hier ist meine Nummer, falls Sie sie brauchen. Ich weiß, dass dies nicht die Nachricht ist, auf die Sie heute gehofft haben, aber bitte, geben Sie die Hoffnung nie auf. Ich glaube an Wunder. Und vielleicht geschieht just bei Ihnen dieses Wunder.

Stellen Sie sich vor, wie anders Sie sich nach dem ersten beziehungsweise dem zweiten Gespräch fühlen würden. Würde der erste Arzt den Raum verlassen, wären Sie gestresst, verunsichert und aufgewühlt. Bei dem Arzt in Zimmer Nr. 2 hingegen würden Sie sich wahrscheinlich gut aufgehoben fühlen, Hoffnung haben und sich gut informiert fühlen, sodass Ihr Geist und Ihr Körper in die Entspannung gehen können.

Wer in einem Heil- oder Pflegeberuf arbeitet, muss sich meines Erachtens Gedanken darüber machen, wie er seinen Patienten helfen kann, sich eine positive Einstellung zu bewahren und negative Haltungen abzulegen. Nur so können Stressreaktionen abgebaut und Entspannungsreaktionen eingeleitet werden, die die Selbstheilungskräfte des Körpers aktivieren und weitere Schäden verhindern. Möglicherweise sind diese Form von Liebe und dieser Dienst am Nächsten wirksamer als jedes Medikament und jeder chirurgische Eingriff. Mag sein, dass es uns ein paar Minuten mehr Zeit in unserem Tagesablauf kostet, schlechte Nachrichten in einer dem Heilungsprozess förderlichen Weise zu überbringen, doch die Resultate können beeindruckend sein.

ARZT, HEILE DICH SELBST

Wenn wir Vertreter der Heil- und Pflegeberufe eine Atmosphäre der Fürsorglichkeit verbreiten, schaffen wir damit das ideale Umfeld für eine Genesung. Doch nur allzu oft begehen wir dabei den Fehler, den Menschen, die auf unsere Dienste angewiesen sind, aus einem Zustand der Erschöpfung heraus helfen zu wollen. Man hat uns Ärzten beigebracht, unsere eigenen Bedürfnisse zugunsten anderer zurückzustellen. So kommt es, dass wir mit der Zeit an massiven Schlafdefiziten leiden, uns schlecht ernähren, unsere Beziehungen vernachlässigen, uns nicht mehr um unsere Bedürfnisse kümmern, unser Herz aus Gründen des Selbstschutzes verschließen und in einen physischen, emotionalen und spirituellen Mangelzustand geraten. Wenn sich aber ein Arzt oder Vertreter eines anderen Heil- oder Pflegeberufs bis zur Erschöpfung verausgabt, versiegt die Quelle, und echtes Heilen wird unmöglich. Am Ende unserer Kräfte angelangt, fühlen wir uns als Opfer und werden zu Schurken, die ihre Patienten treten, so hohl und leer sind wir geworden.

Hätte ich einen Zauberstab und könnte eine Sache in unserem Gesundheitswesen abschaffen, es wäre die irrsinnige Vorstellung, dass wir uns auf Kosten unserer eigenen Gesundheit verausgaben müssen, um gut in unserem Beruf zu sein. Es ist unmöglich, voll und ganz für unsere Patienten da zu sein, unser Herz so weit zu öffnen, wie es erforderlich ist, und ihnen so gut es geht zu Diensten zu sein, wenn wir nichts mehr zu geben haben. Wären wir Ärzte vorbildlich in unserer Selbstfürsorge, könnten Patienten an unserem Beispiel lernen, und das gesamte System würde sich radikal verändern. Könnten wir als Heiler zuallererst uns selber heilen, wären wir in der Lage, uns unseren Patienten aus einer Position der Ganzheit heraus liebevoll zuzuwenden. Damit könnten wir die Welt viel besser heilen.

15 MÖGLICHKEITEN ZUR OPTIMIERUNG DER ÄRZTLICHEN KUNST

1. Hören Sie zu.
2. Öffnen Sie Ihr Herz.
3. Suchen Sie den Augenkontakt.
4. Nehmen Sie die Hand vom Türgriff, und setzen Sie sich hin.
5. Seien Sie präsent.
6. Bieten Sie heilende Berührung an.
7. Ermutigen Sie Ihren Patienten zu einem partnerschaftlichen Miteinander.
8. Urteilen Sie nicht.
9. Klären Sie auf, ohne zu diktieren.
10. Wählen Sie Ihre Worte sorgfältig und bleiben Sie optimistisch.
11. Vertrauen Sie auf die Intuition Ihres Patienten.
12. Seien Sie respektvoll gegenüber Kollegen und Vertretern anderer Heil- und Pflegeberufe, die Ihren Patienten ebenfalls behandeln.
13. Lassen Sie Ihren Patienten wissen, dass er nicht allein ist.
14. Ermutigen Sie Ihren Patienten, Stress loszulassen, und sorgen Sie mit Ihrem Verhalten dafür, dass Ihre Gegenwart stresslindernd wirkt.
15. Verbreiten Sie Hoffnung. Die Prognose mag noch so düster aussehen, eine Spontanheilung ist immer möglich.

Sich selbst zu heilen ist harte Arbeit, und keiner sollte es allein schaffen müssen. Als Ärzte können wir zwar die Dosis an lebensrettenden Medikamenten erhöhen, aber wenn es uns nicht gelingt, für uns selbst zu sorgen und unsere Kraftreserven so aufzufüllen, dass wir unsere Behandlungen mit einer guten Portion Liebe garnieren können, behindern wir unsere Patienten in ihrer vollständigen, dauerhaften Genesung.

Norman Cousins, der Autor von *Der Arzt in uns selbst*, weiß dies aus eigener Erfahrung. Als bei ihm die degenerative Gelenkerkrankung Morbus Bechterew diagnostiziert wurde, war er davon überzeugt, deren Voranschreiten stoppen zu können, wenn er aus dem Krankenhaus entlassen und statt mit entzündungshemmenden Medikamenten, Schmerz- und Beruhigungsmitteln sich einer Therapie mit hochdosiertem Vitamin C und einer täglichen Dosis Lachen unterziehen würde. Glücklicherweise war sein Arzt, mit dem er eine auf gegenseitigem Respekt basierende, partnerschaftliche Beziehung pflegte, der gleichen Ansicht.

In seinem Buch schreibt Cousins: »Der Hauptbeitrag, den mein Arzt zur Eindämmung und möglicherweise zur Überwindung meiner Krankheit geleistet hat, bestand darin, dass er mich in dem Glauben bestärkte, bei dem ganzen Unternehmen ein gleichberechtigter, respektierter Partner zu sein.«[70]

DER PLACEBO-EFFEKT IN DER KOMPLEMENTÄR- UND ALTERNATIVMEDIZIN

Die Bedeutung der fürsorglichen Zuwendung erklärt, warum viele Patienten durch die Behandlung mit Methoden der Komplementär- und Alternativmedizin so bemerkenswerte Erfolge erzielen. Die Rede ist hier von Therapien wie Akupunktur, chinesischer Medizin, Homöopathie, Reiki, Phytotherapie, Energiearbeit, craniosacraler Therapie, Chiropraktik und ähnlichen Behandlungsweisen. Dennoch erweisen sich diese im schulmedizinischen Sinn als »unwirksam«, oder anders formuliert: Ihre Wirksamkeit wird nicht höher als die von Placebos bewertet. Dass solche Therapiemethoden in placebokontrollierten Studien oft durchfallen, liegt meines Erachtens daran, dass eine fürsorglich verabreichte Scheinakupunktur schlicht und ergreifend genauso gut wirkt wie eine fürsorglich verabreichte echte Akupunktur. Beides funktioniert gleichermaßen, weil es, wie Kaptchuk es so schön formuliert, »letztlich nicht um die Nadeln« geht. Beides bringt den Patienten in die Entspannung und nimmt ihm den Stress. Und das ist etwas Gutes und nichts, wofür sich die Praktizierenden schämen oder rechtfertigen müssten!

Was, wenn ein Großteil der Behandlungen, die die Schulmedizin zu bieten hat, auf die gleiche Weise wirkt? In vielen Fällen, und insbesondere im Zusammenhang mit »chronischen« Erkrankungen, ist die Fürsorglichkeit und Zuversicht, mit der wir einem Patienten begegnen, womöglich für die Physiologie des Körpers ebenso wertvoll wie Pillen und Spritzen.

Es geht mir hier keinesfalls darum, die Wirksamkeit der alternativen und komplementären Heilverfahren an sich infrage zu stellen. Wenn sich Ihre Beschwerden nach der Einnahme eines homöopathischen Mittels auf unerklärliche Weise in Luft auflösen oder Sie als Anwender von energetischen Methoden bei Ihren Patienten bereits Fälle von Spontanheilung erlebt haben, bezweifle ich nicht, dass die Therapien ihren Beitrag dazu geleistet haben. In der Tat bin ich voll davon überzeugt, dass unerklärliche Dinge passieren können, wenn professionelle Therapeuten Heilverfahren anwenden, für die noch kein wissenschaftlicher Wirksamkeitsnachweis erbracht ist.

Ich will solche Methoden also nicht verwerfen. Meine Argumentation geht vielmehr dahin, dass die nicht-traditionellen Formen des Heilens ihre Wirkung weniger durch die Behandlung selbst erzielen, als durch die hocheffiziente Kombination aus persönlicher Überzeugtheit von der Heilmethode, fürsorglicher Zuwendung durch den Therapeuten und dem sich daraus ergebenden Entspannungseffekt. Diese Heilweisen können hocheffizient sein – aber vielleicht nicht in der Art und Weise, wie wir es erwarten.

Meine These ist, dass sämtliche Interventionen, die auf eine Genesung und Heilung abzielen – ob es sich nun um konventionelle Medikamente, Operationen oder alternative Therapien handelt –, ihre Wirkung möglicherweise in erster Linie über die geistige Ebene entfalten. Wie wir bereits gesehen haben, schneiden viele der konventionellen medizinischen Therapieverfahren nicht besser ab als Placebos, während andere den Scheinpräparaten und -behandlungen *überlegen* sind. Dies deutet darauf hin, dass manche schulmedizinischen Behandlungsmethoden durchaus einen Nutzen bieten, der über den Effekt von positiver innerer Einstellung und fürsorglicher Zuwendung hinausgeht. Der Erfolg der meisten alternativen Behandlungen scheint hingegen zum Großteil, wenn nicht komplett auf das Vertrauen in die Methode, die Fürsorglichkeit des Therapeuten und die dadurch ausgelösten physiologischen Reaktionen zurückzuführen zu sein.

LIEGT ES AN DER BEHANDLUNG ODER DER ENTSPANNUNGSREAKTION?

Wissenschaftlichen Studien zufolge ist echte *Akupunktur* womöglich nicht wirksamer als Scheinakupunktur. In einigen Versuchen erwies sie sich zwar als effizienter[71], in der Mehrzahl aber nicht. Teilte man Patienten randomisiert in Gruppen ein, die entweder tatsächlich akupunktiert wurden (durch das Einstechen von Nadeln entlang der Energiemeridiane, wie es der Lehre entspricht) oder nur zum Schein (indem man Nadeln entweder an beliebigen Stellen setzte oder Pseudo-Nadeln oberflächlich auf der Haut platzierte, ohne wirklich zu stechen), ging es vielen nach der echten Behandlung besser. Doch dies war auch bei den Scheinakupunktierten der Fall.[72] Auch wenn viele Menschen überzeugt sind, dass das exakte Platzieren der Nadeln wichtig ist: Was wäre, wenn es mehr auf den Akupunkteur als auf die Akupunkturtechnik ankommt?

Das Gleiche gilt wahrscheinlich für *Reiki*, eine energetische Heilmethode aus Japan, bei der die Hände aufgelegt oder über den Körper geführt werden, um Lebensenergie durch »blockierte« Stellen im Körper zu leiten. An der *Sonoma State University* wurde diesbezüglich zum Beispiel eine im *Oncology Nursing Forum* veröffentlichte Studie an Chemotherapiepatienten durchgeführt. Dabei zeigte sich, dass Probanden, die Reiki bekamen, mit höherer Wahrscheinlichkeit einen positiven Krankheitsverlauf zu erwarten hatten als jene, die sich nur der Standardtherapie unterzogen. Doch eine Scheinbehandlung mit Reiki erwies sich als ebenso vorteilhaft.[73] Auch dies überrascht mich nicht. Ich habe selbst Reiki praktiziert und kann Ihnen versichern, dass es ein tiefes Gefühl von Entspannung vermittelt, insbesondere wenn es von jemandem gegeben wird, dem das Wohlbefinden des Behandelten wirklich am Herzen liegt. Aber Placebo-Reiki dürfte das Gleiche bewirken. Kein Wunder, dass man es genießt!

Studien weisen darauf hin, dass es sich mit der *Homöopathie* genauso verhält. Diese alternative Heilmethode basiert auf der Hypothese, dass eine Substanz, die im Gesunden ein Symptom verursacht, einen Kranken mit demselben Symptom heilt, vorausgesetzt, sie wird in winzigsten Dosen verabreicht. Obwohl die Datenlage widersprüchlich ist, ist das Verfahren womöglich nicht effizienter als eine Behandlung mit Placebos. Eine Meta-Analyse von 107 Homöopathiestudien, die in den Niederlanden an der Universität Limburg durchgeführt und im *British Medical Journal* publiziert wurde, weist eine Tendenz hin zu einer klinischen Effizienz aus. Sie lässt also vermuten, dass Homöopathie in der Tat dem Placebo überlegen ist und eine weitere Erforschung verdient.[74] Eine umfassendere, sorgfältiger aufgebaute Meta-Analyse der Daten, die im *Lancet* veröffentlicht wurde, nahm 110 Homöopathiestudien unter die Lupe, stellte ihnen 110 entsprechende Allopathiestudien gegenüber und achtete darauf, Verzerrungen nach Möglichkeit auszufiltern. Sie wurde an der Universität Bern durchgeführt, und die Schweizer Forscher konnten keine oder eine nur minimale Überlegenheit der Homöopathie gegenüber der Placebo-Behandlung feststellen.[75] Mein Standpunkt hierzu lautet: Es ist womöglich nicht das Homöopathikum, das heilt. Es ist der Homöopath.

Kritiker fechten die Ergebnisse von Studien wie die beschriebene Meta-Analyse an, die der *Lancet* zum Anlass nahm, das »Ende der Homöopathie« zu verkünden und einen »Schritt hin zu mehr Wahrheit« zu sehen.[76] In ihren Augen handelt es sich bei der Untersuchung um ein Beispiel dafür, wie die konventionelle Medizin Daten verdreht, um die alternative Medizin zu diskreditieren.[77] Setzen wir evidenzbasierte Methoden zur Beurteilung von Behandlungsweisen ein, die sich für eine derartige Analyse nicht wirklich eignen, sollten wir uns bei der Betrachtung der Ergebnisse unsere Unvoreingenommenheit bewahren, selbst wenn diese für Verfahren zu sprechen scheinen, die wir nicht wirklich nachvollziehen können. An solche Daten mit einer negativen Voreinstellung heranzugehen, nur weil wir mit keiner biochemischen Erklärung aufwarten können, ist unwissenschaftlich.

Vergessen wir nicht, dass viele Studien alles andere als perfekt sind. Das Problem liegt oft in der Schwierigkeit begründet, sowohl den Patienten als auch den Behandler wirklich »blind« zu halten. Obwohl in Studien mit Scheinakupunktur bisweilen Nadeln zum Einsatz kommen, bei denen selbst der Akupunkteur kaum echt von unecht unterscheiden kann, weiß er in anderen Untersuchungen eben doch Bescheid. Hierdurch kommt es zu Verzerrungen.

Weiß ein Kliniker, welche Behandlung die Patienten jeweils bekommen, wird er dies wissenschaftlichen Studien zufolge ungewollt nonverbal kommunizieren. Um dies zu verhindern, sind die meisten konventionellen medizinischen Versuche doppelblind angelegt. Sowohl der Wissenschaftler als auch der Patient bleiben im Unklaren darüber, ob ein Placebo zum Einsatz kommt oder nicht. Da sich dies bei alternativen Heilmethoden nicht immer verwirklichen lässt, macht die klinische Erforschung anfällig für Verzerrungen.

DAS EIGENTLICHE BEHANDLUNGSZIEL

Lassen wir uns nicht von mangelnden Daten beirren. Mag sein, dass die Wissenschaft nicht in der Lage ist, Licht in die physiologischen Wirkmechanismen vieler alternativer Heilverfahren zu bringen, aber ist das wirklich so wichtig? Wir haben doch bereits eine biochemische Erklärung dafür. Wir wissen, dass dem Patienten auf der Untersuchungsliege ein Großteil der Stressreaktionen erspart bleiben, wie sie insbesondere im Krankheitsfall tagtäglich in uns ablaufen, wenn er sich in den Händen eines fürsorglichen Behandlers weiß und das Ganze in einer entspannten Atmosphäre stattfindet, in der der Aspekt des Heilens im Vordergrund steht. Und wir wissen ebenfalls, dass das Hervorrufen von Entspannungsreaktionen positive hormonelle Veränderungen auslöst und den Körper in seinen natürlichen Zustand der Homöostase versetzt, in dem seine Selbstreparaturmechanismen greifen können. Welche Informationen brauchen wir da noch?

Der schulmedizinischen Lehrmeinung zufolge gilt alles, was nicht besser abschneidet als ein Placebo, als »Quacksalberei«. Aber verlieren wir mit dieser Einstellung nicht das eigentliche Ziel aus den Augen? Wir sollten unsere Bewertungsmaßstäbe im Hinblick auf die Wirksamkeit medizinischer Behandlungen überdenken. Wenn sich der Zustand eines Patienten bessert, kommt es dann wirklich so sehr darauf an, ob eine Behandlungsmethode dem Placebo überlegen ist? Ist nicht das Abklingen von Symptomen und das Heilen von Krankheiten das eigentliche Ziel? Und ist es tatsächlich so wichtig, wie wir dieses Ziel erreichen?

Ich weiß, dass ich hier einen radikalen Standpunkt vertrete. Aber ich bin nicht die Einzige, die so denkt. In einem Leitartikel im *British Medical Journal* kritisiert der Yale-Professor Dr. David Spiegel Skeptiker, die fordern, wenn sich die Wirkung alternativer Therapien auf dem Niveau des Placebo-Effekts bewege, müssen man sie ins Reich der Kurpfuscherei verweisen. Er fragt: »Gab es unter den alternativen Heilkundigen früherer Zeiten vielleicht viele, die etwas Wesentliches über das Erleben des Krankseins und das Ritual der Arzt-Patienten-Interaktionen begriffen hatten, das zu erfahren der übrigen Medizin gut zu Gesicht stünde?«[78]

DER PLACEBO-EFFEKT IN DER PSYCHOTHERAPIE

Nicht nur im Bereich der alternativen Therapien kann es sein, dass die Wirkung überwiegend auf eine positive Einstellung und fürsorgliche Behandlung sowie die davon ausgelösten Entspannungsreaktionen zurückzuführen ist. Studien zufolge profitieren Patienten auch von einer Psychotherapie auf ähnliche Weise. Die Datenlage spricht eindeutig dafür, dass Menschen, die sich einer solchen Behandlung unterziehen, eine wesentlich bessere Entwicklung nehmen, als solche, die es nicht tun.[79] Aber ist es tatsächlich die Psychotherapie oder eher die Entspannungsreaktion, die sie auslöst? Haben sich die Heilungschancen nicht einfach dadurch verbessert, dass der Körper zur Ruhe kommt?

In einem bahnbrechenden Experiment, das an der *Vanderbilt University* durchgeführt und in den *Archives of General Psychiatry* veröffentlicht wurde, behandelten hocherfahrene Psychotherapeuten 15 Studenten, die an Angst und Depressionen litten. Eine vergleichbare Kontrollgruppe wurde von Professoren behandelt, die über keinerlei therapeutische Ausbildung verfügten. Unter Anleitung der therapeutischen Laien besserte sich der Zustand der Probanden in gleichem Maße wie bei der Behandlung durch professionelle Therapeuten.[80]

Der Medizinanthropologe Dr. Arthur Kleinman ist überzeugt, dass es dem Erfolg der Psychotherapie keinen Abbruch tut, wenn man ihn dem Placebo-Effekt zuschreibt. Er betrachtet dies eher als Kompliment. »Psychotherapie könnte durchaus eine Möglichkeit sein, Placebo-Reaktionen zu maximieren ... doch wenn dies der Fall ist, sollte man sie nicht verurteilen, sondern ihr Applaus zollen, weil sie sich einen hilfreichen therapeutischen Prozess zunutze macht, der im Gesundheitswesen im Allgemeinen zu wenig zum Tragen kommt.« [81]

DER PLACEBO-EFFEKT IN DER GLAUBENSHEILUNG

Obwohl im Zusammenhang mit dem Phänomen der Glaubensheilung nur wenige klinische Daten vorliegen, ist davon auszugehen, dass hier die gleiche Dynamik am Werk sein könnte. Stellen wir uns vor: Da reisen Menschen aus allen Himmelsrichtungen an, um sich in die Gegenwart von jemandem zu begeben, von dem sie *glauben*, dass er sie heilen wird. Addieren wir die Tatsache, dass auch andere Menschen auf der Suche nach Heilung aus derselben Überzeugung heraus die gleiche Pilgerfahrt antreten. Werfen wir die Rituale und Praktiken mit in die Waagschale, die den Glauben noch unterstreichen – die liebevolle Umarmung, das Auflegen der Hände, die Meditation, die Kräuter, das heilige Wasser – und fertig ist das Rezept zur Herbeiführung von Entspannungsreaktionen und Selbstheilungsprozessen, das Wissenschaftler als »Mega-Placebo-Effekt« bezeichnen würden.[82]

Betrachten wir als Beispiel eines solchen Mega-Placebo-Effekts das heilende Wasser von Lourdes. Dieser Ort bietet perfekte Voraussetzungen für eine Selbstheilung. Menschen begeben sich auf eine Wallfahrt und sind bei ihrer Ankunft oft erschöpft, das heißt in einem Zustand der erhöhten geistigen Empfänglichkeit. Die Erscheinungsgrotte im heiligen Bezirk beherbergt zahlreiche heilige Symbole der Heilung, und es gibt reichlich Gelegenheit für Heilungsrituale. Außerdem kommt es zu Begegnungen mit anderen Pilgern, die ebenfalls hierhergekommen sind. In der Gemeinschaft derer, die sich auf diesen Weg begeben haben, infiziert man sich oft gegenseitig mit ansteckenden Emotionen und kollektiver Hoffnung. Dies allein – der Glaube, dass das heilende Wasser gesund machen wird – kann ausreichen, um die Entspannungsreaktion auszulösen, die der Körper braucht, um sich selbst zu heilen.

Die katholische Kirche ist sich dieser Tatsache bewusst und hat sich große Mühe gegeben, Fälle auszuschließen, in denen die Genesung auf »Hysterie« zurückzuführen ist. Es geht ihr darum sicherzustellen, dass es sich um tatsächliche Wunder göttlicher Natur handelt, und nicht um Selbstheilungen, die der Macht des menschlichen Geistes zuzuschreiben sind. Um dies zu gewährleisten, beschäftigt die Kirche Ärzte, die prüfen sollen, ob eine Spontanheilung als echtes »Zeichen Gottes« zählt. Seit 1858 sah man in Lourdes diese strikten Kriterien nur in 68 Fällen erfüllt.

1962 wurde Vittorio Micheli mit einem großen Krebstumor an der linken Hüfte in das Militärhospital von Verona eingeliefert. Innerhalb von zehn Monaten hatte sich seine Hüfte fast vollständig zersetzt, sodass sein Hüftbein nur noch in einer weichen Gewebsmasse »schwamm«. Ein Gips war nötig, um sein Bein am Körper zu fixieren. Seine letzte Hoffnung war eine Reise nach Lourdes, wo man ihn mehrmals im Wasser der Quelle badete. Jedes Mal, so berichtete er, überkam ihn gleich nach dem Eintauchen ein Wärmegefühl, das seinen ganzen Körper durchdrang. Im Monat darauf fühlte er sich zu neuen Kräften gekommen, und bei einer neuerlichen Röntgenuntersuchung stellten die Ärzte fest, dass der Tumor deutlich geschrumpft war. Sie fanden dies derart faszinierend, dass sie jeden Heilfortschritt genau dokumentierten. Binnen kurzem war nicht nur der Tumor völlig verschwunden, sondern auch der Knochen fing an, sich zu regenerieren. Schon nach zwei Monaten konnte der Mann aufstehen und umhergehen. [83]

Anna Santaniellos Wunder, das vorletzte, das in Lourdes verzeichnet wurde, geschah, nachdem sie infolge einer akuten rheumatischen Arthritis schwer herzkrank geworden war. Sie litt unter heftiger Atemnot und akuter Endokarditis (Bouillaud-Krankheit), sodass sie Schwierigkeiten mit dem Sprechen hatte und nicht laufen konnte. Hinzu kamen schwere Asthmaanfälle, Zyanose (eine durch Sauerstoffmangel verursachte Blaufärbung) im Bereich des Gesichts und der Lippen sowie Schwellungen an den unteren Extremitäten. Nachdem freiwillige Helfer ihr in das Becken mit dem heiligen Wasser geholfen hatten, verschwanden ihre Symptome, und ein Arzt bestätigte ihre Genesung.

Zum jüngsten und bislang letzten Wunder wurde im März 2011 der Fall des 56-jährigen Serge François erklärt. Nach Komplikationen infolge eines Bandscheibenvorfalls begab er sich 2002 auf eine Pilgerreise zur heiligen Grotte und gewann daraufhin sehr schnell an Beweglichkeit zurück. Zehn Jahre darauf geht es ihm immer noch gut.

In seinem bereits erwähnten Buch *Der Arzt in uns selbst* schreibt Norman Cousins: »Die viel gepriesenen ›Wunderheilungen‹, von denen es in den Schriften aller großen Religionen nur so wimmelt, sagen etwas über die Fähigkeit des richtig motivierten oder stimulierten Patienten aus, aktiv an solch außergewöhnlichen Rückbildungen von Krankheiten und Behinderungen mitzuwirken.«

ZURÜCK ZU EINER MEDIZIN MIT HERZ

Uns, die wir in einem heilenden Beruf tätig sind, bietet sich eine unschätzbare Chance. Wir können bei unseren Patienten Entspannungsreaktionen hervorrufen und auf diese Weise einen Beitrag zum Genesungsprozess leisten, der über medikamentöse Behandlungen und chirurgische Eingriffe hinausgeht. Lassen wir die Gelegenheit, die Selbstheilungsmechanismen unserer Patienten zu optimieren, ungenutzt verstreichen, erweisen wir ihnen – und uns selbst – einen ungeheuren Bärendienst. Nehmen wir die Aufgabe dagegen an und machen hier einen guten Job, kann unser Einsatz im Heilungsprozess womöglich über Leben und Tod des Patienten entscheiden.

Ich sage oft im Scherz, dass ich Liebe praktiziere, und am Rande auch ein wenig Medizin. Dennoch haben wir uns durch die technologischen Fortschritte allzu oft derart von unseren Patienten entfernt, dass die Liebe, wie es scheint, auf der Strecke geblieben ist. Früher unternahmen Ärzte Hausbesuche, setzten sich ans Bett und berührten ihre Patienten. Heute empfangen wir diese zu einer 13-minütigen Konsultation in einem sterilen, weißen Raum, in dem Labortests an die Stelle einer sorgfältigen Anamnese treten und radiologische Untersuchungen womöglich sogar die manuelle Untersuchung ersetzen. Wenn uns die heilende Kraft des Zuhörens und Berührens abhandenkommt, wenn die fürsorgliche Behandlung und die Absicht zu heilen fehlen – was bieten wir unseren Patienten dann eigentlich, das über reine Technik hinausgeht?

Wenn Sie sich in einer gesundheitlichen Krise befinden, stellen Sie sicher, dass Sie die Zuwendung bekommen, die Sie brauchen. Es reicht nicht aus, den besten Chirurgen oder berühmtesten Universitätsprofessor zu finden, der sich auf exakt Ihr Krankheitsbild spezialisiert hat. Spezialkenntnisse mögen zweifellos von Vorteil sein, doch wenn Sie die Chancen Ihres Körpers auf Heilung verbessern wollen, müssen Sie auch sicherstellen, dass Ihre Behandler ein wirkliches Interesse an Ihnen und Ihrer Genesung haben. Vielleicht brauchen Sie mehr als nur eine Person, die Sie durch Ihre Behandlung begleitet. Vielleicht ist es ein ganzes Team von Leuten, das an Sie glaubt; ein ganzes Team von Menschen, die Ihnen die Instrumente zur Verfügung stellen, die sie in ihrer jeweiligen Werkzeugkiste bereithalten, und das Ihnen hilft, Ihren Körper reif für ein Wunder zu machen. Und wenn Sie sich ein solches Team zusammenstellen, dann achten Sie darauf, dass die einzelnen Mitglieder gut miteinander kooperieren.

Die Akupunkteurin Susan Fox nennt ein solches Team von Fachleuten den »runden Tisch der Heilung« und sieht in ihm einen gemeinschaftlichen Prozess, in dem sich alle an der Behandlung eines Patienten beteiligten Kräfte als gleichberechtigte Partner begegnen und die Meinung jedes Einzelnen als gleich wichtig zählt. Den Vorsitz an diesem runden Tisch übernimmt nicht der Arzt, sondern der Patient selbst, und er übt ihn mit größtmöglicher Autorität aus. Ärzte mögen als Mitglieder in den Kreis gebeten werden, doch mit dieser Einladung ist keineswegs das Recht verknüpft, Anweisungen zu erteilen, sich über den Rat anderer hinwegzusetzen, andere Mitglieder am Tisch respektlos zu behandeln oder, was das Wichtigste ist, die Wünsche des Patienten zu ignorieren.

Ich verstehe zwar, warum es in traumatischen Momenten in der Notaufnahme wichtig sein kann, dass ein Arzt Befehle ausgibt, doch dies gilt nicht in der Behandlung von chronisch kranken Menschen. Ich habe einmal gehört, wie ein angesehener (wenn auch ziemlich müder) Arzt zu einer hoch kompetenten Pflegerin sagte: »Lassen Sie uns ein kleines Spiel spielen. Ich spiele den Arzt. Sie spielen die Pflegerin. Ich gebe die Anweisungen, und Sie *befolgen* sie.« Diese Art von Dynamik bringt weder den Behandelnden noch dem Patienten irgendeinen Vorteil.

Auch habe ich immer wieder mitbekommen, wie Ärzte Menschen belächeln, die sich einer alternativen oder homöopathischen Behandlung unterziehen, und wie sie sowohl den Patienten als auch den Anbietern solcher Heilverfahren den Respekt verweigern. Derart unkooperative Beziehungen machen mir große Sorgen, denn sie deuten auf viel größere Missstände in unserem Gesundheitswesen hin. Eine solche diktatorische, arrogante, hierarchische Einstellung ist militaristischer, als ich es im Rahmen des Arzt-Patienten-

Verhältnisses für angemessen halte. Zwar mögen Ärzte in Schützengräben das Gefühl haben, sich in einem Feldzug gegen die Krankheit zu befinden, und meinen, in Krankenhäusern und Untersuchungszimmern Kommunikationsmethoden wie im Krieg anwenden zu müssen, doch zur Genesung von Menschen tragen sie damit nicht unbedingt bei. Ihr Verhalten löst nur Stressreaktionen aus. Eine Behandlung funktioniert sehr viel besser, wenn sich ein Team von Behandlern gemeinsam zuallererst in den Dienst des Patienten stellt – ohne Ego, ohne Konkurrenzgehabe und ohne unnötige Machtspiele.

In meiner Internet-Community habe ich ein Netz von medizinischen Revolutionären geknüpft – von Vertretern der Heil- und Pflegeberufe ebenso wie von Patienten, die sich das Ziel gesetzt haben, das Herz in die Medizin zurückzubringen. Wenn Sie jetzt nicken und sich fragen, wo diese Gleichgesinnten denn alle sind, dann verzweifeln sie nicht. Wie sind hier. Wir sind eine zunehmend besser organisierte und artikulierte Gruppe von Veränderern, die wissen, dass das Herz wieder einen Platz im Gesundheitswesen haben muss, und die sich dieser Aufgabe voll und ganz verschrieben haben. Haben Sie Vertrauen! Wir brauchen Sie jetzt mehr denn je.

Dr. Larry Dossey, ein Pionier der Körper-Geist-Medizin, schrieb mir: »Wir stellen in der Tat eine Art medizinisches Paralleluniversum dar, das neben dem konventionellen Medizinbetrieb existiert. Wir haben im Blick, was [die konventionelle Welt] weiß und halten dieses Wissen in Ehren, doch daneben schätzen wir auch noch andere Dinge: Spiritualität, Bedeutsamkeit, Sinn, Bewusstheit, Mitgefühl, Empathie, Liebe … Und stellen Sie sich vor: Wir scheinen den Wettbewerb zu gewinnen. Es ist im Prinzip nur eine Frage der Zeit. Aber wir müssen so schnell tanzen wie wir können, denn die Zeit ist nicht auf unserer Seite. Es ist wirklich dringend. Willkommen also zu unserem Tanz!«

Die Zeit ist jetzt. Sind Sie bereit?

TEIL II

BEHANDELN SIE IHREN GEIST

4

GESUNDHEIT NEU DEFINIEREN

»Den meisten von uns wird ständig eine zum System erhobene Heuchelei abverlangt. Ohne Folgen für die Gesundheit kann man sich nicht tagtäglich anders geben, als man fühlt, sich für etwas einsetzen, was man nicht liebt, sich über etwas freuen, was einem Unglück bringt. Das Nervensystem ist kein leeres Wort, keine Erfindung. Es ist ein aus Fasern bestehender physikalischer Körper. Unsere Seele nimmt einen Platz im Raum ein und sitzt in uns, so wie die Zähne im Mund sitzen. Man kann ihr nicht endlos ungestraft Gewalt antun.«

BORIS PASTERNAK, DOKTOR SCHIWAGO

Nach meinen Recherchen zum Placebo- und Nocebo-Effekt fühlte ich mich sehr sicher mit der Behauptung, dass der Körper dazu ausgelegt ist, sich selbst zu reparieren, und dass eine Kombination aus positiver Einstellung, fürsorglicher Pflege und der dadurch ausgelösten Entspannungsreaktionen die Voraussetzungen dafür schafft, dass ihm dies gelingen kann. Doch reicht das auch aus, um in einem signifikanten Prozentsatz der Fälle Genesung zu bewirken? In mir rührte sich der Verdacht, dass die Sache nicht ganz so einfach war.

Was ist mit einer Frau, die daran glaubt, gesund zu werden, und einen supertollen Arzt findet, aber mit einem Mann zusammenlebt, der sie betrügt und schlecht behandelt? Was ist mit einem Kranken, der zwölf Stunden täglich einer menschenunwürdigen Tätigkeit nachgeht, bei der er seine persönliche Integrität verkaufen muss, um am Monatsende sein Geld zu bekommen? Was ist mit einem Menschen, der raucht, trinkt, sich von Nudeln und Peperoni-Pizza ernährt und trotzdem 100 Jahre alt wird, weil sein Leben so voller Liebe, Lebendigkeit und Sinn ist, dass er sich daraus nicht verabschieden mag? Meine Vermutung war, dass mehr dazugehört, wirklich gesund zu sein, als wir gemeinhin denken.

Nehmen wir zum Beispiel die Gesundheitsfreaks, die ihr Verhalten so optimiert haben, dass sie diesbezüglich alles »richtig« machen. Wenn ein Mensch regelmäßig sein Biogemüse isst, auf Fleisch, Milchprodukte, Gluten und Fertignahrung verzichtet, täglich seinen Sport betreibt, ausreichend schläft, keinen Süchten frönt, zum Lifestyle-Mediziner geht, um die Biochemie seines Körpers auf Vordermann zu bringen und so weiter, sollte man da nicht erwarten, dass ihm ein langes, gesegnetes Leben beschieden wird, bis er im hohen Alter irgendwann einmal friedlich einschläft? Wie kann es da sein, dass viele dieser Gesundheitsbewussten trotzdem kränker sind als andere, die sich auf Grillpartys mit Schweinefleisch vollstopfen, sich regelmäßig ihr Bierchen gönnen, gerade einmal fünf Stunden Schlaf pro Nacht abbekommen und im Übrigen auf dem Sofa vor der Glotze dahinvegetieren.

Wenn die Wahrscheinlichkeit, krank zu werden, für Gesundheitsfreaks ebenso groß ist wie für Couchpotatoes, dann kann doch etwas nicht stimmen mit unserer Definition eines gesunden Lebensstils. Ich bin überzeugt, dass solche dem Körper zuträglichen Lebensgewohnheiten eindeutig einen wichtigen Beitrag zur Optimierung unserer Gesundheit leisten. Ich zähle mich selbst zum Kreise der Gesundheitsfreaks. Ich trinke meinen grünen Saft, nehme meine Vitamine, gehe viel spazieren und wandern, praktiziere täglich Yoga, schlafe gut und ausreichend, gehe zum Lifestyle-Arzt und ergreife alle notwendigen Maßnahmen, um mich keinen schädlichen Giften auszusetzen.

Dennoch bin ich der festen Meinung, dass der rein physische, chemische Aspekt von Krankheiten, also das, was man im Labor nachweisen, auf dem Röntgenbild sehen und in Petrischalen unter dem Mikroskop beobachten kann, nur ein Teil der Gleichung ist. Er ist derjenige, der von einer gesunden Ernährung, Sport, Vermeidung von Giften und den Vorzügen einer vorbeugenden Medizin profitieren kann. Auch wenn er zweifellos eine wichtige Rolle spielt, ist er längst nicht alles. Ob ein Patient gesundheitliche Probleme bekommt oder nicht, ob er sich heilen kann oder krank bleibt, hat womöglich mehr mit seinen Lebensumständen zu tun hat als mit irgendwelchen »gesunden« Verhaltensweisen. Dies hat mich meine Erfahrung mit Patienten gelehrt (und wie ich in Kapitel 9 noch schildern werde, weiß ich es aus eigenem Erleben).

LERNEN IM PRAXISALLTAG

Diese erste Ahnung, was den Körper entweder in Richtung Genesung oder auch schwerer Krankheit tendieren lassen könnte, konkretisierte sich während meiner Tätigkeit in einer integrativen Praxis in Marin County. Nachdem ich meinen Job in der Schulmedizin aufgegeben hatte, trat ich einer Gemeinschaftspraxis bei, in der sich eine Reihe von wunderbaren Ärzten und anderen Therapeuten zusammengefunden hatten, um Patienten in ihrem Wunsch nach optimaler Gesundheitsvorsorge zu unterstützen. Ich war überaus dankbar, den Menschen, die zu mir kamen, jetzt anders als früher eine ganze Stunde Zeit widmen zu können. Damit bot sich mir erstmals die Gelegenheit, eingehend danach zu forschen, was sie anfällig für Krankheiten machte oder sich wirklich positiv auf ihren Gesundheitszustand auswirkte.

Als ich die Stelle antrat, konnte ich über meine neuen Patienten nur staunen. Sie waren die gesundheitsbewusstesten Menschen, denen ich je hatte zu Diensten sein dürfen. Viele, die zu uns ins Zentrum kamen, tranken täglich ihren grünen Saft, ernährten sich vegan, trainierten unter Anleitung eines Personal Trainers, gönnten sich acht Stunden Schlaf pro Nacht, nahmen jeden Morgen eine Handvoll Vitamine und andere Nahrungsergänzungsmittel ein, gaben ein Vermögen für alternative Heilbehandlungen aus und befolgten die Anweisungen ihrer Ärzte, als wäre es ihre Bibel. Bei manchen von ihnen wirkte dies alles wahre Wunder. Sie strotzten nur so vor Gesundheit. Ihr Teint war strahlend, ihr Körper perfekt, und die Lebenskraft schien ihnen nur so aus den Poren zu strömen.

Doch es gab andere, die umso kränker waren. Ich begriff das nicht! Nach allem, was ich während meines Studiums gelernt hatte, hätten sie kerngesund sein müssen. Warum hatten so viele »gesund« lebende Patienten derart viele Leiden? Um diesen Menschen zu helfen, führte ich ganze Batterien von Untersuchungen durch, darunter Tests, die man in schulmedizinischen Praxen in der Regel gar nicht bestellt, und gelegentlich ergab sich dabei irgendetwas Überraschendes, das bei entsprechender Behandlung zum gänzlichen Abklingen der Symptome führte. Für solche Patienten war ich natürlich die Superheldin. Ein einziges Ersatzhormon etwa konnte genügen, um ein Leben völlig zu verändern.

Aber in den meisten Fällen war bei dieser Art von Patienten – also jenen, die gesund lebten und trotzdem unter einem ganzen Berg von Symptomen litten – keinerlei Ursache zu finden, sodass ich am Ende jedes Mal mit den Schultern zuckte. Ich konnte einfach keine biochemische Erklärung dafür finden, warum es diesen Menschen an Vitalität mangelte. Ich hatte das Gefühl, in meiner Heilkunst zu versagen, wusste aber im Inneren, dass es nicht an mir lag. Ich hatte nicht vergessen, irgendwelche entscheidenden Tests in Auftrag zu geben. Ich hatte es nicht versäumt, sie an die richtigen Spezialisten zu überweisen. Die Antwort lag woanders verborgen. Im Puzzle der Heilung fehlte noch irgendein größeres Teil. Ich hatte nur keine Ahnung, welches.

Meine Neugier war geweckt, und ich setzte alles daran, das Geheimnis zu lüften. Statt mich ausschließlich auf das gesundheitsrelevante Verhalten, die Vorgeschichte und die anderen üblichen Fragen zu konzentrieren, bat ich meine Patienten, mir von ihrem Leben zu erzählen. Da wir über den Luxus einer ganzen Stunde Zeit verfügten, konnte ich es mir leisten, dazusitzen und zuzuhören. Und was sie mir sagten, veränderte meine Sicht auf das, was wir gemeinhin unter Gesundheit verstehen.

Im Zuge dieser Gespräche kam ich auf die Idee, meinen Aufnahmebogen für neue Patienten zu erweitern. Statt mich nur nach der bisherigen Behandlung, Operationen, Medikamenten und Genussmittelkonsum zu erkundigen, fügte ich nun einen ganzen Katalog von Fragen zu den Lebensumständen hinzu. Was ich auf diese Weise herausfand, war hochinteressant.

EINE RADIKAL NEUE HERANGEHENSWEISE AN DEN PATIENTEN

Ich fing an, mich eingehend mit dem Leben meiner Patienten zu befassen, und stellte ihnen Fragen, die den meisten anderen Ärzten nicht in den Sinn kommen würden. Gibt es etwas, das Sie daran hindert, so zu leben, wie es

Ihrem authentischen, vitalen Selbstausdruck entspricht? Wenn ja, was genau ist dieses »Etwas«? Was lieben und loben Sie an sich selbst? Was fehlt Ihnen im Leben? Was schätzen Sie an Ihrem Leben? Gibt es in Ihrem Leben eine Liebesbeziehung? Wenn ja, sind Sie glücklich? Wenn nein, wünschen Sie sich, dass Sie es wären?

Empfinden Sie Ihre Arbeit als erfüllend? Haben Sie das Gefühl, dass sie im Einklang mit Ihrer eigentlichen Lebensaufgabe steht? Erleben Sie Ihr Sexualleben als erfüllend, entweder mit Ihrem Partner oder für sich allein? Bringen Sie Ihre Kreativität zum Ausdruck? Wenn ja, wie? Wenn nein, fühlen Sie sich kreativ ausgebremst, als könnte irgendetwas in Ihnen es kaum abwarten, in die Welt hinauszugelangen? Empfinden Sie Ihre finanzielle Situation als solide, oder ist Geld in Ihrem Leben ein Stressfaktor? Wenn eine gute Fee daherkäme, und Sie hätten einen Wunsch frei, was wäre das für einer? Welche Regeln befolgen Sie, die Sie gerne brechen würden?

Ich stellte fest, dass die Antworten meiner Patienten auf diese Fragen mir oft mehr darüber verrieten, warum sie krank waren, als alle Labortests, medizinischen Berichte oder Röntgenuntersuchungen zusammen. In vielen Fällen lag die Diagnose plötzlich glasklar auf der Hand. Ich hatte sie bis dahin nur übersehen, weil ich nicht die richtigen Fragen gestellt hatte.

Ich begriff, dass die Beschwerden meiner Patienten nicht etwa auf schlechte Gene, eine ungesunde Lebensweise oder einfach Pech zurückzuführen waren, sondern darauf, dass sie schrecklich einsam waren, ihnen ihre unglückliche Beziehung entsetzlich zusetzte, sie unter massivem beruflichem Stress standen, sich mit entsetzlichen Geldsorgen herumplagten oder zutiefst depressiv waren. Zu der Frage »Was fehlt Ihnen im Leben?« schrieben sie oft eine lange Liste von Dingen in das Formular. Stellte ich ihnen dieselbe Frage noch einmal im persönlichen Gespräch, brachen die meisten in Tränen aus. In ihrem Leben ging etwas vor sich, das nichts mit Gemüse, Sport oder Vitaminen zu tun hatte.

Auf der anderen Seite des Spektrums hatte ich Patienten, die sich schlecht ernährten, kaum Sport betrieben, ihre Nahrungsergänzungsmittel einzunehmen vergaßen und doch bei bester Gesundheit zu sein schienen. Wenn ich ihren Aufnahmebogen studierte, zeigte sich, dass es in ihrem Leben anders als bei den kranken Gesundheitsfreaks jede Menge Liebe, Spaß, sinnvolle Arbeit, finanziellen Überfluss, kreativen Ausdruck, sexuelle Erfüllung, spirituelle Verbundenheit und ähnliche Merkmale gab. Kurz gesagt: Sie waren glücklich. Und obwohl sie nicht optimal für ihren Körper sorgten, reagierte dieser mit Wohlbefinden.

Als mir dies klar wurde, fing ich an, meinen Patienten zwei entscheidende Fragen zu stellen: »*Was könnte Ihrer Meinung nach die tiefere Ursache für Ihre Krankheit sein?*« und noch wichtiger: »*Was braucht Ihr Körper, um gesund zu werden?*«

Ich ging zunächst davon aus, dass sie mir als Krankheitsursache eine hormonelle Störung oder ungesunde Ernährung nennen würden. Ich dachte, sie könnten mir mit ihren intuitiven Anregungen Anhaltspunkte für die weitere Behandlung geben. Ich erwartete Antworten wie: »Ich glaube, mir ist eine craniosacrale Therapie lieber als eine Physiotherapie.« oder »Ich glaube, ich warte mit diesem Cholesterinsenker lieber noch ab und versuche es erst einmal mit einer Ernährungsumstellung.« Gelegentlich hoben sie in ihren Aussagen tatsächlich auf den weiteren Verlauf ihrer konventionellen Behandlung ab, wenn sie mir Dinge sagten wie: »Ich brauche dringend ein Antidepressivum.« »Da wirkt bestimmt ein Antibiotikum.« »Ich muss 10 Kilo abnehmen.« oder »Ich muss etwas für meinen Hormonhaushalt tun.«

Doch meine Frage »Was könnte Ihrer Meinung nach die tiefere Ursache für Ihre Krankheit sein?« beantworteten die meisten Patienten mit Aussagen wie: »Ich verausgabe mich, bis ich mit meinen Kräften am Ende bin.« »Ich bin unglücklich in meiner Ehe.« »Ich hasse meinen Job.« »Ich brauche mehr Zeit für mich selbst.« »Ich bin so einsam, dass ich mich jeden Abend in den Schlaf weine.« »Ich habe den Sinn im Leben aus den Augen verloren.« »Gott existiert für mich nicht mehr.« »Ich hasse mich so, dass ich mich nicht im Spiegel anschauen kann.« »Ich gehe der Wahrheit aus dem Weg.« »Ich kann mir nicht verzeihen, was ich getan habe.« »Ich bin eine wandelnde Lüge und fühle mich wie ein totaler Betrüger.«

Wirklich schockiert haben mich ihre Antworten auf die Frage »Was braucht Ihr Körper, um gesund zu werden?«, zum Beispiel: »Ich muss meine Stelle kündigen.« »Ich muss meinen Eltern endlich reinen Wein einschenken.« »Ich muss mich scheiden lassen.« »Ich muss meinen Roman zu Ende schreiben.« »Ich muss ein Kindermädchen engagieren.« »Ich muss Freunde finden, damit ich nicht mehr so einsam bin.« »Ich muss meinem Mann sagen, dass ich eine Affäre habe.« »Ich muss mir selbst verzeihen.« »Ich muss mich selber lieben.« »Ich darf nicht mehr so pessimistisch sein.«

Puh ...

Und obwohl viele meiner Patienten einfach noch nicht bereit waren zu tun, was ihnen ihre Intuition riet, hörten die Tapfersten unter ihnen auf die leise Stimme in ihrem Inneren und nahmen radikale Veränderungen vor: Manche gaben ihre Stelle auf. Andere trennten sich von ihrem Partner. Einige zogen in eine andere Stadt. Und wieder andere gingen endlich daran, einen lange gehegten Traum zu verwirklichen. Sie taten dies mit erstaunlichen Ergebnissen. Manchmal wurden sie – oft innerhalb kürzester Zeit – eine ganze Latte von Beschwerden los. Nach jahrelanger erfolgloser medizinischer Behandlung gelang es ihrem Körper plötzlich, sich selbst zu heilen. Es machte mich ehrfürchtig, dies zu erleben.

DIE GESCHICHTE EINER SELBSTHEILUNG

Marla war eine dieser Frauen, wie sie in Marin County zuhauf anzutreffen sind: Sie aß vegetarisch, ging wandern und praktizierte Yoga, nahm an Triathlons teil, konsumierte auf Anraten eines Naturheilkundlers Dutzende von Nahrungsergänzungsmitteln, mied Alkohol und Nikotin und hielt sich von illegalen Drogen fern. Dennoch war ihre Krankenakte gut einen halben Meter dick, und sie litt an vier chronischen Krankheiten.

Von Freunden hatte Marla erfahren, dass es in meiner Praxis etwas anders zugehe als in den meisten anderen, und so vereinbarte sie einen Termin. Vielleicht könne ich ja herausfinden, warum sie ungeachtet aller Bemühungen, gesund zu werden, noch immer krank sei. Aus den Angaben zu ihrer persönlichen Lebenssituation, die sie im Anmeldebogen machte, entnahm ich, dass sie zutiefst unglücklich war. Sie war in ihrer Ehe körperlicher und verbaler Gewalt ausgesetzt und hatte seit zwei Jahren keinen Sex mehr gehabt. Sie konnte ihre Kreativität nicht zum Ausdruck bringen, weil ihr Mann ihre Liebe für die Kunst nicht teilte und sie durch ihren Job und ihr Wettkampftraining derart ausgelastet war, dass sie keine Zeit zum Malen hatte. Außerdem pflegte sie ihre alte, kranke Mutter, die bei ihr mit im Haus lebte, was zusätzlich an ihren Kräften zehrte.

Nachdem ich all dies gelesen hatte, wusste ich, dass Marlas Körper niemals gesund werden konnte, solange diese anderen Themen nicht gelöst waren. Solange ihr Geist von so vielen negativen Emotionen in Beschlag genommen war und all diese Stresshormone durch ihren Körper pulsierten, würde kein Gemüse, keine Nahrungsergänzung, kein Sportprogramm und kein Medikament der Welt stark genug sein, um den gesundheitsschädlichen Wirkungen der chronischen Stressreaktionen zu begegnen.

Nachdem ich Marla erklärt hatte, worin ich die eigentlichen Ursachen für ihre körperlichen Beschwerden sah, kamen wir zu der einen großen Frage: »Was braucht Ihr Körper, um gesund zu werden?«

»Ich muss nach Santa Fé ziehen«, antwortete Marla.

»Warum ausgerechnet nach Santa Fé?«, fragte ich.

»Ich habe dort ein Ferienhaus, und immer wenn ich da bin, *verschwinden alle meine Symptome.*«

Vielleicht gab es hierfür eine biochemische Erklärung. Vielleicht reagierte sie überempfindlich auf irgendeine chemische Substanz in ihrem Haus in Mill Valley. Vielleicht war sie allergisch gegen irgendeine Pflanze, die in der Bay Area wuchs und in Santa Fé nicht vorkam. Vielleicht lag es am Wetter oder am Essen, oder es gab irgendeinen anderen Umweltfaktor, der diesen dramatischen Unterschied hätte erklären können. Doch ich bezweifelte es, und darum ermutigte ich Marla, auf die Weisheit ihres Körpers und ihre innere Stimme zu vertrauen.

Ein Jahr später rief Marla mich an und teilte mir mit, dass sie tatsächlich nach Santa Fé gezogen war. Um diese drastische Wende in ihrem Leben vollziehen zu können, verkaufte sie ihre Firma und half ihrer Mutter beim Umzug in eine sehr schöne Seniorenresidenz nicht weit von Santa Fé, wo sie sie an den Wochenenden besuchen konnte. Außerdem reichte sie die Scheidung ein. Und kaum war sie in Santa Fé angekommen, schrieb sie sich in einer Kunstschule ein. Inzwischen hatte sie sich in einen anderen Mann verliebt, eine ganze Clique von neuen Künstlerfreunden kennen gelernt und genoss das Wandern, Rad- und Skifahren in den Bergen rings um Santa Fé.

Und das Wichtigste von allem: Tatsächlich waren ihre Beschwerden innerhalb von drei Monaten nach ihrem Umzug wie von Zauberhand komplett verschwunden.

WAS IHR LEBENSSTIL MIT IHREM KÖRPER MACHT

Marlas gesundheitliche Probleme wurden weder durch Medikamente, Nahrungsmittel oder Operationen gelöst, sondern durch eine Reduzierung der Stressfaktoren in ihrem Leben, durch mehr geistige und körperliche Ruhe, die Verwirklichung eines Traums und eine neue Liebe. Durch ihren Körper fluteten gesundheitsfördernde Hormone, die gleichzeitig die Ausschüttung von schädlichen Stresshormonen unterbanden.

Marlas Fall ist kein spezifisches Einzelphänomen. Ähnliche Veränderungen habe ich bei Dutzenden von Patienten erlebt, und mir ist inzwischen bewusst, dass Schulmediziner ihren Patienten einen schlechten Dienst erweisen, weil sie ausschließlich auf die biochemischen Abläufe im Organismus fixiert sind, ohne das seelisch-geistige Befinden des behandelten Menschen mit zu berücksichtigen.

Meine Erfahrungen von Marin County führten mich zur nächsten Phase meiner Recherche, in der es um die Ursachen von optimalem Wohlbefinden und Langlebigkeit ging. Ebenso intensiv, wie ich die Fachliteratur nach Beweisen dafür durchforstet hatte, dass der Geist den Körper heilen kann, suchte ich nun nach geistigen Faktoren, die jenseits der traditionell als gesund geltenden Verhaltensweisen über unsere körperliche Verfassung mitbestimmen.

In meine Theorie, dass wir mit Veränderungen in unserer Lebensweise Einfluss auf die Physiologie unseres Körpers nehmen, bezog ich andere Aspekte mit ein: mit welchen Menschen wir privat wie beruflich Umgang haben, über welche kreativen Ausdrucksmöglichkeiten wir verfügen, wie sehr wir uns spirituell verbunden fühlen, welches Verhältnis wir zum Geld haben und wie glücklich und zufrieden wir sind. Wenn Menschen sich in ihrem Leben für Glück und Gesundheit entscheiden, indem sie sich einen liebevollen, unterstützenden Partner suchen, enge familiäre und freundschaftliche Beziehungen unterhalten, einen Beruf wählen, den sie lieben, den positiven Dingen in ihrem Leben größtmöglichen Raum geben und damit Entspannungsreaktionen optimal zum Zuge verhelfen, dann drängen sie damit Stressreaktionen zurück und sind dementsprechend gesünder.

Wir alle wissen, dass uns Stress nicht guttut, doch unsere Haltung bleibt in einem vagen Was-erwartest-du-eigentlich-was-ich-dagegen-tun-sollte stecken. Nach allem, was ich inzwischen erfahren hatte, war mir jedoch klar, wie eng der Zusammenhang zwischen geistigem Stress und körperlichem Zusammenbruch ist. Ich wusste aus eigener Beobachtung, dass emotionale Stressfaktoren wie Einsamkeit, Frustrationen am Arbeitsplatz, Wut über vergangene Traumata, Geldsorgen und Angst krank machen können.

Hatten sich auch andere Wissenschaftler mit diesen Zusammenhängen befasst? Gab es Beweise dafür, dass sich gute Beziehungen positiv auf die Gesundheit auswirken oder beruflicher Stress den Weg in die Krankheit ebnet? Die Zeit war reif, mir erneut die Fachliteratur vorzunehmen.

Ich wollte den Nachweis erbringen, dass sich jede Facette unseres Lebens auf unsere geistige Befindlichkeit und damit gleichzeitig auf unsere körperliche Gesundheit auswirkt. Und ich ging davon aus, dass folgende Punkte in unserem Leben erfüllt sein müssen, um Vitalität, Schutz vor Krankheiten und im Krankheitsfall eine optimale Heilungschance zu gewährleisten:

- *Gesunde Beziehungen,* einschließlich eines starken Netzwerks von Familie, Freunden, nahestehenden Menschen und Kollegen
- *Eine gesunde, sinnvolle Art, unsere Tage zu verbringen,* ob wir nun außer Haus oder im Haus arbeiten
- *Ein gesunder, umfassender kreativer Ausdruck,* der unserer Seele die Chance gibt, ihr Lied zu singen
- *Eine gesunde gelebte Spiritualität,* einschließlich eines Gefühls der Verbundenheit mit dem Heiligen in unserem Leben
- *Ein gesundes Sexualleben,* in dem wir unser erotisches Selbst zum Ausdruck bringen und unsere Fantasien erkunden können
- *Eine gesunde Finanzlage,* sodass keine übermäßigen Geldsorgen auftreten und sichergestellt ist, dass für die Grundbedürfnisse unseres Körpers gesorgt ist
- *Eine gesunde Umwelt* frei von Toxinen, Bedrohungen durch Naturkatastrophen, Strahlenbelastungen und anderen schädlichen Faktoren, die unsere körperliche Gesundheit bedrohen
- *Eine gesunde mentale und emotionale Einstellung,* die von Optimismus und Zufriedenheit geprägt und frei von Ängsten, Sorgen, Depression und anderen mentalen Belastungen ist
- *Eine gesunde, dem körperlichen Wohlbefinden zuträgliche Lebensweise,* wie sie durch eine gute Ernährung, regelmäßige sportliche Betätigung, ausreichend Schlaf und den Verzicht auf gesundheitsschädliches Suchtverhalten gekennzeichnet ist

Was ich in meiner Recherche an wissenschaftlichen Daten zusammentrug, bestätigte die Richtigkeit meiner Theorie. Jeder der genannten Aspekte Beziehungen, Arbeit, Kreativität, Spiritualität, Sexualleben und so weiter kann uns entweder unter Stress setzen oder zu unserer Entspannung beitragen. Eine gesunde Beziehung löst Entspannungsreaktionen im Körper aus, eine ungesunde ruft Stressreaktionen auf den Plan. Eine gesunde gelebte Spiritualität geht mit positiven Emotionen wie Freude, Hoffnung und einem Gefühl der Offenheit einher und bringt uns Entspannungsreaktionen. Liegt dieser Aspekt unseres Lebens im Argen, zum Beispiel, weil wir Mitglied einer spirituellen Gemeinschaft sind, deren Urteil wir fürchten, in der die Angst vor Bestrafung durch einen rächenden Gott umgeht oder die Angst vor negativen Konsequenzen, wie etwa dereinst in der Hölle zu schmoren, löst dies wahrscheinlich Stressreaktionen aus.

Eine bloße Fokussierung auf den Körper reicht nicht aus. Auch die geistige Befindlichkeit eines Menschen will berücksichtigt sein. Die Gesundheit auf der körperlichen Ebene stärken zu wollen, ohne die geistige mit einzubeziehen, ist ein sinnloses Unterfangen. Erst wenn wir erkennen, dass unser Körper ein Spiegel unserer zwischenmenschlichen, spirituellen, beruflichen, sexuellen, kreativen, finanziellen, umweltbedingten, mentalen und emotionalen Gesundheit ist, werden wir echte Heilung erfahren. In der Tat deutet die wissenschaftliche Datenlage darauf hin, dass zumindest in einigen Fällen geistiges Wohlbefinden ebenso wichtig, wenn nicht gar wichtiger ist als die Gesundheit des Körpers. Unser Körper ist nicht der Antrieb unserer Lebensweise, sondern deren Spiegel. In ihm reflektiert sich die Summe unserer Lebenserfahrungen.

Nehmen wir den Fall einer Patientin, die unter Bauchschmerzen leidet, und zwar ausschließlich dann, wenn ihr übergriffiger, kontrollierender Chef den Raum betritt. Sie geht zum Gynäkologen, der bei ihr eine Endometriose feststellt, ihr eine Operation empfiehlt und sie zu weiteren Untersuchungen an einen Urologen überweist. Dieser führt eine endoskopische Blasenspiegelung durch und diagnostiziert eine chronische Blasenentzündung, rät ihr aber, zur Sicherheit noch einen Gastroenterologen aufzusuchen. Der wiederum spiegelt den Darm und drückt ihr das Etikett »Reizdarm« auf.

Doch kein Einziger von ihnen hat je mit ihr über die Tatsache gesprochen, dass der Schmerz immer nur dann auftritt, wenn ihr Chef zu ihr ins Büro kommt. Niemand hat die Vermutung geäußert, dass sich die berufliche Belastung und die schwierige Beziehung zu ihrem Vorgesetzten womöglich aufgrund wiederholter Stressreaktionen in körperlichen Symptomen äußert. Vielleicht braucht sie statt Medikamenten oder einer Operation einen neuen Job, damit sich ihre negativen Gedanken auflösen und ihr Körper sich selbst heilen kann.

KRANK ODER GESUND

Wenn die Gesundheit des Körpers von der Gesundheit des Geistes abhängt, wie nennen wir das? Unser Gesundheitswesen verfügt noch nicht einmal über die sprachlichen Möglichkeiten, diesen erweiterten Gesundheitsbegriff in Worte zu fassen. Die übliche Definition von »Gesundheit« berücksichtigt nicht, ob wir unsere Arbeit als erfüllend erleben, in unserer Ehe glücklich sind oder von einem Netzwerk von Menschen umgeben sind, die uns lieben.

An der Uni habe ich gelernt, dass es zwei Arten von Leuten gibt: kranke und gesunde. Wir alle wissen, wer diese Kranken sind. Wenn wir sie untersuchen, ergibt sich irgendein Befund. Ihre Laborwerte oder Röntgenbilder weisen Anomalitäten auf, die wir als nicht normgerecht oder pathologisch bewerten. Wir verordnen ihnen Medikamente, und wenn wir es schaffen, ihnen einen Krankenhausaufenthalt oder gar den Tod zu ersparen, atmen wir auf.

Gehen wir einen Schritt weiter und helfen ihnen dabei, ihren Lebensstil so zu ändern, dass es ihrem Körper zuträglicher ist, beispielsweise indem sie sich anders ernähren oder mit dem Rauchen aufhören, und sie sich dadurch weniger krank fühlen, klopfen wir uns auf die Schulter und sind davon überzeugt, einen guten Job gemacht zu haben.

Die Gesunden hingegen kommen zu normalen Check-ups in unsere Praxis; ihre Laborwerte liegen im Normbereich, ihre Röntgenbefunde sind unauffällig, und sie sind insgesamt frei von Krankheitszeichen. Sollten sie dennoch Beschwerden haben, bekommen wir diese mit Medikamenten, einer Ernährungsumstellung, sportlicher Betätigung, Gewichtsabnahme oder anderen Maßnahmen zur »Gesunderhaltung« in den Griff.

Als Akteuren des Gesundheitswesens ist es unser Anspruch, gesunde Menschen am Krankwerden zu hindern, und glücklicherweise sind wir diesem Ziel dank eines wachsenden Gesundheitsbewusstseins und der zunehmenden Hinwendung zu einer vorbeugenden Medizin tatsächlich ein Stück nähergekommen. Aufklärungskampagnen zur Bedeutung von ausgewogener Ernährung, regelmäßiger Bewegung, Nikotinabstinenz und Gewichtskontrolle, Impfungen und Krebsvorsorgeuntersuchungen haben sich positiv auf die Volksgesundheit ausgewirkt.

Dennoch: Ungeachtet eines in atemberaubendem Tempo voranschreitenden medizinischen Fortschritts und von allem, was wir über Krankheitsprophylaxe wissen, häufen sich in unserer Gesellschaft die Fälle von Fettleibigkeit, Bluthochdruck und Diabetes, von Herzinfarkt, Schlaganfall oder Krebs; und immer mehr Leute werden aufgrund von Ängsten, Depressionen und bipolaren Störungen mit Medikamenten vollgepumpt.

Irgendwo in der Mitte zwischen Kranken und Gesunden gibt es noch eine weitere Gruppe. Diese Patienten sind nicht krank im medizinischen Sinne, aber wirklich gut geht es ihnen nicht. Ihre Bluttests verlaufen ergebnislos. Ihre Vitalparameter liegen im Normbereich. Die körperliche Untersuchung ergibt keinerlei Befund. Und trotzdem mangelt es ihnen an Vitalität. Dieses Beschwerdebild greift da draußen wie eine Epidemie um sich.

Die Betroffenen klagen über Müdigkeit, Depressionen und Nervosität. Nachts finden sie keinen Schlaf und wälzen sich im Bett herum. Ihre Libido schwindet. Sie nehmen zu. Sie überdecken ihr Unwohlsein mit den verschiedensten Süchten. Und sie berichten von vagen körperlichen Symptomen wie Muskel- oder Rückenschmerzen, schmerzhaften Nackenverspannungen, Magen-Darm-Beschwerden, Kopfschmerzen, einer Enge in der Brust und Schwindelgefühlen. Sie merken, dass irgendetwas mit ihnen nicht stimmt, und gehen zum Arzt in der Angst, an irgendeiner schrecklichen Krankheit zu leiden. Dieser nimmt allerhand Untersuchungen vor und erklärt sie am Ende für »gesund«. Die Krux ist nur: Sie *fühlen* sich nicht gesund.

Da Ärzte keine biochemische Erklärung für die Symptome dieser Patienten finden können, neigen sie dazu, ihnen Antidepressiva und andere Universalmedikamente zu verordnen, die allesamt die eigentlichen Ursachen außer Acht lassen, sodass die Betroffenen nur selten Linderung erfahren. Also gehen sie zum nächsten Arzt und unterziehen sich der ganzen Prozedur noch einmal, weil mit ihnen eindeutig etwas nicht stimmt. Und sie haben recht. Etwas stimmt nicht. Aber es ist nicht das, was sie denken.

Viele dieser Patienten, die im medizinischen Sinne gesund sind, sich aber krank fühlen, leiden an den physiologischen Folgen wiederholter Stressreaktionen, die am Körper nagen, bis er schließlich zusammenbricht. Wenn die eigentliche Belastungssituation ungelöst bleibt, werden diese Menschen oft wirklich krank.

Doch in Medizinerkreisen hat sich das scheinbar noch nicht herumgesprochen, denn noch immer sagen Ärzte ihnen, dass ihre körperlichen Symptome »psychosomatisch« seien – also bloß im Kopf existieren. Und genau genommen stimmt das ja auch. Es fängt im Kopf an und überträgt sich dann auf den Körper.

DIE PHYSIOLOGIE DER EMOTIONEN

Wie genau aber funktioniert dieser Prozess der Übertragung, durch den Emotionen an den verschiedensten Stellen des Körpers ihre Wirkung entfalten können?

Es beginnt mit einem Gedanken oder Gefühl, sagen wir mit Angst. Ein Arzt sagt uns, dass wir nur noch drei Monate zu leben hätten. Oder irgendwer injiziert uns ein Mittel und warnt uns vor dessen unangenehmen Nebenwirkungen. Oder vielleicht ist es etwas weniger Dramatisches. Vielleicht fürchten wir, dass uns unser Partner verlassen könnte oder unser Chef uns kündigen wird oder wir unsere Rechnungen nicht bezahlen können oder sich unser Traum nicht verwirklicht oder wir von allen abgelehnt werden, weil wir nicht liebenswert sind.

Unsere Gedanken sind mächtig. Unser bewusster Verstand, der im vorderen Bereich des Gehirns lokalisiert ist, weiß, dass wir Angst haben. Doch unser Reptiliengehirn, ein am Hirnstamm gelegenes Areal, in dem sich der Hypothalamus befindet, kann nicht zwischen einem abstrakten Angstgedanken und einer wirklichen Bedrohung für Leib und Leben unterscheiden. Es glaubt, dass wir unmittelbar vom Tod bedroht sind, und löst eine Stressreaktion aus, die uns in den Kampf-oder-Flucht-Modus versetzt, die HHN-Achse aktiviert, das Immunsystem deaktiviert und uns bereit macht, vor der Gefahr davonzulaufen.

Befindet sich unser Körper mitten in einer Stressreaktion, kommen die Selbsterhaltungs- und Selbstreparaturmechanismen des Körpers mit kreischenden Bremsen zum Stehen. Eigentlich sollte es hierzu nur in seltenen Ausnahmefällen kommen. Der gesunde Körper sollte die meiste Zeit über in einem entspannten physiologischen Ruhezustand sein. Würden wir als Höhlenmenschen friedlich in unserer Sippe leben, müssten wir bloß einmal alle Jubeljahre vor einem Höhlenbären die Flucht ergreifen. Die übrige Zeit würden wir damit zubringen, Beeren zu sammeln, am Höhlenfeuer herumzulungern und kleine Höhlenmenschen zu machen.

Natürlich war unseren Vorfahren kein sehr langes Leben beschieden, weil sie tagtäglich realen, unmittelbaren Gefahren ausgesetzt waren, die uns heute dank moderner Luxuserrungenschaften wie einer sicheren Bleibe und ausreichender Nahrung erspart bleiben. Aber das moderne Dasein hat seine eigenen Tücken. Die Stressfaktoren, mit denen wir im Alltag konfrontiert sind – Einsamkeit, unglücklichen Beziehungen, beruflichem Stress, Geldsorgen, Nervosität und Depression zum Beispiel –, lösen im Vorderhirn Gedanken und Gefühle aus, die den Hypothalamus laufend zu Stressreaktionen provozieren. Mit dem bewussten Verstand ist uns zwar klar, dass es sich bloß um eine Emotion handelt, aber das Reptiliengehirn geht von einer akuten Angriffssituation aus.

Gefühle wie Angst, Nervosität, Wut, Frustration, Verbitterung und andere negative Emotionen aktivieren die HHN-Achse.[84] Ob wir uns tatsächlich in leiblicher Gefahr befinden oder nicht, unser Kopf nimmt es auf jeden Fall so wahr und veranlasst den Hypothalamus, den sogenannten *Corticotropin-releasing Factor* (CRF) ins Nervensystem einzuspeisen. Dieser stimuliert die Hirnanhangdrüse zur Ausschüttung von Prolactin, Wachstumshormon und adrenocorticotrophem Hormon (ACTH). Unter dem Einfluss dieser Substanzen wird die Nebenniere zur Produktion von Cortisol stimuliert, dessen Aufgabe es ist, dem Körper in dem vom Gehirn ausgerufenen Alarmzustand bei der Aufrechterhaltung der Homöostase zur Seite zu springen.

Bei einer Aktivierung des Hypothalamus wird gleichzeitig das sympathische Nervensystem (der Kampf-oder-Flucht-Reflex) aktiv, was die Ausschüttung von Adrenalin und Noradrenalin in der Nebenniere zur Folge hat. Diese beiden Hormone bewirken neben anderen physiologischen Veränderungen eine Erhöhung des Pulsschlags und des Blutdrucks. Außerdem greifen sie in zahlreiche Stoffwechselvorgänge an den verschiedensten Stellen des Körpers ein.

Die Blutgefäße, die zum Magen-Darm-Trakt sowie zu Händen und Füßen führen, ziehen sich zusammen, während sich diejenigen, die zum Herzen, den großen Muskelgruppen und zum Gehirn gehen, sich weiten. Auf diese Weise werden die für den Notfall der Flucht benötigten Organe bevorzugt mit Blut versorgt. Die Pupillen weiten sich, damit mehr Licht eindringen kann. Die Stoffwechselrate erhöht sich und liefert uns durch die Auflösung von Fettdepots und die Freisetzung von Glukose im Blutkreislauf einen Energieschub. Unser Atemrhythmus beschleunigt sich, und unsere Bronchien weiten sich, sodass wir mehr Sauerstoff aufnehmen. Und unsere Muskeln spannen sich an und machen sich bereit, um vor der wahrgenommenen Bedrohung Reißaus zu nehmen.

Die Magensäureproduktion wird angekurbelt und die Ausschüttung von Verdauungsenzymen gedrosselt, was oft eine Kontraktion der Speiseröhre, Durchfallerscheinungen oder Verstopfung zur Folge hat. Cortisol legt unser Immunsystem lahm, um für den Fall von im Kampf erlittenen Verletzungen vorsorglich die Entzündungsneigung zu hemmen. Die Fortpflanzungsorgane werden stillgelegt: in Gefahrensituationen wird Sex zum überflüssigen Luxus!

Kurz gesagt, unser Körper verzichtet auf Schlaf, Verdauung und Fortpflanzung, um sich ganz auf das Weglaufen, Atmen, Denken und Aufrechterhalten der Sauerstoff- und Energieversorgung zu konzentrieren und uns so in Sicherheit zu bringen. Im Angesicht körperlicher Bedrohung sorgen diese Veränderungen dafür, dass wir so gut wie möglich für Kampf oder Flucht gerüstet sind. Existiert die Bedrohung aber lediglich im Kopf, registriert der Körper nicht, dass er selbst nicht in Gefahr ist. So kann es bei wiederholter Auslösung der beschriebenen Stressreaktion im Laufe der Zeit dazu kommen, dass uns diese natürliche biologische Reaktion mehr schadet als nützt.

Unter ihrem Einfluss kann sich der Körper nicht entspannen und all das reparieren, was zwangsläufig kaputtgehen muss, wenn es nicht regelmäßig durch seine Selbstreparaturmechanismen gewartet wird. Organe werden beschädigt. Die Krebszellen, die tagtäglich auf natürliche Weise in unserem Körper entstehen und eigentlich vom Immunsystem hinweggefegt werden sollten, können sich vermehren und ausbreiten. Der chronische Verschleiß nagt an unserem Körper, und irgendwann werden wir krank.

Aber das muss nicht so sein. Der Körper weiß, wie er sich mit Hilfe der von Herbert Benson beschriebenen ausgleichenden Entspannungsreaktion wieder in die Ruhe bringen kann (siehe Kapitel 8). Wenn das bewusste Vorderhirn sich mit positiven Gedanken befasst und unter dem Einfluss von Emotionen wie Liebe, Zugehörigkeit, Nähe, Freude und Hoffnung steht, hört der Hypothalamus auf, Stressreaktionen auszulösen. Wenn wir optimistisch sind, Hoffnung haben, uns geliebt und getragen fühlen, mit unserem Beruf und unserer Kreativität im Fluss, spirituell erfüllt und sexuell mit einem anderen Menschen verbunden sind, tritt die Entspannungsreaktion an die Stelle der Stressreaktion.

Dann schaltet sich das sympathische Nervensystem aus. Der Cortisol- und der Adrenalinspiegel normalisieren sich. Das parasympathische Nervensystem übernimmt die Steuerung. Das Immunsystem wird reaktiviert. Und der Körper kann seine Selbstreparaturprozesse wieder aufnehmen, um Krankheiten vorzubeugen und seinen Beitrag zur Ausheilung bereits entstandener Fehlfunktionen zu leisten. So wächst die Wahrscheinlichkeit, dass Beschwerden bei gesunden Menschen vermieden und bei Kranken vielleicht sogar beseitigt werden.

Voilà! Gedanken führen zur Selbstheilung. Der Geist heilt den Körper, und zwar nicht auf irgendeine esoterisch-metaphysische Weise. Es ist schlicht und ergreifend die Physiologie.

Ich glaube mittlerweile fest daran, dass eine positive innere Einstellung und fürsorgliche Behandlung Stressreaktionen unterbinden und Entspannungsreaktionen auslösen können, sodass der Körper in seinen natürlichen physiologischen Ruhezustand zurückkehren und tun kann, was er mit am besten beherrscht: sich selbst heilen. Eine der wirksamsten Möglichkeiten, diesen Effekt in Gang zu setzen, liegt in den Beziehungen, die wir in unserem Leben pflegen. Wir alle wissen um die Heilkraft der Liebe, aber ist Ihnen bewusst, dass sie nicht nur Balsam für die Seele, sondern auch für den Körper ist? Einsamkeit, Wut und Verbitterung sind Gift für ihn und der Wunsch nach Verbundenheit, Nähe und Zugehörigkeit zu unserer Familie, unserem Partner und unseren Freunden ist in unserer DNA verankert. Erfüllt er sich, reagiert der Körper mit Wohlbefinden.

Wenn Sie einen Kreis von Menschen gefunden haben, in dem Sie sich geliebt, verstanden und angenommen fühlen, haben Sie damit die optimalen Voraussetzungen geschaffen, damit Ihr Körper sich selbst reparieren kann und sich bereit für ein Wunder macht.

5
EINSAMKEIT VERGIFTET DEN KÖRPER

»Wie sehr wir eine andere Seele brauchen,
um uns an ihr festzuhalten.«

SYLVIA PLATH

Wenn man Sie nach Ihrem Gesundheitszustand fragt, sind Sie wahrscheinlich darauf programmiert zu überlegen, wie es mit Ihrer Ernährung aussieht, wie viel Sport Sie betreiben, ob Sie Vitaminpillen nehmen oder nicht, welche schlechten Angewohnheiten Sie haben, mit welcher genetischen Ausstattung Sie zur Welt gekommen sind und ob Sie die Anweisungen Ihrer Ärzte befolgen oder eher nicht. Aber ziehen Sie auch mit in Betracht, ob Sie sich von einem Netz nahestehender Menschen wirklich getragen fühlen? Wahrscheinlich nicht. Aber Sie sollten es tun.

Wie sich gezeigt hat, kann Einsamkeit uns kränker machen als das Zigarettenrauchen. Und Teil einer tragfähigen Gemeinschaft zu sein, kann unsere Lebenserwartung verlängern. Sie glauben mir nicht? Dann folgen Sie mir auf eine kleine Zeitreise in das Jahr 1961. Unser Ziel ist Roseto, ein Dorf im US-Bundesstaat Pennsylvania, in dem sich eine Gruppe von italienischen Einwanderern niedergelassen hat, um in der Neuen Welt die alte Heimat wiederauferstehen zu lassen.

Wie das süditalienische Roseto Valfortore, aus dem sie aufgebrochen waren, liegt auch das amerikanische Roseto an einem bewaldeten Hang, in diesem Fall jedoch in den Pocono Mountains. Dort schufen sich 1882 die ersten italienischen Siedler ein neues Zuhause, nachdem sie auf der Suche nach einem besseren Leben in das Land der unbegrenzten Möglichkeiten gekommen waren. Die abgeschiedene Lage sorgte dafür, dass sich nur wenige

Fremde je in dieses Dorf verirrten. Begleiten Sie mich also dorthin und lassen Sie sich von mir ein wenig herumführen.

Tagsüber wirken die Straßen des Ortes verlassen wie in einer Geisterstadt, denn die Kinder sind in der Schule und die Eltern bei der Arbeit in einem Steinbruch oder einer der Hemden- und Blusenfabriken, wo sie sich in langen Schichten mühen, das Geld für die Collegeausbildung ihrer Abkömmlinge zusammenzubringen.

Die doppelgeschossigen Häuser der Hauptstraße, Garibaldi Avenue, reihen sich wie festgeklebt an den felsigen Hang. Über allem thront die Kirche *Our Lady of Mount Carmel,* die zu einem regen Mittelpunkt des Dorflebens geworden ist, seit ein junger Pfarrer namens Pasquale de Nisco die Gemeinde übernahm. Die Erfolgsgeschichte von Roseto ist weitgehend ihm zu verdanken. Er war es, der die Bewohner ermunterte, Getreide anzubauen, Schweine zu halten, Weinberge anzulegen, Gebetskreise zu gründen und diverse Festivitäten zu veranstalten. Und in ihrem Gefolge kamen Schulen, Geschäfte, die Blusen- und Hemdenfabriken und weitere Zeichen kulturellen Lebens.

Abends, wenn sich die Leute nach getaner Arbeit auf den Heimweg machen, erwacht Roseto zum Leben. Sie schlendern die Hauptstraße entlang, bleiben stehen, um ein Schwätzchen mit den Nachbarn zu halten und vielleicht noch ein Glas Wein zu trinken, bevor sie nach Hause gehen, um sich zum Essen umzuziehen. Wenn die Kirchenglocken läuten, sieht man Frauen in die Gemeinschaftsküchen strömen, um klassische italienische Gerichte zuzubereiten, während die Männer in Vorfreude auf das allabendliche Ritual Tische zusammenrücken: Abend für Abend nämlich trifft sich die gesamte Gemeinde bei Bergen von Pasta, italienischer Wurst, in Schmalz gebratenen Fleischbällchen, und der Wein fließt in Strömen.

Als die Bewohner 1961 in dieser von Einwanderern aus Wales und England dominierten Gegend eintreffen, die für Italiener nichts als ein Naserümpfen übrig haben, muss zwangsläufig jeder für jeden einstehen. Dass mehrere Generationen unter einem Dach leben, ist die Norm. Die Leute gehen gemeinsam zur Kirche. Nachbarn gehen in der Küche von Nachbarn ein und aus, und die Feiertage verbringt man in fröhlicher Gemeinsamkeit. Die Bewohner von Roseto haben eine hohe Arbeitsethik. Nicht nur, dass ausnahmslos jeder einer Beschäftigung nachgeht – alle haben ein gemeinsames Ziel, eine Mission, die sie in ihrem oft schweren körperlichen Einsatz antreibt. Ihr Traum ist, dass es ihre Kinder einmal besser haben sollen.

Die Bewohner von Roseto sorgen füreinander. Keiner muss sich allein durchs Leben schlagen. Roseto im Jahr 1961 ist der lebende Beweis für die Macht des Clans.

Das Dorf in Pennsylvania hätte wohl immer eine vom Rest der Welt weitgehend unbeachtete Existenz gefristet, wäre nicht Dr. Steward Wolf, Professor an der medizinischen Fakultät der *University of Oklahoma* auf Roseto aufmerksam geworden, nachdem er unweit des kleinen Städtchens in den Poconos ein Sommerhaus kaufte. Während eines seiner Aufenthalte dort wurde er gebeten, einen Vortrag vor einem Kreis von örtlichen Medizinern zu halten, und einer von ihnen lud ihn anschließend auf ein Bier ein. Während sie sich unterhielten, kam er darauf zu sprechen, wie eigenartig es doch sei, dass in dem kleinen Dorf Roseto Herzerkrankungen deutlich seltener vorkämen als im Nachbarort Bangor.

Dr. Wolf horchte auf. Das Gespräch fand zu einer Zeit statt, in der die Häufigkeit von Herzinfarkten ein beinahe epidemisches Ausmaß erreicht hatte und bei Männern unter 65 als Haupttodesursache galt. Sein Interesse war geweckt, und er machte seine Hausaufgaben: Er nahm sich das Sterberegister von Roseto vor und verglich die Einträge über einen Zeitraum von sieben Jahren hinweg mit denen der umliegenden Ortschaften. Verblüffenderweise bewegte sich die Herzinfarktrate bei den Männern von Bangor auf US-amerikanischem Durchschnittsniveau, während sie in Roseto nur *halb so hoch* war. Bei den Männern unter 65 lag sie sogar annähernd bei null Prozent. Zudem lag die Sterberate für alle Todesursachen zusammengenommen in Roseto 30 bis 35 Prozent unter dem Durchschnitt.

Es schien lohnenswert, dies näher zu erforschen.

In seinem Buch *Überflieger* zitiert Malcolm Gladwell den Soziologen John Bruhn, der Mitglied im Forschungsteam war: »Wir haben keine Selbstmorde, keinen Alkoholismus, keine Drogenabhängigkeit und kaum Verbrechen gefunden. Niemand hat Sozialhilfe bezogen. Niemand hatte Magengeschwüre. Die Leute sind an Altersschwäche gestorben. Das war's.«[85]

An diesem Punkt des Forschungsprojekts gingen Dr. Wolf und sein Forschungsteam bereits der Frage nach, warum die Bewohner von Roseto kaum anfällig für Krankheiten waren. Auf der Suche nach möglichen Erklärungen unterzogen sie zwei Drittel der erwachsenen Bevölkerung umfassenden Tests, Untersuchungen und Befragungen. Dr. Wolf vermutete zunächst, dass sie irgendeine besondere Ernährungsweise aus der alten Heimat mitgebracht hatten, die das Risiko von Entzündungen senkte. Vielleicht war es das Olivenöl. Er stellte ein Team von elf Ernährungswissenschaftlern ein, die den Bewohnern von Roseto beim Einkaufen und Kochen über die Schulter schauen sollten.

Aber es war nicht das Olivenöl. Da die Leute es sich nicht leisten konnten, was die gesündere Alternative gewesen wäre, verwendeten sie Schmalz zum Backen und Braten, und regelmäßig stand Pizza auf dem Speiseplan, dick belegt mit Wurst, Peperoni, Salami und Eiern. In der Tat bestanden schockierende 41 Prozent der Kalorienzufuhr aus Fett.

Ein guter körperlicher Allgemeinzustand ließ sich den italienischstämmigen Bewohnern von Roseto ebenfalls nicht bescheinigen. Die meisten rauchten und pflegten eine überwiegend sitzende Lebensweise, und Übergewicht war weit verbreitet. Wie also war das Phänomen zu erklären? Dr. Wolf tippte auf die Gene. Da die Menschen ihre Wurzeln allesamt in ein und demselben italienischen Dorf hatten, vermutete er, dass sie irgendein krankheitsverhinderndes Gen geerbt hatten. Er begab sich also auf die Suche nach anderen Einwanderern, die ebenfalls aus Roseto Valfortore stammten, sich aber andernorts in den USA niedergelassen hatten, um zu sehen, ob diese ebenso gesund waren wie ihre Cousins und Cousinen aus Roseto. Doch die aus dem Ort stammenden, kreuz und quer über die Vereinigten Staaten verstreut lebenden Italo-Amerikaner waren nicht gesünder als der Durchschnitt. Auf die Gene ließ sich das Phänomen also nicht zurückführen.

Als Nächstes befasste sich Dr. Wolf mit den geographischen Besonderheiten von Roseto. Vielleicht lag es am Trinkwasser oder der besonderen Qualität der medizinischen Behandlung in der örtlichen Klinik. Auch hier wurden zum Vergleich die beiden Nachbarorte herangezogen, in denen die Herzinfarktrate dem US-weiten Durchschnitt entsprach. Am Wasser konnte es nicht liegen. Roseto wurde über einen Leitungsverbund mit Nazareth und Bangor versorgt, deren Bewohner ebenso krank waren wie der Rest der Nation. Gleiches galt für die medizinische Behandlung – es gab nur ein Krankenhaus für alle drei Orte. Und das Klima war ebenfalls dasselbe.

Wenn sich das Phänomen weder mit der Ernährung, noch irgendwelchen geographischen Besonderheiten, noch den Genen oder der Qualität der Gesundheitsversorgung erklären ließ, musste es irgendetwas sein, das mit Roseto selbst zu tun hatte. Dr. Wolf kam darum zu dem Schluss, dass eine solidarische, eng geknüpfte Gemeinschaft zuverlässiger auf eine geringe Anfälligkeit gegenüber Herzerkrankungen schließen ließ als der Cholesterinspiegel oder der Tabakkonsum.

Er beendete seine erste Studie just zu dem Zeitpunkt, als das goldene Zeitalter der Gemeinschaft von Roseto erste Zerfallserscheinungen zeigte. Während die erste Generation der Einwanderer noch im Steinbruch und den Hemden- und Blusenfabriken schuftete, um ihren Kindern den Collegebesuch und damit die Teilhabe am amerikanischen Traum zu ermöglichen, waren die Jüngeren von dem von ihnen als rückständig empfundenen Dorfleben weniger begeistert. Als sie ins Land hinauszogen, um zu studieren, brachten sie neue Ideen, neue Träume und neue Menschen mit in den Ort. Italo-Amerikaner fingen an, Nichtitaliener zu heiraten. Die Kinder gingen nicht mehr regelmäßig zur Kirche, traten Country-Clubs bei, zogen in die Vorstädte und lebten in Einfamilienhäusern mit Gartenzaun und Swimmingpool.

Zug um Zug verschwanden die Mehrgenerationenhäuser, und an die Stelle des allabendlichen gemeinschaftlichen Treibens trat mehr und mehr die klassische »Jeder-für-sich«-Philosophie, die in den umliegenden Gemeinden von jeher den Alltag geprägt hatte. Statt wie früher spontan bei den

Nachbarn vorbeizuschauen, ging man dazu über, Besuche telefonisch zu verabreden. Statt abends im Kreis der Erwachsenen Lieder anzustimmen, während die Kinder Murmeln oder Knochenwerfen spielen, verbringen die Leute ihre Abende heute vor dem Fernseher.

1971, als die Zahl der Herzinfarkte anderswo in den USA dank flächendeckender Maßnahmen zur Verbesserung der Ernährungs- und Bewegungsgewohnheiten rückläufig war, hatte Roseto seinen ersten Herzinfarkttoten in der Altersgruppe der unter 45-Jährigen zu verschmerzen. In dem darauffolgenden Jahrzehnt verdoppelte sich die Häufigkeit von Herzerkrankungen. Die Fälle von Bluthochdruck verdreifachten sich. Die Schlaganfallneigung nahm zu. Und bis zum Ende der 1970er-Jahre hatte die Anzahl der tödlich verlaufenden Herzanfälle in dem Ort den nationalen Durchschnitt erreicht.

Wie man sieht, nähren Menschen sich gegenseitig – mehr noch als ein Teller Spaghetti –, und dies spiegelt sich in der körperlichen Gesundheit wider. Dr. Wolf, der die Entwicklung von Roseto noch über viele Jahre begleitete, kam zu dem Schluss, dass ein isoliert lebender Mensch leicht von den Herausforderungen des Alltags überwältigt werden kann, was in seinem Körper zu Stressreaktionen führt. Wer hingegen in eine solidarische Gemeinschaft eingebunden ist, entspannt sich. Und dies wirkt sich positiv auf die Physiologie seines Körpers aus, indem es Krankheiten vorbeugt und manchmal sogar zur Genesung von einer Krankheit führt.

EINE SOLIDARISCHE GEMEINSCHAFT ALS KRANKHEITSVORBEUGUNG

Es mag wie eine Binsenweisheit klingen, dass sich gesunde Beziehungen positiv auf die Gesundheit auswirken, und vielleicht denken Sie jetzt: »Das ist ja nichts Neues.«

Aber wann sind Sie zum letzten Mal von Ihrem Arzt gefragt worden, ob womöglich Ihr nervtötender Ex-Mann hinter Ihrer Fibromyalgie stecken könnte oder die ätzenden Bemerkungen aus dem Mund Ihrer verbal übergriffigen Mutter etwas mit Ihrer Herzschwäche zu tun haben könnten? Und wann haben *Sie selbst* sich dies zum letzten Mal gefragt?

Im weiteren Verlauf dieses Kapitels geht es mir darum aufzuzeigen, dass soziale Bindungen und ein funktionierendes Netz von zwischenmenschlichen Beziehungen dazugehören: dass neben Liebesbeziehungen und einer gesunden Sexualität auch die Unterstützung durch eine spirituelle Gemeinschaft nicht nur glücklicher macht, sondern sich auch positiv auf unser körperliches Wohlbefinden auswirkt.

Tatsache ist, dass Einsamkeit Stress verursacht, während wir uns im Kreis liebevoller Menschen entspannen können. Fehlt uns die solidarische Gemeinschaft anderer und haben wir das Gefühl, im Leben ganz allein dazustehen, kann die tägliche Überforderung in uns Ängste auslösen, die das Gehirn als Bedrohung wahrnimmt. Dies wirkt sich schädlich auf den gesamten Organismus aus – vom Blutdruck bis hin zur Nierenfunktion. Wie sich gezeigt hat, können die negativen Konsequenzen von Überforderung und Stress ausgeglichen werden, wenn wir uns ein Netzwerk von Freunden, Verwandten und Nachbarn knüpfen, von dem wir uns getragen und unterstützt fühlen. In der Tat kann dieser eine Faktor sich stärker auf unsere Gesundheit auswirken als unsere Ernährung, wie viel wir trinken, ob wir rauchen und wie viel Sport wir betreiben.[86]

DIE AUSWIRKUNGEN MENSCHLICHER GEMEINSCHAFT AUF DIE LEBENSERWARTUNG

Bei der Frage, welche Verhaltensweisen die Lebenserwartung erhöhen, fallen Ihnen wahrscheinlich am ehesten Dinge ein wie der Verzicht auf Alkohol, tägliches Spazierengehen, das Einnehmen von Vitaminpräparaten, eine Ernährung mit weniger Fertigprodukten und das Anlegen des Sicherheitsgurts. Einem Verein beizutreten, Freunde zum Essen einzuladen oder sich einen sympathischen WG-Mitbewohner zu suchen, kommt Ihnen vielleicht nicht in den Sinn. Doch möglicherweise ist es an der Zeit, Ihre Strategie zu überdenken und sich ab sofort mit der Arznei positiver zwischenmenschlicher Beziehungen zu behandeln.

Roseto ist nicht das einzige Beispiel dafür, dass eine solidarische Gemeinschaft sich förderlich auf die Gesundheit auswirken kann. Ähnliche Studien gibt es aus Peru, Israel, Borneo und von anderen Orten. Sie bestätigen, was die Wissenschaftler in dem kleinen Dorf in Pennsylvania herausgefunden haben: dass sich zwischenmenschliche Nähe stärker auf die körperliche Verfassung auswirkt als Ernährung, Bewegung und gesundheitsförderliche bzw. -schädliche Verhaltensweisen.[87]

Eine Untersuchung im kalifornischen Alameda County ergab, dass unabhängig von Alter und Geschlecht die Menschen mit den geringsten sozialen Bindungen im Laufe des neunjährigen Beobachtungszeitraums eine um 30 Prozent höhere Sterbewahrscheinlichkeit hatten als die sozial gut integrierten. Faktoren wie bestehende Vorerkrankungen, soziale und wirtschaftliche Stellung, Nikotin- und Alkoholkonsum, Übergewicht, Rasse, Zufriedenheit mit der persönlichen Lebenssituation, körperliche Aktivität und Nutzung von Vorsorgeangeboten wurden dabei herausgerechnet.[88] Bei den sozial gut vernetzten Menschen wurde sogar ein geringeres Krebsrisiko festgestellt.[89]

Wie viel wir mit anderen kommunizieren, ist im Hinblick auf unsere Lebenserwartung womöglich nicht minder bedeutsam wie die Häufigkeit der körperlichen Bewegung. Eine Harvard-Studie an dreitausend Senioren kam zu dem Ergebnis, dass diejenigen, die mit Bekannten essen gehen, Karten spielen, Tagesausflüge unternehmen, mit Freunden in Urlaub fahren, ins Kino, zu Sportveranstaltungen und in die Kirche gehen und sich sozial engagieren, durchschnittlich zweieinhalb Jahre länger leben als Gleichaltrige, die sich aus der Gesellschaft zurückgezogen haben. In der Tat wirkten sich solche überwiegend im Sitzen stattfindenden sozialen Aktivitäten ebenso vorteilhaft auf das Wohlbefinden der Senioren aus wie ein aktives Sportprogramm. Die Wissenschaftler kamen zu dem Schluss, dass Geselligkeit als gleichwertiger und unabhängig von den Vorzügen körperlicher Bewegung wirksamer Faktor zu betrachten sei.[90] Zahlreiche Studien belegen, dass zwischen sozialen Bindungen und Lebenserwartung ein unmittelbarer Zusammenhang besteht.[91]

Die Tragfähigkeit des sozialen Netzwerks wirkt sich sogar im Krankheitsfall auf die Genesungswahrscheinlichkeit aus. Das *Journal of Clinical Oncology* veröffentlichte eine Studie der *University of California* in San Francisco, in der das soziale Netz von 3.000 an Brustkrebs erkrankten Krankenpflegerinnen untersucht wurde. Bei Frauen, die vor der Diagnose sozial isoliert waren, wurde eine um 66 Prozent höhere Gesamtmortalität und eine zweifach erhöhte Brustkrebssterblichkeit festgestellt. Die Krankenpflegerinnen, die nach ihrer Diagnose ihren Weg allein beschreiten mussten, erlagen viermal häufiger ihrer Krankheit als jene, die dabei von zehn oder mehr Freunden begleitet wurden. Dabei hat sich gezeigt, dass sich ein großer Freundeskreis segensreicher auf die Gesundheit auswirken kann als die Anwesenheit eines Lebenspartners, denn der bei Ersterem beobachtete positive Effekt auf die Lebenserwartung kam hier nicht zum Tragen.

In einer Studie der schwedischen *Sahlgrenska University*, veröffentlicht im *European Heart Journal*, wurde die Schutzwirkung eines tragfähigen Netzwerks bestätigt: Das Sozialleben von 741 herzkranken Männern wurde über einen Zeitraum von fünfzehn Jahren hinweg untersucht. Diejenigen mit dem höchsten Maß an »sozialer Integration« waren am besten vor einem neuerlichen Herzinfarkt geschützt.[93]

In einem Artikel über die gesundheitlichen Folgen von Einsamkeit kommt Dr. Charles Raison, Pyschiatrie-Professor an der *Emory University School of Medicine*, zu dem Schluss: »Menschen, die über ein reiches soziales Leben und warmherzige, offene Beziehungen verfügen, werden nicht krank und leben länger.« [94]

SPIRITUELLE GEMEINSCHAFT UND GESUNDHEIT

Wahrscheinlich kämen Sie nicht auf die Idee, den regelmäßigen Kirchgang als gesundheitsfördernde Maßnahme einzustufen, doch er ist es tatsächlich. Im *American Journal of Public Health* wurde eine Studie der *California Pub-*

lic Health Foundation veröffentlicht, in der bei 5.286 Bewohnern von Alameda County über einen Zeitraum von achtundzwanzig Jahren hinweg ein signifikanter Zusammenhang zwischen dem Gottesdienstbesuch und einer niedrigeren Sterblichkeit festgestellt wurde.[95] Eine weitere, ebenfalls im *American Journal of Public Health* publizierte Untersuchung des auf Altersforschung spezialisierten *Buck Institute for Research on Aging* bewertete über einen Zeitraum von fünf Jahren an 1.931 Einwohnern des kalifornischen Marin County, wie sich die Teilnahme an religiösen Veranstaltungen auf die Sterblichkeit auswirkte. Auch sie konstatierten eine schützende Wirkung.[96]

Wer nach einer Herzoperation Unterstützung und Rückenstärkung durch seine Glaubensgemeinschaft erhält, hat – wie eine weitere Studie zeigte – eine dreifach höhere Chance, das nächste halbe Jahr zu überleben.[97] Doch wie erklärt sich diese Wirkung? Man könnte vermuten, dass regelmäßige Kirchgänger weniger zu Alkohol- und Drogenexzessen oder One-Night-Stands neigen – ein Gedanke, der durchaus berechtigt ist. In der Tat verhalten sich Gläubige in der Regel gesundheitsbewusster als Atheisten.[98]

Aber damit allein lässt sich der Unterschied nicht erklären. Es steckt mehr dahinter. Menschen, die regelmäßig in die Kirche gehen, haben ein umfangreicheres soziales Netzwerk. Die Mitgliedschaft in einer Religionsgemeinschaft verhindert Isolation.[99] Dies wirkt sich vielleicht deshalb so überaus positiv auf die Gesundheit aus, weil Andachtsstätten das soziale Miteinander fördern und Menschen, die einen religiösen Glauben teilen, füreinander sorgen, wie es die Bewohner von Roseto taten.

Regelmäßige Kirchgänger leben nicht nur siebeneinhalb Jahre länger (bei Afro-Amerikanern sind es sogar fast vierzehn Jahre) als Menschen, die selten oder nie an religiösen Veranstaltungen teilnehmen.[100] Sie haben auch einen niedrigeren Blutdruck, ein geringeres Risiko für Herz-Kreislauf-Erkrankungen, eine geringere Depressions- und Suizidrate, eine geringere Anfälligkeit für stoffabhängige Suchterkrankungen und ein stärkeres Immunsystem.[101] Im Vergleich zur Allgemeinbevölkerung ist in den USA bei Mormonen, die ihrem Glauben entsprechend in eng geknüpften Gemeinschaften von Gleichgesinnten leben, die Krebswahrscheinlichkeit um 24 Prozent geringer.[102]

Auch im Rahmen der *Alameda County Study* stellten die Wissenschaftler einen Zusammenhang zwischen der Zugehörigkeit zu einer Religionsgemeinschaft und einem geringeren Risiko für Kreislauf-, Magen-Darm- und Atemwegserkrankungen sowie für beinahe alle anderen Krankheitsbilder fest. Der Schutzeffekt des wöchentlichen Kirchgangs war hier derart ausgeprägt, dass er die gesundheitliche Relevanz des Rauchens und der regelmäßigen körperlichen Bewegung als Einflussfaktoren erreichte.[103]

Es steht außer Frage, dass das Eingebundensein in einer spirituellen Gemeinschaft der sozialen Isolation entgegenwirkt. Wie in Roseto, wo man sich gegenseitig unterstützte und dafür sorgte, dass keiner einsam war, bieten Religionsgemeinschaften ihren Mitgliedern oft ähnliche Angebote. Doch es kommen noch andere Erklärungen dafür infrage, warum die Mitglieder von spirituellen Gemeinschaften mit höherer Wahrscheinlichkeit gesund bleiben als andere.

Neben den Entspannungsreaktionen, die die Geborgenheit in einer Gemeinde auslöst, kann auch der Glaube an eine höhere Instanz positive Emotionen auslösen, die Stress lindern und den Körper in eben jenen physiologischen Ruhezustand versetzen, den er zur Selbstheilung braucht. Gläubige Menschen sind zudem gesünder, weil sie im Angesicht von Verlusten und traumatischen Erlebnissen eher Antworten auf die Sinnfrage finden. In einer Studie hat sich gezeigt, dass gläubige Eltern, deren Baby am plötzlichen Kindstod gestorben ist, nach achtzehn Monaten besser mit der Situation zurechtkamen als nicht-religiöse Eltern.[104] Auch können religiöse Menschen eher vergeben, was Stress auslösenden Negativ-Emotionen wie Wut und Groll entgegenwirkt.[105]

Zwar sind Menschen, die an eine liebende göttliche Instanz glauben, mit höherer Wahrscheinlichkeit glücklicher und gesünder als andere,[106] doch man muss weder an eine bestimmte Religion, noch überhaupt an eine höhere Macht glauben, um von den Vorzügen der spirituellen Verankerung zu profitieren. Auch wenn die traditionellen, institutionalisierten Kirchen den Vorzug einer Gemeinschaft Gleichgesinnter bieten, können sich auch individuell praktizierte Formen von Spiritualität positiv auf die Gesundheit auswirken.

Spiritualität, die von Sozialwissenschaftlern als Suche nach dem Heiligen definiert wird, entfaltet ihre Vorzüge in dem Maße, wie wir dieses im Leben erkennen und wertschätzen: in der Heiligkeit der Natur, beim Empfinden von Kindern als Segen, im Betrachten der eigenen Arbeit als Berufung, bei der Wahrnehmung des Körpers als ein Gefäß für die Liebe, in der Heiligkeit der Ehe. Gelingt es uns, das Außergewöhnliche im Normalen zu entdecken, öffnen wir uns für die Transzendenz, und dies kann zur körperlichen Entspannung, einer höheren Zufriedenheit und infolgedessen zu mehr Wohlbefinden führen. Spirituelle Menschen sind glücklicher und geistig ausgeglichener; sie nehmen weniger Drogen, trinken weniger Alkohol, kommen im Leben besser zurecht und leben länger als andere.[107]

Wichtig ist jedoch zu bedenken, dass auch Religion nicht immer nur rosig ist. Wie alles auf dieser Welt kann das spirituelle Leben nicht nur Entspannung, sondern auch Stress auslösen. Gerät ein Mensch durch seinen Glauben unter den Druck von Schuld- oder Schamgefühlen, fühlt er sich unterdrückt oder fürchtet er, von der Gemeinschaft verurteilt zu werden, kann dies die Gesundheit beeinträchtigen.[108] Das Heilende ist also nicht die Spiritualität an sich, sondern die *richtige* Form von Spiritualität – nämlich eine, in der als heilig gilt, was *uns selbst* heilig ist.

PARTNERSCHAFT UND GESUNDHEIT

Wenn Sie in der Ehe kein Rezept für Langlebigkeit sehen oder das Zusammenleben mit Ihrem Liebsten nicht als Medizin für Ihre Leiden betrachten, könnte es an der Zeit sein, dies noch einmal zu überdenken. Dass sich die Zugehörigkeit zu einer Gemeinschaft positiv auf das Wohlbefinden auswirkt, ist hinlänglich erwiesen. Doch die medizinische Fachliteratur deutet auch darauf hin, dass Paarbeziehungen dem Körper guttun. Die Daten sprechen dafür, dass die Ehe nicht nur eine gesundheitsförderliche Wirkung hat, sondern auch die Lebenserwartung verlängert.[109]

Im *Journal of Epidemiology and Community Health* wurde eine Studie der *University of California*, Los Angeles, veröffentlicht, die nach der Sichtung von Volkszählungsdaten zu dem Befund kommt: Menschen, die nicht heiraten, haben gegenüber solchen, die sich das Jawort geben, ein um 58 Prozent erhöhtes Risiko, früh zu sterben.[110] Bei glücklich Verheirateten wurde zudem ein niedrigerer Blutdruck[111] und eine geringere Häufigkeit von Schlaflosigkeit[112] festgestellt.

Sind Sie verliebt, aber noch nicht verheiratet? Keine Sorge! Sie müssen nicht vor den Standesbeamten treten, um von den gesundheitlichen Vorzügen einer Paarbeziehung zu profitieren. Wie im *British Journal of Psychiatry* nachzulesen ist, hat in Neuseeland ein Team von Wissenschaftlern der *University of Otago* anhand von 1.000 Probanden herausgefunden, dass Menschen in langfristigen Partnerschaften – ob mit Trauschein oder ohne – seltener an Depressionen oder Alkoholsucht leiden.[113]

In einer weiteren Studie von Wissenschaftlern der *University von Chicago* und der *Northwestern University*, publiziert in der Zeitschrift *Stress*, wurden 500 BWL-Studenten untersucht, von denen annähernd die Hälfte verheiratet war oder in einer festen Beziehung lebte. Man ließ sie eine Reihe von Computerspielen zu diversen Wirtschaftsthemen spielen, von denen sie annahmen, dass sie Bestandteil ihres Examens seien. Jeweils vor und nach den Sitzungen wurden ihnen Speichelproben zur Messung bestimmter Hormone entnommen, etwa des Stresshormons Cortisol. Um Stress zu erzeugen, teilte man den Studenten mit, dass der Test als Prüfungsleistung zähle und sich auf ihren Notendurchschnitt auswirken würde.

Bei allen Teilnehmern wurde ein Anstieg der Stresshormone gemessen, aber die Pegel waren bei den Ungebundenen beiderlei Geschlechts höher als die der Gebundenen. Die Wissenschaftler kamen zu dem Schluss: »Obwohl eine Ehe ziemlich stressig sein kann, macht sie es dem Einzelnen offenbar leichter, mit anderen Stressfaktoren im Leben umzugehen.«[114]

Es gibt zwar Leute, die gerne allein leben, doch die meisten sehnen sich nach der Nähe und dem Zugehörigkeitsgefühl einer Intimbeziehung. Wir sind biologisch auf Paarung programmiert, und die gesundheitsförderlichen Wirkungen einer glücklichen Partnerschaft scheinen in der Tat einen Überlebensvorteil mit sich zu bringen. Doch welche Mechanismen wirken, wenn sich das Zusammenleben mit einem Partner so positiv auf die Gesundheit auswirkt? Wahrscheinlich ist die Kraft des Geistes im Spiel. Wenn wir uns in einer Beziehung geliebt, geborgen und emotional bereichert fühlen, werden weniger Stressreaktionen und mehr Entspannungsreaktionen ausgelöst, und die Physiologie des Körpers passt sich entsprechend an.

Wir sollten jedoch auch hier nicht übersehen, dass eine Partnerschaft zu schließen allein noch keine Lösung ist. Paarbeziehungen können sowohl Stress als auch Entspannung bedeuten. Nicht irgendeine Beziehung ist gut für die Gesundheit – es muss die richtige sein. In der Tat ist es für die Gesundheit vorteilhafter, Single zu bleiben, als in einer schlechten Beziehung zu leben.[115] Eine unglückliche Ehe kann der Gesundheit schaden, wie eine Studie der *Ohio State University*, veröffentlicht in der Zeitschrift *Cancer*, ergab: 100 Patientinnen mit Brustkrebs wurden verglichen. Bei denjenigen mit Eheproblemen verlief die Krankheit ungünstiger als bei denjenigen mit intakter Beziehung.[116]

Auch körperliche Übergriffe stellen ein Gesundheitsrisiko dar, nicht nur im Hinblick auf Verletzungen, sondern auch auf andere Krankheiten. Frauen, die Opfer häuslicher Gewalt sind, werden mit höherer Wahrscheinlichkeit krank.[117] Halten Sie also bloß nicht an einer schlechten Partnerschaft fest, nur weil Sie glauben, damit Ihrer Gesundheit einen Gefallen zu tun. Das Geheimnis liegt darin, sich jene Art von Beziehung zu verwirklichen, in der es eher zu Entspannungsreaktionen als zu Stressreaktionen kommt.

Und wie sieht es nach dem Verlust des Partners aus? Stirbt einer von beiden, ist es für den überlebenden Teil besonders wichtig, sich bei anderen Unterstützung zu holen. In einer Studie zeigte sich, dass bei Männern und Frauen, die ihren Partner plötzlich bei einem Unfall verloren hatten, eine sehr viel höhere Krankheitswahrscheinlichkeit bestand. Vertrauten sie sich jedoch anderen, ihnen nahestehenden Menschen an, litten sie an weniger gesundheitlichen Problemen und bewahrten sich mit höherer Wahrscheinlichkeit eine positive Einstellung zum Leben.[118]

SEXUALITÄT UND GESUNDHEIT

Menschen, die in Beziehungen leben, kommen zudem meist in den Genuss eines weiteren, gut dokumentierten Gesundheitsvorteils: Sie haben Sex. Angesichts der zahlreichen Warnungen im Hinblick auf dessen Kehrseiten wie Geschlechtskrankheiten, Vergewaltigung, sexueller Missbrauch, Schwangerschaftsrisiko, wird der gesundheitsfördernde Effekt von körperlicher Intimität oft übersehen. Doch Studien zeigen, dass eine gesunde Sexualität mit einem vertrauten Partner beachtliche Vorteile für das körperliche Wohlbefinden mit sich bringt. Ein erfülltes Sexualleben wirkt lebensverlängernd, reduziert das Risiko für Herzkrankheiten, Schlaganfälle und Brustkrebs, stärkt das Immunsystem, verbessert den Schlaf, lässt uns jugendlicher wirken, macht fitter, erhöht die Fruchtbarkeit, lindert chronische Schmerzen, verringert die Häufigkeit von Migräneanfällen und die Depressionsrate und führt insgesamt zu einer verbesserten Lebensqualität.[119]

Es gibt also wachsende Beweise dafür, dass Sex nicht nur Spaß macht, sondern auch gesund! Es mag sein, dass ein Teil der positiven Wirkungen auf die körperliche Betätigung zurückgeht, die mit dem gemeinsamen Herumbalgen einhergeht. Aber durch den auf der geistigen Ebene ablaufenden Mechanismus der Stress- und Entspannungsreaktionen fallen die positiven physiologischen Wirkungen womöglich noch wesentlich deutlicher aus.

Wie alles im Leben kann jedoch auch Sex zur Belastung werden. Wer sexuell frustriert ist, dem Partner misstraut oder ihn hintergeht, seine Libido verliert oder Schmerzen beim Sex hat, kann durch den Akt auch in Stressreaktionen hineingeraten. Damit die Sexualität ihre förderlichen, krankheitsvorbeugenden Wirkungen entfalten kann, müssen wir dafür sorgen, dass sie in einem gesunden Rahmen geschieht und wir uns dabei entspannen, statt sie als belastend zu erleben. In letzterem Fall sollten unbedingt die tieferen Ursachen geklärt werden, um der Sexualität ihren positiven Stellenwert zurückzugeben.

DIE PHYSIOLOGIE DER EINSAMKEIT

Was genau macht den gesundheitlichen Vorteil eines eng geknüpften sozialen Netzes aus? Was tut so gut an der Zugehörigkeit zu einer Gemeinschaft von Gleichgesinnten, einer funktionierenden Partnerschaft, einem großen Freundeskreis und einer erfüllten Sexualität?

Lebendige Beziehungen sind Balsam für die Seele, und wie wir bereits gesehen haben, wirkt sich das über den Geist auf die physiologischen Abläufe im Körper aus. Es gibt so viele Menschen, insbesondere in den modernen Industrienationen, die unter sozialer Isolation leiden. Sich zurückzuziehen, kann durchaus seine Vorteile haben – etwa, wenn wir unseren Geist bei Retreats, in der Meditation, allein verbrachter Zeit und anderen kraftspendenden, gesundheitsfördernden Aktivitäten zur Ruhe bringen. Chronische Isolation aber führt in die Vereinsamung. Wie zahlreiche Studien belegen, können dadurch Reaktionen ausgelöst werden, die dem Kampf-oder-Flucht-Mechanismus bei körperlicher Bedrohung vergleichbar sind.

Jeder fühlt sich ab und zu einsam, aber für manche Menschen wird dieser Zustand zur Norm. Der kanadische Psychologe und Einsamkeitsforscher Vello Sermat schätzt, dass 10 bis 30 Prozent der Menschen an einem unterschwelligen Gefühl von Einsamkeit leiden.[120] In einer anderen Studie bezeichneten sich 16 Prozent der Menschen, die sich auf eine Zeitungsanzeige gemeldet hatten, als »meistens oder immer einsam«.[121] 37 Prozent der Einsamen bezeichnen ihren Gesundheitszustand als »schlecht« oder »sehr schlecht«.[122]

Robert Putnam formuliert es in seinem Buch *Bowling Alone* wie folgt: »Als grobe Faustregel kann man sagen: Wenn Sie in keiner Gruppe Mitglied sind und plötzlich beschließen, einer beizutreten, halbieren Sie Ihr Sterberisiko für die nächsten eineinhalb Jahre. Wenn Sie rauchen und keiner Gruppe angehören, läuft es für Sie statistisch gesehen auf das Gleiche hinaus, ob Sie die Zigaretten weglassen oder sich für die Mitgliedschaft in einer Gruppe entscheiden. Eigentlich sind diese Erkenntnisse ermutigend. Es ist einfacher, sich mit anderen Menschen zusammenzutun, als abzunehmen, sich regelmäßig zu bewegen oder den Nikotinkonsum einzustellen.« [123]

Auch der Psychologe und Einsamkeitsforscher John Cacioppo ist der Ansicht, dass die Überwindung von Einsamkeit eine ebenso gesundheitsförderliche Wirkung hat wie der Verzicht auf das Rauchen. Nach seinen Erkenntnissen unterscheiden sich einsame Menschen physiologisch von solchen, die in funktionierenden sozialen Netzwerken leben, im Hinblick auf die an der Cortisolregulation beteiligten Gene, auf ihre Entzündungsreaktionen und ihr Immunsystem.[124] Auf Stress reagieren Einsame mit einem höheren diastolischen Blutdruck, einer veränderten Immunantwort und einer erhöhten Cortisolausschüttung.[125]

Auch ein höheres Risiko für Herzkrankheiten, Brustkrebs, Alzheimer und Selbstmordgedanken wurde festgestellt.[126] Sogar die Sterberaten nach einer Bypass-Operation werden davon beeinflusst. In einer schwedischen Studie an 1.290 Herzpatienten, die vor ihrer Operation die Aussage »Ich fühle mich einsam« als zutreffend angekreuzt hatten, war die postoperative Sterberate signifikant erhöht.[127]

Bei einer Vergleichsstudie zwischen einsamen und nicht einsamen Menschen wurden bei Ersteren signifikante Auffälligkeiten bei den Herzkreislauffunktionen festgestellt. Beobachtet wurden unter anderem ein erhöhter peripherer Widerstand in den Blutgefäßen, ein Ansteigen des Blutdrucks, ein Absinken des blutgefäßentspannenden Kohlenmonoxids sowie Veränderungen an Puls und kardialer Kontraktibilität – alles Erscheinungen, wie sie auch bei einer körperlichen Bedrohung auftreten.

Wissenschaftler vermuten, dass einsame Menschen außerdem schlechter schlafen, mit der nachweislichen Folge einer verminderten Glukosetoleranz, von erhöhten Cortisolwerten und einer stärkeren Aktivierung des sympathischen Nervensystems im Sinne einer Kampf-oder-Flucht-Reaktion. Es handelt sich hier um Symptome, wie sie auch im normalen Alterungsprozess auftreten, was erklären mag, warum sich Einsamkeit so negativ auf den Körper auswirkt.[128]

Im Speichel von chronisch einsamen Menschen wurden im Tagesdurchschnitt höhere Cortisolwerte gemessen, was auf eine vermehrte Ausschüttung des Corticotropin freisetzenden Hormons und eine Aktivierung der HHN-Achse schließen lässt – beides Zeichen für die Auslösung einer Stressreaktion.[129] In zahlreichen Studien wurde zudem nachgewiesen, dass Einsamkeit die Immunantwort unterdrückt und dadurch den Körper in seiner Fähigkeit beeinträchtigt, Infektionen abzuwehren, sich gegen Krebszellen zu wehren und sich aus eigener Kraft zu reparieren.[130]

Cacioppo vermutet, dass zur Überwindung von Einsamkeit mehr gehört, als einfach mehr Zeit mit anderen Menschen zu verbringen. Seiner Ansicht nach ist es vor allem eine Frage der *Einstellung.* Wer einsam ist, erlebt andere oft als potenziell gefährlich. Und wie immer in Bedrohungssituationen werden schädliche Stresshormone und andere am Angstgeschehen beteiligte Botenstoffe ausgeschüttet. Wird das Problem der Einsamkeit auf der emotionalen Ebene gelöst, vollzieht der Körper diesen Heilungsprozess womöglich nach.

Mag sein, dass wir auf der geistigen Ebene Einsamkeit als solche wahrnehmen, als ein Gefühl mangelnder Verbundenheit und Zugehörigkeit und des Nicht-Geliebtwerdens. Doch unser Reptiliengehirn kennt nur eine Möglichkeit, mit dem Körper zu kommunizieren. Es funkt: »Houston, wir haben ein Problem!« Wir können zwar vom Verstand her differenzieren, ob wir einem wilden Tier auf Beutejagd gegenüberstehen oder es uns an Gesellschaft mangelt, doch mit welcher Bedrohung auch immer wir konfrontiert sind: Die Flut von Hormonen, die sich in unseren Körper ergießt, ist immer die gleiche. Wird im Gehirn Alarm ausgelöst, springen Hypothalamus, Hypophyse und Adrenalindrüsen an und speisen massenhaft Stresshormone in den Blutkreislauf ein. Und diese galoppieren wie der berühmte Bostoner Kurierreiter Paul Revere los, um die anderen Organe vor der herannahenden Bestie zu warnen.

Im Normalfall bläst unser Reptiliengehirn den Alarm wieder ab, sobald er merkt, dass der Löwe weg ist (siehe auch Kapitel 2), und teilt den Organen mit, dass sie wieder in den Standardmodus zurückkehren können. Doch bei chronischer Einsamkeit kann es passieren, dass der Körper die Stresswarnung ein-, aber nicht wieder ausschaltet, was sich mit der Zeit nicht nur gesundheitsschädlich, sondern auch lebensverkürzend auswirken kann. Wenn Einsamkeit ebenso schädlich ist wie das Rauchen, sollten Ärzte dann nicht Maßnahmen zur sozialen Integration und mehr Geselligkeit als Teil eines wirklich gesunden Lebensstils verordnen?

BEZIEHUNG IST NICHT GLEICH BEZIEHUNG

Es ist erwiesen, dass funktionierende zwischenmenschliche Beziehungen auf den Geist und über diesen auf den Körper einwirken. Doch so viel steht fest: Beziehung ist nicht gleich Beziehung. Viele einsame Menschen haben traumatische Beziehungen hinter sich, aus denen sie körperliche und/oder seelische Schäden davongetragen und sich darum aus der Welt zurückgezogen haben. Wir wissen, dass Missbrauch oder Vernachlässigung im Kindesalter die Lebenserwartung herabsetzen kann.[131] Wer in einer von Konflikten und Feindseligkeit geprägten Beziehung lebt, leidet physisch und emotional.[132] Es liegt auf der Hand, dass es zu Verletzungen mitunter gar mit Todesfolge führen kann, wenn es zu körperlichen Übergriffen kommt. Wer einer Straßengang angehört, die regelmäßig in Gewaltaktionen gerät, setzt sich natürlich einem ziemlichen Gesundheitsrisiko aus. Und wer sich mit einem Freundeskreis von Fixern umgibt, in dem sich alles um den nächsten Schuss dreht, wäre gesundheitlich besser dran, wenn er alleine wäre.

In den genannten Fällen ist die toxische Wirkung unübersehbar, doch es gibt subtilere, weniger leicht zu durchschauende Formen der schädlichen sozialen Einflussnahme. Vielleicht ist uns nicht bewusst, dass beispielsweise die Missbilligung, die jemandem in einer Kirchengemeinde entgegenschlägt, der die dort geltenden sozialen Normen nicht erfüllt, auf geistiger Ebene Stressreaktionen provoziert, mit den entsprechenden Folgen für den Körper. Werden wir von unserer Herkunftsfamilie bei jedem Besuch in die Mangel genommen, wird uns das gemeinsame Sonntagsessen womöglich nicht ganz so gut bekommen wie den Bewohnern von Roseto. Und wenn wir unsere Freizeit mit den Müttern verbringen, deren Kinder in die gleiche Schule gehen wie unser eigenes, und wir uns in diesem Kreis nicht trauen, so zu sein wie wir sind, könnte unser Körper dies als Bedrohung erleben.

Es ist allseits bekannt, dass ungesunde Beziehungen abträglich für uns sind. Ein großer Aufreger ist das nicht. Wahrscheinlich haben wir alle Kontakte zu Menschen, die uns nicht guttun, doch wie sehr sich dies auf die physiologischen Abläufe in unserem Körper auswirkt, ist vielen nicht bewusst. Wer Krebs bekommt, zieht meist nicht automatisch den Schluss, dass es durch permanente Ehestreitigkeiten zu einer chronischen Aktivierung der Stressreaktion und infolgedessen einer Schwächung des Immunsystems gekommen ist. Nach einem Herzinfarkt denken wir nicht an unsere Schwester, die uns bei jedem Anruf verbal in die Pfanne haut oder an unsere »Freundin«, die uns bei jeder Gelegenheit fertigmacht und hinter unserem Rücken über uns tratscht.

Die Datenlage spricht dafür, dass wir die Gesellschaft anderer Menschen brauchen, um wirklich gesund zu sein, doch was wir eigentlich brauchen, sind funktionierende, authentische Beziehungen, in denen wir so sein können, wie wir sind, ohne dafür verurteilt oder kritisiert zu werden. Soziale Kontakte allein reichen nicht aus. Wenn wir uns mit Menschen umgeben, die uns das Gefühl vermitteln, uns nicht verletzlich zeigen zu dürfen, wird unser Körper mit Stress reagieren.

Auch andere negative Beziehungsdynamiken wie Aggression, Hass oder Liebesentzug stimulieren Stressreaktionen. Liebe, Zuwendung, Empathie und das Gefühl von Nähe und Zugehörigkeit hingegen lösen die Ausschüttung von Hormonen wie Oxytocin, Dopamin und Endorphine aus, die uns entspannen lassen und Glücksgefühle erzeugen.

Mit anderen Worten: Seien Sie gesellig. Vermeiden Sie Einsamkeit. Begeben Sie sich unter Freunde. Verbringen Sie Zeit mit der Familie. Aber achten Sie darauf, welcher Art von Beziehungen Sie in Ihrem Leben Raum geben. Wählen Sie Ihren inneren Zirkel mit Bedacht aus und stellen Sie sicher, dass Sie sich von den Mitgliedern Ihres sozialen Netzwerks unterstützt und getragen fühlen, und nicht verurteilt, kritisiert, bedrängt, unter Druck gesetzt oder gar bedroht.

Der Mensch ist in der Regel ein soziales Wesen. Aus historischer Sicht lag im Zusammenhalt der Gemeinschaft ein evolutionärer Vorteil in einer Welt voller Bedrohungen. Tief im Herzen sehnen wir uns nach Liebe, Zugehörigkeit und zwischenmenschlichen Bindungen. Ja, manche von uns sind introvertiert und andere extrovertiert. Manchen wurde das Herz gebrochen, und sie gehen in den Rückzug, um sich vor weiteren traumatischen Enttäuschungen zu schützen. Manche haben ein stärkeres Bedürfnis nach Nähe, während sich andere ihr Bedürfnis nach geistiger und körperlicher Ruhe und physiologischer Entspannung am ehesten in stundenlanger Meditation allein für sich im stillen Kämmerlein erfüllen können. Letztlich müssen wir uns auf die heilende Weisheit unserer eigenen Intuition verlassen, um zu entscheiden, was uns auf der geistigen und körperlichen Ebene guttut.

Es ist schwer, uns auf Beziehungen einzulassen, wenn wir uns nicht sicher fühlen. Das Herz zu öffnen und anderen die weiche Bauchseite zu zeigen, ist das Letzte, was wir tun möchten, wenn wir seelisch verletzt wurden, wie dies bei vielen von uns der Fall ist. Aber es ist so wichtig, dass wir es tun. Scham, Geheimnisse und soziale Isolation sind die Feinde des Heilungsprozesses.

DIE MACHT DER VERLETZLICHKEIT

Brené Brown, Professorin an der *University of Houston* und Autorin von *Verletzlichkeit macht stark* und *Die Gaben der Unvollkommenheit,* befasst sich mit Scham, Angst und der Macht der Verletzlichkeit, um Schamgefühle in Intimität und zwischenmenschliche Nähe zu verwandeln. In einer mitreißenden TEDx-Rede mit dem Titel »The Power of Vulnerability« (deutsch: »Die Macht der Verletzlichkeit«) und in ihren Büchern spricht sie über die Rolle von Schamgefühlen und wie diese in die Isolation führen. Sie lehrt, dass der Mut zur Verletzlichkeit, das Pflegen von Mitgefühl für die Unzulänglichkeiten anderer und das Setzen vernünftiger Grenzen die Voraussetzungen für gesunde Beziehungen sind.

In *Die Gaben der Unvollkommenheit* schreibt sie: »Wenn wir aus tiefstem Herzen leben und lieben und der Welt aus einem Platz des Selbstwerts heraus begegnen wollen, dann müssen wir über die Dinge sprechen, die im Wege stehen, insbesondere Scham, Angst und Verwundbarkeit.« Sie definiert Scham als die Angst, nicht liebenswert zu sein, und betont, dass sie in uns allen präsent ist: »Scham zu empfinden, ist menschlich.«

Wie und wofür wir uns schämen, ist von Person zu Person unterschiedlich, doch die Palette möglicher Ansatzpunkte ist in jedem Fall breit: Körperbild, Arbeit, Geld, Beziehungen, Süchte, Elternrolle, Sex, Alter, Familie und so weiter. Aber es gibt eine gute Nachricht. Wenn wir alle Scham empfinden können, sind wir auch in der Lage, etwas an den Tag zu legen, das Brown als »seelische Widerstandskraft« bezeichnet: Wir können erkennen, wenn Scham ihr hässliches Haupt erhebt, und die Situation auf gesunde Weise durchschreiten, ohne unser Selbstwertgefühl und unsere Authentizität zu verlieren. Dies lässt uns Mut schöpfen und anderen gegenüber mitfühlender sein, die ebenfalls Scham empfinden, sodass wir uns ihnen noch stärker verbunden fühlen.

Nach Browns Auffassung unterscheiden sich Schuld und Scham dadurch, dass Ersteres mit dem Gefühl »Ich habe etwas Schlimmes getan« einhergeht und Letzteres mit »Ich bin schlecht«. Während uns Schuldgefühle oft dazu motivieren, aufrichtiger zu leben, bezeichnet sie Scham als reines Gift, das authentischen Beziehungen in die Quere kommt. Sie empfiehlt, stattdessen den Mut zu Verwundbarkeit und Authentizität aufzubringen, mitfühlend mit uns selbst zu sein, uns von unserem Perfektionismus zu verabschieden und, wie sie es nennt, »aus vollem Herzen zu leben«.

Das Leben der Menschen, denen dies gelingt, so fand Brown durch ihre Forschungen zum Thema Scham, Angst und Verletzlichkeit heraus, ist reich an Wertschätzung, Ruhe, Spiel, Vertrauen, Glauben, Intuition, Hoffnung, Authentizität, Liebe, Zugehörigkeit, Freude, Dankbarkeit und Kreativität. Perfektionismus, Betäubung, Gewissheit, Erschöpfung, Selbstgenügsamkeit, Coolness, Angepasstheit, Bewertungen und Mangel hingegen meiden sie.[133]

Jeder Tag bietet neue Gelegenheiten, unsere Verbundenheit zu den Menschen, die wir schätzen, zu erneuern. Wenn wir mit dem Herzen fühlen, unsere Widerstandskraft gegen Scham erhöhen, über andere keine Urteile mehr fällen, uns in der Kunst der Vergebung üben, unseren authentischen Selbstausdruck pflegen und unsere Seele offen zeigen, geben wir unserem Geist die Möglichkeit, seine Wunder zu wirken und den Körper in seinen natürlichen Selbstreparaturmodus zu versetzen.

DIE MEDIZIN GEGEN EINSAMKEIT

Wenn Sie einsam sind und den Versuch aufgegeben haben, mit anderen in Kontakt zu kommen, oder sich bewusst dafür entschieden haben, für sich zu bleiben, können Sie unter Umständen manche der sich daraus ergebenden negativen Folgen für Ihre Gesundheit abmildern. In Kapitel 8 finden Sie einige Techniken, die Sie daheim in Ihren eigenen vier Wänden anwenden können und mit deren Hilfe sich Entspannungsreaktionen fördern und Stressreaktionen lindern lassen. Wenn Sie einsam sind und etwas für Ihre Gesundheit tun möchten, oder in toxischen Beziehungen verstrickt sind und nach einem Gegenmittel gegen deren schädliche Auswirkungen suchen, dann lesen Sie weiter. In Kapitel 10 zeige ich Ihnen, wie Sie Unausgewogenheiten in Ihren Beziehungen diagnostizieren und einen Aktionsplan aufstellen können, um der Einsamkeit zu entkommen und in den Genuss der gesundheitlichen Vorzüge eines funktionierenden zwischenmenschlichen Miteinanders zu kommen.

Für den Moment möge der Hinweis genügen, dass es das beste Mittel gegen Einsamkeit ist, zu unserem ureigentlichen Selbstausdruck zurückzufinden. Zeigen wir uns der Welt in unserer ganzen echten, authentischen, herrlichen Großartigkeit! Wie viel Energie verwenden wir oft darauf, jemand zu sein, der wir nicht wirklich sind, nur um uns anzupassen. In dem mühsamen Streben nach Anerkennung geht ein Teil von uns verloren, auf Kosten unserer Gesundheit.

Die Suche nach gesellschaftlicher Anerkennung kommt dem Versuch gleich, permanent exakt in das unablässig in Bewegung befindliche Ziel dessen zu treffen, was gerade angesagt ist. Diesem Zwang zu erliegen heißt, immer den neuesten Trends hinterherzujagen, sich ständig mit anderen zu vergleichen, das, was man wirklich liebt, zugunsten dessen aufzugeben, was die anderen zu lieben scheinen, und sich künstlichen Konformitätsnormen zu beugen. Je cooler wir sein wollen, desto einsamer fühlen wir uns. Wie es Brené Brown in einer bewegenden Rede anlässlich des von dem Blogger und Autor Chris Guillebeau ausgerichteten *World Domination Summit* formulierte: »Das Hindernis Nummer eins, das uns den Weg zur Zugehörigkeit versperrt, ist der Wunsch dazuzugehören.« Er führt zielsicher in die Einsamkeit. Wer ihm folgt, zahlt einen hohen Preis und ist am Ende womöglich nicht nur allein, sondern auch krank.

Vielleicht erscheint es Ihnen verlockend, nach sozialer Akzeptanz zu streben, um sich nicht fehl am Platz zu fühlen und zu vermeiden, am Ende gar verletzt zu werden. Jeder von uns sehnt sich danach, geliebt und angenommen zu sein. Wir wollen dazugehören. Doch um welchen Preis? Lohnt es sich wirklich, sich zu verkaufen und das authentische Selbst durch ein künstliches Ich zu ersetzen, das permanent neu erfunden werden muss, um den flüchtigen Vorstellungen dessen gerecht zu werden, was im Augenblick gerade akzeptabel ist (und garantiert nicht dem entspricht, was gestern angesagt war)?

Nein!

Mag sein, dass es nicht ganz so »cool« ist, die Maske fallen zu lassen und die inneren Werte strahlen zu lassen, doch es bringt uns anderen Menschen unglaublich nahe. Es erfordert großen Mut, uncool zu sein, ohne sich dafür zu rechtfertigen. Aber ich persönlich kenne nichts Cooleres als Menschen, die sich trauen, so zu sein, wie sie wirklich sind – selbst wenn es so ganz anders ist als das, was im gesellschaftlichen Mainstream gerade angesagt ist. Wenn wir den Mut aufbringen, so zu sein, wie wir wirklich sind, ohne uns dafür zu entschuldigen, werden wir zu einem Magneten für all die anderen, die sich wünschen, sich das Gleiche zu trauen. Dieser Weg, liebe Freunde, führt mit absoluter Sicherheit aus der Einsamkeit heraus.

6
TOD DURCH ÜBERARBEITUNG

»Tu noch so gut die fremde Pflicht,
sie bringt dir doch nichts als Gefahr.«

BHAGAVAD-GITA, KAPITEL 3, VERS 35

Dass Gefahren am Arbeitsplatz zu Lasten der Gesundheit gehen können, ist allseits bekannt. Ein Polizist gerät ins Visier eines Verbrechers. Ein Bauarbeiter stürzt aus dem zwanzigsten Stock eines Rohbaus. Nach einem Unfall mit biologischen Gefahrenstoffen bekommt ein Wissenschaftler eine seltene Infektionskrankheit.

Was wir während unserer Arbeitszeit tun, kann dem Körper schaden. So viel steht fest. Aber nicht nur derlei physische Risiken können körperliche Folgen nach sich ziehen, auch auf geistigem Weg kann es zu Schädigungen kommen, je nachdem, ob unser alltägliches Tun eher Stress- oder Entspannungsreaktionen verursacht. Wir alle wissen um das Stresspotenzial eines hektischen Arbeitsalltags. Aber vielleicht kennen Sie auch die andere Seite – wie es sich anfühlt, wenn wir etwas gern tun, im Fluss sind, den Sinn und Zweck unseres Tuns begreifen und dankbar dafür sind, eine wirklich wichtige Aufgabe zu erfüllen. Solche Gefühle wirken sich in gleichem Maße positiv auf den Körper aus, wie Stress ihm schadet.

Wir wissen alle, wie toxisch Stress sein kann, wenn er sich in körperlichen Symptomen niederschlägt. Wer je nach einem missglückten Vertragsabschluss einen Migräneanfall bekommen hat oder nach einem Kritikgespräch mit dem Chef unter Schulterverspannungen leidet, weiß, wovon hier die Rede ist. Aber hat Ihnen je ein Arzt zur Behandlung eines Tumors verordnet, sich eine Arbeit zu suchen, die Sie gern machen, oder Ihnen als Mittel gegen Reizdarm empfohlen, Ihren Job an den Nagel zu hängen? Wann wird Stress am Arbeitsplatz schon von ärztlicher Seite als tiefere Ursache für einen Schlaganfall oder berufliche Erfüllung als Grund für die Spontanheilung einer chronischen Krankheit genannt?

Vielleicht ist es an der Zeit für einen Paradigmenwechsel.

Vielleicht haben Sie sich nie große Gedanken darüber gemacht, inwieweit sich Ihre Arbeit auf Ihre Gesundheit auswirkt. Wenn Sie krank sind, führen Sie das womöglich auf einen Gendefekt, schlechte Ernährung, zu wenig Bewegung oder ein biochemisches Ungleichgewicht in Ihrem Körper zurück, was ja auch tatsächlich zutreffen mag. Doch Stress am Arbeitsplatz kann ebenfalls beteiligt sein, und manchmal ist er sogar der eigentliche Auslöser. Es mag sie überraschen, wenn ich Ihnen sage, dass Pillen oder eine Operation vielleicht nicht das beste Mittel gegen Ihre Krankheit sind. Ein anderer Umgang mit Stress, eine auf den Abbau von Ängsten zielende Veränderung der Arbeitssituation oder sogar ein Wechsel in einen ganz anderen Beruf könnten wirksamer sein.

Wie sich gezeigt hat, können wir uns regelrecht zu Tode arbeiten oder aber auf einer Woge der Begeisterung Genesung erfahren. In Japan beispielsweise ist man sich der Auswirkungen von Arbeitsstress viel stärker bewusst. Es gibt sogar ein eigenes Wort dafür: *karoshi*, was so viel bedeutet wie »Tod durch Überarbeitung«.

Wie viele andere in dem Heer der 7,7 Millionen Japaner, die in der Tretmühle von sechzig Stunden oder mehr pro Woche schuften, war auch Satoru Hiraoka ein tapferer »Soldat« – einer, bei dem die Firma an erster und die Familie an letzter Stelle der Prioritätenliste stand, und dem frivole Gedanken an Freizeit, freie Wochenenden oder Urlaub nicht in den Sinn kamen. Über achtundzwanzig Jahre lang hatte Hiraoka, der im mittleren Management bei Tsubakimoto Seiko, einem in Osaka ansässigen Hersteller von Präzisionslagern, beschäftigt war, pflichtschuldig seine Zwölf- bis Sechzehnstundentage absolviert und es dabei pro Woche oft auf 95 Stunden gebracht.

Diese Zahlen sind nicht übertrieben. In der Tat ergab sich aus den Zeiterfassungskarten von Hiraoka, dass er im letzten Jahr vor seinem verfrühten

Tod über 1.400 Überstunden geleistet hatte. Als perfekter Angestellter hatte er sich niemals krank gemeldet, nie den Dienst wegen eines Katers geschwänzt und sich nie freigenommen, um bei der Schulaufführung seines Kindes mit dabei zu sein. Er war genau das, was man in Japan *kigyo-senchi* nennt: ein echter Unternehmens-Soldat.[134]

Bis er eines Tages, am 23. Februar 1988, nach einem Fünfzehnstundentag mit 48 Jahren nach Hause kam und dort das erlitt, was man in der medizinischen Fachsprache als »plötzlichen Herztod« bezeichnet.

Sein Schicksal und das von 10.000 anderen, denen das Gleiche wiederfuhr, wäre vielleicht unbeachtet geblieben, hätte sich nicht eine Gruppe von japanischen Arbeitsmedizinern und Kardiologen genau mit diesem Phänomen befasst. Sie stellten fest, dass überarbeitete Menschen ein erhöhtes Risiko hatten, unerwartet einer Herzkreislauf- oder Gehirnerkrankung wie Herzinfarkt oder Schlaganfall zum Opfer zu fallen. Über den ersten derartigen Fall war 1969 berichtet worden: Damals war ein Arbeiter im Alter von 29 Jahren einem Schlaganfall erlegen.[135]

Doch erst 1987 begann das japanische Arbeitsministerium, *karoshi* statistisch zu erfassen. Seither weiß man, dass es jährlich ca. 10.000 Todesfälle durch Überarbeitung gibt.[136] Manche Juristen und Wissenschaftler behaupten sogar, dass die Zahl der *karoshi*-Toten über das Jahr betrachtet die der Verkehrstoten übersteigt.[137]

Nach Aussage von Shunichiro Tajiri, dem Leiter des Instituts für sozialmedizinische Forschung in Osaka, handelt es sich bei den *karoshi*-Opfern typischerweise um ansonsten gesunde Männer in den Vierzigern oder Fünfzigern, die einen stressigen Job im mittleren Management haben und an sechs oder sieben Tagen pro Woche mehr als zwölf Stunden täglich arbeiten. Kurz vor ihrem Tod klagen die meisten über diverse Symptome wie Schwindel, Übelkeit, starke Kopfschmerzen und Schmerzen im Magenbereich, die in unterschiedlichen Kombinationen auftreten. In 95 Prozent der Fälle tritt der Tod innerhalb von 24 Stunden nach Einsetzen schwerer Symptome ein, die manchmal bereits vorher in milderer Form aufgetreten sind. In einem Artikel in der *Chicago Tribune* gibt Tajiri zu Protokoll: »Die Männer waren ausnahmslos gesund, und es gab keinerlei Hinweise auf eine Erkrankung. Sie haben sich einfach zu Tode gearbeitet.«

Hiraokas Witwe ist eine von vielen Japanerinnen, die vor Gericht unter Berufung auf *karoshi* Ansprüche auf Entschädigung durch den Arbeitgeber geltend gemacht haben. Doch *karoshi* gilt nicht als Krankheit im eigentlichen Sinn, es handelt sich um ein Zusammentreffen von verschiedenen, wie man glaubt durch Stress erzeugten physiologischen Veränderungen. Oft ist der Nachweis schwer zu erbringen, dass der Tod tatsächlich direkt auf eine berufliche Überbelastung oder zu lange Arbeitszeiten zurückzuführen ist, und so sind solche Entschädigungen manchmal schwerer durchzusetzen als bei Arbeitsunfällen mit Todesfolge.[138] Dennoch wächst die Zahl der Klagen im Zusammenhang mit *karoshi*, und die Summe der Entschädigungszahlungen mit ihnen.

TOD DURCH ÜBERARBEITUNG

Nicht nur in Japan arbeiten sich Menschen zu Tode, und neu ist das Phänomen auch nicht. Bereits im Juni 1863 brachte eine Londoner Zeitung einen Artikel, in dem unter der Überschrift »Tod durch schlichte Überarbeitung« von einer zwanzigjährigen Frau berichtet wurde, die gestorben war, nachdem sie in einer Kleiderfabrik Schichten von durchschnittlich 16 Stunden täglich (und in hektischen Zeiten bis zu dreißig Stunden am Stück) gearbeitet hatte. Dies mag sich wie eine Geschichte von Charles Dickens anhören, doch auch in den USA passieren solche Fälle noch heute, und zwar im gleichen Umfang wie in Japan oder England.

Das Informationszeitalter hat uns in Workaholics verwandelt, die in ihrem Schaffensdrang nicht mehr von der Schneckenpost und von Hand zu Hand weitergereichten Aktenvermerken ausgebremst werden. Längst sind nicht nur Ärzte rund um die Uhr erreichbar. Die meisten von uns sind es. Mit der Erfindung von E-Mail, Handys, Pagern, Faxgeräten, Notebooks und iPads sind wir so gut wie immer erreichbar, und dies schlägt sich im Gesundheitszustand der arbeitenden Bevölkerung nieder. Dabei lassen sich Angestellte nicht etwa von der Arbeit abhalten, bloß weil es ihnen schlecht geht. Einer Umfrage des Krankenversicherers *Oxford Health Plans* zufolge erscheint einer von fünf US-amerikanischen Arbeitnehmern selbst dann an seinem Arbeitsplatz, wenn er krank oder verletzt ist oder am gleichen Tag zum Arzt geht.[139] Die gleiche zwanghafte Arbeitsmoral ist im Spiel, wenn – wie eine Umfrage von Expedia.com ergab – ein Drittel aller in einem Angestelltenverhältnis beschäftigten Amerikaner ihre angesparten Urlaubsansprüche verfallen lassen.

Ähnlich sieht es in Europa aus: In Deutschland verschenkt laut einer Untersuchung des *Deutschen Instituts für Wirtschaftsforschung (DIW)* jeder Arbeitnehmer im Schnitt drei Urlaubstage. In Großbritannien nimmt ein Viertel seinen Urlaub nicht komplett, und auch in Frankreich tun dies viele nicht. Der Unterschied ist jedoch, dass den Menschen in den meisten europäischen Ländern sehr viel mehr Urlaubstage zustehen: In Deutschland sind es einschließlich der gesetzlichen Feiertage mindestens 33, in Frankreich sind es 36 und in Großbritannien 28 Tage gegenüber 14 Tagen in den USA. Und noch eines ist anders: In 137 Ländern der Erde besteht ein gesetzlicher Anspruch auf bezahlten Urlaub. Die Vereinigten Staaten sind das einzige Industrieland, in dem dies nicht der Fall ist.[140]

In diesen fehlenden Pausen im Arbeitsalltag sieht man inzwischen eine Ursache für vorzeitiges Ableben. In einer 2000 in *Psychosomatic Medicine* veröffentlichten Studie begleitete man 12.000 Männer über neun Jahre hinweg und gelangte zu dem Befund, dass die Gesamtsterblichkeit von Arbeitnehmern, die auf ihren Jahresurlaub verzichteten, um 21 Prozent und die Herzinfarkt-Sterblichkeit um 34 Prozent erhöht war.[141]

Das *American Journal of Epidemiology* brachte eine weitere Studie, bei der sich Wissenschaftler der *Johns Hopkins University* im Rahmen der *Framingham Heart Study* Patientendaten vornahmen, die über einen Zeitraum von zwanzig Jahren erhoben wurden: Frauen, die einmal alle sechs Jahre oder noch seltener in Urlaub gingen, erkrankten annähernd achtmal so häufig an einer koronaren Herzkrankheit oder einem Herzinfarkt wie andere, die sich zweimal pro Jahr eine Auszeit nahmen.[142]

Es gibt gute Gründe dafür, warum die Anonymen Workaholiker inzwischen in den USA und vielen anderen Ländern ihr Zwölf-Schritte-Programm anbieten. Obwohl die meisten Daten zu *karoshi* japanischen Ursprungs sind, hat die Internationale Arbeitsorganisation der Vereinten Nationen eine Statistik herausgegeben, in der die USA die Japaner im Hinblick auf Überarbeitung noch weit übertreffen. Es ist an der Zeit, dass unsere Ärzte und Regierungen *karoshi* als eine eigenständige Krankheit anerkennen und entsprechende Entschädigungszahlungen vorsehen, wie dies in Japan üblich ist. Da es bei uns keine Statistiken zu diesem Phänomen gibt, ist schwer zu sagen, wie viele Menschen an Überarbeitung sterben. Aber ich wette, dass die Gesundheit von vielen darunter leidet.

UNTERSCHIEDLICHE STRESSARTEN

Bei Menschen, die während der Arbeit unter Stress stehen, kommt es im Laufe des Tages immer wieder zur Auslösung der entsprechenden Botenstoff- und Hormonkaskade. Nehmen wir etwa den rotgesichtigen, beleibten Staatsanwalt, der mit dröhnender Stimme auf eine zitternde, weinende Zeugin einschreit: Wäre er eine Zeichentrickfigur, würde ihm der Qualm aus den Ohren dringen, bis er im Gerichtssaal mit Herzversagen zusammenbricht. Oder die Wallstreet-Brokerin mit A-Figur, die 16 Stunden am Tag damit zubringt, sich die Kehle aus dem Leib zu plärren, bis ihr Blutdruck durch die Decke geht und sie mit 42 Jahren einen Schlaganfall erleidet.

Firmen sind weiterhin fröhlich dabei, ihre Angestellten mit attraktiven Bonusleistungen in »goldene Handschellen« zu legen, und viele hochkarätige Mitarbeiter eilen in der Morgendämmerung ins Büro und bleiben bis zur Schlafenszeit dort. Sie legen Hundertstundenwochen ein, damit man ihnen am Monatsersten ihr dickes, fettes Gehalt überweist. Andere, weniger privilegierte Arbeitnehmer malochen nicht minder hart, jedoch ohne die üppige

Entlohnung. Außergewöhnlich lange Arbeitszeiten und eine überfordernde Arbeitsbelastung gehören zum beruflichen Alltag von Ärzten, Investmentbankern, Unternehmensberatern, LKW-Fahrern, Piloten, Rechtsanwälten und vielen anderen.

Es gibt auch eine Art von Stress, mit der wir in Berufen konfrontiert sind, in denen man von uns verlangt, unsere Seele zu verkaufen oder unsere Integrität zu opfern. Ihm begegnet zum Beispiel der Werbeprofi, der eine Kampagne für ein ungesundes Produkt lancieren soll; der Insider im weißen Kragen, der Stillschweigen über betrügerische Aktivitäten seines Unternehmens wahren muss; der Soldat, der zu einer Mission abkommandiert wird, die er für unethisch hält; und die Politikerin, die ihre Werte verrät, um im Parlament ein Gesetz durchzubringen.

Dann gibt es den Stress, den wir empfinden, wenn wir uns ohnmächtig fühlen oder keine Kontrolle über die Arbeitsabläufe haben. Unter ihm leidet beispielsweise die Pflegerin im Krankenhaus, die weiß, dass der Arzt eine falsche Behandlung verordnet hat, seine Anweisungen aber trotzdem befolgen muss; oder der kleine Angestellte, der großartige Ideen hat, aber weiß, dass sich letztlich niemand dafür interessieren wird, weil er auf der Karriereleiter ganz unten steht.

Andere Arten von Stress lassen sich unter der Überschrift »organisatorische Zwänge« zusammenfassen. Die Rede ist von den mühsamen, frustrierenden Hürden, die es uns erschweren, unsere Arbeit gut zu machen: wichtigtuerische Kollegen, eingeschränkter Zugriff auf notwendige Informationen, mangelnde Kompetenzen, um die anstehenden Aufgaben erfolgreich durchführen zu können.

Ebenfalls mit auf die Liste gehört der Stress, der sich aus unklaren Zielsetzungen ergibt und sich immer dann einstellt, wenn wir nicht wissen, was man von uns erwartet oder ob wir die an uns gestellten Erwartungen erfüllen. Nicht zu vergessen der Stress durch widersprüchliche Botschaften, das heißt, wenn wir von den verschiedenen am Arbeitsprozess beteiligten Instanzen jeweils andere Anweisungen bekommen, sodass wir dastehen und uns verwirrt am Kopf kratzen.

Während wir all diese Stressfaktoren vom Verstand her durchaus zu unterscheiden wissen, nimmt unser Reptiliengehirn stets immer nur das eine wahr: *Bedrohung*! Und schon ist die physiologische Stressreaktion eingeleitet. Was auch immer der Anlass sein mag, unser Körper reagiert stets auf ein und dieselbe Weise, ob wir nun unter Stress stehen oder chronisch einsam sind. Da die Kommunikation zwischen Gehirn und Körper über Botenstoffe und Hormone funktioniert, besteht rein physiologisch kein Unterschied darin, ob unser Chef uns anraunzt, wir einen wütenden Kunden beruhigen sollen oder ausrücken müssen, um die lodernden Flammen in einem brennenden Haus zu löschen.

Wenn Sie sich das nächste Mal Überstunden aufbürden, Ihr Vorgesetzter Sie in den Senkel stellt oder Sie in eine Situation geraten, in der Sie sich hilflos fühlen, dann denken Sie daran, dass Sie damit womöglich Ihre Lebenserwartung um Jahre verkürzen, weil Sie Ihr Herz überfordern, Ihre Blutgefäße verschleißen, Ihren Verdauungstrakt reizen, Ihre Adrenalinvorräte erschöpfen, Ihr Immunsystem schwächen und Ihre Bauchspeicheldrüse belasten.

Ist es das wirklich wert? Es lassen sich leicht Argumente dafür finden, warum wir Stress aushalten müssen, wenn wir dabei sind, uns die Karriereleiter hochzuarbeiten; wenn wir in Zeiten der wirtschaftlichen Krise um unseren Job kämpfen oder bangen müssen, die Miete nicht zahlen zu können, wenn wir diesen einen Abschluss nicht in trockene Tücher bekommen. Aber sind Sie wirklich bereit, Jahre von Ihrem Lebenskonto abzubuchen, um noch mehr Geld zu verdienen, noch mehr Kunden zu gewinnen oder Ihrem Chef zu imponieren?

Wie wäre es stattdessen damit, im Hinblick auf die kommenden Jahre in Ihre Gesundheit zu investieren, indem Sie Grenzen setzen und Selbstfürsorge am Arbeitsplatz praktizieren. In Kapitel 8 zeige ich Ihnen Möglichkeiten auf, wie Sie Ihren Körper vor beruflichem Stress schützen können, und im dritten Teil dieses Buches geht es um die Frage, ob und inwieweit Ihre Arbeit Ihren höheren Zielen entspricht, um optimale Voraussetzungen für Ihre Gesundheit zu schaffen. Für ein langes, vitales Leben kommt es entscheidend darauf an, Möglichkeiten zu finden, in Frieden und Ruhe zu arbeiten.

TYPISCHE SYMPTOME FÜR BERUFLICHEN STRESS

Wenn unser Körper am Arbeitsplatz unter Stress gerät, warnt er uns zunächst im Flüsterton, bevor er laut zu schreien beginnt. Bevor wir mit einem Herzinfarkt zusammenbrechen, einem Schlaganfall erliegen oder Krebs bekommen, wird er sich wahrscheinlich mit milderen Symptomen melden, zum Beispiel mit Rückenschmerzen, Kopfschmerzen, Überreizung der Augen, Schlaflosigkeit, Müdigkeit und Erschöpfung, Schwindel, Appetitstörungen oder Magen-Darm-Problemen. Folgende Symptome sind Warnzeichen für die Entstehung von ernsteren Erkrankungen:

RÜCKENSCHMERZEN

In verschiedenen Studien hat sich gezeigt, dass sich Rückenschmerzen, etwa im Zusammenhang mit Arthritis und Fibromyalgie, in Reaktion auf alltägliche Stressfaktoren, auch beruflicher Natur, verstärken.[143] Der Zusammenhang zwischen beruflicher Überforderung und Rückenschmerzen (sowie anderen schmerzhaften Beschwerden im Bereich des Bewegungsapparats) ist vermutlich damit zu erklären, dass durch wiederholte Stressbelastung und Aktivierung der HHN-Achse der Cortisolvorrat aufgezehrt wird und der Prolactinspiegel steigt. Dies dämpft das Immunsystem und erhöht die Entzündungsneigung, sodass der Körper anfälliger für Schmerzen wird.[144]

KOPFSCHMERZEN

Jeder, der schon einmal eine Nacht durchgearbeitet hat und am nächsten Tag unter Migräne litt, kann bestätigen, dass beruflicher Stress Kopfschmerzen verursachen kann. Dies liegt wahrscheinlich daran, dass die für die Schmerztransmission zuständigen Leitbahnen im Gehirn in Belastungssituationen über Gebühr sensibilisiert werden. In diesem hochempfindlichen

Zustand genügt dem Gehirn der kleinste Reiz, um die Nerven zu erregen und damit Schmerzen und Muskelverspannungen auszulösen.[145]

ÜBERREIZUNG DER AUGEN

Beruflicher Stress kann auch zu einer Überreizung der Augen führen, die von Symptomen wie Jucken, schweren Lidern, Bindehautentzündung, unscharfem oder Doppeltsehen begleitet ist. Ursache hierfür ist vermutlich eine Entzündung und erhöhte Schmerzempfindlichkeit der Augen und Augenpartie. Bestimmte Tätigkeiten, etwa am Bildschirm, können zudem zu einer Ermüdung der Augenmuskulatur führen.[146]

SCHLAFLOSIGKEIT

Arbeit ist ein berüchtigter Störer der Nachtruhe: Durch beruflichen Stress geht uns mehr Schlaf verloren als durch jede andere Ursache.[147] Eine schwedische Studie kam zu dem Ergebnis, dass 10 bis 40 Prozent der aktiven Bevölkerung arbeitsbedingt unter Schlafstörungen leiden.[148] Wissenschaftler vertreten die Theorie, dass die durch die Stressreaktion gestiegenen ACTH- und Cortisolwerte den nächtlichen Anstieg des Melatoninspiegels bremsen, der normalerweise für einen erholsamen Schlaf sorgt.[149]

MÜDIGKEIT UND ERSCHÖPFUNG

Bringt uns der Job um den Schlaf, ist es nur natürlich, wenn wir dauernd müde sind. Doch daneben gibt es physiologische Faktoren, die uns bei beruflichem Stress selbst dann ein Gefühl des Ausgelaugtseins vermitteln, wenn wir gut geschlafen haben. Wie dieser Mechanismus genau funktioniert, ist noch kaum erforscht, doch Müdigkeit und Erschöpfung sind mit die häufigsten Begleitsymptome von beruflichem Stress. Auch das Risiko eines chronischen Erschöpfungssyndroms erhöht sich.[150] Es wird vermutet, dass die Auszehrung der Cortisoldepots und eine genetische Veranlagung hierfür verantwortlich sein könnten.[151] Erwiesen ist, dass jeder Mensch anders auf die stressbedingten Verschiebungen in der Körperchemie reagiert, sodass der eine mehr, der andere weniger zu Müdigkeitserscheinungen neigt.[152]

SCHWINDEL

Als wären manche Jobs nicht schwindelerregend genug, kann Stress am Arbeitsplatz bei manchen Menschen tatsächlich Schwindelgefühle auslösen. Es wird vermutet, dass dies mit Veränderungen der Pulsfrequenz, des Blutdrucks und der Atemfrequenz infolge einer Stimulation des sympathischen Nervensystems zu tun hat.[153] Eine Verschiebung dieser Vitalparameter, insbesondere die Erhöhung der Atemfrequenz, kann zu einer Hyperventilation führen. Diese greift in die Säure-Basen-Balance im Körper ein und unterbricht die über das Cerebellum und den achten Hirnnerv gesteuerten, für das Gleichgewicht und die Steuerung der Körperbewegungen notwendigen Reaktionen des Nervensystems.[154]

APPETITSTÖRUNGEN

Je nach individueller physiologischer Ausprägung kann Arbeitsstress entweder anregend oder dämpfend auf das Appetitzentrum wirken und damit zu einer Gewichtszu- oder -abnahme führen. Am häufigsten wird jedoch letzterer Effekt beobachtet.[155] In einer Studie berichteten 21 Prozent der Probanden über einen deutlich verminderten Appetit nach einem belastenden Ereignis.[156] Und in der Tat können emotionale Stressfaktoren im Gehirn zur Freisetzung von ACTH und MSH (Melanozyten-stimulierendes Hormon) und infolgedessen zu Appetitverlust und entsprechender Gewichtsreduktion führen.[157]

Paradoxerweise kann die Stimulation des sympathischen Nervensystems aber auch dazu führen, dass im Magen das appetitanregende Hormon Ghrelin freigesetzt wird, sodass es zu einer Gewichtszunahme kommen kann.[158] Während die beschriebenen Mechanismen in der ersten Stressphase greifen, kann sich eine chronische Überbelastung auch über die stressinduzierte Cortisolproduktion auf den Appetit auswirken. Ein hoher Cortisolspiegel geht tendenziell mit einer Erhöhung des Körperfettanteils einher; sind die Cortisolvorräte schließlich erschöpft, wird der Botenstoff Leptin freigesetzt, der das Hungergefühl wieder dämpft.

MAGEN-DARM-PROBLEME

Beruflicher Stress führt häufig auch zu Beschwerden im Magen-Darm-Bereich wie Übelkeit, Sodbrennen, Bauchkrämpfen, Durchfall und dem Reizdarmsyndrom. Dies liegt höchstwahrscheinlich an der vermehrten Ausschüttung von ACTH während der Stressreaktion, denn dadurch verzögert sich die Magenentleerung, was Schmerzen und Krämpfe verursachen kann. Die Anfälligkeit für Sodbrennen steigt nicht nur durch eine verstärkte Magensäureproduktion, sondern auch, weil durch die Stressreaktion die Schmerzschwelle im Magenbereich sinkt und die Schmerzen dadurch intensiver wahrgenommen werden. Auch die Neigung zu Magengeschwüren nimmt zu.[159] Wahrscheinlich ausgelöst durch die vermehrte Produktion von CRF (siehe Seite 130) wird gleichzeitig die Dehnfähigkeit des Magens verringert, was die Kontraktion der Dickdarmmuskulatur stimuliert, sodass es zu Durchfällen und anderen Symptomen des Reizdarmsyndroms kommen kann.[160]

ARBEITSSTRESS UND LEBENSBEDROHLICHE KRANKHEITEN

Mag sein, dass Sie in Rückenschmerzen, Magenschmerzen und Schlaflosigkeit keine ernstzunehmenden Beschwerden sehen, doch sie sind Frühwarnzeichen, die der Körper uns unter dem Einfluss von Stressreaktionen sendet. Sie ähneln denen, die auch bei Menschen mit chronischer Einsamkeit auftreten. Ein Amerikaner erlebt im Durchschnitt fünfzig kurze Stressepisoden pro Tag, eine Zahl, die sich durch Einsamkeit oder eine zu hohe Arbeitsbelastung noch erhöht, sodass der Körper allein zur Aufrechterhaltung einer gesunden Homöostase sehr viel Energie aufwenden muss.

Zunächst funktioniert er weiter. Doch im Laufe der Zeit wird er müde, und die Dinge fangen an, aus dem Ruder zu laufen. Schießt der Blutdruck permanent in die Höhe, verdicken sich die Blutgefäßwände und reißen ein. Durch eine übermäßige Produktion von Fettsäuren und Glukose lagern sich Plaques an, die Herzkrankheiten verursachen. Chronische Muskelanspannung und -entzündungen führen zu Schmerzen und Beschwerden im Bewegungsapparat. Eine Überproduktion von Cortisol schwächt das Immunsystem und erhöht die Infektionsneigung sowie die Anfälligkeit für Krebs.[161]

Eine chronische Stimulation der Stressreaktion, wie sie durch eine berufliche Überbelastung entsteht, kann zu Herzkrankheiten, Erkrankungen der Schilddrüse, Geschwüren, Autoimmunkrankheiten, Fettleibigkeit, Diabetes, sexuellen Störungen, Depressionen, nervöser Anorexie, Cushing-Syndrom, chronischem Erschöpfungssyndrom, Entzündungskrankheiten und Krebs führen.[162] In einer Studie zeigte sich, dass Menschen, die unter widrigen Bedingungen arbeiten, ein höheres Risiko haben, jung zu sterben.[163] Und in einer anderen Untersuchung wurde nach der Auswertung der Daten von 7.000 Probanden festgestellt, dass es zwar besser für die Gesundheit ist, eine Stelle zu haben als arbeitslos zu sein; aber es ist besser, arbeitslos zu sein, als in einem schlecht bezahlten, fordernden Job auszuharren, in dem man weder Rückhalt und Bestätigung findet, noch über Einflussmöglichkeiten oder Macht verfügt.[164]

Selbst wenn Sie sich jeden Monat über all das viele Geld freuen, das Ihnen Ihr stressiger Job einbringt: Bedenken Sie, dass der Preis, den Sie dafür bezahlen müssen, die auf Ihrer Gehaltsabrechnung ausgewiesene Summe um einiges übersteigt.

FINANZIELLER STRESS UND GESUNDHEIT

Sollten Sie einen stressigen Beruf ausüben und fürchten, dass Ihre Gesundheit darunter leiden könnte, spielen Sie vielleicht mit dem Gedanken, Ihre Wochenstunden zu reduzieren, Ihre Stelle zu kündigen oder sich sogar komplett neu zu orientieren. Doch wenn es Ihnen so geht, meldet sich wahrscheinlich der fiese schwarze Mann in Ihrem Reptiliengehirn und flüstert Ihnen böse Dinge ins Ohr: »Kündigen? Das kannst du dir überhaupt nicht leisten! Du spinnst ja! Wovon willst du dann leben?« Für viele Menschen ist dies ein wirkliches Problem. Mag sein, dass der Körper durch Belastungen im Arbeitsumfeld an den Rand des Zusammenbruchs getrieben wird, doch die Angst vor dem drohenden Jobverlust kann den Druck noch erhöhen.

In der Regel gehen beruflicher und finanzieller Stress Hand in Hand. Wir befinden uns hier in einem echten Dilemma, denn Geldsorgen können genauso schädliche Folgen für die Gesundheit haben wie Arbeitsstress oder Einsamkeit. Studien, die den Zusammenhang zwischen Wohlstand und Gesundheit belegen, gibt es zuhauf. Gopal Singh von der US-Gesundheitsbehörde *Department of Health and Human Services* und Mohammad Siahpush, Professor am *Medical Center* der *University of Nebraska*, haben einen Index entwickelt, um auf der Grundlage von Volkszählungsdaten zu Bildung, Einkommen, Armut, Wohnungssituation und anderen Faktoren die sozialen und wirtschaftlichen Lebensbedingungen einzelner Bevölkerungsgruppen zu bewerten. Bei der Auswertung der Jahre 1998 bis 2000 stellten sie fest, dass Reiche 4,5 Jahre länger leben als Arme (durchschnittliche Lebenserwartung 79,2 Jahre gegenüber 74,7 Jahre). Nach Aussage von Singh vergrößert sich der Abstand zwischen beiden Gruppen mit der Zeit.[165] Wohlhabende haben ein geringeres Erkrankungsrisiko quer durch alle Diagnosen – mit Ausnahme von Krebs, und wenn sie Krebs bekommen, sind ihre Überlebenschancen besser.[166] Sie haben seltener Unfälle und tragen aus diesen seltener Behinderungen davon. Ihre Babys haben eine doppelt so hohe Überlebenschance wie die, die in arme Familien hineingeboren werden.[167]

Ja, Reiche leiden sogar weniger in der letzten Phase vor dem Tod. In einer Studie befragten Wissenschaftler die Hinterbliebenen von 2.604 im Alter von mindestens 70 Jahren verstorbenen Frauen und Männern, die bei ihrem Ableben über ein Nettovermögen von 70.000 Dollar (ca. 52.500 Euro) oder mehr verfügten. Dabei stellte sich heraus, dass für die Vermögendsten eine um 33 Prozent geringere Wahrscheinlichkeit bestand, im letzten Jahr vor ihrem Tod an Schmerzen zu leiden. Auch Depressionen oder Atemnot kamen bei ihnen weniger häufig vor. Diese Unterschiede blieben selbst nach Berücksichtigung von Parametern wie Alter, Geschlecht, ethnischer Zugehörigkeit, Bildung und Vorerkrankungen bestehen.

Wie lässt sich dies erklären? Die Wissenschaftler gehen davon aus, dass Menschen, die über mehr finanzielle Mittel verfügen, ihre Symptome nachdrücklicher vorzutragen verstehen und eine bessere Pflege einfordern. Auch haben sie Zugang zu medizinischen Leistungen, die die Krankenkasse vielleicht nicht übernimmt.[168]

Natürlich sehen wir uns hier einer Situation gegenüber, bei der man sich die berühmte Frage stellt, was zuerst da war: das Huhn oder das Ei. Sind arme Menschen finanziell schlechter gestellt, weil sie krank sind? Oder haben Reiche einen besseren Zugang zu Vorsorgemaßnahmen und alternativen Behandlungen, ganz einfach weil sie sich diese leisten können?

Man könnte argumentieren, dass sich der Unterschied durch eine erstklassige medizinische Versorgung erklären lässt, aber Studien zeigen, dass dies so nicht zutrifft. Bei Zugang zu den gleichen Gesundheitsleistungen sind Menschen, die in der Firmenhackordnung höher angesiedelt sind, gesünder als Angestellte aus niedrigeren Hierarchieebenen.[169] Manche Experten halten das soziale Ungleichgewicht selbst für den Killer. Womöglich leiden Menschen mit geringem sozioökonomischem Status unter einem ausgeprägteren Gefühl der mangelnden Selbstbestimmtheit und machen sich mehr Sorgen im Hinblick auf die Erfüllung ihrer Grundbedürfnisse, was den Körper in Stressreaktionen hineintreiben könnte. Man kann sich gut vorstellen, wie sehr ein Mensch unter Druck steht, der gerade einen Insolvenzantrag gestellt hat oder an der Börse Kursverluste hinnehmen musste, der degradiert wurde, arbeitslos ist oder kein Geld hat, um ein vernünftiges Essen auf den Tisch zu bringen. Und selbst wenn es gar nicht so weit kommt – allein die *Vorstellung*, dass es passieren könnte, ist für viele Menschen belastend. Der Körper kann nicht zwischen der Furcht vor einer finanziellen Notsituation (der Angst, dass man pleitegehen könnte) und dem tatsächlichen finanziellen Fiasko (dass man *tatsächlich* pleitegeht) unterscheiden. In beiden Fällen kommt es zu einer chronischen Aktivierung der Stressreaktion, was Krankheiten nach sich ziehen kann.

Aber das muss nicht so sein. Unsere finanzielle Situation lässt sich zwar gewiss nicht über Nacht ändern, aber wir haben sehr wohl darauf Einfluss, wie wir im Kopf mit Geldsorgen umgehen.

GLÜCKLICHE MITARBEITER SIND GESUNDE MITARBEITER

Es überrascht nicht, dass in Studien ein Zusammenhang zwischen einem besseren Gesundheitszustand von Arbeitnehmern und einem Arbeitsumfeld nachgewiesen wurde, in dem der Einzelne nicht persönlich angegriffen wird und seine Kreativität entfalten kann, in dem Flexibilität möglich ist und ein positives Arbeitsklima zwischen den Mitarbeitern herrscht. Unternehmen, die ein effizientes, mit finanziellen Anreizen verknüpftes Vorsorgeprogramm anbieten, wie zum Beispiel *Safeway*, schneiden im Hinblick auf die Mitarbeitergesundheit besonders gut ab.[170] Aber es geht nicht nur um die Schaffung eines mitarbeiterfreundlichen Umfelds und das Anbieten von gesundem Essen in der Kantine. So wie beruflicher Stress erwiesenermaßen töten kann, so kann uns das Ausüben einer Tätigkeit, in der wir aufgehen, im wahrsten Sinn des Wortes das Leben retten.[171]

Erfüllung im Beruf kann wie Balsam auf die Seele wirken. Körper und Geist danken es mit Gesundheit und Zufriedenheit. In ihrem Buch *Glücklich sein* führt die Glücksforscherin Sonja Lyubomirsky aus, dass Menschen, die nach etwas streben, das ihnen in persönlicher und beruflicher Hinsicht sinnvoll erscheint, glücklicher sind als andere, die keine erklärten Träume und Ziele haben. Sie schreibt: »Wenn Sie einen glücklichen Menschen suchen, finden Sie jemanden mit einem Projekt.« (Campus, Frankfurt, 2008)

In Studien hat sich gezeigt, dass das Hinarbeiten auf ein Ziel und Eingebundensein in eine herausfordernde, anregende Tätigkeit ebenso wichtig ist wie das tatsächliche Erreichen dessen, was dabei angestrebt wird.[172] Arbeiten wir engagiert an der Verwirklichung eines Ziels, verleiht uns das das Gefühl, eine Mission zu haben, nach etwas Bedeutendem zu streben, an etwas teilzuhaben, das größer ist als wir selbst. Und es hat sich gezeigt, dass uns dies eben jenen Eindruck von größerer Selbstbestimmtheit vermittelt, der sich erwiesenermaßen positiv auf unsere körperliche Gesundheit auswirkt.[173]

Haben wir in unserer beruflichen Tätigkeit Ziele vor Augen, die uns selbst am Herzen liegen, wächst unser Selbstwertgefühl mit jedem einzelnen der vielen winzigen Schrittchen, die uns der Verwirklichung unseres einen großen Traumes näherbringen. Dies treibt uns an und motiviert uns weiterzumachen und zu tun, was zu tun ist, auch wenn dies manchmal mühsam und mit Risiken und Unsicherheiten verbunden ist. Auf ein Ziel hinzuarbeiten, verleiht unserem Leben Sinn und Struktur. Es lässt uns beharrlich bei der Sache bleiben, damit diese Welt irgendwann einmal eine bessere ist, weil wir unseren Beitrag dazu geleistet haben. Etwas Bleibendes zu schaffen oder einer Berufung zu folgen, macht glücklich, und dabei wird der Körper mit gesundheitsfördernden Hormonen geflutet, die das Immunsystem stärken, das Herz-Kreislauf-System entlasten und Stressreaktionen deaktivieren.

Wenn ich hier von »Arbeit« spreche, meine ich damit wohlbemerkt die Aktivitäten, mit denen wir den Großteil unseres Tages zubringen. Bei dem einen mag dies eine bezahlte Stelle sein. Andere bekommen vielleicht kein Geld für das, was sie tun, sind aber dennoch rund um die Uhr im Einsatz, um ihre Kinder großzuziehen, ihre pflegebedürftigen Eltern zu versorgen oder ein Ehrenamt auszuüben. Tätigkeiten, die ebenso fordernd sein können wie jeder Beruf, mit all den negativen Auswirkungen, die diese auf den Körper haben kann. Aber sie können dem Leben eben auch genauso viel Sinnhaftigkeit geben mit all den positiven Folgen.

Es kommt entscheidend darauf an, wie wir uns in unserem Tun fühlen, wie entspannt, zufrieden und erfüllt wir sind. Denn das ist es, was sich in der Physiologie unseres Körpers niederschlägt. Nur allzu viele unter uns leben einzig auf den Freitagabend hin. Jeder neue Montag ist für sie ein Graus, am Mittwoch begrüßen sie mit erleichtertem Seufzen die Wochenmitte, und wenn das Wochenende da ist, trinken sie viel zu viel, bevor sie sich wieder ins Joch fügen und sich abermals in der Tretmühle mühen. Oder sie geben den Beruf auf, den sie lieben, um daheim bei den Kindern zu bleiben und fortan mit ihrer Entscheidung zu hadern, was ebenfalls eine gewisse Art von Stress bedeutet.

Wenn wir aber in unserem Tun das Gefühl haben, unsere Kreativität ausleben zu können, selbstbestimmt zu arbeiten, respektvoll behandelt zu werden, klare Ziele und Leistungsmaßstäbe vor Augen zu haben, von unseren Kollegen unterstützt zu werden, uns nicht verbiegen zu müssen, den Nutzen für andere zu erkennen, gut bezahlt zu werden und über ausreichend Freizeit für andere Aktivitäten zu verfügen, werden wir unseren Beruf wahrscheinlich als weniger stressig erleben und demzufolge gesünder sein.

KREATIVITÄT UND GESUNDHEIT

Vielleicht erscheint es Ihnen nebensächlich, im Zusammenhang mit Gesundheit auf das Stichwort Kreativität einzugehen. Wer hätte je gehört, dass man einem Patienten ein Hobby als vorbeugende Maßnahme oder Behandlungsmethode empfohlen hätte? Aber die wissenschaftlichen Daten sprechen dafür, dass kreativer Ausdruck Entspannungsreaktionen auslösen und die Stressantwort des Körpers ausgleichen kann. Kreativ zu sein, genießt in unserer Gesellschaft leider keinen hohen Stellenwert. Von klein auf erzieht man uns in dem Glauben, dass Wissenschaft, Mathematik und Betriebswirtschaft wertvoller seien als Kunst, Musik, Theater und Schriftstellerei. In unserem Kulturkreis scheint man vergessen zu haben, dass Kreativität nicht nur Spaß macht. Sie ist auch gut für die Gesundheit.

Wenn ich hier von »Kreativität« spreche, so ist dieser Begriff sehr weit gefasst und nicht auf Kunst allein begrenzt. Das Malen, Tanzen, Musizieren gehört ebenso dazu wie das Verfassen von Gedichten. Ob wir nun Collagen erstellen oder Fotoalben gestalten, Blumen arrangieren, fotografieren, gärtnern oder Innenräume dekorieren, einen Blog schreiben, stricken, Hula-Hoop tanzen, unter der Dusche singen oder ein Brainstorming zu einem beruflichen Thema veranstalten – all dies sind Formen des kreativen Ausdrucks. Wir können unsere Kreativität leben, indem wir die perfekte E-Mail schreiben, uns einen Lehrplan für die Sonntagsschule ausdenken, ein Gourmetmenü auf den Tisch zaubern, Playlisten für unseren iPod zusammenstellen, Salsa tanzen oder im Beruf Ideen für neue Produkte entwickeln. Wir können Workshops ausarbeiten, Schmuck designen oder einen Traum von einer Torte kreieren.

Was immer wir tun, kreativ zu sein ist für die körperliche Fitness ebenso wichtig wie das Trainieren des Bizeps. Der Zusammenhang zwischen Kreativität und Gesundheit ist gut dokumentiert, sodass alles, was ihr in unserem Leben zum Zuge verhilft, der Physiologie von Körper und Gehirn zugutekommt.[174] Endorphine und andere Glücksbotenstoffe werden ausgeschüttet, Depressionen und Ängste verschwinden, das Immunsystem wird gestärkt, körperliche Schmerzen werden gelindert und das parasympathische Nervensystem wird aktiviert, sodass sich der Puls verlangsamt, der Blutdruck sinkt, die Atmung ruhiger wird und die Cortisolwerte fallen.

Weitere gesundheitliche Vorzüge sind ein ruhigerer Schlaf, ein verbesserter Allgemeinzustand, weniger Arztbesuche, eine geringere Medikamenteneinnahme und weniger Probleme mit den Augen. Belastungssymptome werden durch Kreativität gelindert, und bei Krebspatientinnen verbessert sich die Lebensqualität. Positive Gefühle werden gestärkt, emotionaler Druck nimmt ab und existenzielle und spirituelle Fragen können geklärt werden.

Das Risiko, an Alzheimer zu erkranken, sinkt; Ängste gehen zurück, die Stimmung hellt sich auf, die soziale Einbindung funktioniert besser und das Selbstwertgefühl steigt.[175]

Mit dem Eintauchen in den kreativen Prozess setzen wir unbewusste Mechanismen in Gang, die uns heilen und die uns wachsen und aufblühen lassen. Dass dabei die rechte Gehirnhälfte geübt wird, wirkt sich nicht nur auf unser körperliches, sondern auch auf unser emotionales Wohlbefinden aus: Es macht uns glücklicher und zufriedener. Und wie wir in Kapitel 7 sehen werden, sind zufriedene Menschen erwiesenermaßen auch die Gesünderen.

Die gesundheitlichen Vorteile von Kreativität sind unglaublich, und dabei haben wir uns bisher nur mit ihren Wirkungen auf den Einzelnen befasst. Darüber hinaus wirkt sie sich auf unser Berufsleben, unsere Beziehungen, unser Liebesleben, unsere Spiritualität und psychische Gesundheit aus. Die Kunsttherapeutin Marti Hand ist davon überzeugt, dass kreativer Ausdruck zudem gut für den sozialen Frieden ist, weil dabei Mitgefühl, Toleranz, Güte, Harmonie, Offenheit, Wachstum, Zusammenarbeit, Respekt und Heilkräfte gefördert werden. All diese Wirkungen sind mitunter selbst auf Gebieten zu spüren, die in keinem offensichtlichen Zusammenhang damit zu stehen scheinen, etwa in Form von gesteigerter Fruchtbarkeit.

Sosehr Kreativität zur physiologischen Entspannung beitragen kann, so kann sie andererseits zum Stressfaktor werden, wenn wir sie nicht ausleben können. Eine meiner Patientinnen hat sich jahrelang in ihrer Fantasie die Handlung eines Romans ausgemalt, doch sie war in ihrem Job zu sehr eingespannt, um ihn tatsächlich zu schreiben. Tagein, tagaus setzte ihr der Gedanke zu, dass sie eines Tages sterben könnte, ohne ihr Buch zu Papier gebracht zu haben. Kreativität kann ihre heilende Wirkung nur entfalten, wenn wir uns Zeit für sie nehmen und ihr die entsprechende Priorität einräumen. Vergessen Sie also nicht, sich Räume zu schaffen, um sich in Ihrer ganz persönlichen Weise ausdrücken zu können.

In jedem von uns schlummert ein Lied, das so gesungen werden will, wie nur wir selbst es singen können. Die Lyrikerin Mary Oliver schreibt: »Sag mir, was willst du tun mit deinem einen wilden, kostbaren Leben?«

DIE MEDIZIN GEGEN BERUFLICHEN STRESS

Wenn Sie unter beruflichem Stress oder Geldsorgen leiden, verzweifeln Sie nicht. Sie brauchen weder ihr Kündigungsschreiben einzureichen oder in der Lotterie zu gewinnen, um die Stressreaktionen in Ihrem Körper zu unterbinden. Sie werden jedoch nicht umhin können, genau hinzuschauen und sich ernsthaft zu fragen, wie es bei Ihnen um diese Themen bestellt ist und wie sich dies auf Ihre Gesundheit auswirkt.

Wenn Sie es wirklich ernst meinen mit der Krankheitsvorbeugung oder Heilung, dann haben Sie den Mut und schauen Sie der Wahrheit ins Gesicht! Quält Sie die Angst, dass sich die beschriebenen Stressfaktoren negativ auf Ihren Körper auswirken könnten, verzweifeln Sie nicht. Es gibt Hoffnung. Vielleicht können Sie Krankheiten verhindern oder wieder gesund werden, indem Sie Ihrem Leben eine neue Ausrichtung geben und Ihrem Körper mehr Entspannung gönnen. Wenn Sie an Ihrer beruflichen Situation nichts ändern können, lassen sich die möglichen negativen Folgen mit Hilfe von klinisch erprobten Methoden zur Aktivierung der physiologischen Entspannungsreaktionen und Stärkung des körperlichen Wohlbefindens zumindest teilweise abfangen. (Mehr über solche gesundheitsfördernde Techniken erfahren Sie in Kapitel 8.)

Bis dahin möge der folgende Hinweis genügen: Auf dem Weg der Genesung kann es wahre Wunder wirken, die Masken abzulegen, die wir tragen, um andere zu beeindrucken oder professioneller zu wirken, um unsere Unzulänglichkeiten zu verbergen oder uns vor Verletzungen zu schützen. So zu sein, wie wir sind, ohne uns dafür zu entschuldigen – nicht nur am Arbeitsplatz, sondern auch zuhause, auf dem Schulhof, in der Kirchengemeinde oder wo auch immer –, besänftigt den Geist, unterbricht die Stressreaktion, setzt die Entspannungsreaktion in Gang und heilt den Körper. Authentizität, im Beruf wie generell im Leben, kann Medizin für den Körper sein.

7
ZUFRIEDENHEIT ALS VORBEUGENDE MEDIZIN

»Zufriedenheit und Glück sind nichts, was fertig geliefert wird. Sie entstehen durch dein eigenes Handeln.«

SEINE HEILIGKEIT DER XIV. DALAI LAMA

Es mag wie ein Gemeinplatz klingen, dass zufriedene, ausgeglichene Menschen gesünder sind. Aber wann hat Ihnen Ihr Arzt zum letzten Mal das Erlernen von Optimismus zur Vorbeugung gegen Herzinfarkt empfohlen mit dem Hinweis, dass es genauso gut wirkt wie das Aufgeben des Rauchens? Oder wann haben Sie sich selbst im Interesse Ihrer Gesundheit Verhaltensänderungen oder die Anwendung bestimmter Methoden verordnet, die nachweislich zufriedener machen und dadurch Ihre Lebenserwartung um siebeneinhalb bis zehn Jahre verlängern?

Durch die Konzentration auf biochemisch erklärbare physische Störungen werden die Belange der emotionalen und psychischen Gesundheit in der modernen Medizin vielfach in den Hintergrund gedrängt. Wir neigen dazu, solche Dinge ins dunkle Reich der psychiatrischen Praxen zu verweisen und uns auf konkretere vorbeugende Maßnahmen wie gesunde Ernährung, Sport, Nikotinabstinenz und Gewichtsmanagement zu fokussieren. Doch die wissenschaftlichen Daten, die den Zusammenhang zwischen Glück und Gesundheit belegen, sind so überwältigend, dass sie vielleicht auch Sie überzeugen: Methoden zur Steigerung von Glücksempfindungen und deren Zwilling Optimismus sollten in der Krankheitsprophylaxe in der Tat eine zentrale Rolle spielen.

Zahlreiche Untersuchungen belegen, dass Zufriedenheit und Gesundheit unlösbar miteinander verknüpft sind.[176] Natürlich wissen wir alle, dass bei Patienten, die an psychischen Symptomen wie Depressionen, Angstzuständen oder bipolaren Störungen leiden, ein erhöhtes Risiko für Suizid, Substanzmissbrauch und andere Problematiken besteht, die eine unmittelbare Bedrohung für Leib und Leben darstellen. Aber womöglich überrascht es Sie, dass gar keine solchen massiven psychischen Störungen im Sinne der Kriterien des DSM-IV (von der *Amerikanischen Psychiatrischen Vereinigung* herausgegebenes Diagnostisches und Statistisches Handbuch Psychischer Störungen) vorliegen müssen, damit es zu einer stimmungsbedingten Gesundheitsbeeinträchtigung kommen kann. Ein schlichtes Gefühl von Ängstlichkeit, Traurigkeit, Wut, Hilflosigkeit, Frustration oder Hoffnungslosigkeit reicht aus, um Stressreaktionen auszulösen. Und wer würde nicht zumindest gelegentlich in den Bann solcher Gefühle geraten?

Laut Umfragen bewertet nur etwas über die Hälfte (54 Prozent) der erwachsenen US-Amerikaner ihre psychische Verfassung als »einigermaßen akzeptabel«, aber nicht unbedingt hervorragend.[177] Pro Jahr sind allein in den Vereinigten Staaten über 21 Millionen Menschen von einer Depression betroffen (weltweit sind es derzeit ca. 350 Millionen). Das Krankheitsbild gilt hier in der Altersgruppe zwischen 15 und 44 Jahren als Hauptursache für Arbeitsunfähigkeit. In 30.000 Fällen pro Jahr führt es zum Selbstmord.[178] 21 Prozent der Amerikaner leiden einmal im Leben an einer affektiven Störung wie Depressionen, 28 Prozent an einer Angststörung, und einer von fünf Amerikanern nimmt Psychopharmaka ein, überwiegend in Form von Antidepressiva.[179]

In Deutschland leiden laut der *Stiftung Deutscher Depressionshilfe* (2013) rund 4 Millionen Menschen unter einer behandlungsbedürftigen depressiven Erkrankung. Die Suizidrate ist gesunken, liegt aber immer noch bei ca. 10.000 Menschen pro Jahr. Und die *Bundes-Psychotherapeuten-Kammer* berichtet 2011, dass etwa 12,5 Prozent der betrieblichen Fehltage auf psychische Erkrankungen zurückzuführen sind – Tendenz steigend.

Fest steht, dass viele Menschen über psychische Probleme klagen. Doch was genau ist Zufriedenheit und wie wirkt sie sich auf unsere körperliche Verfassung aus? Experten definieren sie als »ein allgemeines Einverstandensein mit den gegebenen Verhältnissen insgesamt«.[180] Sie bezeichnet also im Wesentlichen, wie gut uns unser Leben gefällt und wie enthusiastisch wir morgens beim Aufwachen den neuen Tag begrüßen.

Die Daten sprechen eindeutig dafür, dass unzufriedene Menschen mit höherer Wahrscheinlichkeit körperlich krank werden. Depressionen etwa erhöhen die Krebsgefahr, sind ein wichtiger Risikofaktor für Herzkrankheiten und werden mit einer Reihe von Schmerzstörungen in Verbindung gebracht.[181] Angststörungen steigern das Krebsrisiko und fördern die Arteriosklerose der Halsschlagader, sodass die Schlaganfallneigung steigt.[182]

Zufriedenheit wirkt sich sogar auf die Lebenserwartung aus. Menschen mit einem höheren Maß an »subjektivem Wohlbefinden« leben bis zu zehn Jahre länger als andere.[183] Über weitere positive Effekte wird im Zusammenhang mit den Erfolgsraten bei Stammzelltransplantationen, dem Diabetesmanagement sowie den Behandlungserfolgen bei AIDS-Vollbild, nach Schlaganfall, Herzoperationen und Hüftfrakturen berichtet.[184]

Studien zeigen, dass positive Gemütszustände wie Freude, Glück und Energiegeladenheit sowie andere Merkmale wie Zufriedenheit mit dem Leben, Hoffnung, Optimismus und Humor bei Kranken wie Gesunden mit einer verminderten Sterblichkeit und größeren Langlebigkeit einhergehen.[185] Zufriedenheit und die damit verwandten psychischen Zustände tragen in der Tat dazu bei, das Risiko beziehungsweise die Schwere von Herz- und Lungenkrankheiten, Diabetes, Bluthochdruck und Erkältungskrankheiten zu reduzieren. Nach einer niederländischen Studie an älteren Patienten konnte eine positive Grundstimmung über den Betrachtungszeitraum von neun Jahren die individuelle Sterblichkeit um 50 Prozent reduzieren.[186]

DIE GRANT-STUDIE

Der Zusammenhang zwischen Zufriedenheit und körperlicher Gesundheit wurde im Rahmen einer bahnbrechenden Langzeit-Studie der sogenannten *Grant-Studie* offensichtlich: Die Forscher begleiteten eine Gruppe von ausgewählten, außergewöhnlich begabten Harvard-Studenten dreier Jahrgänge, die als Musterbeispiel für körperliche Fitness und psychische Gesundheit galten und auf die man große Hoffnungen für die Zukunft setzte. Es ging darum zu beobachten, wie sie ihr Leben gestalteten und wie es sich im Hinblick auf Parameter wie Gesundheit, Zufriedenheit, Beziehungen und Leistungen entwickelte. Man hoffte, eine Erklärung dafür zu finden, warum manche Menschen im Leben glücklich, gesund und erfolgreich sind und andere nicht, mit dem Ziel, diese Entwicklung womöglich beeinflussen zu können.

Auf der Suche nach geeigneten Probanden durchforsteten Dr. Arlie Bock und sein Team Patienten- und Prüfungsakten und holten persönliche Empfehlungen des Dekans ein. Die auf diese Weise ausgewählten 268 männlichen Studenten, überwiegend aus den Jahrgängen 1942, 1943 und 1944, wurden von Psychologen, Sozialpädagogen, Physiologen, Ärzten und allen erdenklichen anderen untersucht, die Beck auftreiben konnte, um möglichst viele Daten über die jungen Männer zusammenzutragen, die zu Beginn der Studie in der Sophomore-Stufe (also im 3. oder 4. Semester) studierten.

In einer umfassenden medizinischen Anamnese wurden sämtliche Parameter von den Organfunktionen über die Länge des hängenden Skrotums bis hin zur Gehirnaktivität im Enzephalogramm registriert. Sozialpädagogen notierten Vorfälle von Bettnässen, die Art und Weise, wie der Einzelne sexuell aufgeklärt wurde und Details zur Familiendynamik während der Kindheit und Jugend. Die Probanden interpretierten Rorschach-Tintenkleckse, gaben Schriftproben zur Analyse ab und unterzogen sich einer umfangreichen psychiatrischen Begutachtung. Sie wurden alle als »normal« oder auch »begabt« eingestuft.

Irgendwann schlossen die jungen Männer ihr Studium ab, doch Bock beziehungsweise die Kollegen, die in den darauffolgenden Jahren seine Nachfolge antraten, begleiteten sie ihr Leben lang weiter. Ungeachtet aller Herausforderungen wurden viele von ihnen ziemlich erfolgreich. Vier kandidierten für den US-Senat. Einer wurde Bestsellerautor, ein weiterer Chefredakteur der *Washington Post*, einer schaffte es ins Kabinett, und einer war sogar Präsident der Vereinigten Staaten. (Erst später wurde bekannt, dass John F. Kennedy zu den Teilnehmern der Grant-Studie gehörte.)

Doch im Laufe der Zeit kristallisierte sich ein Trend heraus: 1948 zeigten sich bei zwanzig Probanden Anzeichen einer schweren psychiatrischen Störung. Mit Erreichen des fünfzigsten Lebensjahrs war ein Drittel von ihnen psychisch krank. Es zeigte sich, dass unter dem vielversprechenden Lack der Hoffnungsträger des Dekans unerwartete kleine Psychomonster lauerten. In einem im Nachrichtenmagazin *The Atlantic* veröffentlichten Interview sagte Bock: »Sie waren normal, als ich sie auswählte. Die Psychiater müssen sie verkorkst haben.« [187]

Bei diesen Männern zeigte sich zudem ein starker Zusammenhang zwischen Depression und körperlicher Gesundheit. 50 Prozent derer, denen diese Diagnose im Alter von 50 Jahren gestellt wurde, waren mit 63 chronisch krank oder gestorben. Bei denjenigen, die sich extrem zufrieden mit ihrem Leben äußerten, erreichte die Häufigkeit von schweren Erkrankungen und die Sterblichkeit nur ein Zehntel dessen, was für die unglücklichen Probanden verzeichnet wurde. Diese Zahlen hatten selbst dann noch Bestand, nachdem andere Faktoren wie Alkohol- oder Tabakkonsum, Fettleibigkeit und familiäre Disposition zur Langlebigkeit herausgerechnet wurden.[188]

SIND OPTIMISTEN GESÜNDER ALS PESSIMISTEN?

Sehr viel später ging der Optimismusforscher Martin Seligman, Autor von *Pessimisten küsst man nicht* (siehe Anm. 194, zu Kapitel 7), der Frage nach, ob Optimisten länger leben als Pessimisten. Er hat sich jahrelang mit den Erklärungsmustern auseinandergesetzt, die Menschen im Angesicht von unglücklichen beziehungsweise glücklichen Wendungen in ihrem Leben heranziehen. Wie sich gezeigt hat, besteht der Unterschied zwischen Optimisten und Pessimisten darin, wie dauerhaft, umfassend und persönlich sie positive und negative Ereignisse für sich verbuchen.

Pessimisten begreifen Negativerlebnisse als dauerhaft (»Es wird immer so schlimm bleiben«), umfassend (»Es geht alles komplett den Bach hinunter«) und persönlich (»Es ist alles meine Schuld«). Darum verfallen sie in Hoffnungslosigkeit. Wer mit solchen Erklärungsmustern auf die ungünstigen Ereignisse reagiert, die uns im Leben zwangsläufig immer wieder begegnen, bereitet den Boden für chronische Unzufriedenheit und damit letztlich für Krankheiten. Auch führen Pessimisten negative Erlebnisse auf ihr eigenes Versagen zurück. Widerfährt ihnen hingegen etwas Gutes, betrachten sie dies als vorübergehend und spezifisch und glauben, dass es außerhalb ihrer Einflussmöglichkeiten liegt.

Optimisten hingegen sind aus ganz anderem Holz geschnitzt. In ihrer Wahrnehmung sind Negativerlebnisse etwas Vorübergehendes, Spezifisches, etwas, was außerhalb ihrer Einflussmöglichkeiten liegt. Positive Wendungen hingegen stufen sie als dauerhaft und umfassend ein und betrachten sie als Folge ihrer ureigenen Großartigkeit.

Seligman und seine Kollegen nahmen sich die Grant-Studie vor, um zu sehen, ob sich auf der Grundlage der dabei gewonnenen Daten irgendwelche Zusammenhänge zwischen Erklärungsmustern und Krankheitsrisiken ableiten ließen. Zunächst ging es darum festzustellen, ob Optimismus und Pessimismus im Verlauf des Lebens eine konstante Größe bleiben. Stimmt der Satz: »Einmal Optimist, immer Optimist«? Oder verändert sich der Mensch?

Sie fanden heraus, dass sich der Optimismus eines Menschen zwar mit der Zeit verändern kann, die Art und Weise, wie er sich Negativerlebnisse erklärt, aber tendenziell ein Leben lang gleich bleibt. Das heißt jedoch nicht, dass sich hier keine Änderungen erzielen ließen. Was Sie tun können, um zu einer optimistischeren Einstellung zu gelangen und in den Genuss der entsprechenden gesundheitlichen Vorteile zu kommen, erfahren Sie am Ende dieses Kapitels.

Ausgehend von der Erkenntnis, dass die für Negativerlebnisse herangezogenen Erklärungsmuster in der Regel konstant bleiben, nahmen sich Seligman und sein Partner Chris Peterson die Daten der Grant-Studie ein zweites Mal vor. Sie stellten fest, dass die Pessimisten unter den Probanden im Alter von 45 Jahren schon nicht mehr so gesund waren wie die Optimisten. Krankheiten manifestierten sich bei ihnen früher und in schwererer Form. Und mit 60 Jahren waren sie signifikant kränker.[189]

Es hat sich gezeigt, dass optimistische Patienten sich besser von einer Bypass-Operation am Herzen erholen, ein gesünderes Immunsystem haben und länger leben. Krankheiten wie Krebs, Herzerkrankungen und Nierenversagen überstehen sie besser.[190] Wer positiv ins Leben schaut, hat ein um 45 Prozent geringeres Risiko, innerhalb einer festgelegten Zeitspanne aus gleich welcher Ursache zu sterben als negativ gestimmte Zeitgenossen (und ein 77 Prozent geringeres Risiko, an einer Herzkrankheit zu sterben).[191] Auch unsere Fähigkeit, Infekte abzuwehren, wird durch eine positive Grundhaltung beeinflusst. In einer Studie wurden Freiwillige zu ihren Verhaltensweisen befragt und anschließend in Kontakt mit gewöhnlichen Erkältungs- und Grippeerregern gebracht. Die sonnigen Gemüter erwiesen sich als widerstandsfähiger als die weniger rosig gestimmten.[192] Pessimisten hingegen erkranken doppelt so häufig an Infektionskrankheiten und gehen doppelt so oft zum Arzt wie Optimisten.[193] Außerdem sind Pessimisten anfälliger für Depressionen, stoßen in der Karriere eher auf Hürden, sind in Beziehungen wahrscheinlicher mit Problemen konfrontiert und werden häufiger krank.[194]

Es folgten weitere Studien zum Phänomen von Optimismus und Pessimismus. Die Harvard-Psychologin und Optimismusforscherin Laura Kubzansky begleitete 1.300 Männer über zehn Jahre hinweg und stellte fest, dass die Optimisten nur halb so oft Herzkrankheiten bekamen. Der Unterschied zwischen beiden Gruppen war ebenso gravierend, wie er zwischen Rauchern und Nichtrauchern beschrieben wird.[195] Optimisten sind, wie erwähnt, weniger anfällig für Infektionen als Pessimisten. Sie haben ein stärkeres Immunsystem, einen niedrigeren Blutdruck und leben länger.[196]

Ein Gefühl von Positivität und Wohlbefinden wirkt sich nachweislich schützend auf das Herz aus. Patienten mit einem hohen Grad an »emotionaler Vitalität« hatten eine um 19 Prozent geringere Wahrscheinlichkeit, an einer koronaren Herzkrankheit zu erkranken als solche mit einem niedrigeren Grad.[197] Und um das Tüpfelchen aufs I zu setzen: Bei Menschen mit hohem Selbstwertgefühl, die sich selbst in positivem Licht sehen, sind die kardiovaskulären Reaktionen auf Stress weniger ausgeprägt und normalisieren sich schneller; außerdem ist ihr basaler Cortisolspiegel niedriger.[198]

HOFFNUNG HEILT

Während meines Medizinstudiums betreute ich einen kleinen Jungen namens Joe, der an Krebs im Stadium IV litt. Er war mitten in einer aggressiven Chemotherapie, als er seinem Vater, den er nie kennen gelernt hatte, einen Brief schrieb. Er teilte ihm mit, wie krank er sei und bat ihn inständig, sich ins Flugzeug zu setzen und zu ihm nach Florida zu kommen. Die Mutter wusste, wo der Mann lebte und versprach ihrem Sohn, den Brief abzuschicken. Und zu seiner großen Freude bekam er eine Antwort, und sein Vater versprach, ins Krankenhaus zu kommen und ihn zum ersten Mal in seinem Leben zu besuchen.

Joe fieberte dem Besuch entgegen, aber der Krebs sprach nicht gut auf die Behandlung an. Sein Körper verfiel zusehends. Doch er war Optimist und glaubte fest daran, wieder gesund zu werden, um für den Rest seines langen Lebens Gelegenheit zu haben, den Vater kennen zu lernen, den er sich in seiner Fantasie ausgemalt hatte, solange er denken konnte.

Es kam der Punkt, an dem Joes Organe zu versagen begannen, und wir waren sicher, dass das Ende nahte. Joes Mutter nahm mit dem Vater Kontakt auf und bat ihn, schnellstmöglich zu kommen. Noch am selben Abend erfuhr der Junge, dass er bereits sein Flugticket gekauft hatte und in einer Woche bei ihm sein würde. Am Tag darauf ging es Joe deutlich besser. Er stand auf, spazierte auf der Station herum und erzählte allen Pflegern aufgeregt von dem bevorstehenden Besuch.

Das Treffen war für den Samstag geplant. Die ganze Woche über war Joe damit beschäftigt, für seinen Vater Bilder zu malen, ihm Geschichten zu schreiben und ein Lied von seinem Kassettenrecorder einzustudieren, das er ihm vorsingen wollte. Wir waren völlig baff, wie viel Leben plötzlich in dem Kind steckte.

Am Freitagabend konnte Joe nicht einschlafen. Schließlich verordnete mein vorgesetzter Stationsarzt eine Schlaftablette, damit er bei dem Besuch nicht völlig erschöpft wäre. Am Samstagmorgen bettelte der Junge regelrecht, aus dem Krankenhaus zu dürfen, um seinen Vater vom Flughafen abzuholen und zuzuschauen, wie er aus dem Flugzeug stieg. Doch er musste am Tropf bleiben, und der Arzt erlaubte es nicht. So bezog Joe im Rollstuhl mit dem Infusionsständer im Schlepptau Stellung vor dem Eingang der Klinik. Dort wartete er gemeinsam mit seiner Mutter auf das Taxi, in dem sein Vater sitzen würde.

Das Flugzeug landete um 14.00 Uhr. Vom Flughafen war es nicht weit. Um spätestens 15.30 Uhr musste er da sein. Doch 15.30 kam und ging. Joe wartete. Und wartete. Sein Vater kam nicht. Die Mutter rief ihn an, doch niemand meldete sich. Joe sprach mehrfach auf den Anrufbeantworter, doch er erhielt keinen Rückruf.

Ich hatte an diesem Tag Dienst und schaute immer wieder bei Joe vorbei. Er war felsenfest davon überzeugt, dass das Flugzeug Verspätung hatte oder sein Vater im Verkehr steckengeblieben war. Aber seine Mutter hatte es nachgeprüft. Der Flieger war pünktlich gelandet. Sie versuchte, ihrem Sohn zu erklären, dass sein Vater nicht wirklich reif für seine Rolle sei und nicht wisse, wie er damit umzugehen habe. Aber Joe kaufte es ihr nicht ab. Er war sich sicher, dass sein Vater kommen würde. Sein Vertrauen war unerschütterlich.

Ich hatte in der Nacht Bereitschaft, und während ich mich im Laufschritt um die Neueinweisungen in die Kinderstation kümmerte, machte ich mir ständig Sorgen um den Jungen, der noch immer draußen herumgeisterte. Um 23.00 Uhr – acht Stunden nach der geplanten Ankunft – gelang es Joes Mutter endlich, ihn zu überreden, in sein Zimmer zurückzukehren. Als ich seinen Rollstuhl durch die Halle auf mich zukommen sah, beugte ich mich zu ihm hinunter und nahm ihn in den Arm. Da begann er zu weinen und sagte, sein Vater habe ihn im Stich gelassen. Die ganze Station – ich, die Pfleger, Joes Mutter –, wir alle bekamen feuchte Augen, als wir mit ansehen mussten, wie es den dünnen, kleinen Körper vor Schluchzen schüttelte.

Gegen Mitternacht schlief Joe ein.

Etwa fünf Stunden später – ich saß immer noch in der Notaufnahme an einem Kranken- und Untersuchungsbericht für ein Baby mit Meningitis – schallte mir aus dem Lautsprecher »Neunundneunzig, Dr. Heart!« entgegen. Das war unser Geheimcode für eine akute Notsituation. Irgendjemand lag im Sterben, und als junge Ärztin im Bereitschaftsdienst war es meine Pflicht, zur Stelle zu sein. Ich fragte telefonisch auf der Station nach, und man sagte mir die Zimmernummer.

Mir blieb fast das Herz stehen. Es war Joe.

Obwohl es in der Nacht bis dahin keine Auffälligkeiten gegeben hatte, stellte Joe das Atmen ein. Unsere Wiederbelebungsversuche blieben erfolglos. Joes Vater ließ sich nicht blicken, auch dann nicht, als die Mutter über ihren Schatten sprang und ihn zum Begräbnis einlud.

Man kann sagen, dass die Hoffnung Joe am Leben gehalten hatte – so mächtig kann die Kraft des Optimismus sein. Doch so traurig diese Geschichte in dem Moment endet, in dem die Hoffnung zunichte gemacht wurde, so gut geht die von Maria aus. Sie zeigt, dass Hoffnung heilen kann.

Das Mädchen war acht Jahre alt, als man bei ihr eine Form von Leukämie entdeckte, zu deren Behandlung die Ärzte eine aggressive Chemotherapie und anschließende Knochenmarkstransplantation empfahlen. Es konnte jedoch kein geeigneter Spender gefunden werden. Marias Eltern fassten darum den radikalen Entschluss, ein Baby zu zeugen, in der Hoffnung, dass es als Spender infrage käme.

Während Marias Mutter schwanger war, gaben die Ärzte dem Mädchen niedrigere Dosen des Chemotherapeutikums, mit denen sich die Leukämie, wie sie glaubten, unter Kontrolle halten, aber nicht heilen ließe. Der Plan war, die Kleine bis zur Geburt des Babys am Leben zu halten, sodass Blut aus der Nabelschnur gewonnen, untersucht und hoffentlich für eine Transplantation verwendet werden konnte.

Maria hatte sich immer ein Geschwisterchen gewünscht und war überglücklich, dass ihre Mutter schwanger war. Obwohl die Chemotherapie ihre Kräfte schwinden ließ, blieb sie bei guter Laune und sagte allen Pflegerinnen, dass sie geheilt würde, denn sie wollte schließlich Gelegenheit haben, eine gute große Schwester zu sein. Niemand wollte ihr die Hoffnung nehmen und ihren Optimismus trüben, und so nickten alle zustimmend, obwohl die Bluttests zeigten, dass der Krebs keineswegs gewichen war. Maria hielt die Chemotherapie jedoch recht gut durch, und nach ein paar Monaten fingen die Blutwerte zur Überraschung der Ärzte an, sich in einem Maß zu bessern, das man angesichts der niedrigen Dosierung der Chemotherapie nicht erwartet hatte.

Als das Baby zur Welt kam, war Maria mit im Kreißsaal, angetan mit einem Schutzanzug, der ihren zerbrechlichen, anfälligen Körper vor Infektionen schützen sollte. Als sie ihre kleine Schwester im Arm hielt, waren alle, die dabei waren, zutiefst gerührt.

Doch das Blut aus der Nabelschnur, das bei der Entbindung entnommen wurde, wies nicht das erforderliche Maß an Übereinstimmung auf, um für Maria infrage zu kommen. Die Eltern des Mädchens waren am Boden zerstört, doch Maria sagte ihnen, dass sie sich keine Sorgen machen sollten. Ihr Krebs sei weg, sodass sie sowieso keine Transplantation mehr bräuchte. Die Onkologen schüttelten den Kopf. Unmöglich, sagten sie. Die Chemotherapie, die sie bekommen hatte, reichte von der Dosierung her einfach nicht aus, um eine Heilung zu bewirken.

Doch wie sich zeigte, hatte Maria recht. Bei der nächsten Runde von Tests und Untersuchungen zeigte sich, dass von ihrem Krebs keine Spur mehr vorhanden war. Manche mögen argumentieren, es sei die niedrig dosierte Chemotherapie gewesen, doch ich bin überzeugt, es waren Hoffnung und Optimismus.

ERLERNTE HILFLOSIGKEIT UND KRANKHEIT

Wenn man im Krankenhaus arbeitet, hört man oft ermutigende Geschichten über Heilungen durch Optimismus. Andererseits begegnen einem auch immer wieder Beispiele dafür, wie Pessimismus das Voranschreiten von Krankheiten begünstigt. Martin Seligman ist der Auffassung, dass sich Pessimisten und Optimisten durch etwas unterscheiden, das er »erlernte Hilflosigkeit« nennt. Wenn sich die Dinge nicht so entwickeln, wie wir es uns erhoffen, gerät jeder von uns, egal ob Optimist oder Pessimist, vorübergehend in einen Zustand der Hilflosigkeit. Wenn uns unser Freund verlässt, der Chef uns das Kündigungsschreiben in die Hand drückt, der Partner stirbt, unser Kind gekidnappt wird oder wir mit der niederschmetternden Diagnose Krebs konfrontiert werden, zieht es uns in solchen Momenten im wahrsten Sinn des Wortes den Boden unter den Füßen weg. Und höchstwahrscheinlich steigen negative Gefühle wie Traurigkeit, Wut, Sorge und Angst in uns auf.

Wenn solche Tiefschläge kommen, liegt der Unterschied zwischen Optimisten und Pessimisten darin, dass Erstere sofort damit beginnen, sich wieder aufzurichten. Irgendetwas in ihnen weiß, dass sie, egal was passiert, immer mit der Butterseite nach oben landen werden. Mag sein, dass sie sich mutlos fühlen und vielleicht sogar vorübergehend deprimiert sind, aber sie raffen sich auf, klopfen sich den Staub aus den Kleidern und fahren fort in ihrem Bestreben, zufrieden und glücklich weiterzuleben.

Pessimisten dagegen bleiben über längere Zeit in ihrem Gefühl der Hilflosigkeit stecken und steigen dadurch oft in eine Abwärtsspirale bis hin zur klinischen Depression ein. In Studien hat sich gezeigt, dass sich Pessimisten im Falle eines Fehlschlags – ob in Beziehungen, im Beruf oder bei der Verwirklichung persönlicher Ziele – deshalb so hilflos fühlen, weil sie meinen, der Negativzustand würde ewig dauern und alles zugrunde richten, und außerdem trügen sie selbst die Verantwortung dafür. Mit der Zeit erlernen sprich: verinnerlichen sie diese Hilflosigkeit und das Gefühl, in den Seilen zu hängen, und das oftmals für sehr, sehr lange Zeit.[199] Es ist seit langem bekannt, dass negative Gedanken und Stressfaktoren uns krank machen können. Wissenschaftler vermuten, dass dies mit den von negativen Überzeugungen ausgelösten Stressreaktionen zu tun hat, die die natürlichen Selbstreparaturmechanismen des Körpers abschalten und ihn damit anfällig für Krankheiten machen.[200]

IMMUNANTWORT UND HILFLOSIGKEIT

Um zu erforschen, auf welchem Weg genau Hilflosigkeit in die Krankheit führt, nahm Madelon Visintainer, eine Kollegin von Seligman, eine Studie an drei Gruppen von Ratten vor. Den Tieren der ersten Gruppe wurde immer wieder ein milder Stromstoß versetzt, dem sie ausweichen konnten, sobald sie gelernt hatten, wie dies funktionierte. Die Tiere der zweiten Gruppe bekamen einen milden Stromstoß, dem sie nicht ausweichen konnten, sodass sie ihm hilflos ausgeliefert waren. Und den Tieren der dritten Gruppe wurde kein Stromstoß verabreicht.

Bevor die armen Ratten den Elektroschocks ausgesetzt wurden, implantierte Visintainer ihnen einige Krebszellen in die Flanke. Es handelte sich dabei um eine Krebsart, die für die Tiere einen absolut tödlichen Verlauf nehmen würde, wenn ihr Immunsystem nicht in der Lage wäre, sich erfolgreich dagegen zur Wehr zu setzen. Visintainer zählte exakt die Anzahl der jeweils implantierten Krebszellen ab, sodass sie davon ausgehen konnte, dass die Hälfte der Ratten unter normalen Bedingungen den Tumor abstoßen und weiterleben würde. Bei der anderen Hälfte würde der Krebs zum Ausbruch kommen und zum Tod führen.

Die äußeren Bedingungen waren absolut kontrolliert: das Futter, der Käfig, die Tumorbelastung. Der einzige Unterschied bestand in der jeweiligen psychischen Belastung, der sie ausgesetzt waren. Die Ratten, die den Stromstößen ausweichen konnten, lernten schnell, wie das Ganze funktionierte, sodass sie sich die Schocks bald ersparen konnten. Den Ratten aber, die diese Ausweichmöglichkeit nicht hatten, prägte sich ihre Hilflosigkeit ein und wurde zum erlernten Muster. Und die Ratten, denen keine Stromstöße verabreicht wurden, lebten weiter, ohne sich der Herausforderung stellen zu müssen, einen Ausweg zu finden oder sich traktieren zu lassen.

Wie zu erwarten war, starben 50 Prozent der von Stromstößen verschont gebliebenen Tiere innerhalb eines Monats, während die anderen 50 Prozent den Tumor abstoßen konnten. Interessanterweise gelang dies jedoch 70 Prozent der Tiere, die den Stromstößen hatten ausweichen können, sodass ihre Überlebensrate höher war als bei den unbehelligt gebliebenen Tieren. Die Ratten, die die Stromstöße ohne Ausweichmöglichkeit ertragen mussten, reagierten apathisch und hilflos und konnten den Tumor nur zu 27 Prozent abstoßen.[201] Am Beispiel dieser Tiere lässt sich ableiten, dass das Gefühl, alles unter Kontrolle zu haben, aus der Opferrolle aussteigen zu können und den Ereignissen und insbesondere Traumata, mit denen uns das Leben konfrontiert, hoffnungsvoll entgegensehen zu können, mit darüber entscheidet, ob wir krank werden oder gesund bleiben.

Diese Beobachtungen führten die Wissenschaftler zu dem Schluss, dass bei den Ratten, die den Stromstößen nicht ausweichen konnten, das Immunsystem so geschwächt wurde, dass es die Krebszellen dieser Tumorart nicht im üblichen Maß abwehren konnte. Weitere Studien an diesen hilflosen Tieren ergaben in der Tat, dass unausweichliche Stromstöße das Immunsystem schwächen. Die T-Zellen hörten auf, sich zu vermehren und wurden nicht mehr aktiv, um den sich ausbreitenden Tumor zu bekämpfen. Natürliche Killerzellen, die ebenfalls in der Abwehr von Krebs und anderen Fremdzellen eine Rolle spielen, verloren ihre Abwehreigenschaften.

Diese Studien lieferten die Bestätigung für etwas, was Wissenschaftler bereits vermutet hatten: Die psychische Befindlichkeit eines Menschen kann sich unmittelbar auf den Heilungsverlauf mancher Krankheiten auswirken, zumindest solcher, die eine Immunantwort erfordern wie viele Krebsarten.[202]

Dies kann erklären, warum Optimisten gesünder sind als Pessimisten. Dank eines gesünderen Erklärungsmusters im Fall von Negativerlebnissen sind sie eher in der Lage, gesunde Verhaltensweisen zu entwickeln, um mit schädlichen Einflüssen zurechtzukommen, sodass sie gegenüber Zuständen der Hilflosigkeit immun werden. Pessimisten hingegen empfinden die Rückschläge des Lebens als unausweichlich. Wie die apathischen, hilflosen Ratten werden sie depressiv, und ihr Immunsystem leidet. Je geringer die Zahl der Hilflosigkeitsmomente im Laufe des Lebens ist, desto stärker bleibt das Immunsystem, desto eher werden Stressreaktionen mitsamt ihren negativen Folgen unterbunden und desto geringer ist die Neigung zu Krankheiten.

SELBSTBESTIMMTHEIT ALS GEGENMITTEL GEGEN HILFLOSIGKEIT

Wenn Ratten ihren Krebs dadurch besiegen können, dass sie ihr Umfeld besser unter Kontrolle haben, was spricht dann dagegen, dass dies auch Menschen gelingen kann? Um herauszufinden, ob sich erlernte Hilflosigkeit durch ein stärkeres Gefühl von Selbstbestimmtheit, Entscheidungsfreiheit und persönlicher Verantwortung zurückbilden lässt, starteten Wissenschaftler eine Studie an den Bewohnern eines Altersheims. Es sollte geprüft werden, inwieweit sich positive Veränderungen in dieser Einrichtung auf den physischen Gesundheitszustand der Senioren auswirken würden.

Sie teilten die Bewohner in zwei Gruppen ein: Erdgeschoss und erster Stock. Alle kamen in den Genuss verbesserter Leistungen: entweder Omeletts oder Rühreier, ein Kinoabend am Mittwoch oder am Donnerstag und die Möglichkeit, auf Wunsch Pflanzen im eigenen Zimmer zu haben. Doch bei der Nutzung der Angebote bot man den Bewohnern des Erdgeschosses zusätzliche Entscheidungsmöglichkeiten und übertrug ihnen mehr Verantwortung: Sie mussten sagen, wie sie ihre Eier haben wollten, sich für den Kinoabend am Mittwoch oder Donnerstag eintragen und ihre Zimmerpflanzen selbst gießen.

Die Bewohner im ersten Stock hingegen erhielten die gleichen Leistungen, konnten aber weder selbst entscheiden noch Verantwortung übernehmen. Alles wurde für sie geplant, sodass sie nichts bestimmen konnten. Montags, mittwochs und freitags gab es Omelett, dienstags und donnerstags Rühreier. Für die Kinoabende wurden die Senioren eingeteilt. Und die Pflanzen suchten sie weder selbst aus noch mussten sie eine Gießkanne in die Hand nehmen.

Einige Zeit später stellten die Wissenschaftler fest, dass die Bewohner des Erdgeschosses, die selbst entscheiden und Verantwortung übernehmen konnten, aktiver und zufriedener waren und ihre Sterblichkeit innerhalb des Studienzeitraums geringer ausfiel.[203] Entscheidungsfreiheit, persönliche Verantwortung und das Gefühl der eigenen Nützlichkeit hatten also einen positiven Effekt auf die Gesundheit, wahrscheinlich weil sie zufriedener machen, was den Körper wiederum stärker in die Lage versetzt, sich selbst zu reparieren.

GLÜCKLICH LEBT SICH'S LÄNGER

Es ist bekannt, dass sich unzufriedene und unglückliche Menschen mit höherer Wahrscheinlichkeit schlecht ernähren, weniger Sport betreiben und schlechter schlafen. Doch die gesundheitlichen Folgen von Unzufriedenheit lassen sich nicht einfach damit erklären, dass die Betreffenden ihren Körper vernachlässigen. 1986 startete David Snowdon eine der Grant-Studie vergleichbare weitere Langzeituntersuchung, bei deren Teilnehmern es sich jedoch nicht um Harvard-Absolventen, sondern um römisch-katholische Nonnen handelte.

Wann immer man untersuchen will, was die Lebenserwartung von Menschen verlängert, schleichen sich zwangsläufig Verzerrungen ein. So wissen wir zum Beispiel, dass die Bewohner des US-Bundesstaats Utah länger leben als die von Nevada. Aber warum? Liegt es daran, dass der asketische Lebensstil der dortigen Mormonen gesünder ist als die Ausschweifungen, Saufgelage, Glücksspielorgien und Rauchgewohnheiten von Las Vegas und Reno? Ernähren sich die Bewohner von Utah mit vollwertigeren Lebensmitteln? Ist die Luft dort sauberer? Haben sie weniger Stress?

Fragen wie diese machen es schwer, Langlebigkeitsstudien zu interpretieren, und darum ist es hilfreich, Bevölkerungsgruppen zu untersuchen, bei denen möglichst viele dieser Variablen kontrolliert sind. Genau deswegen ist die Nonnenstudie so interessant.

Das Gesundheitsverhalten dieser Frauen war insgesamt sehr einheitlich: Sie aßen in etwa die gleiche unaufregende Kost, konsumierten weder Nikotin noch Alkohol, heirateten nicht, bekamen keine Kinder, zogen sich keine sexuell übertragbaren Krankheiten zu, ihr sozialer und wirtschaftlicher Status war auf einem vergleichbaren Niveau, und sie hatten alle Zugang zu der gleichen guten medizinischen Versorgung. Dies machte es leichter herauszufinden, welche Faktoren genau zu einem längeren Leben führen. Eigentlich sollte man annehmen können, dass Menschen, die in einem derart ähnlichen Umfeld leben, in etwa die gleiche Lebenserwartung haben. Und doch gab es ungeachtet der Tatsache, dass hier die üblichen, ergebnisverzerrenden Unsicherheitsfaktoren ausgeschlossen waren, große Unterschiede dahingehend, wie alt die Nonnen wurden und wie es um ihre Gesundheit bestellt war.

Wie erklären sich diese Abweichungen? Bei ihrem Eintritt ins Kloster hatte man Nonnen gebeten, ihre bisherige Lebensgeschichte aufzuschreiben. (Bei der Verfassung dieser Lebensläufe waren die Frauen im Durchschnitt 22 Jahre alt.) Als die Studie begann, hatten viele von ihnen bereits das Seniorenalter erreicht. Die Aufzeichnungen von damals lieferten die Grundlage für die Bewertung ihrer Zufriedenheit in jungen Jahren. Von nun an wurden sie für den Rest ihres Lebens weiter begleitet.

Eine der Studienteilnehmerinnen war Schwester Cecilia O'Payne, die 1932 dem Orden der *Armen Schulschwestern von Unserer Lieben Frau* als Novizin beitrat. In ihrer Autobiografie schrieb sie: »Gott hat mir einen guten Start ins Leben ermöglicht, indem er mir Gnade von unschätzbarem Wert zuteilwerden ließ ... Im letzten Jahr habe ich als Schwesternanwärterin an der Ordensschule gelernt, und es war eine sehr glückliche Zeit. Jetzt sehe ich mit eifriger Vorfreude dem Tag entgegen, an dem ich das heilige Ordensgewand Unserer Lieben Frau anlegen und ein Leben in Einheit mit der göttlichen Liebe führen darf.«

Was Marguerite Donnelly, die das gleiche Gelübde ablegen sollte, schrieb, liest sich ganz anders: »Ich wurde am 26. September 1909 als ältestes von sieben Kindern geboren, fünf Mädchen und zwei Jungen ... Mein Jahr als Schwesternanwärterin habe ich im Mutterhaus zugebracht, wo ich am *Institut Unserer Lieben Frau* als Lehrerin für Chemie und Latein im zweiten Jahr tätig war. Mit Gottes Hilfe werde ich mein Bestes für unseren Orden, die Verbreitung der Religion und mein persönliches Seelenheil tun.«

Merken Sie, worin sich die beiden unterscheiden? Cecilia benutzte überschwängliche Worte wie »sehr glücklich« und »eifrige Vorfreude«, eine Begeisterung, die Marguerite abgeht.

Und was wurde nun aus diesen jungen Nonnen? Martin Seligman berichtet in seinem Buch *Der Glücksfaktor*, dass Cecilia O'Payne mit 98 Jahren immer noch am Leben und keinen einzigen Tag im Leben krank gewesen sei. Marguerite Donnelly hingegen erlitt mit 59 einen Schlaganfall und starb kurz darauf.[204]

Anhand der Lebensgeschichten stellten die Wissenschaftler fest, dass 90 Prozent der besonders freudvoll gestimmten Nonnen mit 84 Jahren noch lebten, während bei den Freudlosesten nur 34 Prozent dieses Alter erreichten. Und auch mit 94 Jahren waren von Ersteren 54 Prozent putzmunter, während von Letzteren nur noch 11 Prozent am Leben waren. Im Durchschnitt wurden die froh gestimmten Nonnen siebeneinhalb Jahre älter als die freudlosen.[205] Anderen Studien zufolge übersteigt die Lebenserwartung von glücklichen Menschen die von unglücklichen sogar um zehn Jahre.[206] Glück und Zufriedenheit sind eindeutig vorbeugende Medizin, und am Ende dieses Kapitels werden wir sehen, wie Sie beides stärken können, um Ihren Körper im Heilungsprozess zu unterstützen.

DIE PHYSIOLOGIE DER GEMÜTSVERFASSUNG

Was also geschieht im Körper, wenn der Geist an einem dunklen Ort verweilt? Emotionales Leid mag im Kopf beginnen, doch letztlich handelt es sich um eine verkörperlichte Erfahrung. Unglück und Unzufriedenheit sind kein rein geistiges Geschehen. Wir spüren es im ganzen Körper, wenn sich im Rahmen von Stressreaktionen Kaskaden des Leids in alle Zellen ergießen. Wenn wir emotional verletzt werden, wird Alarm ausgelöst. Es kommt zu einer Stressreaktion, obwohl keine unmittelbare körperliche Bedrohung vorliegt, sondern nur Wut, Enttäuschung, Frustration, Pessimismus, Kummer, Trauer oder eine andere belastende Emotion. Im nächsten Abschnitt werden wir uns damit befassen, über welche physiologischen Mechanismen der Körper durch Ängste und Depressionen beeinträchtigt wird und wie sich diese Negativwirkungen durch eine zufriedene Gemütsverfassung heilen lassen.

ÄNGSTE

Die Amygdala, eine zum limbischen System gehörende, paarig auftretende Gruppe mandelförmiger Kerne mit Sitz im medialen Teil der Temporallappen des Gehirns, ist maßgeblich dafür zuständig, Erinnerungen an Empfindungen aller Art zu verarbeiten und zu speichern. In der Tat werden Emotionen hier registriert, noch bevor sie uns ins Bewusstsein dringen. Durch wiederholte Auslösung von Stressreaktionen erhöht sich ihre Reaktionsbereitschaft auf scheinbare Bedrohungen, was die Neigung zu Stressreaktionen verstärkt, was wiederum die Amygdala noch mehr erregt und so weiter und so fort. Es ist ein Teufelskreis. Die Amygdala trägt zur Bildung von »impliziten Gedächtniseffekten« bei, das heißt, sie speichert unterhalb der Bewusstseinsschwelle Spuren von früheren Erlebnissen. Mit ihrer zunehmenden Sensibilisierung färbt sie diese impliziten Erfahrungen zunehmend mit Angstresten ein, sodass das Gehirn eine permanente Beunruhigung empfindet, die nichts mit der jeweils aktuellen Situation zu tun hat.

Gleichzeitig wird der Hippocampus, der für die Entwicklung von »expliziten Erinnerungen« als klaren, bewussten Aufzeichnungen des tatsächlichen Geschehens zuständig ist, durch die Stressreaktionen des Körpers strapaziert. Cortisol und andere Glucocorticoide schwächen die Synapsen im Gehirn und unterdrücken deren Neubildung. Ist der Hippocampus angegriffen, erschwert dies die Produktion neuer Neuronen und damit die Schaffung neuer Gedächtnisinhalte. Darum werden die von der überreizten Amygdala verzeichneten schmerzlichen, angstgeprägten Erlebnisse in das implizite Gedächtnis einprogrammiert, während der Hippocampus gleichzeitig keine neuen expliziten Erinnerungen mehr bildet.

Ist dies der Fall, fehlt uns am Ende jede echte Erinnerung daran, was uns ursprünglich alarmiert hat; dafür macht sich in uns ein ganz eindeutiges Gefühl breit, dass gerade irgendetwas Schlimmes etwas *sehr Schlimmes* passiert. Dies erklärt, warum es bei traumatisierten Menschen vorkommt, dass bestimmte Situationen als unbewusste Trigger fungieren und die alten Erinnerungen hervorholen, ohne dass die Zusammenhänge bewusst nachvollziehbar sind: Die Betroffenen fühlen sich verunsichert und haben Angst, ohne zu wissen warum.

DEPRESSIONEN

Auch durch Depressionen kommt es zu einer wiederholten Aktivierung von Stressreaktionen, was zu Schüben depressiver Verstimmtheit führt. Unter dem Einfluss all des vielen Cortisols, das im Blutkreislauf zirkuliert, wird der Vorrat an Noradrenalin ausgezehrt, das normalerweise wach macht und energetisierend wirkt, und ein Gefühl von Apathie und Unkonzentriertheit stellt sich ein. Gleichzeitig drosselt Cortisol die Produktion von Dopamin, das für unsere Glücksempfindungen von Bedeutung ist.

Serotonin, der wichtigste Botenstoff für eine positive Stimmung, wird ebenfalls reduziert, und mit dem Absinken dieses Spiegels bricht der Noradrenalinwert noch weiter ein, sodass das Ganze in eine Abwärtsspirale mündet.

Doch negative Emotionen lösen nicht nur Stressreaktionen aus. Sie fördern gleichzeitig die Produktion von Zytokinen und erhöhen damit die Entzündungsneigung – ein Phänomen, das mit der Entstehung von bestimmten Krebsarten, Alzheimer, Arthritis, Osteoporose und Herzkreislauferkrankungen in Zusammenhang gebracht wird. Auch eine verzögerte Wundheilung und Infektionsanfälligkeit wurde beobachtet.[207]

Nehmen negative Stimmungen wie Pessimismus, Hilflosigkeit, Hoffnungslosigkeit, Besorgnis und Depressionen überhand, wird die Stressreaktion ein- und nicht wieder abgeschaltet, was unter anderem Magen-Darm-Beschwerden, eine erhöhte Infektions- und Krebsneigung, Herzkrankheiten, endokrine

Störungen und weitere Beschwerden verursacht.[208] Zufriedene Menschen scheinen ein stärkeres Immunsystem zu haben, wie sich an der Tatsache ablesen lässt, dass sie nach Grippeimpfungen etwa 50 Prozent mehr Antikörper produzieren und eine ausgeprägtere Immunantwort zeigen.[209]

Unzufriedenheit hingegen schwächt das Immunsystem. Dies ist das Ergebnis einer Studie an verwitweten Menschen, bei denen in der Trauerphase die T-Zellen-Multiplikation verzögert war.[210] Unterschiede in der Immunantwort wurden auch bei einer Studie an optimistischen und pessimistischen HIV-positiven Frauen festgestellt.[211]

GLÜCKSEMPFINDEN

Zwar wartet die Neurowissenschaft mit einer Fülle von Untersuchungen auf, die Gefühle von Unzufriedenheit und Unglück zum Inhalt haben, doch über deren positives Gegenstück weiß man nur wenig. Mit der Entwicklung der funktionellen Magnetresonanztomographie in Kombination mit der Elektroenzephalographie ist es jedoch einfacher geworden, Studien zu diesem Thema durchzuführen. Durch die Untersuchung von Probanden, die sich nach eigenen Angaben in einem Zustand von Glückseligkeit befanden, konnte herausgefunden werden, dass Glücksempfindungen ihren Sitz im linken präfrontalen Cortex des Gehirns zu haben scheinen.

Doch was aktiviert nun diesen Teil des Gehirns? Und was können wir tun, um unseren linken präfrontalen Cortex zu stimulieren? Die Antwort hat höchstwahrscheinlich etwas mit Neurotransmittern wie Dopamin, Oxytocin, Endorphinen, Stickstoffmonoxid und Serotonin zu tun.

Wissenschaftler teilen »Glücksempfindungen« in zwei Arten von angenehmen Gefühlen ein: die Erwartung von etwas Positivem und das positive sensorische Erleben, wenn dies tatsächlich eintrifft. So macht es uns sicher glücklich, uns unseren bevorstehenden Strandurlaub in Bali auszumalen, zu planen, was wir mit dem Jahresendbonus anfangen werden, den wir bei entsprechend guten Leistungen bekommen werden, oder uns vorzustellen, wie wir endlich den Mann / die Frau unserer Träume in die Arme schließen und küssen werden. Und ebensolche Glücksempfindungen stellen sich ein, wenn wir uns dann tatsächlich bei warmem Sonnenlicht in kristallklarem Wasser aalen und uns von leise plätschernden Wellen umschmeicheln lassen; wenn wir zum ersten Mal den nagelneuen Kaschmirpullover anziehen, den wir uns dank der Bonuszahlung haben leisten können, oder sanft die Lippen unseres Geliebten berühren, während in unserem Körper die Lust erwacht.

Bei Glücksempfindungen, die sich aufgrund von Vorfreude einstellen, leuchtet der Bereich des Nucleus accumbens auf, der im Belohnungssystem des Gehirns eine zentrale Rolle spielt. Die Aktivierung dieses Areals hat sehr wahrscheinlich mit dem Neurotransmitter Dopamin zu tun, der den Transfer von positiven Emotionen zwischen dem linken präfrontalen Cortex und den Emotionszentren des Nucleus accumbens vermittelt. Menschen mit empfindlichen Dopaminrezeptoren neigen dazu, besser gelaunt zu sein.

Glücksempfindungen, die sich einstellen, wenn wir uns auf ein Ziel zubewegen und es dann erreichen, werden vermutlich hauptsächlich durch Dopamin vermittelt. An anderen positiven Stimmungsmomenten sind andere Neurotransmitter beteiligt, etwa bei Gefühlen der Liebe oder bei positiven Körperempfindungen.

Das »Kuschelhormon« Oxytocin, das eine Rolle in der Paarbindung spielt und ausgeschüttet wird, wenn wir uns verlieben oder mit unserem Kind knuddeln, kann teilweise erklären, wie Glücksempfindungen sich auf unsere Gesundheit auswirken. Die im Hypothalamus gebildete und von der Hypophyse ausgeschüttete Substanz reduziert nämlich die Entzündungsneigung, weil sie den Zytokinspiegel senkt. Gleichzeitig hemmt sie indirekt die Ausschüttung von ACTH, was die durch Stressreaktionen getriggerte HHN-Achse beruhigt. Bei glücklichen Menschen sind die Cortisolwerte niedriger, was wahrscheinlich daran liegt, dass sie weniger Stress, Angst, Ärger und andere Emotionen verspüren, die eine Stressantwort des Körpers provozieren.

Gleichzeitig aktiviert Oxytocin die Serotoninrezeptoren, hebt die Stimmung und dämpft die Amygdala, den Entstehungsort von Ängsten, die ebenfalls Stressreaktionen auslösen.[212] Der Botenstoff regt zudem die Hypophyse zur Ausschüttung von Endorphinen an, also körpereigenen Morphinen, die Schmerzen lindern und euphorische Gefühlszustände nach Art des »Runner's High« auslösen, wie wir sie etwa erleben, wenn wir Sport betreiben, Sex haben oder von einer Sache völlig begeistert sind. Dies wiederum setzt Dopamine frei, die den Nucleus accumbens stimulieren, was uns Glücksgefühle beschert. Angenehme sensorische Empfindungen fördern ebenfalls die Ausschüttung von Stickstoffmonoxid, das stark gefäßerweiternd wirkt, den Blutdurchfluss verbessert und damit zur Vermeidung von ischämischen Schäden an bestimmten Organen beiträgt – also von Schäden, die durch eine Minderdurchblutung entstehen.

Höchstwahrscheinlich wirken sich Glück und Zufriedenheit auch auf das Immunsystem aus, wie sich am vorangegangenen Beispiel der mit Tumorgewebe geimpften Ratten gezeigt hat, die ausweichbaren bzw. unausweichbaren Stromschlägen ausgesetzt wurden. Erlernte Hilflosigkeit ist nicht nur in unglücklichen Ratten anzutreffen, sondern auch in Pessimisten, deren Neigung zu Verstimmtheit sich dämpfend auf das Immunsystem auswirkt, wodurch sich die Anfälligkeit für Infektionen, Krebs und andere immunvermittelte Krankheiten erhöht. Optimisten hingegen sind dank ihrer sonnigeren Gemütsverfassung weniger anfällig für erlernte Hilflosigkeit, was das Immunsystem über die Gesamtlebensdauer hinweg besser auf Trab hält. Dass der Körper seltener Stressreaktionen verkraften muss und das Immunsystem besser funktioniert, mag erklären, warum glückliche Menschen länger leben als unglückliche.

LASSEN SICH KRANKHEITEN MIT GLÜCKSEMPFINDUNGEN HEILEN?

Während es zahlreiche Belege dafür gibt, dass Glück und Zufriedenheit eine krankheitsvorbeugende Wirkung haben und gesunden Menschen einen Langlebigkeitsvorteil bringen,[213] ist weniger klar, ob sie auch in der Behandlung von Krankheiten eine Rolle spielen können. Die Datenlage ist widersprüchlich. Manche Untersuchungen weisen eine signifikant bessere Genesungsrate bei glücklichen Menschen aus.[214] So wurde am US *National Cancer Institute* eine kleine Studie an 34 Frauen mit rezidivierendem Krebs durchgeführt, in der neben umfassenden physischen und psychischen Daten auch Informationen zur inneren Einstellung erfasst wurden. Flammt der Krebs ein zweites Mal auf, sind die Überlebenschancen gering, und nach etwa einem Jahr erlag eine Frau nach der anderen ihrer Krankheit, doch einige wenige schafften es. Und welche überlebten am längsten? Diejenigen mit der positivsten Grundeinstellung.[215]

Doch auch wenn manche Studien den Schluss nahelegen, dass Optimismus und Kampfgeist die Überlebenschancen von Patienten verbessern, reichen beide nicht immer aus, um bereits ausgebrochene Krankheiten zurückzudrängen.[216] In der Tat halten manche die Vorstellung, eine ernstliche Erkrankung mit Glücksempfindungen heilen zu wollen, für absurd und illusionär und vertreten den Standpunkt, dass sie dem Patienten nur Schuldgefühle mache.[217]

Doch woran liegt es, dass eine sonnige Gemütsverfassung Krankheiten zwar vorbeugen, doch diese nur selten heilen kann?

Diese Frage ist nicht leicht zu beantworten, doch wahrscheinlich hat es damit zu tun, dass die positiven Wirkungen eher mit dem kumulierten physiologischen Effekt von Glücksempfindungen auf den Körper zu tun haben, als mit der Fähigkeit, sich seinen Optimusmus selbst dann zu bewahren, wenn die Dinge aus dem Ruder zu laufen beginnen. So steht zum Beispiel fest, dass Glück und Zufriedenheit das Maß an Stressreaktionen reduzieren, die der Körper im Laufe eines Lebens auszuhalten hat. Damit sinkt das Risiko für Herzkreislauferkrankungen. Sind aber die Herzkranzgefäße erst einmal durch Arteriosklerose blockiert, lassen sie sich allein mit einer positiven inneren Haltung auch nicht mehr durchgängig machen.

Eine weitere Erklärung für die unklare Datenlage liegt in Abweichungen in den Krankheits- und auch Selbstreparaturmechanismen des Körpers. So ist zwar erwiesen, dass die Immunfunktion von positiven Empfindungen verbessert und von erlernter Hilflosigkeit geschwächt wird. Hat eine Krankheit aber nichts mit dem Immunsystem zu tun, hält sich die Wirkung einer optimistischen Einstellung auf den Krankheitsverlauf zwangsläufig in Grenzen. Auch wenn die Gemütsverfassung, Stimmung und innere Einstellung eines Menschen sicherlich die Lebensqualität verbessern können, erschöpft sich die Bedeutung dieser Faktoren bei manchen Krankheiten an einem bestimmten Punkt. Doch angesichts der widersprüchlichen Daten und wenn man bedenkt, welche Vorteile generell mit einer positiven Grundeinstellung einhergehen, stellt sich die Frage: Was kann es uns schaden, Schritt für Schritt hin zu mehr Glück und Zufriedenheit zu gehen?

DIE MEDIZIN GEGEN PESSIMISMUS

Wenn Sie pessimistisch veranlagt sind und zu Niedergeschlagenheit neigen, verzweifeln Sie nicht. Glücksforscher sind überzeugt, dass Dinge wie Optimismus und Zufriedenheit erlernbar sind, sodass auch Sie in den Genuss der dadurch entstehenden physischen und psychischen Vorteile kommen können. In seinem Buch *Pessimisten küsst man nicht* stellt Martin Seligman (siehe Anm. 194, zu Kapitel 7) eine Übung zur Identifizierung sogenannter ABC-Ketten vor. A steht für *Adversity* (Schwierigkeit, Not, Unglück, negative Ereignisse), B für *Belief* (Glaubenssätze, Überzeugungen) und C für *Consequences* (Konsequenzen bzw. Folgen). Stoßen wir auf eine Schwierigkeit (A), denken wir zunächst darüber nach. Wenn wir nicht achtgeben, verfestigen sich diese Gedanken schnell zu Glaubenssätzen und Überzeugungen (B), auf die wir gewohnheitsmäßig immer wieder zugreifen. Und diese Wertungen sind nicht einfach da, sie ziehen Konsequenzen (C) nach sich, die unser Fühlen und Handeln prägen können. Verändern wir die Art und Weise, wie wir Schwierigkeiten in Glaubenssätze verwandeln, und wie wir diese zur Grundlage unseres Handelns machen, können wir negative Gedanken in Hoffnung verwandeln.

Nehmen wir an, jemand schnappt uns den Parkplatz weg, auf den wir gewartet haben (Schwierigkeit = A). Wir regen uns auf und denken: *Der Kerl hat mir den Parkplatz geklaut! Wie gemein und egoistisch von ihm* (Glaubenssatz = B). Wutentbrannt lassen wir die Seitenscheibe herunter und brüllen den Fahrer des anderen Autos an (Konsequenz = C). Oder: Unsere beste Freundin hat unseren Anruf nicht erwidert (Schwierigkeit = A). Wir erklären uns das, indem wir uns sagen: *Ich bin immer so egoistisch und unsensibel. Kein Wunder, dass sie nicht zurückruft* (Glaubenssatz = B). Daraufhin sind wir den ganzen Tag deprimiert (Konsequenz = C).

Seligman empfiehlt, ein paar Tage lang ein ABC-Tagebuch zu führen, um herauszufinden, wie Sie auf Schwierigkeiten reagieren. Hierzu müssen Sie sich in den inneren Dialog einblenden und die Glaubenssätze identifizieren, die Sie in solchen Situationen formulieren. (Achtung: Glaubenssätze sind Gedanken, keine Gefühle! Bei Gefühlen handelt es sich bereits um Konsequenzen unserer Gedanken.) Notieren Sie dann die Konsequenzen: Zu welchen Gefühlen oder Handlungen haben die vom negativen Ereignis ausgelösten Glaubenssätze geführt? Bei der anschließenden Analyse werden Pessimisten womöglich feststellen, dass ihre Glaubenssätze oft zum Auslöser für negative Emotionen oder Verhaltensweisen werden; Optimisten hingegen greifen eher zu Glaubenssätzen, die eine möglichst rasche Überwindung der Schwierigkeit begünstigen.

Der Clou an der Sache: Wenn Sie pessimistisch veranlagt sind, können Sie lernen, die in solchen Momenten aufsteigenden Glaubenssätze zu verändern, sodass die Konsequenzen anders ausfallen zum Wohle Ihrer Gesundheit. Sind Sie Ihren unwillkürlich auftauchenden pessimistischen Glaubenssätzen erst einmal auf die Spur gekommen, so Seligman weiter, können Sie auf zweifache Weise damit verfahren: Entweder Sie lenken sich ab, indem Sie an etwas anderes denken, oder Sie widersprechen ihnen, was Seligman als »disputieren« bezeichnet.

Sie können auch versuchen, gewohnheitsmäßige, negative Glaubenssätze mit dem sogenannten »Gedankenstopp« zu unterbrechen, zum Beispiel, indem Sie mit der flachen Hand an die Wand schlagen und »STOPP!« rufen. Alternativ hierzu können Sie mit einer lauten Glocke klingeln, in großen roten Lettern STOPP auf eine Karte schreiben, die Sie in solchen Fällen aus der

Tasche ziehen, oder ein Gummiband am Handgelenk tragen, das Sie schnappen lassen, um Ihren Gedankengang zu unterbrechen. Kombiniert man solche Techniken mit der Verschiebung der Aufmerksamkeit, kann dies zu nachhaltigeren Ergebnissen führen. Nachdem Sie »STOPP!« gerufen oder am Gummiband gezogen haben, konzentrieren Sie sich bewusst auf etwas anderes.

Wenn das nicht funktioniert, verschieben Sie das Grübeln über Ihre pessimistischen Glaubenssätze auf später. Sagen Sie sich: »Stopp. Ich denke später darüber nach.« Oder schreiben Sie Ihre Gedanken auf. Dadurch wird die Gedankenmühle unterbrochen, und die negativen Gedanken verlieren an Macht.

Noch effizienter als Ablenkung funktioniert das Widersprechen oder das erwähnte Disputieren. Hierzu müssen Sie lernen, mit sich selbst zu streiten. Schauen Sie sich Ihren pessimistischen Glaubenssatz an, verbinden Sie sich mit Ihrem weisen, liebenden, mitfühlenden Selbst, und erklären Sie sich, warum er falsch ist. Wenn zum Beispiel Ihre beste Freundin Sie nicht zurückruft und Sie sich denken: *Sie hasst mich. Sie schätzt meine Freundschaft nicht,* dann widersprechen Sie dem, etwa mit folgenden Argumenten: *Womöglich hat sie zu tun; vielleicht hat jemand anderes ihren Anrufbeantworter abgehört und die Nachricht nicht weitergeleitet; sie wollte sicher anrufen, aber irgendetwas ist ihr dazwischengekommen; sie hat mich wirklich gern und schätzt meine Freundschaft sehr. Mit anderen Worten: Es handelt sich hier nicht um ein dauerhaftes, umfassendes und persönliches Problem. Die Sache ist vorübergehender und spezifischer Natur und hat nichts mit mir zu tun.*

Auf der Grundlage dieser neuen optimistischen Sichtweise können Sie andere Konsequenzen ziehen und aus der von pessimistischen Glaubenssätzen ausgelösten Abwärtsspirale ausbrechen.

Um negativen Glaubenssätzen erfolgreich zu widersprechen, ist es nötig, Beweise für deren Unrichtigkeit zu suchen (wenn sie tatsächlich unrichtig sind), alternative Interpretationen des auslösenden Ereignisses in Erwägung zu ziehen, sich klarzumachen, welchen Gewinn man womöglich aus solchen negativen Überzeugungen zieht, und falls der Glaubenssatz tatsächlich richtig ist, sich klarzumachen, welche Auswirkungen er nach sich ziehen wird.

Um beim Beispiel der Freundin zu bleiben, die nicht zurückruft: Nachdem Sie alle möglichen alternativen Erklärungen durchgegangen sind, fragen Sie sich, warum Ihr Kopf sofort zu negativen Schlüssen greift. Vielleicht ziehen Sie irgendeinen Nutzen daraus, sich als vernachlässigtes Opfer zu fühlen. Vielleicht halten Sie deshalb an Ihrer Entrüstung und Ihrem Zorn fest, weil Sie sich dann überlegen fühlen.

Wenn es wirklich so wäre, dass sie nicht zurückruft, weil Sie sie hasst und Ihre Freundschaft nicht zu schätzen weiß, was können Sie aus diesem Glaubenssatz lernen? Wie können Sie ihn nutzen, um an sich zu arbeiten, sodass man künftig mehr Wert auf Ihre Freundschaft legt? Letztlich werden Sie erkennen, dass Sie aus dieser Freundschaft, die vielleicht zum Scheitern verurteilt ist, etwas über sich und Ihr Beziehungsverhalten lernen. Und die Chancen stehen gut, dass irgendwo da draußen im Staffellauf des Lebens bereits irgendjemand in den Startlöchern steht, der darauf wartet, den Stab mit der Aufschrift »allerbeste Freundin« zu übernehmen.

Mit anderen Worten: Versuchen Sie, sich Ihre negativen Glaubenssätze auszureden. Und wenn Ihnen dies nicht gelingt, schauen Sie sich an, was im schlimmsten Fall passieren kann. Dann erkennen Sie, dass das, was Sie denken, so es denn wahr sein sollte, bestimmt auch nicht das Ende der Welt bedeutet.

Seligman empfiehlt außerdem, sich von pessimistischen Überzeugungen zu distanzieren, indem man sich vor Augen führt, dass sie nicht mehr als eben dieses sind: subjektive Überzeugungen, keine Fakten. Und beenden Sie Ihren inneren Dialog mit einem aufmunternden Gedanken, der Ihre Stimmung hebt und nicht dämpft.

Also: Sind Sie Pessimist und bereit, mit sich zu streiten und glücklicher zu werden? Wenn Sie diese Frage mit ja beantworten, wird Ihr Körper es Ihnen danken.

DIE MEDIZIN GEGEN FREUDLOSIGKEIT

Um mehr Freude im Leben zu entwickeln, reicht es nicht, im Falle von Schwierigkeiten pessimistische Erklärungsmuster durch positive zu ersetzen. Dies ist eine gute Nachricht, denn nach den Erkenntnissen von Sonja Lyubomirsky (siehe Anm. 220, zu Kapitel 7) halten wir den Schlüssel zu 40 Prozent unserer inneren Zufriedenheit selbst in der Hand.

Ja, es stimmt, dass unsere Grundprägung zu 50 Prozent von genetischen Faktoren bestimmt ist. Zufriedenheit ist an die Aktivität im linken präfrontalen Cortex gekoppelt, und dieser ist bei manchen von Natur aus aktiver. Studien an Zwillingen haben ergeben, dass wir alle einem bestimmten Temperament zuneigen. Manche sind sonniger veranlagt, andere eher melancholisch geprägt. Auf diesen genetischen Teil unserer persönlichen Glücksgleichung haben wir keinen Einfluss. An anderen Stellschrauben aber können wir sehr wohl drehen. Das Geheimnis des Glücks sieht wahrscheinlich ganz anders aus, als Sie denken.

Vielleicht glauben Sie, Sie wären glücklicher, wenn es Ihnen nur gelänge, Ihre Lebensumstände zu verändern, wenn Sie endlich den »Traumpartner« gefunden, den perfekten Job an Land gezogen, den Geschäftsabschluss getätigt, den Bestseller geschrieben, das Baby bekommen oder welch anderen Herzenstraum auch immer verwirklicht hätten. Doch wissenschaftliche Untersuchungen belegen, dass äußere Veränderungen wie diese nur 10 Prozent unseres persönlichen Glücksempfindens ausmachen. Ob wir gesund oder krank, privilegiert oder arm, attraktiv oder hausbacken, verheiratet oder Single sind, uns in einer Lebensumstellung befinden oder ein Trauma zu bewältigen haben – all dies hat natürlich Einfluss auf uns, aber dieser ist nicht so stark, wie wir gemeinhin denken.

Warum das so ist? Psychologen machen die sogenannte »hedonistische Adaption« für dieses Phänomen verantwortlich. Wenn wir endlich etwas bekommen, das wir uns ersehnt haben – den Traumprinzen / die Traumprinzessin, Geld, einen höheren Status, mehr Schönheit oder irgendein materielles Gut –, macht uns das für kurze Zeit glücklich. Doch schon bald kehren wir auf das von unserer inneren Programmierung voreingestellte Maß, den »*set point*«, wie es in der Fachsprache heißt, zurück. Widerfährt uns etwas Gutes, schießt unser Glückspegel in die Höhe, aber dieser Anstieg ist nicht von Dauer. So sind zum Beispiel frisch Verheiratete in der Regel etwa zwei Jahre lang glücklicher, kehren dann aber auf das Niveau ihres *set points* zurück.[218]

Doch nun kommt das eigentlich Gute: 40 Prozent unseres persönlichen Glücksempfindens hängen weder von unserem genetischen *set point* ab, noch unterliegen sie der hedonistischen Adaption. Wissenschaftliche Studien haben gezeigt, dass sich diese 40 Prozent durch so einfache Maßnahmen beeinflussen lassen wie das allabendliche Führen eines Dankbarkeitstagebuchs.[219]

Martin Seligman berichtet in *Der Glücksfaktor* (siehe Anm. 204, zu Kapitel 7) von einer seiner Studien, bei der er einer Gruppe von schwer depressiven Patienten eine einzige Aufgabe zur Steigerung ihrer Zufriedenheit stellte. Obwohl die Probanden in einer so abgrundtiefen Depression steckten, dass sie kaum aus dem Bett zu kommen vermochten, sollten sie täglich eine kleine Sache erledigen: eine Internetseite aufrufen und dort drei gute Dinge eintragen, die ihnen an diesem Tag widerfahren waren. Innerhalb von zwei Wochen hatte sich ihr Zustand von »schwer depressiv« hin zu »schwach bis durchschnittlich depressiv« verschoben. 94 Prozent der Teilnehmer fühlten sich eigenen Angaben zufolge besser!

In ihrem Buch *Glücklich sein* beschreibt Sonja Lyubomirsky, was sie bei einer ihrer Studien über glückliche Menschen herausgefunden hat: Sie waren weder die reichsten, schönsten noch erfolgreichsten. Der goldene Fahrschein ins Glück scheint nicht so sehr in der Veränderung unserer natürlichen Veranlagungen oder äußeren Lebensumstände zu liegen, als vielmehr in der Aneignung bestimmter Verhaltensweisen, die nachweislich das Glücksempfinden verbessern. In ihrer Studie wiesen glückliche Menschen viele Gemeinsamkeiten auf: Sie widmeten der Pflege von familiären und freundschaftlichen Beziehungen viel Zeit; es fiel ihnen leicht, Dankbarkeit für das, was sie hatten, zum Ausdruck zu bringen; sie waren sofort bereit, anderen zu Hilfe zu kommen; im Hinblick auf ihre Zukunft waren sie optimistisch; sie genossen das, was das Leben an Vorzügen zu bieten hatte, und versuchten, im Augenblick zu leben; sie betrieben häufig Sport, strebten engagiert nach der Verwirklichung von lebenslangen Zielen und Visionen und zeigten Augenmaß und Stärke im Angesicht der unvermeidlichen Herausforderungen des Lebens.[220]

Sie stellte ebenfalls fest, dass es glücklicher macht, nicht allzu viel nachzudenken, Grübelei zu vermeiden, auf soziale Vergleiche zu verzichten, Probleme sofort nach deren Auftreten zu lösen, in Stresssituationen, nach Verlusten und Traumata nach dem tieferen Sinn zu suchen, Vergebung zu üben, Dinge zu tun, die in den »Flow« führen, mehr zu lächeln und gut auf den Körper zu achten.

Ich bin davon überzeugt, dass in diesem Zusammenhang auch ein Leben im Einklang mit der eigenen inneren Wahrheit eine entscheidende Rolle spielt. Steve Cole und seine Kollegen an der UCLA untersuchten HIV-positive schwule Männer, um herauszufinden, inwieweit sich ein offener beziehungsweise verschlossener Umgang mit ihrer Homosexualität auf den Krankheitsverlauf auswirkte. Die Probanden wurden gebeten, sich als »definitiv verschlossen«, »überwiegend verschlossen«, »halb offen, halb verschlossen«, »überwiegend offen« oder »völlig offen« einzustufen.

Anschließend zeichneten die Wissenschaftler den Krankheitsverlauf auf. Und was stellte sich heraus? Die Geschwindigkeit, in der die HIV-Infektion voranschritt, stand in direkt proportionalem Verhältnis zur Offenheit der Patienten. Je mehr sie im Einklang mit ihrer inneren Wahrheit lebten, desto gesünder waren sie. Und die Unterschiede waren nicht etwa marginal. Diejenigen Probanden, die sich als überwiegend verschlossen eingestuft hatten, erreichten den kritischen unteren Schwellenwert für CD4-Helferzellen um 40 Prozent schneller als jene, die sich als überwiegend offen bezeichneten, und sie starben um 21 Prozent früher.[221]

Bewegen wir uns bewusst auf ein glücklicheres, zufriedeneres Leben zu, verbessert sich dadurch meist automatisch auch unser Gesundheitszustand.

8

WIE SIE STRESSREAKTIONEN BEGEGNEN KÖNNEN

»In jedem von uns ist ein Funke, man mag ihn göttlichen Funken nennen, doch wie auch immer, er ist da und kann den Weg zur Genesung erhellen. Es gibt keine unheilbaren Krankheiten, nur unheilbare Menschen.«

BERNIE SIEGEL, M. D.

Dass es einen Zusammenhang zwischen Stress und Krankheit gibt, stellt heute niemand mehr infrage, doch noch in den 1960er-Jahren geriet ein Arzt leicht in den Verruf der Ketzerei, wenn er sich zu einer solchen Behauptung verstieg. Nicht einmal Symptome wie Bluthochdruck wurden auf Stress zurückgeführt, obwohl doch schon in dem Begriff das Wort *Druck* enthalten ist. Ärzte wussten, dass manche Patienten nur über die Schwelle ihrer Praxis zu treten brauchten, und schon schnellte ihr Blutdruck in die Höhe. Sie sprachen von einer »Weißkittelhypertonie«. Doch niemand machte sich Gedanken darüber, dass das Aufsuchen eines Arztes gewisse Ängste auslösen und der dadurch entstehende Stress den Blutdruck ansteigen lassen könnte – ein Phänomen, das sich wieder legt, sobald der Patient zuhause angelangt ist und sich wieder entspannt.

Als der Harvard-Kardiologe Dr. Herbert Benson anfing, sich für einen möglichen Zusammenhang zwischen Stress und Bluthochdruck zu interessieren, und die Frage im Kollegenkreis zur Diskussion stellte, hielten die meisten ihn für völlig verrückt, so abwegig erschien ihnen der Gedanke. Doch Benson blieb hartnäckig, und da er nirgends eine Antwort fand, ging er daran, das Thema selbst zu erforschen. Inspiriert von B. F. Skinners und Neal Millers Versuchen mit Biofeedback, die darauf hindeuteten, dass man dem Körper beibringen kann, scheinbar unwillkürliche physiologische Phänomene zu steuern, begann er, Affen für die Erhöhung bzw. Senkung ihres Blutdrucks zu belohnen. Schafften sie es, leuchteten als Zeichen des Erfolgs bunte

Lichter auf. Mit der Zeit reichte es aus, den Affen die Lichter zu zeigen: Sie regulierten ihren Blutdruck auf dieses Kommando hin mit bloßer Gedankenkraft.

Die 1969 veröffentlichte Studie weckte das Interesse der Anhänger der *Transzendentalen Meditation*, die damals von Popgrößen wie den Beatles und Mia Farrow populär gemacht worden war. Sie waren davon überzeugt, analog zu Bensons Affen durch das Meditieren ihren Blutdruck senken zu können, doch niemand hatte je versucht, dies tatsächlich zu überprüfen. Benson, der sich in Harvard wegen seines Ausflugs auf ein Gebiet, aus dem sich die spätere Körper-Geist-Medizin entwickeln sollte, bereits auf unsicherem Boden bewegte, weigerte sich zunächst, eine solche Studie durchzuführen. Doch die Meditationsanhänger ließen nicht locker.

Dann hörte er von einem anderen Wissenschaftler, Robert Keith Wallace, der sich an der *University of California* in Irvine im Rahmen seiner Doktorarbeit mit der Erforschung der Transzendentalen Meditation befasste. Die beiden beschlossen, ihre neugierigen Köpfe zusammenzustecken und gemeinsam eine Studie zu lancieren. Als die Daten schließlich vorlagen, waren sie schockiert. Das Ergebnis war eindeutig – Meditation wurde von auffälligen physiologischen Veränderungen begleitet: Es kam zu einem drastischen Absinken von Puls, Atemrhythmus und Stoffwechselrate. In der ersten Studie sank der Blutdruck der Probanden zwar während der eigentlichen Meditation nicht ab, doch insgesamt wies die Gruppe der Meditierenden einen signifikant niedrigeren Basiswert auf als die der Nichtmeditierenden.

Benson prägte für diese im Zusammenhang mit Meditation auftretenden physiologischen Veränderungen den Begriff »Entspannungsreaktion«, dem ich in diesem Buch die »Stressreaktion« gegenübergestellt habe. Beide werden durch eine Stimulierung von jeweils unterschiedlichen Arealen im Hypothalamus ausgelöst, wobei Erstere als Schutzmechanismus funktioniert, um den vom Körper gelegentlich ausgerufenen Alarmzustand wieder auszugleichen.

Es beeindruckte Benson zutiefst, welche Vorzüge das Praktizieren einer so simplen Technik für den Patienten hatte, und er fragte sich: Wenn es reicht, täglich zehn bis zwanzig Minuten zu meditieren, um derart zu profitieren, was würde dann erst bei fortgeschrittenen Meditierenden passieren? Zu jener Zeit kursierten allerhand Gerüchte über abwegig anmutende Fähigkeiten zur Manipulation physiologischer Abläufe. Wissenschaftler hatten in einer Studie an meditierenden Mönchen herausgefunden, dass diese ihre Stoffwechselrate um 20 Prozent abzusenken vermochten, was sich im Normalfall nur nach vier oder fünf Stunden Schlaf erreichen lässt. Das bewies, dass es tatsächlich möglich war, »unwillkürliche« Mechanismen im Körper ausschließlich über den Geist zu beeinflussen.

Als Benson Kontakt zu tibetischen Mönchen aufnahm, hatten diese zunächst kein Interesse, an einer Studie teilzunehmen. Dann lernte er den Dalai Lama kennen, der seine Forschungen unterstützte. Und plötzlich hatte er die Aufmerksamkeit der Mönche. Er erlebte, wie sich diese Männer, die nichts außer einem Lendenschurz trugen, im Himalaya auf frostigen 3.000 Metern Höhe in nasse Tücher wickelten. Statt zu bibbern, körperlich auszukühlen und womöglich gar zu erfrieren, visualisierten sie ein loderndes Feuer in ihrem Bauch und erhöhten ihre Körpertemperatur so, dass die Tücher trockneten.

Benson erkannte, dass sich der fruchtbare Nährboden der Entspannungsreaktion vielleicht ganz bewusst nutzen ließ, indem man dem Geist Gedanken implantierte, etwa durch das Visualisieren eines angestrebten Ergebnisses wie die Erhöhung der Körpertemperatur, das Absenken des Blutdrucks, das Zurückdrängen einer Krebserkrankung oder die Linderung von Rückenschmerzen. Sein gesamtes beachtliches Lebenswerk widmete er der Erforschung von Prozessen wie diesen. Er untersuchte Tausende von Patienten und veröffentlichte Dutzende von Artikeln in medizinischen Fachzeitschriften.

Er stellte eine Liste der Beschwerdebilder zusammen, die auf Entspannungsreaktionen ansprechen. Es mag weitere geben, die darin unerwähnt bleiben, doch eindeutig bewiesen ist die Wirksamkeit bei Angina pectoris, Herzrhythmusstörungen, allergischen Hautreaktionen, Ängsten, milden bis mittelschweren Depressionen, Bronchialasthma, Herpes simplex, Husten, Stuhlverstopfung, Diabetes mellitus, Zwölffingerdarmgeschwüren, Schwindel, chronischer Müdigkeit, Bluthochdruck, Unfruchtbarkeit, Schlaflosigkeit, Übelkeit und Erbrechen in der Schwangerschaft, Nervosität, postoperativen Schwellungen, prämenstruellem Syndrom, rheumatoider Arthritis, Nebenwirkungen von Krebs und AIDS sowie Schmerzen aller Art: Rücken-, Kopf- und Bauchschmerzen, Muskel- und Gelenkschmerzen, postoperative Schmerzen, Nacken-, Arm- und Beinschmerzen.

In seinem 1975 erschienenen Buch *The Relaxation Response* (auf Deutsch unter dem Titel *Gesund im Stress,* Ullstein, Berlin 1982) behauptet er, ein Gegenmittel zu der ein Jahrzehnt zuvor von Cannon beschriebenen Kampf-oder-Flucht-Reaktion entdeckt zu haben. So wie der Körper über einen eingebauten natürlichen Überlebensmechanismus verfügt, der ihm bei der Flucht vor einem Raubtier auf die Sprünge hilft, kann er in einen induzierbaren physiologischen Zustand der Stille eintauchen, der es ihm ermöglicht, die während der Kampf-oder-Flucht-Reaktion entstandenen Schäden zu heilen.

Das Buch landete auf der Bestsellerliste der *New York Times*, bescherte Benson eine Menge Aufmerksamkeit durch die Medien und wurde von seinen Kollegen verrissen, weil »man als Harvard-Mediziner kein populärwissenschaftliches Buch schreibt«. Außerdem, so ein weiterer Kritikpunkt, handele es sich bei der Entspannungsreaktion ohnehin nur um einen Placebo-Effekt. Da die Patienten glaubten, ihr Blutdruck würde sinken, sank er tatsächlich. Mit anderen Worten: Das eigentlich Wirksame an der Methode war die damit verknüpfte Erwartungshaltung, nicht die Methode selbst.

Benson, der dem Placebo-Effekt damals noch genauso verächtlich gegenüberstand wie seine Kollegen, ging mit äußerster Sorgfalt daran, den Nachweis zu führen, dass es sich bei der Entspannungsreaktion um ein tatsächliches physiologisches Phänomen handelte. In seiner Studie zeigte sich, dass diese zwar dem Placebo überlegen war, in der Placebo-Gruppe aber in 50 bis 90 Prozent der Fälle der gleiche positive Effekt beobachtet wurde. Angesichts dieser Tatsache wurde ihm klar, dass man sich über die Wirksamkeit von Scheinbehandlungen nicht mokieren, sondern sie gezielt einsetzen sollte. Er schlug vor, den Placebo-Effekt als »erinnertes Wohlbefinden« zu bezeichnen, und sah in ihm einen verifizierbaren physiologischen Zustand, der sich auf die gleiche Weise hervorrufen ließ wie eine Entspannungsreaktion.

In der Folgezeit entdeckte Benson, dass durch Eintauchen in diesen Zustand stressbedingten Schäden im Körper vorgebeugt werden kann oder diese sogar kompensiert werden, sodass Krankheiten vermieden und manchmal sogar behandelt werden können. Um herauszufinden, ob sich diese Wirkung auch mit anderen Aktivitäten als Meditation erzielen lässt, forschte er weiter und identifizierte vier wesentliche Aspekte, die zusammenkommen müssen, um die Entspannungsreaktion zuverlässig auszulösen: 1. eine ruhige Umgebung; 2. ein Geleitwort für den Geist, etwa indem man einen Satz, ein Wort, einen Klang oder ein gewähltes Gebet oder Mantra wiederholt; 3. passive Gelassenheit; und 4. eine bequeme Haltung.

Später stellte er fest, dass ein Geleitwort für den Geist und passive Gelassenheit allein genügen. Ein Jogger, der im Zustand der passiven Gelassenheit ein Mantra rezitiert und dabei eine belebte Straße entlangläuft, kann auch in die Entspannungsreaktion gehen. Yoga, Qigong, Wandern, Schwimmen, Stricken, Rudern, einfaches Dastehen oder -sitzen und Singen funktionieren ebenfalls. Im Laufe seiner lebenslangen Forschungsarbeit wies Benson nach, dass die Mehrzahl aller medizinischen Beschwerden durch die chronischen Wirkungen von Stressreaktionen auf den Körper entweder ausgelöst oder verschlimmert wird. In weiteren Studien wurde deutlich, dass über 60 Prozent aller Arztbesuche eine Folge von Stressreaktionen sind.[222]

Intuitiv ist uns das allen klar, und wenn wir unter Stress stehen, sehnen wir uns nach Entspannung. Doch nur allzu oft versuchen wir, diese auf falschem Wege zu erreichen, indem wir auf ungesunde Formen der Stressreduktion wie den Konsum von Alkohol, Nikotin und illegalen Drogen zurückgreifen, die das Problem noch zusätzlich verschlimmern. Es gibt jedoch andere gute Möglichkeiten, wie etwa die Meditation, auf die wir zurückgreifen können. Sie sind die beste Medizin zur Behandlung von Stress im Alltag.

Um zu testen, wie zuverlässig sich Entspannungsreaktionen auslösen ließen, entwickelte Benson eine Methode, die weniger abgehoben als die Transzendentale Meditation und weniger spirituell war als das Gebet.[223]

ANLEITUNG ZUR AUSLÖSUNG DER ENTSPANNUNGSREAKTION

(Nach Herbert Benson und Miriam Z. Klipper, *Gesund im Stress*)

1. Wählen Sie ein Geleitwort, einen kurzen Satz oder ein Gebet, das fest in Ihrem Glaubenssystem verankert ist (ein Mantra), zum Beispiel »Eins«, »Frieden«, »Der Herr ist mein Hirte«, »Heilige Maria, voll der Gnade«, »Shalom« oder »Om«.
2. Sitzen Sie ruhig und bequem.
3. Schließen Sie die Augen.
4. Entspannen Sie vollkommen alle Muskeln. Beginnen Sie damit bei den Füßen und gehen Sie langsam weiter hinauf bis zum Gesicht.
5. Atmen Sie langsam und natürlich. Wiederholen Sie dabei im Stillen das gewählte Geleitwort, den Klang, den Satz oder das Gebet.
6. Nehmen Sie eine Haltung der passiven Gelassenheit ein. Machen Sie sich keine Gedanken darüber, wie gut Ihnen das alles gelingt. Sollten Gedanken in Ihnen auftauchen, die Sie ablenken, sagen Sie sich einfach: »Ach so«, und kehren Sie dann sanft zu Ihrem Geleitwort zurück.
7. Setzen Sie diese Übung zehn bis zwanzig Minuten fort.
8. Stehen Sie nicht sofort auf. Bleiben Sie etwa eine Minute still sitzen und lassen Sie Ihre anderen Gedanken wieder zurückkehren. Dann öffnen Sie die Augen und bleiben noch eine weitere Minute sitzen, bevor Sie aufstehen.
9. Üben Sie diese Technik täglich ein- oder zweimal, am besten vor dem Frühstück oder dem Abendessen.

Diese Methode hat sich als hochwirksames Mittel zur Auslösung der Entspannungsreaktion und Verbesserung des Gesundheitszustands erwiesen.

In einem weiteren Buch, *Heilung durch Glauben* (Heyne, München 1997), liefert Benson eine deutlich reduzierte, überarbeitete Fassung, die völlig ausreichend ist.

VEREINFACHTE ANLEITUNG ZUR AUSLÖSUNG DER ENTSPANNUNGSREAKTION

- Konzentrieren Sie sich auf die Wiederholung eines Wortes, Lautes, Gebetes, Satzes oder einer körperlichen Aktivität.
- Schenken Sie Alltagsgedanken, die Ihnen in den Sinn kommen, keine Beachtung und kehren Sie sanft zu Ihrem Mantra zurück.

All das können Sie beim Sport, beim Malen, Kochen, Einkaufen oder wo auch immer machen.

MEDITATION

Sie brauchen sich nicht unbedingt an Bensons Anleitung zu halten, um in die Entspannungsreaktion zu kommen. Andere Formen von Meditation sind erwiesenermaßen ebenso vorteilhaft. Generell führen solche Methoden zu einer Aktivierung des parasympathischen Nervensystems, mindern die Ausschüttung des Stresshormons Cortisol, verlangsamen Atemrhythmus, Puls und Stoffwechselrate, verbessern die Gehirndurchblutung, führen zu einer erhöhten Aktivität im linken präfrontalen Cortex (was ein typisches Merkmal von glücklichen, zufriedenen Menschen ist), stärken das Immunsystem und leiten einen Entspannungszustand ein.[224]

Meditation lindert außerdem Schmerzen, berufsbedingten Stress, Ängste und Depressionen, entlastet die Herzkranzgefäße, verbessert die kognitiven

Funktionen, senkt den Blutdruck, wirkt dem Alkoholmissbrauch entgegen, steigert die Lebenserwartung, erleichtert die Bewahrung eines gesunden Körpergewichts, reduziert Verspannungskopfschmerzen, lindert Asthma, trägt zur Kontrolle der Blutzuckerwerte bei Diabetikern bei, lindert PMS-Beschwerden und chronische Schmerzen, verbessert die Immunabwehr und erhöht die Lebensqualität.[225]

Falls Sie wie Bensons Kollegen vermuten, dass dies alles auf den Placebo-Effekt zurückzuführen sei, interessiert es Sie vielleicht, dass in einer Studie tatsächlich die Wirksamkeit von Scheinmeditation untersucht wurde. Sie kam zu dem Befund, dass sich damit die gesundheitlichen Variablen nicht so effizient verbessern lassen wie mit richtiger Meditation.[226] Ich weiß, Sie haben bereits des Öfteren gehört, dass Meditation guttut. Aber sie wirkt sich nicht nur positiv auf unser geistiges Wohlbefinden aus. Sie ist von entscheidender Bedeutung, um die Wirkungen von chronischem Stress in unserem Alltag und unserem Körper auszugleichen.

ANLEITUNG ZUR MEDITATION

Wenn Sie Bensons Herangehensweise nicht anspricht, haben Sie viele andere Möglichkeiten, um zu meditieren. Dr. Deepak Chopra etwa empfiehlt eine Vorgehensweise nach dem Motto »Der frühe Vogel fängt den Wurm«: Aufstehen, zur Toilette gehen, Meditieren. Er hält die Zeit unmittelbar nach dem Aufstehen für die beste. Falls Sie aber wie ich kleine Kinder haben, ist es vielleicht einfacher zu warten, bis diese ihren Mittagsschlaf machen oder in der Schule sind. Wenn Sie außer Haus arbeiten, nutzen Sie am besten Ihre Mittagspause oder verlegen das Ganze auf den Abend vor dem Schlafengehen.

Welchen Zeitpunkt auch immer Sie wählen, es kommt entscheidend darauf an, dass Sie in Ihrem Tagesprogramm Zeit dafür einplanen, damit Ihr Körper sich wirklich entspannt, ob nun durch Meditation oder eine der anderen Aktivitäten, auf die wir an anderer Stelle dieses Kapitels noch zu sprechen kommen. Sollten Sie zu den Leistungsmenschen gehören wie ich und es gewohnt sein, tagtäglich Dutzende von Aktivitäten mittels Multitasking unter einen Hut zu bringen, kann sich Meditation wie eine extreme Zeitverschwendung anfühlen. Das ist mir durchaus bewusst. Aber bedenken Sie, dass das Meditieren auch produktiv ist. Sie tun damit etwas für Ihre Gesundheit. Für Ihr körperliches Wohlbefinden ist es ebenso wichtig wie im Sportstudio zu trainieren, sich vernünftig zu ernähren und ausreichend zu schlafen – wenn nicht sogar wichtiger. Ich lege Ihnen darum dringend ans Herz, die Disziplin aufzubringen und den zwanzig Minuten, die der Körper zur täglichen Entspannung braucht, die angemessene Priorität einzuräumen.

Wenn Ihr Affenhirn von einem Gedanken zum nächsten rast, wie dies bei mir der Fall ist, werden Sie sich womöglich innerlich gegen das Meditieren wehren. Vielleicht sind Sie auch versucht, es nicht zu tun, weil in der Stille Emotionen auftauchen, die Sie lieber meiden würden – Gefühle wie Trauer, Traurigkeit oder Wut. Oder Sie finden es ganz einfach langweilig. Welche Ausrede auch immer Ihnen einfällt, ich kann Sie nur ermutigen, es trotzdem zu probieren, und zwar nicht nur wegen des wohltuenden Effekts auf der körperlichen Ebene. Meditieren bringt noch andere Vorteile: eine stärkere spirituelle Verbundenheit, ein tieferes Verständnis für Ihre ureigene, authentische Wahrheit und einen intensiveren Kontakt zu Ihrer intuitiven Weisheit.

Für den Fall, dass Sie noch nie meditiert haben, beginnen Sie damit, sich ein ruhiges Umfeld zu schaffen. Ich habe mir zuhause zwei Altare eingerichtet, einen im Schlafzimmer und einen in meinem Arbeitszimmer, vor die ich mich setze, um zu meditieren. Sie sind mit Gegenständen dekoriert, die mir heilig sind: ein Stein mit den eingravierten Worten »Liebe das Leben«, ein schmiedeeisernes Herz in einer Eisenschatulle, die ich in Big Sur entdeckt habe, ein Stück Rosenquartz, das mir eine Freundin geschenkt hat, die Feder eines Kondors, eine kleine Figur, die ich von einer Patientin bekommen habe, das Gemälde einer anderen guten Freundin, ein gerahmtes Foto, eine Schale mit Sand von einem heiligen Ort und diverse Kerzen. Wenn ich mich davor niederlasse, zünde ich Kerzen an, räuchere ein wenig und nehme mir einen Moment Zeit, um in der friedlichen Atmosphäre des Ortes anzukommen.

Manche Leute richten sich einen Raum ein, den sie nur zum Meditieren benutzen. Selbst eine kleine Kammer kann sich mit etwas Geschick in einen speziellen Ort verwandeln lassen, an dem der Körper leichter in die Entspannung findet und die Seele sich bereitwilliger öffnet. Auch im Freien zu meditieren kann sehr schön sein. Ich lebe in Kalifornien unweit des Meeres, und so setze ich mich oft an einen felsigen Strand, an dem selten viel los ist, oder auch in die Muir Woods zu den friedlichen Mammutbäumen. Vielleicht gibt es auch in Ihrer Nähe ruhige Plätze in der Natur – am Strand, am Ufer eines Baches, auf einer Wiese, im Wald.

Wichtig ist, einen Ort zu finden, an dem Sie nicht gestört werden und der Ihnen im Idealfall dabei hilft, sich zu entspannen. Schalten Sie den Fernseher und das Telefon aus. Wenn Sie möchten, hören Sie Entspannungsmusik. Worauf es in erster Linie ankommt, ist, sich einen Rahmen zu schaffen, der es Ihnen erleichtert, den Kopf von den Alltagsgedanken freizubekommen und körperliche Anspannung loszulassen.

Für Ungeübte empfiehlt es sich, mit fünf Minuten täglich zu beginnen, mit dem Ziel, sich irgendwann auf zwanzig Minuten zu steigern. Stellen Sie sich einen Wecker, damit Sie nicht auf die Uhr schauen müssen, und wenn Sie können, setzen Sie sich auf den Boden und schließen Sie die Augen. Es muss nicht unbedingt die Lotusposition sein, es sei denn, Sie möchten gerne so sitzen, doch es fällt leichter, sich zu erden, wenn man auf dem Boden sitzt; man ist in Kontakt mit Mutter Erde und während der Meditation im Körper verankert. Verwenden Sie ruhig Kissen, Polster oder andere Hilfsmittel, die Sie brauchen, um eine möglichst bequeme Haltung zu finden. Achten Sie darauf, dass Ihr Rücken gerade ist, damit Sie ungehindert tief ein- und ausatmen können. Wenn es Ihnen zu unbequem ist, auf dem Boden zu sitzen, setzen Sie sich auf einen Stuhl und stellen Sie die Füße fest auf dem Boden auf, um sich zu erden.

Sobald Sie bequem sitzen, schließen Sie die Augen, um optische Ablenkungen auszuschließen, und versuchen Sie, sich auf Ihren Atem zu konzentrieren, wie er in Sie ein- und wieder aus Ihnen ausströmt. Der Meditationslehrer Jack Kornfield empfiehlt, immer dann, wenn Sie merken, dass Erinnerungen, Pläne oder Tagträume in Ihnen auftauchen, diese nicht zu beurteilen, sondern direkt anzusprechen: »Hallo, Erinnerung!«, »Hallo, Plan!«, »Hallo, Tagtraum!« Dann kehren Sie wieder in den gegenwärtigen Augenblick zurück und konzentrieren sich auf Ihren Atem. Wann immer Sie merken, dass Ihre Gedanken herumzuwandern beginnen, besinnen Sie sich wieder auf den Atem und versuchen auf diese Weise, Ihren Geist leer werden zu lassen. Wenn Ihre Gedanken immer wieder abschweifen und die Achtsamkeit auf den Atem allein nicht ausreicht, kann es helfen, die Atemzüge zu zählen oder ein Mantra zu rezitieren.

Um eine Ablenkung durch innere Bilder zu vermeiden, können Sie auch Ihren Körper scannen und nach Stellen suchen, die noch nicht ganz entspannt sind, und dann visualisieren, wie Sie Ihren Atem dorthin leiten, wo diese Verspannungen sitzen. Stellen Sie sich Ihren Atem wie ein goldenes Licht vor, das an diese Stellen strömt und Ihnen Entspannung bringt. Entspannen Sie den Rücken, die Schultern, den Bauch, die Gesichtsmuskeln. Wenn es Ihnen schwerfällt, Ihre Verspannungspunkte zu finden, versuchen Sie, alle Muskeln nacheinander anzuspannen und wieder zu entspannen – beginnend mit der Stirn und hinunter über den ganzen Körper bis hin zu den Zehen.

Sie können auch versuchen, sich eine Erdungsschnur vorzustellen, die wie ein Elektrokabel oder die Wurzel eines Baumes unten aus Ihnen herauswächst, durch den Boden hindurch, durch die Erde, hinein in den felsigen Untergrund und weiter ins Zentrum der Erde, wo sie sich verwandeln darf. Und visualisieren Sie dann, wie diese starke Energie aus dem Erdkern durch die Schnur nach oben geführt wird und Sie mit heilendem Licht erfüllt.

Oder visualisieren Sie, wie Sie sich an einem echten oder imaginären Ort der Entspannung befinden. Spüren Sie mit allen Sinnen in diesen friedlichen Ort hinein. Sehen Sie ihn, fühlen Sie ihn, riechen Sie ihn, schmecken Sie ihn, hören Sie ihn. Sollten Sie krank sein und nach Genesung streben, können Sie ein Heilungselement in Ihre Visualisierung einbauen. Stellen Sie sich so detailreich wie möglich vor, wie der von der Krankheit betroffene Teil Ihres Körpers in die Ganzheit zurückkehrt und wieder gesund wird.

Sollte es sich als eine zu große Herausforderung für Sie erweisen, Ihren Geist in der Stille zur Ruhe zu bringen, versuchen Sie es mit einer geführten Meditation. Auf meiner Internetseite *MindOverMedicineBook.com* können Sie sich eine entsprechende Audiodatei mit meiner Stimme herunterladen. Oder probieren Sie die auf CD lieferbaren *Health Journeys* von Belleruth Naparstek aus. (Oder suchen Sie im Buchhandel bzw. Internet aus dem umfangreichen Meditationsangebot als Buch oder CD das für Sie Passende aus. Eventuell gibt es auch in Ihrer Nähe einen Meditationskurs, den Sie besuchen möchten. Anm. d. Übers.)

Das Wichtigste ist, dass Sie sich nicht bewerten, wenn Sie lernen zu meditieren. Wenn Sie sich kritisieren, weil Sie »schlecht« meditieren oder es Ihnen einfach nicht gelingen will, Ihre Gedankenaffen zu domestizieren, stresst Sie das nur zusätzlich und läuft damit dem Sinn und Zweck des ganzen Unterfangens zuwider: nämlich Ihren Körper in die Entspannung zu bringen, damit er sich selbst reparieren kann. Haben Sie Mitgefühl mit sich selbst und klopfen Sie sich für jeden Erfolg auf die Schulter.

Sie kommen in Ihrer Meditation über zehn Atemzüge nicht hinaus? Nehmen Sie sich in den Arm und versuchen Sie es morgen noch einmal. Wie bei allen anderen Dingen im Leben bedarf auch das Meditieren einer gewissen Übung. Ich habe mich über einen Großteil meines Lebens gegen solche Praktiken gesperrt und kann aus eigener Erfahrung sagen, dass es durch regelmäßiges Praktizieren tatsächlich immer einfacher wird. Und betrachtet man die gesundheitlichen Vorzüge, lohnt sich der Aufwand allemal.

ANDERE WEGE ZUR AUSLÖSUNG VON ENTSPANNUNGSREAKTIONEN

Meditation ist nicht die einzige Möglichkeit, Stressreaktionen zu unterbinden und im Körper Frieden einkehren zu lassen. Wie wir an anderer Stelle gesehen haben, kann das parasympathische Nervensystem auch auf andere Weise aktiviert und der Körper damit in den zur Selbstreparatur erforderlichen Zustand der inneren Ruhe gebracht werden: sich kreativ ausdrücken, sexuelle Bedürfnisse stillen, Zeit mit angenehmen Menschen oder in einer spirituellen Gemeinschaft verbringen, eine Arbeit verrichten, die unsere Seele nährt, oder andere Dinge, die uns entspannen wie Lachen, mit Haustieren spielen, ein Tagebuch führen, beten, einen Mittagsschlaf halten, Yoga praktizieren, sich massieren lassen, Lesen, Singen, ein Musikinstrument spielen, Gärtnern, Kochen, Tai Chi machen, Spazieren gehen, ein heißes Bad nehmen und die Natur genießen …

All diese Dinge sind für jeden Einzelnen von uns von elementarer Bedeutung, und zwar nicht nur zur Behandlung von Krankheiten, sondern zu deren Prävention und zur Erweiterung unseres Lebenshorizonts. Fast 75 Prozent der Befragten einer Studie gaben an, den Stresspegel in ihrem Alltag als ungesund zu empfinden.[227] Entspannungsreaktionen können hier den dringend benötigten Ausgleich schaffen.

Sie können nicht aus Ihrem stressigen Job aussteigen? Sie sind nicht bereit, Ihre unglückliche Ehe hinter sich zu lassen? Sie haben noch nicht die Liebe Ihres Lebens gefunden? In die Kirche zu gehen, kommt für Sie nicht infrage? Das ist in Ordnung. Ich rate Ihnen nicht, alles zu tun, was ich in diesem Buch vorschlage, um ein gesünderes Leben zu führen. Was ich aber schon empfehle, ist, im Angesicht von Stressfaktoren, die Sie nicht ändern können oder wollen, zumindest Aktivitäten einzuplanen, die in die Entspannungsreaktion führen, um dem Stress etwas entgegenzusetzen.

Damals, als ich in meinem Job als Gynäkologin und Geburtshelferin noch 40 Patienten täglich behandelte, brachte ich zwölf Stunden täglich im Medizinbetrieb zu. Doch dann ging ich nach Hause und malte, bis es Zeit zum

Schlafengehen war. Ich sagte immer: »Mein Job lässt mich ausbluten, die Kunst ist meine Bluttransfusion.«

Ich begriff damals nicht, dass ich mir damit ein natürliches Gegenmittel gegen mein stressiges Leben verordnete. Während meiner Arbeitszeit in der Klinik wurde ich permanent in Stressreaktionen hineingetrieben, doch mit der Malerei kam die Entspannungsreaktion. Ich war noch nicht bereit, meinen Beruf aufzugeben, doch obwohl ich nicht meditierte, gab ich meinem Körper die Medizin, die er brauchte. Bis zu vierzig Stunden Freizeit wöchentlich wandte ich dafür auf. Ich tauchte ein in den kreativen Flow, sodass ich nicht merkte, wie die Zeit verging. So kam ich innerlich zur Ruhe. Und mein Körper konnte ans Werk gehen und sich selbst reparieren.

Wird das parasympathische Nervensystem aktiviert, tauchen Körper und Geist in einen Ruhemodus ein. Würde das sympathische Nervensystem abgeschaltet, könnten wir weiterleben (obwohl uns dieser Löwe, der uns da auf den Fersen ist, dann ganz sicher fressen würde). Die Stilllegung des parasympathischen Nervensystems dagegen würde unseren Tod bedeuten. Fällt der Körper durch eine Stressreaktion aus seinem stabilen Zustand heraus, sorgt es dafür, dass unser Geist in die Ruhe zurückfindet, der Körper entspannt und in unserem Inneren Stille einkehrt. Rick Hanson schreibt in seinem Buch *Das Gehirn eines Buddha* (Arbor, Freiburg 2010): »Wenn es in Ihrem Körper eine Feuerwehr gäbe, wäre es das parasympathische Nervensystem.«

Wird eine Entspannungsreaktion ausgelöst, übernimmt das parasympathische Nervensystem das Steuer. Und nur in diesem Zustand der inneren Ruhe können die Selbstreparaturmechanismen greifen und in Ordnung bringen, was aus dem Lot geraten ist – so, wie es die Natur vorgesehen hat. Entspannung verbessert gleichzeitig unsere Stimmung. Es ist schwer, ängstlich oder deprimiert zu sein, wenn das parasympathische Nervensystem die Oberhand hat. Sogar auf die Art und Weise, wie unsere Gene zum Ausdruck kommen, können sich Entspannungsreaktionen auswirken, denn sie sind wie ein Heftpflaster für unseren gestressten Körper und reduzieren die Zellschäden, die durch chronischen Stress verursacht werden[228]. Wie also können wir Entspannungsreaktionen auslösen, um unseren Körper reif für ein Wunder zu machen?

DIE MEDIZIN ZUR WECKUNG DER SELBSTHEILUNGSKRÄFTE

Nachdem ich erläutert habe, welche Schäden die über den Geist ausgelösten Stressreaktionen in unserem Körper anrichten können, erwarten Sie nun vielleicht konkrete Ratschläge dazu, wie sich Einsamkeit lindern und die große Liebe finden lässt; wie man sein Liebesleben optimieren, arbeitsbedingten Stress abbauen, seine Einkommenssituation verbessern, kreativer, glücklicher und gelassener werden kann. Ich bin schließlich Ärztin. Da sollte ich doch ein Rezept ausstellen können, nicht wahr?

Doch obwohl wir uns mit Vorliebe schnelle Lösungen wünschen und uns gern in dem Glauben wiegen, dass irgendwann irgendein Experte daherkommen wird, der uns den Schlüssel zu all unseren Problemen auf dem Silbertablett reicht, wären Sie wahrscheinlich gar nicht so begeistert, wenn ich wirklich versuchen würde, Ihnen Ihr Rezept auszustellen. Und wenn ich mich noch so sehr an harte, nüchterne Fakten halten würde, meine Empfehlungen klängen ziemlich banal. Stellen Sie es sich einmal vor:

> *Wenn Sie bezweifeln, gesund werden zu können, ersetzen Sie Ihre negativen Glaubenssätze durch positive. Wenn Sie einsam sind, treten Sie einem Verein bei, melden Sie sich bei www.Match.com oder einem anderen Online-Portal an und/oder finden Sie die für Sie passende spirituelle Gemeinschaft. Wenn Sie Ihr Job stresst, kündigen Sie und suchen Sie sich einen besseren. Wenn Sie sich kreativ unterfordert fühlen, fangen Sie an, kreativer zu sein. Wenn Sie pleite sind, sorgen Sie dafür, dass Sie mehr verdienen. Wenn Sie Pessimist sind, werden Sie Optimist. Wenn Sie unglücklich sind, werden Sie glücklicher. Wenn Sie gestresst sind, entspannen Sie sich.*

Das ist alles leicht gesagt – aber ganz gleich, ob Sie krank sind und gesund werden wollen oder ob es Ihnen darum geht, Krankheiten vorzubeugen und gesund zu bleiben, bis Sie dereinst an Altersschwäche sterben, der Prozess ist immer der gleiche. In Kapitel 10 / Teil III dieses Buches werde ich Ihnen die *Sechs Schritte zur Selbstheilung* vorstellen und Ihnen damit das Instrumentarium an die Hand geben, um sich Ihr eigenes Rezept auszustellen. (Keine Angst, Sie brauchen kein Medizinstudium!)

Ich will Ihnen hier auf keinen Fall raten, Ihren Arzt in die Wüste zu schicken. Sie sollten alle Vorteile der modernen Medizin für sich in Anspruch nehmen, zusätzlich zu Ihrem Rezept. Ich würde Ihnen nie empfehlen, eine anstehende Blinddarmoperation abzusagen oder bei Vorliegen einer schweren Infektion auf die Einnahme eines Antibiotikums zu verzichten. Wenn Sie sich Ihr eigenes Rezept zusammenstellen, helfen Sie Ihrem Körper damit zwar, sich selbst zu heilen, wenn es notwendig ist; dennoch sollten Sie auf keinen Fall Ihr Leben riskieren, indem Sie eine Behandlung aufschieben, wenn Sie an einer Krankheit leiden, die eine potenzielle Gefahr für Leib und Leben darstellt.

Nachdem ich dies vorweggeschickt habe, lege ich Ihnen den im nächsten Teil beschriebenen Prozess wärmstens als Begleitmaßnahme parallel zur geplanten medizinischen Behandlung ans Herz, um das Heilungsgeschehen zu beschleunigen, möglichst optimale Ergebnisse zu erzielen und die Voraussetzungen für eine körperliche Genesung zu schaffen.

Beachten Sie, dass die in Teil III gegebenen Empfehlungen am besten zur Krankheitsprophylaxe und im Zusammenhang mit chronischen Beschwerden funktionieren. Für medizinische Notfälle sind sie nicht gedacht. Sie sind ein sicheres Mittel, um die Vitalität zu steigern, den Glückspegel zu heben und die Lebenserwartung zu erhöhen. Ob Sie krank sind und hoffen, irgendwann einmal nicht mehr täglich Medikamente einnehmen zu müssen, ob Sie offiziell »gesund« sind, aber sich nicht so fit fühlen, wie Sie möchten, oder ob es Ihnen einfach darum geht, ein Feintuning an Ihrem ohnehin guten Gesundheitszustand vorzunehmen – das Rezept, das Sie sich schreiben werden, wird Ihr Leben garantiert verändern.

Es würde den Rahmen dieses Buches sprengen, näher auf ganzheitliche und vorbeugende Gesundheitstipps einzugehen, die ein Schulmediziner Ihnen womöglich nicht geben kann, doch ich will sie zumindest erwähnen.

Hier geht es darum, einen Behandlungsplan zu erstellen, der auf eine geistige Genesung abzielt. Doch für eine optimale Gesundheitsfürsorge reicht das nicht aus. Sie können damit Ihre negativen Glaubenssätze durch positive ersetzen, etwas gegen Ihre Einsamkeit tun, sich von beruflichen und finanziellen Belastungen befreien und Ihre Depressionen und Ängste behandeln; doch wenn Sie weiterhin trinken, rauchen und sich von Fertiggerichten aus der Mikrowelle ernähren, werden Sie nicht wirklich weiterkommen. Natürlich will der Geist gut ernährt sein, damit das Gehirn richtig arbeiten kann; er braucht die Endorphinausschüttungen durch regelmäßiges Training und die Ruhe eines gesunden Nachtschlafs. Doch auch der Körper ist auf Nahrung angewiesen und muss vor Umweltgefahren geschützt werden.

Wenn sich Patienten mit einer »chronischen« oder »unheilbaren« Krankheit an mich wenden, empfehle ich ihnen immer grünen Saft als tägliche Nahrungsergänzung, so viel Rohkost wie möglich (Gemüse bringt's!), möglichst wenig oder gar kein Fleisch, und wenn schon, dann sorgfältig ausgewählt; darüber hinaus »Nährstoffbomben« wie Chlorella, Spirulina, Meeresalgen und Weizengras als festen Bestandteil der Ernährung, ein gutes Multivitaminpräparat und den möglichst weitgehenden Verzicht auf weißen Zucker, Gluten, Koffein, Alkohol, Nikotin und illegale Drogen. Unter Anleitung meiner Ernährungsberaterin Tricia Barrett plane ich persönlich einmal im Vierteljahr zur Krankheitsvorbeugung eine 21-Tage-Entschlackungskur mit Rohkost und grünem Saft ein. Ich kann jedem, der sich mit einer Krankheit zu konfrontieren hat, nur das Gleiche empfehlen.

Näheres über Säfte und Lebensmittel als Medizin erfahren Sie beispielsweise auf den Websites *www.JuiceDietCleanse.com* oder *www.amritkalash.de* und *www.gruenesmoothies.org* (Anm. d. Übers.)

Zur Optimierung der Biochemie des Körpers empfehle ich Ihnen außerdem, einen bewussten, offenen, ganzheitlich arbeitenden Arzt aufzusuchen, der weiß, wie sich das körperliche Gleichgewicht im Hinblick auf Hormone und Neurotransmitter regulieren und optimieren, das Immunsystem mit natürlichen Mitteln stimulieren und der Körper zur Selbstheilung anregen lässt.

Auch die Umwelt, in der wir leben, wirkt sich auf unsere Gesundheit aus, davon bin ich überzeugt. Leben Sie »grün«? Oder kommen Sie in Kontakt mit schädlichen Chemikalien aus Kunststoffen, Pestiziden, Blei, giftigen Haushaltschemikalien, Schimmel oder Asbest? Nach Angaben der Weltgesundheitsorganisation WHO sind 24 Prozent der Krankheiten weltweit auf einen Einfluss von Umweltgiften zurückzuführen, die man vermeiden könnte. Den Schätzungen zufolge sind über 33 Prozent der Krankheiten bei Kindern im Alter von unter fünf Jahren umweltbedingt, und es wurde hochgerechnet, dass vor allem in den Entwicklungsländern bis zu vier Millionen Kinder jährlich vor dem Tod bewahrt werden könnten, wenn man die anstehenden Umweltprobleme lösen würde.[229]

Wir können alles daransetzen, um auf der geistigen Ebene zu gesunden, doch solange wir unseren Körper über das Essen, das Trinken oder die Umwelt laufend mit Gift vollpumpen, reicht das einfach nicht aus, um die dabei entstehenden Schäden wiedergutzumachen.

Es gibt zahlreiche Bücher, die auf diese Thematik näher eingehen. In Teil III machen wir jetzt weiter mit der radikalen Selbstfürsorge und dem Sechs-Schritte-Programm. Darin werden Sie lernen, Ihrem Körper zuzuhören und herausfinden, was Sie krank macht beziehungsweise Ihre Beschwerden verschlimmert. Und Sie werden sich Ihren persönlichen Behandlungsplan erstellen, um Stressreaktionen zu vermeiden und Entspannungsreaktionen herbeizuführen, sodass Ihr Körper seine natürliche Fähigkeit zur Selbstheilung wiedererlangen kann. Sind Sie bereit, sich Ihr eigenes Rezept zu schreiben?

TEIL III

SCHREIBEN SIE SICH IHR EIGENES REZEPT

9
RADIKALE SELBSTFÜRSORGE

»Der Körper sagt, was Worte nicht zu sagen vermögen.«
MARTHA GRAHAM

Während meiner Tätigkeit als Ärztin bin ich jahrelang von einer falschen Annahme ausgegangen. Meine Ausbildung dauerte zwölf Jahre und hatte eines zum Ziel: mehr über den Körper der Patienten zu wissen als sie selbst. Wir Ärzte sind doch Spezialisten für den Körper, oder nicht? Man lehrte mich, dass Patienten zum Arzt gehen, weil etwas bei ihnen »kaputt« ist und wir wissen (sollten), wie wir sie »reparieren« können. Auf diese Situation bin ich schon am Anfang dieses Buches eingegangen, möchte aber an dieser Stelle noch einmal bewusst darauf eingehen.

Als Tochter eines Arztes hatte ich ein Weltbild entwickelt, in dem nur Ärzte in der Lage sind, Kranke zu heilen. Dass sie sich selbst heilen könnten, daran glaubte ich nicht. Während meines Studiums war ich überzeugt, dass es meine Aufgabe sei zu diagnostizieren, was im Körper eines Menschen nicht richtig funktioniert, und eine entsprechende Behandlung zu verordnen. Wenn es den Leuten besserging, hatten sie es mir zu verdanken. Wenn nicht, war es meine Schuld.

Später spürte ich die ganze Last der Verantwortung, die mein Beruf mir da aufbürdete. Er verlangte von mir, Dinge einzuordnen, Diagnosen zu stellen und geeignete Behandlungsmöglichkeiten zu finden, ohne auch nur einen einzigen Fehler zu machen. Natürlich hoffte ich, dass meine Patienten sich an die Verhaltensregeln halten würden, die ich ihnen empfahl, und mit dem Rauchen aufhören, Sport treiben und sich besser ernähren würden. Aber ich setzte meine Erwartungen nicht allzu hoch an. Und auf keinen Fall ging ich davon aus, dass sie ihren Körper selber wieder ins Lot bringen könnten. Das war schließlich meine Aufgabe.

Irgendwann kam ich ins Grübeln und fragte mich, ob ich mit meiner Auffassung womöglich falschlag. Wer kennt schließlich den Körper eines Patienten besser als er selbst? Mag sein, dass wir Ärzte die exakten Fachbegriffe für die Arterien in der Hand oder die Muskeln im Bein kennen, doch in manchen Fällen, insbesondere im Zusammenhang mit Stress, ist der Patient in der Tat der bessere Diagnostiker. Statt davon auszugehen, dass wir schon wissen, was gut für ihn ist, sollte er selbst herausfinden, welches die tieferen Ursachen seiner Krankheiten sind, und sich auf dieser Basis die notwendigen Veränderungen in seiner Lebensführung verordnen.

In Kapitel 4 habe ich bereits kurz erwähnt, wie ich meinen Patienten half, über Ursachenforschung den Weg der Selbstheilung zu gehen, und wie sie sich quasi selbst ein »Rezept« schreiben konnten. Wenn sie ein Antibiotikum brauchen, verordne ich es ihnen. Wenn eine Mammografie zu machen ist ebenfalls. Aber sobald wir über das Stadium von Laboruntersuchungen, Medikamenten und medizinischen Behandlungen hinaus sind, rate ich ihnen, selbst im Heilungsprozess noch ein Stück weiterzugehen.

Ich überlasse sie nicht einfach sich selbst, wenn sie sich ihr Rezept schreiben. Viele reagieren begeistert auf den Gedanken, partnerschaftlich an ihrer Genesung mitzuwirken, aber manche haben auch Ängste oder Bedenken. Sie wünschen sich beim Stellen ihrer Eigendiagnose und beim Verfassen ihres Rezepts Anleitung und Unterstützung. Und genau diese Form von Hilfe werden auch Sie in diesem und dem nächsten Kapitel finden, denn ich führe Sie durch den gleichen Prozess, wie ich ihn meinen Patienten anbiete.

Ich bin davon überzeugt, dass es meine Aufgabe ist, die notwendigen diagnostischen Tests zu veranlassen und meine Patienten über Behandlungsmöglichkeiten aufzuklären. Herbert Benson vergleicht den Prozess mit einem »Hocker mit drei Beinen«: Ein Bein sind die Medikamente, ein weiteres die Operationen und anderen medizinischen Behandlungen und das dritte ist die Selbstfürsorge. Seine Vision ist, dass die moderne Medizin eines Tages alle drei Beine als gleichermaßen wichtig erachten und Patienten ermutigen wird, einen entscheidenden Beitrag zu ihrer eigenen Genesung zu leisten. Und er ist davon überzeugt, dass durch die Kombination von medizinischer Behandlung und Selbstfürsorge mithilfe von Übungen, wie sie in Kapitel 8 zur Auslösung von Entspannungsreaktionen beschrieben werden, 60 bis 90 Prozent der Beschwerden beseitigt werden können, mit denen Menschen zum Arzt kommen, um sich dort die beiden anderen Beine des Hockers zu holen.

Nach allem, was ich aus meinen Recherchen weiß und im Zusammenhang mit dem Schreiben dieses Buches erfahren habe, will ich mich noch ein Stück weiter aus dem Fenster lehnen. Ich meine, es sollten nicht zwei der drei Hockerbeine, die die Säulen der ganzheitlichen Medizin bilden, aus Medikamenten und chirurgischen Eingriffen bestehen. Selbstfürsorge oder wie ich gerne sage »radikale Selbstfürsorge« sollte mehr als ein Drittel der Last tragen. In unserem aktuellen System wird das Thema, wenn überhaupt, nur am Rande erwähnt, nachdem die Medikamente verschrieben und die möglichen Operationen besprochen wurden.

Und kommt es tatsächlich zur Sprache, versäumen Schulmediziner es oft, auf die vielen Faktoren einzugehen, die am Krankheitsgeschehen beteiligt sind. Natürlich: Eine gesunde Ernährung ist Medizin, Bewegung ist unerlässlich, Tabak, Alkohol und illegale Drogen sind schädlich, und bei regelmäßiger Einnahme geben Vitaminpillen dem Körper, was er braucht, um sich selbst zu reparieren. Aber diese Formen der Selbstfürsorge reichen nicht aus, um den Effekt von wiederholten Stressreaktionen wirksam auszugleichen.

Wenn wir einsam sind, in einer unglücklichen Beziehung stecken oder voll von Groll gegenüber Menschen sind, die uns verletzt haben; wenn wir unseren Partner betrügen, bei der Arbeit unsere Seele verkaufen oder uns spirituell auf dem Nullpunkt befinden, können wir Gemüse essen, so viel wir wollen; wir können uns im Sportstudio noch so sehr abmühen, noch so viele Zwölf-Schritte-Programme absolvieren oder Vitamine schlucken. Es wird nicht wirklich etwas bringen. Radikale Selbstfürsorge bedeutet auch, Grenzen zu setzen, im Einklang mit unserer eigenen Wahrheit zu leben, uns in einem von Liebe und Verbundenheit geprägten Umfeld zu bewegen und Zeit mit Aktivitäten zuzubringen, die uns Freude machen. Was wir brauchen, ist radikale Selbstfürsorge – nicht nur im Hinblick auf ein gesundheitsbewusstes Verhalten, sondern generell im Leben.

Es ist Zeit für einen ernsthaften Paradigmenwechsel. Wir Ärzte müssen zu Aufklärern werden, die Patienten den Zugang zu allem eröffnen, was die Schulmedizin zu bieten hat, und sie über gesunde Ernährung, Bewegung und andere Vorbeugungsmaßnahmen informieren. Darüber hinaus müssen wir Fragen der Lebensführung ansprechen, um abzuklären, welche anderen Faktoren im Krankheitsgeschehen eine Rolle spielen könnten: Einsamkeit, beruflicher Stress, Geldsorgen und Pessimismus.

Es ist außerdem unsere Aufgabe, unsere Patienten anzuleiten und zu ermutigen, die erforderlichen Schritte zu ergreifen, indem sie sich zum Beispiel Zeit für Meditation oder andere spirituelle Praktiken, für kreativen Selbstausdruck, Sex und gesunde zwischenmenschliche Beziehungen nehmen. Und wenn wir dann alles darangesetzt haben zu diagnostizieren, aufzuklären und unseren Patienten die gewünschten schulmedizinischen Behandlungen angedeihen zu lassen, sollten wir vielleicht auf der Rückbank Platz nehmen und dem Patienten selbst das Steuer überlassen. Unsere Rolle ist dann eher die eines vertrauten Beraters als die eines Herrschers über den Körper. Ich werde noch näher darauf eingehen, wie die Vertreter der Heil- und Pflegeberufe und ihre Patienten in einer für diesen Prozess förderlichen Art und Weise zusammenarbeiten können.

Doch zunächst einmal will ich meinen weißen Kittel ablegen und Ihnen meine persönliche Geschichte erzählen, nicht als Ärztin, sondern als Patientin.

WIE ICH MICH SELBST GEHEILT HABE

Mit 33 Jahren war ich gestresst und ausgebrannt und befand mich beinahe permanent in einem Zustand der Angst, inneren Anspannung und Überforderung. Mit meiner Vollzeitstelle in einer großen Gynäkologie- und Geburtshilfepraxis war ich extrem unzufrieden, denn man erwartete von mir, täglich vierzig Patientinnen zu behandeln und im Krankenhaus in 36- oder 72-Stundenschichten nonstop zu operieren oder Babys zur Welt zu bringen.

Außer dem beruflichen Stress, dem ich täglich ausgesetzt war, hatte ich zwei Scheidungen hinter mir und sieben nahestehende Menschen an Krebs verloren, und ich war zutiefst einsam und depressiv. Genau genommen feuerte mein Körper den ganzen lieben Tag lang eine Stressreaktion nach der anderen ab, sodass es mich nicht hätte überraschen müssen, eines Tages zusammenzubrechen. Aber damals machte ich mir über solche Zusammenhänge noch keine Gedanken.

Bereits mit Mitte zwanzig waren bei mir verschiedene gesundheitliche Probleme festgestellt worden, unter anderem Bluthochdruck, Herzrhythmusstörungen, eine schmerzhafte Scheidenvorhofentzündung, schwere Allergien, die sehr an meinen Kräften zehrten, sowie prekanzeröse Veränderungen am Gebärmutterhals.

Ich nahm sieben verschiedene Medikamente ein, bekam wöchentlich meine Allergiespritzen und war am Gebärmutterhals operiert worden. Doch welche Arzneien ich auch bekam und welchen Behandlungen ich mich auch unterzog: Mein Blutdruck ließ sich nicht unter Kontrolle bringen, die Allergien waren so schlimm, dass ich das Haus kaum verlassen konnte, beim Sex hatte ich jedes Mal das Gefühl, von einem Messer durchbohrt zu werden, mein Herz hüpfte mir wie eine mexikanische Springbohne in der Brust, und die prekanzerösen Veränderungen an meinem Gebärmutterhals kamen nach der OP wieder. Kurz: Ich war ein einziges Wrack und steuerte, obwohl ich so jung war, direkt auf einen Herzinfarkt zu. Und meine Ärzte wussten nicht, was sie mit mir noch anstellen sollten.

Dann lernte ich Matt, die Liebe meines Lebens, kennen und wir heirateten, und unter dem Einfluss dieses Glücks verbesserte sich mein Gesundheitszustand bis zu einem bestimmten Grad. Trotzdem nahm ich weiterhin täglich meine Medikamente ein, und es ging mir körperlich alles andere als gut.

Schließlich kam der Januar 2006 und mit ihm der große Sturm, den ich in der Einleitung beschrieben habe: Ich bekam ein Baby, verlor meinen Hund, mein Bruder bekam als seltene Nebenwirkung eines gewöhnlichen Antibiotikums ein Leberversagen, mein Vater starb an einem Gehirntumor – und das alles innerhalb von zwei Wochen. Erzähle mir einer etwas über Auslöser von Stressreaktionen!

Als ich gerade auftauchte, um Luft zu holen, schnitt sich Matt, der sich Fulltime um unser neugeborenes Baby kümmerte, mit der Tischkreissäge zwei Finger ab. Es gelang dem Chirurgen zwar, sie wieder anzunähen, aber Matt fiel monatelang als Versorger für unsere kleine Tochter Siena aus. In unserem Leben brach die Hölle los.

Schlag um Schlag stellten diese Ereignisse mein Leben auf den Kopf, als wäre ich ein Haus, dessen Fundamente von einem Tornado mitgerissen werden. Angesichts eines solchen Maßes an Stressreaktionen ist es kein Wunder, dass sich mein physischer und psychischer Zustand wieder verschlechterte. Die emotionalen und körperlichen Schmerzen legten mich fast völlig lahm. Ich hatte das Gefühl, von allen Seiten bedrängt zu werden und von Ereignissen, auf die ich keinen Einfluss hatte, tiefer und tiefer in die Dunkelheit gezogen zu werden – fast so, als würde ich in der Enge eines Geburtskanals feststecken, wo ich kaum genug Luft zum Atmen bekam.

Aber das Ganze hatte auch eine positive Seite. Die Traumata, die ich während meines, wie ich ihn nenne, »perfekten Sturms« erlebte, sprengten den Panzer, den ich mir zugelegt hatte, um den Anforderungen meines Alltags gerecht zu werden und zu funktionieren. Und als er zerbarst, entdeckte ich einen lange verschütteten Teil meiner selbst, das, was ich heute als meinen »inneren Leitstrahl« bezeichne.

Wir alle tragen ihn in uns, diesen inneren Leitstrahl – den leuchtenden, funkelnden Geist, ob wir ihn nun Höheres Selbst, Christusbewusstsein, Buddha-Natur oder Seele nennen. Es ist jener Teil in uns, der als kleiner Funke von Göttlichkeit unser menschliches Leben befeuert. Es ist dieses zu 100 Prozent authentische, niemals verlöschende, immer strahlende, wenn auch manchmal gedämpfte Licht, das uns den Weg zurück zu Ganzheit, Glück und Gesundheit weist.

Als ich damals tief in diesem Engpass feststeckte, entdeckte ich in mir ein Strahlen, eine Weisheit, ein Gefühl der Gewissheit, das ich wie ein ewiges Licht in der Nacht oder einen Leitstern empfand. In dem Maße, wie der Druck von allen Seiten wuchs, wurde es heller und heller. Und in dieser emotionalen Tiefe hatte ich plötzlich das Gefühl aufzuwachen. Mir war, als würde ich nach Hause kommen; als wäre ich die verlorene Tochter, die endlich nach all den Jahren in der Fremde in ihren, in meinen Körper zurückfindet.

Seit über zehn Jahren hatte mein Körper mir bereits seine Nöte im Flüsterton signalisiert, doch ich hatte es stets ignoriert, bis er eines Tages zu schreien begann, damit er endlich meine Aufmerksamkeit bekam. Und als ich anfing hinzuhören und meinem inneren Leitstrahl zu folgen, erfuhr ich auf einmal Dinge über mich selbst, die mir nie bewusst gewesen waren. Plötzlich wurde mir klar, was mich wahrscheinlich krank machte, was ich an meinen Beziehungen und in meiner Arbeit ändern musste und welche Schritte im Prozess der inneren Transformation darüber hinaus unvermeidlich waren.

Die anstehenden lebensverändernden Entscheidungen machten mir furchtbare Angst. Zu erkennen, wie es in meinem Leben wirklich aussah, fühlte sich in etwa so an, als würde ich am Rande eines tödlichen Abgrunds stehen und in die unbekannte Tiefe starren. Ich hatte ein neugeborenes Baby, einen Mann, der vorübergehend arbeitsunfähig und ohne Anstellung war, eine Hypothek und einen Studienkredit zu bedienen und keinen Plan B in der Hinterhand. Mein Leben brachte mich um. Doch wenn der Schmerz des Festhaltens größer ist als die Angst vor dem Unbekannten, dann springt man. Man tut, was man tun muss, auch wenn einem noch so die Knie schlottern. Ich wusste, dass ich sehr früh sterben würde, wenn ich mein Leben nicht in Ordnung brachte. Ich war Mutter und liebte meine Familie, es gab so vieles, wofür es sich zu leben lohnte! Der Wunsch, an einer Illusion von Sicherheit festzuhalten, durfte mich nicht davon abbringen, die Veränderungen vorzunehmen, die notwendig waren, um mir mein Leben zu retten.

Glauben Sie mir: Sich selbst zu heilen ist nichts für Hasenfüße! Ich musste mich bei den Eierstöcken packen und Entscheidungen treffen, vor denen mir angst und bange war. Rückblickend betrachtet bin ich stolz auf mich, diesen

Mut aufgebracht zu haben, und ich bin Matt so dankbar, dass er mit mir gemeinsam über diese sprichwörtliche Klippe gesprungen ist. Wir hatten beide Angst. Wir haben alles riskiert, um mein Leben zu retten. Und das ist uns gottseidank gelungen.

Eines Tages kündigte ich also meinen Job, was bedeutete, dass ich mein Haus verkaufen musste. Ich löste meine Rentenversicherung auf und musste eine saftige Gebühr bezahlen, um Prozessrisiken wegen etwaiger Behandlungsfehler während meiner Zeit in der Praxis abzudecken. Wir zogen aus dem geschäftigen, vollen, chaotischen San Diego in eine kleine verschlafene Stadt unweit der nordkalifornischen Küste, wo ich zwei Jahre lang damit zubrachte, meine Wunden zu lecken, zu schreiben, zu malen, Zeit mit meiner Tochter zu verbringen und wieder gesund zu werden.

Während dieser Zeit, an die ich heute als meine »Jahre des Wartens und Werdens« zurückdenke, verschaffte ich mir Klarheit über meine eigentlichen Lebensziele, vertiefte die Beziehung zu meinem Mann und meiner Tochter, verband mich wieder im Innersten mit dem Göttlichen und war auf vielfältige Weise kreativ. Ich verbrachte viel Zeit in der Natur, praktizierte Yoga, ging täglich spazieren und nahm wieder Kontakt mit alten Freunden auf, die ich aus den Augen verloren hatte.

Zwei Jahre, nachdem ich aus meinem Beruf ausgestiegen war, rührte sich in mir der Wunsch, meine Kenntnisse und Fähigkeiten wieder nutzbringend einzusetzen, um meiner Rolle als Heilerin gerecht zu werden. Aber gleichzeitig hatte ich Angst, wieder in das alte Fahrwasser zu geraten und meine Gesundheit aufs Spiel zu setzen. Just um diese Zeit bot mir eine ganzheitliche Praxis in der Bay Area von San Francisco eine Stelle an. Anfangs reagierte ich zurückhaltend auf den Gedanken, denn ich wehrte mich gegen die Vorstellung, meine ländliche Idylle aufzugeben und wieder zurück in die Großstadt zu ziehen.

Doch was mir die sympathische Chefin der Praxis versprach, hörte sich nach paradiesischen Bedingungen an: so viel Zeit mit den Patienten, wie ich wollte; das Angebot, die wunderschönen, energetisch positiv gestalteten

Räume für meine eigenen Seminare zu nutzen; die Möglichkeit, meine Kunst in der Praxis auszustellen; und noch dazu freie Hand, um mir den heiligen Rahmen zu schaffen, der meinem Wesen als Heilerin entsprach. Als ich das hörte, war ich Feuer und Flamme und sagte sofort zu.

Matt und ich entdeckten eine ruhige Bucht mit ein paar Häusern direkt an der Küste unweit der Golden Gate Bridge, wo ich weit weg von der Zivilisation leben konnte – genau an der Stelle, wo die Redwoods und die Berge auf die Küste treffen. Ich hatte den Himmel auf Erden gefunden, und mit dem Auto waren es von dort nur zwanzig Minuten über den malerischen Highway One zu meinem neuen Arbeitsplatz.

In Marin County zu leben, brachte mich außerdem auf meinem persönlichen Weg der inneren Heilung weiter voran. Ich begegnete spirituellen Beratern, fing an, jede Menge grünen Saft zu trinken, erforschte mein erotisches Selbst und unternahm oft Wanderungen in die Berge. Gleichzeitig begann ich zu bloggen und entdeckte, wie viele Menschen es auf der Welt gab, die sich ebenfalls der radikalen Selbstfürsorge und der Heilung verschrieben hatten. Ich hatte mein ganzes Leben lang nach ihnen gesucht. Plötzlich stand ich nicht mehr alleine da. Auf einmal wusste ich, wozu ich auf der Welt war. Ich liebte meine Arbeit. Mein privates Umfeld war Medizin für mich. Ich war verliebt. Noch nie in meinem Leben war ich so glücklich gewesen.

Nach und nach setzte ich fast alle meine Medikamente ab, und meine Beschwerden lösten sich entweder ganz in Luft auf oder besserten sich deutlich. Mittlerweile nehme ich nur noch die halbe Dosis eines einzigen Medikaments; ich brauche keine Allergiespritzen mehr, mein Gebärmutterhals hat ohne weitere Operationen zu seinem Normalzustand zurückgefunden, die Entzündung im Genitalbereich ist weg, meine Herzrhythmusstörungen sind verschwunden und mein Blutdruck hat sich normalisiert. Als willkommenen Nebeneffekt habe ich zehn Kilo Kummerspeck verloren, meine depressiven Stimmungen gegen häufige emotionale Höhenflüge eingetauscht, jede Menge Energie gewonnen, mir viele Kindheitsträume erfüllt und mein Leben mit jeder Menge Liebe bereichert. Finanziell stehe ich zudem deutlich besser da als vorher, als ich eine Vollzeittätigkeit in meiner alten Praxis hatte.

(Wie das persönliche Rezept, das ich mir selbst verordnet habe, im Detail aussieht, ist in Anhang C nachzulesen.)

Meine Ärzte waren schockiert. Weitgehend ohne ihr Zutun hatte ich mich von Beschwerden geheilt, gegen die eine konventionelle medizinische Behandlung wenig bis gar nichts hatte ausrichten können. Eine Ärztin sagte mir, dass ich mir dreißig zusätzliche Jahre auf mein Lebenskonto gebucht hätte. (Sie meinte auch, dass ich zehn Jahre jünger aussähe, was ich ihr nicht abnahm. Bis ich mir an jenem Abend in einem Bistro ein Glas Wein bestellen wollte und der Kellner es mir gratis servierte mit der Karte eines der männlichen Gäste.)

Wie es mir gelungen ist, mich selbst zu heilen? Obwohl ich eine Ernährungsumstellung vorgenommen habe und mich mehr bewege als früher, glaube ich doch, dass ich mich in erster Linie über den Geist geheilt habe. Und ich bin davon überzeugt, dass Sie das ebenfalls schaffen können.

DEN KÖRPER REIF FÜR EIN WUNDER MACHEN

Es mag sein, dass Ihnen meine Geschichte etwas verdächtig vorkommt, doch ich versichere Ihnen, dass ich hier nicht von abgehobenen metaphysischen Dingen rede. Es ist einfache Biochemie. Ich gehe davon aus, dass meine gesundheitlichen Probleme größtenteils stressbedingt waren. Durch die Veränderungen, die ich vorgenommen habe, um das permanente Aufflammen von Stressreaktionen zu unterbinden und stattdessen Entspannungsreaktionen auszulösen, hat sich die Physiologie meines Körpers verändert.

Dies zu erreichen war nicht einfach. Um gesund zu werden, musste ich herausfinden, warum mein Körper nicht so funktioniert wie er funktionieren sollte, und das erwies sich als schwindelerregende emotionale Zerreißprobe. (Ein kleiner Hinweis: Es ging hier um mehr als den Druck in meinen Arterien, den Virus an meinem Gebärmutterhals oder um das Histamin in meiner Blutbahn.) Angesichts der furchtbaren Erkenntnis, wie sehr mich meine

Lebensweise krank machte, verordnete ich mir einen Katalog von Maßnahmen, um sicherzustellen, dass mein Körper nicht mehr unter dem Dauerbeschuss von Stressreaktionen litt, sondern im Wesentlichen in einem Zustand der physiologischen Entspannung ruhte.

Es reicht nicht aus zu wissen, was verändert werden sollte. Der schwierigste Teil des Prozesses ist, den Mut aufzubringen, die gewonnenen Erkenntnisse auch tatsächlich umzusetzen. Wenn wir zufrieden und glücklich, entspannt und stressfrei sind, ist der Körper zu einem erstaunlichen, ja wundersamen Akt der Selbstreparatur fähig. In diesem entspannten Zustand können DNA-Fehler behoben werden, Enzyme setzen Reparaturprozesse in Gang, Immunzellen vertilgen Entzündungserreger, freie Radikale werden unschädlich gemacht und Reparaturzellen können ihre lebensrettende Wirkung entfalten. Der Körper ist bereit für ein Wunder. Wir müssen nur die optimalen Voraussetzungen dafür schaffen, damit er seine natürlichen Fähigkeiten auch zur Entfaltung bringen kann.

Ich weiß mittlerweile, dass der Körper so funktioniert. Wenn in unserem Leben etwas im Argen liegt, werden Stressreaktionen ausgelöst. Anfangs weist er uns im Flüsterton darauf hin. Wenn wir auf ihn hören, indem wir mit ihm in Kontakt gehen, seiner Botschaft lauschen und Maßnahmen ergreifen, um weniger Stress- und mehr Entspannungsreaktionen zu produzieren, können wir verhindern, dass die leise geäußerten Beschwerden eskalieren und wir wirklich krank werden. Ignorieren wir jedoch das Geflüster oder haben wir die Verbindung zu unserem Körper so sehr verloren, dass wir es nicht einmal wahrnehmen, reagiert er mit Geschrei. Was als Kopfschmerz beginnt, mündet im Schlaganfall. Ein Engegefühl in der Brust wächst sich zum Herzanfall aus. Ein Rauschen in den Ohren entwickelt sich zum Aneurysma.

Wann werden wir endlich so weit sein, dass wir auf das Flüstern des Körpers hören, *bevor* er zusammenbricht? Ich bitte Sie: Fangen Sie an hinzuhören! Flüstert Ihr Körper noch, oder schreit er schon? Sind Sie bereit, sich auf den Weg der Selbstheilung zu begeben?

Vielleicht denken Sie jetzt: *Klar, Lissa kann sich ihre Diagnose stellen und ihr Rezept schreiben. Ist doch logisch. Sie ist Ärztin!*

Aber ich versichere Ihnen, dass Sie alle Voraussetzungen haben, um dies selbst auch zu tun. Wenn Sie bereit sind, mir zu folgen, will ich Ihnen zeigen, wie Sie es ganz allein bei sich zuhause schaffen können.

Ob Sie alles unternommen haben, damit die schulmedizinische Behandlung optimal greifen kann, und trotzdem immer noch krank sind; ob Sie die Nebenwirkungen Ihrer Medikamente lindern möchten, indem Sie diese teilweise absetzen; ob Sie sich eine nicht dringende Operation ersparen möchten oder ein anderes Gesundheitsziel wie zum Beispiel eine Gewichtsreduktion anstreben: Was auch immer Ihre persönliche Motivation sein mag, an Leib und Leben zu genesen, springen Sie auf den Zug der Heilung auf und lassen Sie uns damit gemeinsam auf die Reise gehen. Das Ziel ist, die optimalen Voraussetzungen für eine Selbstheilung des Körpers zu schaffen. Alles einsteigen, bitte!

DAS STEINMÄNNCHEN DER GANZHEITLICHEN GESUNDHEIT

Um meinen Patienten zu helfen, die Faktoren in ihrem Leben zu identifizieren, die an ihren gesundheitlichen Problemen beteiligt sind, habe ich auf der Basis meiner Forschungen das sogenannte »Steinmännchen der ganzheitlichen Gesundheit« entwickelt – ein Diagnose- und Therapiemodell, das nicht nur berücksichtigt, wie der Geist den Körper heilen oder ihm schaden kann, sondern auch welche physischen und umweltbedingten Faktoren zur ganzheitlichen Gesundheit beitragen. (Erstmals vorgestellt habe ich dieses Modell in einem viel beachteten TEDx-Vortrag von 2011 mit dem Titel »The Shocking Truth about Your Health« oder »Die schockierende Wahrheit über Ihre Gesundheit«.)

In meiner ärztlichen Ausbildung hatte ich verschiedene Gesundheitsmodelle kennen gelernt: Tortendiagramme und Pyramiden zu Nährstoffverteilung, Sport und Bewegung, sozialer Zugehörigkeit, geistiger Gesundheit und so weiter. In den meisten bildete der Körper die Basis, auf der alles andere im

Leben aufbaute. Aber ich hatte immer das Gefühl, dass irgendetwas mit diesen Modellen nicht stimmt. Nicht nur, dass der Körper die Grundlage für alles andere sein sollte, kam mir fraglich vor; etwas in mir wehrte sich auch gegen die Vorstellung, dass man sich dabei ein Stück Gesundheit herausgreifen kann wie eine Kuchenschnitte. Ich stellte mir das Ganze verwobener vor, denn ich hatte das Gefühl, dass sämtliche Aspekte von Gesundheit miteinander in Beziehung stehen und der Körper als Gesamtsumme aus dem Zusammenspiel all der Aspekte eines rundum gesunden Lebens resultiert.

Die Idee zu meinem neuen Gesundheitsmodell entstand während einer Wanderung auf einem Küstenweg in der Nähe meines geliebten Hauses an der nordkalifornischen Küste. Als Künstlerin haben mich Steinmännchen schon immer angesprochen; diese sorgsam aufeinander getürmten Steinhaufen, die man bisweilen am Strand, als Markierungen an Wegen oder als meditative Figuren sieht. Ich liebe das Zen-artige an ihnen, aber mehr noch gefällt mir das Aufeinandertreffen von Stärke und Zerbrechlichkeit. Ein gut gebautes Steinmännchen widersteht dem Angriff der Brandung, doch schiebt man einen einzigen Stein ein kleines bisschen zu weit aus der Balance, fällt das Ganze in sich zusammen. Um Stabilität zu erreichen, ist jeder Stein auf jeden anderen angewiesen.

Der Körper ist wie ein Steinmännchen. Er verfügt über die gleiche Ehrfurcht gebietende Stärke und Widerstandskraft, ist gleichzeitig aber ebenso zerbrechlich und leicht aus der Balance zu bringen. Wenn ganzheitliche Gesundheit wie ein Turm aus aufeinander geschlichteten Steinen ist, dann ist der Körper der Stein ganz oben an der Spitze. Er ist in der heikelsten Position. Werden andere Steine verschoben, ist er der Erste, der fällt. Wie ich auf meinem eigenen Weg der Selbstheilung erfahren habe, ist der Grundstein derjenige, auf dem alles andere ruht, unser innerer Leitstrahl, die innere Gewissheit, die heilende Weisheit von Körper und Seele, die weiß, was für uns richtig ist und die uns auf unsere ganz spezielle, individuelle Weise zurück zur Gesundheit führt.

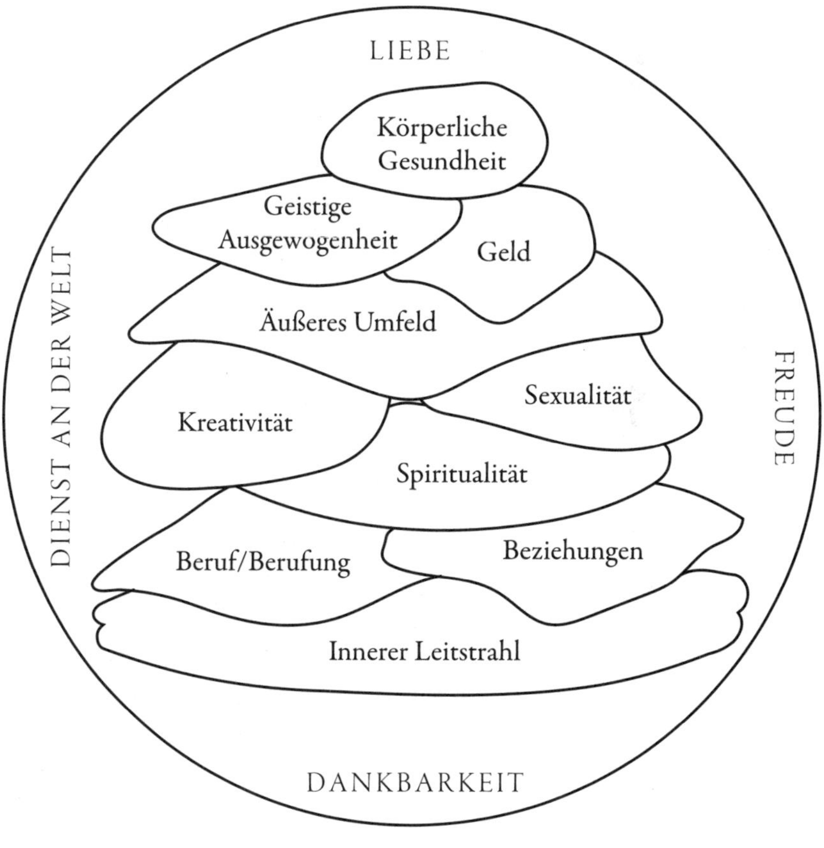

Auf dem inneren Leitstrahl ruhen alle anderen Faktoren, die für unsere Gesundheit von Bedeutung sind: Beziehungen, Sinnhaftigkeit in Beruf und Leben, Kreativität, Spiritualität, Sexualität, Geld, mentale Gesundheit und Umwelt. Ganz oben an der Spitze des Steinmännchens balanciert unsere körperliche Gesundheit. Und es ist eingehüllt in eine »heilende Blase« von Liebe, Dankbarkeit, Dienst an der Welt und Freude – dem Bindemittel, das meines Erachtens alles zusammenhält.

Wenn wir uns auf die Reise zur Selbstheilung begeben, sind *Liebe und Mitgefühl* nicht nur von liebevollen Menschen in der Familie oder im Freundeskreis oder von Ärzten und Pflegern, sondern in erster Linie von und auch für uns selbst von entscheidender Bedeutung. Denn Liebe öffnet das Herz, sie besiegt die Angst und bereitet in unserem Leben in jeder Hinsicht den Weg zur Heilung.

Auch *Dankbarkeit* ist wichtig. Ohne sie starren wir womöglich immer nur auf die Dinge, die uns im Leben fehlen, statt das, was da ist, zu schätzen. Wenn dies geschieht, kann es uns in eine Abwärtsspirale der Überforderung und Verzweiflung ziehen, die noch zusätzliche Stressreaktionen auslöst. Wir müssen unseren Becher füllen und froh sein zu haben, was wir haben, bevor wir uns der Frage zuwenden können, was nicht so gut funktioniert und womöglich geändert werden muss. Mit Dankbarkeit bewahren wir uns unseren Optimismus, und wie wir gesehen haben, gibt es genug Beweise dafür, dass Optimismus gut für die Gesundheit ist. Fokussieren wir uns auf den Aspekt der Dankbarkeit, fallen uns positive Dinge bereitwilliger zu, was uns wiederum dankbar macht. Sorgen wir dafür, dass unser Gefäß der Dankbarkeit gut gefüllt ist, bewahren wir uns vor dem gefährlichen Sprung in dunkle Tiefen.

Auch der *Dienst an der Welt* ist Teil der heilenden Blase. Widmen wir uns mit ihm, verbinden wir uns mit anderen und werden stets aufs Neue daran erinnert, uns auf etwas zu konzentrieren, das größer ist als wir selbst. Cami Walker, Autorin des Buchs *29 Geschenke* (Integral, München 2010), hat ihre Multiple Sklerose überwunden, indem sie 29 Tage lang täglich irgendeinem Menschen ein Geschenk machte. Damit löste sie eine ganze Bewegung aus. (Unter *www.29Gifts.org* können Sie sich ihr anschließen.) Unser Leben in den Dienst anderer und deren Wohl in den Vordergrund zu stellen, und sei es mit noch so kleinen Gesten, kann sich als hochwirksames Medikament für Körper, Geist und Seele erweisen.

Und mit *Freude* macht das alles nicht nur sehr viel mehr Spaß, gleichzeitig treibt es den Pegel an gesundheitsfördernden Hormonen wie Endorphinen, Dopaminen, Stickstoffmonoxid und Oxytocin in die Höhe. Mag sein, dass wir im Prozess der Genesung mitunter Ängsten begegnen, doch wir sollten ihn uns angenehm gestalten. Sorgen wir also dafür, dass das Lachen, die sinnlichen Vergnügen, das Spielerische und der Spaß nicht zu kurz kommen.

Jeder einzelne Stein im Steinmännchen der ganzheitlichen Gesundheit ist wichtig für den Heilungsprozess. Und die heilende Blase schafft exakt das gesunde hormonelle Milieu in unserer »inneren Petrischale«, in dem unser Geist eben jene Verschiebung vollziehen kann, die unsere Zellen gesunden lässt. Vergessen wir nie, wie wichtig es ist, unseren inneren Dialog während des gesamten Prozesses im positiven Bereich zu halten. Lassen wir es zu, dass uns unser innerer Kritiker – das kleine Psychomonster – (den ich »Gremlin« nenne) zwanghaft in eine gesunde Lebensweise hineinzutreiben versucht, funktioniert das einfach nicht. Wenn wir uns permanent sagen, wie fett, hässlich, süchtig, unzuverlässig in der Medikamenteneinnahme, krank, lahm, undiszipliniert oder wertlos wir sind, kommen wir keinen Schritt weiter. Wir müssen uns selbst gegenüber radikale Freundlichkeit üben, wenn wir nicht die Hoffnung verlieren und in schlechte Angewohnheiten verfallen wollen.

Die einzige Möglichkeit, wirklich heil und gesund zu werden, liegt in einer radikalen Selbstfürsorge, wie sie aus echter Liebe und echtem Mitgefühl uns selbst gegenüber entsteht. Um dies zu erreichen, müssen wir auf die weise, freundliche Stimme unseres inneren Leitstrahls hören. In dem Maße, wie wir lernen, unseren Gremlin auf die Reservebank zu schicken, werden wir uns selbst zum besten Freund. Lernen wir außerdem, auf die weise Stimme unserer inneren Wahrheit zu vertrauen, entspannt sich unser Körper, sodass er seine Selbstreparaturmechanismen in Gang setzen kann.

Die meisten Gesundheitsmodelle sehen im Körper die Basis für alles andere im Leben. Ohne einen gesunden Körper, so ihr Ansatz, läge alles andere im Argen. Doch damit zäumen wir das Pferd vom Schweif her auf. Der Körper ist nicht die Basis der Gesundheit. Vielmehr ist er die physische Manifestation der Summe all dessen, was uns im Leben an Erfahrungen widerfährt. Steht unser Leben nicht mehr im Einklang mit unserem inneren Leitstrahl und sind die Steine unseres Steinmännchens aus der Balance geraten, gerät unser Geist unter Stress, und dadurch leidet der Körper. Die gute Nachricht ist: Wenn wir nicht bei optimaler Gesundheit sind, können wir Veränderungen vornehmen, die großen Einfluss auf unser körperliches Wohlbefinden haben.

Während ihres Ph.D.-Studiums an der *University of California,* Berkeley, fing Kelly A. Turner an, sich intensiv für das Phänomen der Spontanheilung zu interessieren. Darum beschloss sie, für ihre Dissertation in der Welt herumzureisen und Interviews mit zwei Gruppen von Menschen zu führen: mit den Patienten, die auf eine solche unerklärliche Weise ihren Krebs überwunden hatten, sowie mit den alternativen Heilern, die dieser von der Schulmedizin als nicht therapierbar aufgegebenen Patientenkohorte in vielen Fällen zur Seite gestanden hatten.

In 70 Interviews, unter anderem in den USA, China, Japan, Neuseeland, Thailand, Indien, England, Irland, Sambia, Zimbabwe und Brasilien sammelte sie über 3.000 Seiten von Transskripten, die sie anschließend auf das Vorhandensein möglicher wiederkehrender Themen analysierte. Sie zählte über 75 »Behandlungsmethoden« gegen Krebs. Sechs davon hatten alle 70 Probanden »sehr häufig« angewandt.

Verhaltensänderungen dieser Art entscheiden nicht nur über den Erfolg oder Misserfolg im Kampf gegen den Krebs, sondern gegen jede Krankheit.

6 BEHANDLUNGSMETHODEN ZUR STÄRKUNG DER SELBSTHEILUNGSKRÄFTE

(zusammengestellt nach der Dissertation von Kelly A. Turner[230])

- *Ernährungsumstellung.* Die meisten Interviewten betrachteten eine Ernährungsumstellung als wirksame Maßnahme zur Stärkung der Selbstheilungskräfte. Sie rieten, sich überwiegend von biologischem Gemüse, Obst, Vollkorngetreide und Hülsenfrüchten zu ernähren, und auf Fleisch, Zucker, Milchprodukte und Produkte aus Weißmehl zu verzichten.

- *Stärkere spirituelle Ausrichtung.* Viele der von Turner befragten Patienten sprachen davon, dass sie sich tief im Inneren von einer göttlichen, liebenden Energie getragen fühlten.

- *Mehr Liebe / Freude / Glück und Zufriedenheit.* Andere führten ihre Selbstheilungsfähigkeit darauf zurück, dass in ihrem Leben mehr Liebe, Glück und Zufriedenheit Einzug gehalten hatten.

- *Zulassen von unterdrückten Emotionen.* Viele der Befragten waren überzeugt, dass es gut für ihre Gesundheit war, wenn sie negative Emotionen wie Angst, Wut und Trauer zuließen und zeigten.

- *Einnahme von pflanzlichen Nahrungsergänzungsmitteln und Vitaminpräparaten.* Viele der von Turner Interviewten nahmen verschiedene Formen von Nahrungsergänzungsmitteln ein und glaubten, dass dies einen Beitrag zur körperlichen Entgiftung und/oder Stärkung des Immunsystems leistete.

- *Vertrauen auf die eigene Intuition.* Die Befragten betonten, wie wichtig es sei, sich im Hinblick auf ihre Entscheidungen in Behandlungsfragen auf ihre Intuition zu verlassen.

EINE EINLADUNG ZUM GESUNDWERDEN

Sie müssen nicht warten, bis Ihr Körper sich lautstark mit einer lebensbedrohlichen Erkrankung Gehör verschafft, um derartige Veränderungen in Ihrem Leben umzusetzen. Im nächsten Kapitel stelle ich Ihnen das Sechs-Schritte-Programm vor, das ich in der Arbeit mit meinen Patienten einsetze. Es hat zu Spontanheilungen geführt, die sich nur mit dem in diesem Buch beschriebenen Prozess erklären lassen. Entwickelt habe ich es auf der Grundlage von Erkenntnissen aus wissenschaftlichen Studien, und es kann zu bemerkenswerten Erfolgen führen – nicht nur im Hinblick auf Gesundheit und Lebensfreude, sondern im Sinne einer kompletten Neuorientierung im Leben.

Bevor wir uns diesem Sechs-Schritte-Programm zuwenden, möchte ich eine kleine Warnung vorwegschicken: Die meisten meiner Patienten brechen an irgendeinem Punkt in Tränen aus. Bei vielen bringt dieser Prozess blinde Flecken zum Vorschein, die seit Jahren vorhanden waren. Es kommt zu tiefen Einsichten, der Begegnung mit emotionalen Schatten aus der Vergangenheit, Momenten der Trauer in der Gegenwart und Sorgen mit Blick auf die Zukunft. Auch die Gremlins des Selbstzweifels, der Selbstkritik und des Selbsthasses könnten ihr hässliches Haupt heben. Wie ich bereits gesagt habe, sich selbst zu heilen, ist nichts für Hasenfüße.

Warum sollten Sie sich diesen alles andere als bequemen Prozess überhaupt zumuten? Weil es oft nötig ist, erst zusammenzubrechen, um den Durchbruch zu schaffen. Es bietet sich Ihnen hier die Gelegenheit zur Neugeburt. Der frühere Cat Stevens und heutige Yusuf Islam hat es in einem seiner Lieder auf den Punkt gebracht: »To be what you must, you must give up what you are.« Auf Deutsch könnte man es so formulieren: »Um zu werden, was dir entspricht, musst du hinter dir lassen, was du bist.«

Bringen Sie den Mut auf, sich mit der Wahrheit über sich selbst, Ihr Leben und Ihre Krankheit zu konfrontieren. Nutzen Sie die Chance, das Glück kennen zu lernen, das in einem Dasein liegt, das im Einklang mit Ihrem inneren Leitstrahl ist. Dann entspannt sich Ihr Körper, setzt seine Reparaturmechanismen in Gang und macht sich bereit für ein Wunder. Vergessen Sie nicht: *Alles ist möglich*!

Doch auch wenn Sie noch nicht so weit sind, machen Sie sich keine Sorgen. Sie haben bereits sehr viel darüber erfahren, welche Veränderungen Sie in Ihrem Leben vornehmen können, um die bestmöglichen Voraussetzungen für eine Genesung schaffen. Sollte die Zeit noch nicht reif dazu sein, ist das in Ordnung. Mögen Sie in Frieden Ihres Weges gehen und auf Ihre eigene Weise zu optimaler Gesundheit finden.

Sind Sie aber bereit, tiefer zu graben, empfehle ich Ihnen, sich die Unterstützung einer Vertrauensperson zu sichern, die Ihnen in diesem Prozess zur Seite steht. Im Idealfall sollte es sich um jemanden handeln, der über eine entsprechende Ausbildung verfügt und weiß, wie er einen Menschen durch emotional schwierige Phasen begleiten kann, etwa einen Therapeuten, Berater, Psychiater, spirituellen Lehrer oder Lebensberater. (Sprechen Sie Englisch, können Sie sich auch an einen Absolventen des *Whole Health Medicine Institute (www.WholeHealthMedicineInstitute.com)* wenden, die speziell darin geschult sind, Klienten durch das in diesem Buch beschriebene Sechs-Schritte-Programm zu führen.)

Bitte beachten Sie, dass Begriffe wie »sich aus eigener Kraft heilen« und »Selbstheilung« insofern irreführend sind, als sie implizieren, man könne alles alleine schaffen. Eigentlich sollten wir von »Geist-Körper-Heilung« sprechen oder davon, den Körper mit der Kraft des Geistes zu heilen, wenn diese Formulierungen nur nicht so sperrig wären. Wie dem auch sei: Ich habe genug Menschen durch diesen Prozess begleitet, um Ihnen versichern zu können, dass er effizienter und angenehmer zu bewältigen ist, wenn Sie dabei nicht alleine sind.

Nur zu gern würde ich Ihnen empfehlen, sich an Ihren Arzt zu wenden, doch wenn er keine Privatpraxis betreibt und sich Ihnen nicht ausführlich widmen kann, sollten Sie sich doch lieber jemanden suchen, dem mehr als siebeneinhalb Minuten Zeit zur Verfügung stehen, um Sie in Ihrem Heilungsprozess zu unterstützen. Die Realität sieht leider so aus, dass selbst Ärzte, die Sie rein gefühlsmäßig gern auf Ihrem Weg begleiten würden, dies zeitlich einfach nicht leisten können. Es bringt Ihnen wahrscheinlich mehr, sich an jemanden zu wenden, der sich Ihnen relativ häufig eine ganze Stunde lang widmen kann, wie erwähnt etwa an einen Therapeuten, Gesundheits- oder Lebensberater. Aber sollten Sie mit Ihrem Arzt reden und er bereit dazu sein, umso besser. Halleluja! Nichts würde mich mehr freuen!

Bitte glauben Sie mir: Wenn Sie beschließen, das nächste Kapitel zu lesen und sich in diesen Prozess zu begeben, dann suchen Sie sich jemanden, der Sie begleitet – eine Person, die in der Lage ist, Ihre Erfahrungen als solche stehen zu lassen, ohne ihre eigenen Ängste, einschränkenden Glaubenssätze und Lebenserfahrungen auf Sie zu projizieren. Tragen Sie Sorge dafür, dass Sie ihr vertrauen können und Sie sich urteilsfrei, sicher und fürsorglich behandelt fühlen, damit Sie sich fallenlassen können in der Gewissheit, dass da im Notfall jemand ist, der Ihnen hilft, wieder auf die Füße zu kommen.

Auch möchte ich Sie ermutigen, sich selbst in diesem Prozess mit unendlichem Mitgefühl zu begegnen. Er soll Ihnen keinesfalls den Vorwand liefern, sich fertigzumachen oder vor Scham im Boden zu versinken. Vielmehr soll er Ihnen Gelegenheit geben, Klarheit über die tieferen Wurzeln Ihrer Krankheit zu finden, damit Sie Ihr Leben verändern und die Voraussetzungen für optimale körperliche Vitalität schaffen können. Auch wenn ich nicht persönlich an Ihrer Seite sein kann, sollen Sie wissen, dass ich auf der Seelenebene kosmisch mit Ihnen verbunden bin und Sie in göttliche Liebe hülle, in der höchstmöglichen Schwingung, mit offenem Herzen und in vollstem Vertrauen, dass Sie es schaffen können.

Sie haben nichts zu befürchten, liebe Leserin, lieber Leser, und alles zu gewinnen. Was immer Sie brauchen, Sie tragen es bereits jetzt in sich. Ich werde Ihnen nur einen Spiegel vorhalten, damit Sie sehen können, was in Ihnen ist. Dort nämlich, in Ihrem Inneren, sind die Antworten zu finden, nach denen Sie vielleicht suchen.

10

SECHS SCHRITTE ZUR SELBSTHEILUNG

»Eigentlich ist es ein Berufsgeheimnis,
aber ich will es Ihnen trotzdem verraten. Wir Ärzte tun nichts.
Wir unterstützen und ermutigen nur den Arzt im Inneren des Menschen.«

DR. ALBERT SCHWEITZER

Bevor wir loslegen, möchte ich noch eine begriffliche Feinheit klären. Wenn in diesem Buch von *Heilung* die Rede ist, kann damit zweierlei gemeint sein: Zum einen kann ein Knochenbruch heilen (das heißt, die Bruchstelle wächst wieder zusammen). Unter Heilung ist in diesem Fall die Beseitigung von physischen Beeinträchtigungen bzw. Beschwerden zu verstehen. Es gibt jedoch noch eine zweite, umfassendere Bedeutung, und die lautet »ganz werden«. Wenn ich von nun an den Begriff *Heilung* verwende, ist er in diesem letzteren Sinn zu verstehen: als Zurückfinden zur Ganzheit.

Es gibt einen großen Unterschied zwischen diesen beiden Heilungsbegriffen. Wir können physische Beeinträchtigungen überwinden, ohne ganzheitlich gesund zu werden, und wir können heil und ganz werden, ohne dass sich an unseren Beschwerden etwas ändert. Im Optimalfall können Sie mit dem nun folgenden Prozess beides erreichen, aber dass Sie auf der physischen Ebene von Ihrer Krankheit genesen werden, kann ich Ihnen nicht versprechen. Was ich Ihnen jedoch garantiere, ist, dass Sie mit der Unterstützung der richtigen Menschen im geistig-psychischen Sinne zurück zur Ganzheit, zum Heilsein finden werden, selbst wenn eine körperliche Genesung letztlich ausbleiben mag.

Im Umgang mit einer Krankheit erhalten wir oft die Chance zum spirituellen Erwachen, und wenn wir sie ergreifen, kehren wir in unseren natürlichen Zustand der Ganzheit zurück. Dabei finden Geist und Körper auf optimale Weise in die Entspannung, sodass die Selbstreparaturmechanismen des Körpers ans Werk gehen können.

Wenn das so ist, warum wird dann nicht am Ende jeder auch physisch gesund? Warum kommt es bei dem einen zur Spontanheilung und beim anderen nicht? Manche betrachten sämtliche Krankheiten als Ergebnis von fehlgeleitetem Denken und meinen, dass wir, selbst wenn wir auf der bewussten Ebene an die Möglichkeit unserer Heilung glauben, den Genesungsprozess sabotieren, wenn das Unbewusste diese Überzeugung nicht teilt. Andere sehen die Ursache in Sünden aus früheren Leben, die es in diesem Leben zu sühnen gilt, dass Krankheiten also karmabedingt seien. Wieder andere schreiben sie der göttlichen Vorsehung zu. Und manche schließlich sind überzeugt, dass auch guten Menschen mitunter Übles widerfährt und dies alles reiner Zufall sei.

Ich fühle mich nicht berufen, mit Ihnen einen theologischen Diskurs zu führen oder über Dinge zu schreiben, die ich nicht wirklich verstehe. Ganz umgehen aber will ich das Thema trotzdem nicht. Wie lautet also meine Antwort auf die Frage, warum manche Menschen physisch genesen, wenn sie sich auf der Ebene des Geistes heilen, und andere nicht? Ich kann nur so viel dazu sagen: Wenn Patienten tapfer, optimistisch und bereit sind, alles Notwendige zu ihrer Genesung beizutragen, kommt es mitunter zu den erstaunlichsten Fällen von körperlicher Selbstreparatur.

Auch bei Ihnen kann das passieren. Also, kommen Sie! Sie können alles gewinnen, wenn Sie sich entschließen, wirklich Sie selbst zu sein, in Einklang mit Ihrer inneren Wahrheit zu leben und Ihren Körper darauf auszurichten, dass ein Wunder geschieht. Ob Sie nun auf der physischen Ebene gesund werden oder nicht: Ich garantiere Ihnen, dass sich Ihr Leben positiv verändern wird, wenn Sie die im Folgenden beschriebenen Schritte gehen. Ich glaube an Sie, und darum lade ich Sie jetzt ein: Bitte folgen Sie mir.

SECHS SCHRITTE ZUR SELBSTHEILUNG

ERSTER SCHRITT
AUF DIE EIGENEN SELBSTHEILUNGSKRÄFTE VERTRAUEN

Die Studien zu Placebos und Nocebos haben uns eines gelehrt: Wenn uns negative, selbst-sabotierende Glaubenssätze im Griff haben, kommt das allen Versuchen zur Selbstheilung in die Quere. Was wir glauben, manifestiert sich in unserem Körper. Die meisten Menschen sind überzeugt, dass bestimmte Krankheiten unheilbar, tödlich oder chronisch sind. Doch was ist, wenn das einfach nicht stimmt?

Lange Zeit glaubte man, dass es dem Menschen rein physiologisch unmöglich sei, eine Meile in unter vier Minuten zu laufen. Und solange alle glaubten, dass dies so sei, unterschritt kein einziger Läufer je diese Marke. Dann geschah etwas Erstaunliches: 1954 stellte Roger Bannister mit 3 Minuten 59 Sekunden einen neuen Weltrekord auf, der die Sportphysiologen eines Besseren belehrte. Mit einem Schlag wurde das international anerkannte Vier-Minuten-pro-Meile-Gesetz außer Kraft gesetzt. Kurz darauf durchbrachen auch mehrere andere Läufer diese Marke. In einem spektakulären Rennen nur 46 Tage nach seinem Weltrekord ging außer Roger Bannister, der Sieger wurde, auch John Landy in unter vier Minuten durchs Ziel.

Bis zu diesem Zeitpunkt waren die Sportler zwar immer schneller und schneller geworden, doch die Vier-Minuten-Marke schien sich wie eine reale physiologische Hürde vor ihnen aufzubauen, die keiner zu überspringen vermochte. Es war, als wäre der Körper schlichtweg außerstande, sie zu nehmen, solange dieser Glaubenssatz geistig in ihm verankert war. Kaum hatte er sich dank Bannister in Luft aufgelöst, konnte der Körper auf einmal Dinge leisten, die in der Sportwelt einem Wunder gleichkamen. Seit der einschränkende Glaubenssatz seine Gültigkeit verloren hat, läuft praktisch jeder Läufer von Weltrang im Rennen die Meile in unter einer Minute. Der Weltrekord liegt mittlerweile bei 3:43:15 und damit über 15 Sekunden unter der alten Marke.

Was wäre, wenn es sich auch bei der Auffassung, dass bestimmte Krankheiten sich nicht heilen ließen, um nichts anderes als einen solchen einschränkenden Glaubenssatz handelt, der es dem Sportler unmöglich machte, die Vier-Minuten-Marke zu knacken? Was, wenn Sie sich von dieser selbstsabotierenden Überzeugung verabschieden und die Möglichkeit einräumen würden, dass auch Sie wie die Patienten, von denen das *Spontaneous Remission Project* oder Kelly Turner in ihrer Dissertation berichtet (siehe Kapitel 9), eine Krankheit überwinden könnten, die andere womöglich für unheilbar halten?

Wie die Sportler, die an der Vier-Minuten-Marke scheiterten, bis sie sie plötzlich doch überwanden, könnte es sein, dass auch Ihr Körper aufgrund einschränkender Überzeugungen nicht zeigen kann, wozu er wirklich fähig ist. Solange Sie Ihre Krankheit für unheilbar halten, wird dies zur selbsterfüllenden Prophezeiung. Doch was wäre, wenn es hier zu einer geistigen Neubesinnung käme, die sich nicht nur auf Ihr Gehirn auswirkt, sondern gleichzeitig die Physiologie Ihres Körpers verschiebt?

Ich lade Sie ein, sich geistig zu öffnen. Verändern Sie Ihre Glaubenssätze. Machen Sie Platz für das »Unmögliche«. Man kann nie wissen, welche Wunder geschehen.

Erinnern Sie sich noch an die Mönche in Kapitel 8, die in der Meditation ein Feuer im Bauch visualisierten und dadurch ihre Körpertemperatur anheben konnten? Auch Sie können mit der Kraft Ihrer Gedanken physiologische Veränderungen bewirken. Es lohnt sich, mit dem Meditieren anzufangen. Wenn der Geist zur Ruhe kommt, lässt er sich bereitwilliger auf neue Denkweisen ein.

Versuchen Sie, die in Kapitel 8 beschriebenen Entspannungs- oder Meditationsübungen in Ihren Alltag zu integrieren. Probieren Sie, während der Meditation, wenn Körper und Geist besonders empfänglich sind, mit positiven Affirmationen zu arbeiten. Denken Sie sich Sätze aus, die die von Ihnen gewünschte körperliche Verfassung beschreiben, wie etwa: »Ich bin ganz, gesund und frei von Symptomen.« Holen Sie sich diese Affirmationen auch untertags immer wieder in den Sinn.

Sie können auch versuchen, sich Ihren gesunden Körper wie auf einer Kinoleinwand vorzustellen. Schließen Sie die Augen, atmen Sie ein paarmal tief ein und aus und lassen Sie vor Ihrem geistigen Auge das Bild Ihres Körpers entstehen, wie er von allen Krankheiten befreit ist. Malen Sie ihn sich in möglichst vielen Einzelheiten aus. Schauen Sie sich gegebenenfalls in der Fachliteratur die anatomischen und physiologischen Gegebenheiten Ihres Krankheitsbildes an, um sich vorstellen zu können, wie die betroffenen Organe im gesunden Zustand aussehen. Visualisieren Sie sich als frei von Symptomen und vital. Beziehen Sie alle Sinne mit ein. Fühlen, sehen, riechen, hören und schmecken Sie Ihre neue Realität in so vielen Einzelheiten, wie es Ihre Vorstellungskraft zulässt. Detailreiche Visualisierungen und Affirmationen helfen dem Gehirn, sich neue Glaubenssätze ins Unterbewusstsein einzuprägen.

Darüber hinaus ist es wichtig, sich zum Wächter über das eigene Gehirn zu machen. Vielleicht ist Ihnen nicht bewusst, welche Macht die Botschaften haben, die wir auf diese Ebene vordringen lassen. Vermeiden Sie ganz bewusst alle negativen Gedanken im Hinblick auf Ihre Gesundheit wie etwa: *Ich werde Krebs bekommen, weil meine Mutter ihn auch hatte* oder *Ich habe eine Veranlagung zum Kranksein.* Ersetzen Sie Ihre bewussten negativen Gedanken durch positive Affirmationen. Und konzentrieren Sie sich in Ihrem Denken auf das, was Sie sich wünschen, und nicht darauf, was Sie sich *nicht* wünschen. Im Unterbewusstsein kommen Verneinungen nicht an. Wenn Sie sich also sagen: »Ich will *nicht* daran glauben, dass ich mein ganzes Leben lang krank sein werde«, hört es: »Ich will daran glauben, dass ich mein ganzes Leben lang krank sein werde.«

Um einen Schritt weiter zu gehen und Glaubenssätze auf der unbewussten Ebene zu verändern, empfehlen sich beispielsweise Techniken wie Hypnotherapie, Psych-K, EFT und NLP. Hypnose reicht unter Umgehung der bewussten Ebene direkt in das Unterbewusstsein hinein, sodass Glaubenssätze schneller verändert werden können. Psych-K basiert darauf, die linke und rechte Gehirnhälfte zu synchronisieren, während man positive Affirmationen spricht und in den Wunschzustand hineinspürt. Bei EFT (»Emotional Freedom Technique« oder »Technik der emotionalen Freiheit«), auch Klopftechnik genannt, werden mit den Fingern Akupressurpunkte beklopft und parallel dazu positive Affirmationen gesprochen. Und NLP (»Neurolinguistisches Programmieren«) basiert auf der These, dass sich in der Wahl unserer Worte unsere inneren, unbewussten Glaubenssätze spiegeln und wir darum mit einer veränderten Wortwahl unsere Überzeugungen verschieben und die Problemfelder in unserem Leben heilen können.

All diese Methoden sind hilfreich, um einschränkende, selbstsabotierende Glaubenssätze nachhaltig zu verändern und um das Unterbewusstsein neu zu programmieren.

ZWEITER SCHRITT
SICH DIE RICHTIGE UNTERSTÜTZUNG SUCHEN

Wie bereits an anderer Stelle ausgeführt, ist der Geist zwar in der Lage, den Körper zu heilen, doch diesen Weg allein zu gehen, empfiehlt sich trotzdem nicht. Sie brauchen nicht nur einen Therapeuten, Lebensberater oder anderen Begleiter, sondern sollten auch darauf achten, neben der Heilung auf der geistigen Ebene die von Ärzten gebotenen schulmedizinischen Behandlungsmöglichkeiten optimal zu nutzen. Wie stellen Sie sich nun ein richtiges Team von Unterstützern zusammen, die Sie an Ihren runden Tisch der Heilung einladen möchten? Hier einige Anregungen dazu:

Führen Sie ein Vorgespräch zum Kennenlernen. Bestehen Sie bei der ersten Kontaktaufnahme darauf, zunächst ein Vorgespräch zu führen, um zu klären, dass Sie menschlich miteinander zurechtkommen. Ist der Arzt, Therapeut, Lebensberater oder sonstige Behandler dazu nicht bereit, suchen Sie so lange weiter, bis Sie jemanden finden, der es macht. Wer in Ihr Team passt, empfindet Ihr Ansinnen nicht als unangebracht. Sie müssen jedoch damit rechnen, dieses Gespräch aus eigener Tasche zu bezahlen, da es meist nicht zu den üblichen Leistungen von Krankenkassen gehört.

Suchen Sie sich Behandler, die an Sie glauben. Wissenschaftliche Untersuchungen haben gezeigt, dass sich Ihr Zustand wahrscheinlich besser entwickeln wird, wenn Ihre Behandler an die Möglichkeit Ihrer Genesung glauben. Scheuen Sie sich nicht, direkt zu fragen: »Glauben Sie, dass ich wieder gesund werden kann?« Hören Sie sehr genau hin, wie die Antwort lautet. Wenn Ihr Arzt Ihnen negative Statistiken vorliest, darauf beharrt, dass die Aussichten alles andere als rosig seien, Sie womöglich als »unheilbar« bezeichnet und Sie in die Rubrik »hoffnungslose Fälle« einreiht, sollten Sie überlegen, sich jemand anderes zu suchen. Vergessen Sie nicht, dass man uns Ärzten eingeimpft hat, »realistisch« (sprich: »pessimistisch«) zu sein. Aber trauen Sie sich ruhig, Ihren Arzt über Ihre positive Einstellung in Kenntnis zu setzen. Drücken Sie Ihren Behandlern dieses Buch in die Hand und fragen Sie sie, ob sie bereit sind, Sie in diesem Prozess partnerschaftlich zu begleiten. Lädt man Ärzte ausdrücklich ein, sich auf eine optimistische Form der Behandlung einzulassen, ändert sich oft ihr Tonfall. Dabei kommt der Hinweis sicher gut an, dass eine positive Einstellung nicht gleichbedeutend mit dem Schüren falscher Hoffnungen ist.

Suchen Sie sich Behandler, die sich wirklich für Sie interessieren. Es ist an der Zeit, wieder Fürsorglichkeit in das Gesundheitswesen einziehen zu lassen. Sie sind mehr als eine Zimmernummer oder ein Körperteil. Wenn Ihr Behandler in Ihnen nicht den ganzen, großartigen Menschen zu sehen vermag, der Sie sind, dann suchen Sie weiter, bis Sie jemanden gefunden haben, der es kann. Es gibt zahllose, talentierte, fürsorgliche Ärzte mit beeindruckendem Können, ausgezeichneten Umgangsformen am Bett des Patienten und einem großen, weit offenen Herzen, die nur darauf warten, einen wunderbaren Patienten wie Sie zu behandeln.

Vertrauen Sie Ihren Körper Behandlern an, die bereit sind, mit anderen zusammenzuarbeiten. Wenn Ihr Homöopath einen Hass auf Ärzte hat und Ihr Arzt Ihren Reiki-Meister für einen Scharlatan hält, wird es schwer sein, sie alle unter einen Hut zu bringen. Sollen in Ihrem Team auch Heiler außerhalb des konventionellen Spektrums einen Platz haben, dann achten Sie darauf, dass alle Parteien zu einem respektvollen Miteinander bereit sind. Nur so können Sie vermeiden, in den Bannkreis widersprüchlicher Empfehlungen zu geraten, die Sie nicht nur verunsichern, sondern mitunter regelrecht gefährlich sein können.

Hören Sie auf die Weisheit Ihres Körpers. Was sagt Ihr Bauch zu einem Behandler? Fühlen Sie sich bei dieser Person gut und sicher aufgehoben? Vertrauen Sie ihr? Glauben Sie, solide medizinische Ratschläge von ihr zu bekommen, oder haben Sie ein ungutes Gefühl? Achten Sie darauf, wie Sie körperlich auf sie reagierten. Sollten Sie sich in ihrer Gegenwart eng, angespannt oder nervös fühlen, frieren, zittrig werden oder sich innerlich verschließen, versucht Ihr Körper, Ihnen etwas zu sagen. Wünschenswert ist ein Gefühl von Offenheit, Wärme, Entspannung und innerer Ruhe.

Achten Sie darauf, dass Ihr Behandler Ihre Intuition respektiert. Wenn Sie eine Behandlung infrage stellen und Ihre Meinung respektvoll zum Ausdruck bringen, Ihre intuitive Einschätzung aber nicht gewürdigt wird, sollten Sie doppelt überlegen, ob Sie in den richtigen Händen sind. Es ist unsere Aufgabe als Arzt oder Behandler, Ihnen Ihre Möglichkeiten aufzuzeigen, Sie über Risiken und Vorteile aufzuklären und Behandlungsempfehlungen auszusprechen, doch in letzter Konsequenz liegt die Entscheidung zu 100 Prozent bei Ihnen. Wenn sich Frau Doktor ins Höschen macht, weil Sie sich entschließen, nicht nach ihren Empfehlungen zu verfahren, ist das ihr Problem, nicht das Ihre. Sitzt Ihnen der richtige Mensch gegenüber, freut er sich über Ihre Rückmeldung. Er ist sich bewusst, dass Sie Ihren Körper besser kennen als jeder andere, und respektiert Ihre Wünsche.

Schrecken Sie nicht davor zurück, die Verantwortung zu übernehmen. Angesichts der Vielzahl von Prozessen, die heutzutage geführt werden, kann es gut sein, dass nach entsprechender Aufklärung sich Ihr Arzt von Ihnen unterschreiben lässt, dass Sie auf eigene Verantwortung handeln; dies für den Fall, wenn Sie sich entschließen, den Behandlungsempfehlungen nicht zu folgen – auch dann, falls Sie nicht gleich die Praxis beziehungsweise Klinik wechseln wollen. Nehmen Sie es nicht persönlich. Es geht den Leuten nur darum, sich abzusichern. Sie wollen nicht versuchen, Ihnen Ihr Recht auf autonome Entscheidungen abzusprechen.

Gestehen Sie sich zu, dass Sie einen Anspruch auf die bestmögliche Behandlung haben. Machen Sie sich nicht vor, dass Sie nicht gut genug / klug genug / jung genug / reich genug / [bitte Begriff Ihrer Wahl einsetzen] genug seien, um in den Genuss einer derart überirdischen medizinischen Versorgung zu kommen. Vielleicht müssen Sie einiges aus eigener Tasche bezahlen, denn manche vorausschauende Ärzte haben sich bewusst aus dem Kassensystem verabschiedet, um ihren Patienten eine erstklassige Behandlung bieten und sich mehr Zeit für sie nehmen zu können. Aber was ist wichtiger als Ihre Gesundheit? Gestehen Sie sich zu, dass Sie es wert sind, die bestmögliche Behandlung zu bekommen.

DRITTER SCHRITT
HÖREN SIE AUF IHREN KÖRPER UND IHRE INTUITION

Unser innerer Leitstrahl, jeder weise Heiler in uns, ist der beste Freund unseres Körpers und weiß immer ganz genau, was er braucht. Doch viele von uns haben, ohne es zu merken, den Kontakt zu ihrer inneren Weisheit verloren. Oft liegt es daran, dass wir nicht mehr wirklich im Körper sind. Statt mit beiden Füßen im Leben zu stehen, uns von der Intelligenz unserer Intuition leiten zu lassen und mit allen fünf Sinnen zu spüren, was ist, gehen wir auf Distanz zu uns selbst. In der Fachsprache heißt das »Dissoziation«. Wir Ärzte können mehr als alle anderen ein Lied davon singen.

Während meiner medizinischen Ausbildung wurde von mir verlangt, fast pausenlos im Einsatz zu sein. Ich konnte also nicht schlafen, wenn ich müde war, essen, wenn ich Hunger hatte, meine Blase entleeren, wenn sie voll war, mit dem Operieren aufhören, wenn mir die Schultern wehtaten, oder zuhause bleiben und mich ins Bett legen, wenn ich krank war. Ich musste die Zähne zusammenbeißen und weitermachen, ganz gleich, was mein Körper mir sagte. Mir fehlte außerdem die Zeit, auf das leise Flüstern meines intuitiven Wissens zu hören. Man musste schon kräftig mit dem Zaunpfahl winken, damit ich überhaupt etwas merkte. Mein Körper musste lauthals schreien, um mir mitzuteilen, dass mein Leben aus der Spur geraten war. Um mich vor meinen permanent vorhandenen Schmerzen und meinem Unbehagen zu schützen, lernte ich, als wandelndes Gehirn durchs Dasein zu schreiten. Mein Leben wurde zu einer außerkörperlichen Erfahrung.

Ärzte, Sportler und Soldaten mögen extreme Beispiele dafür sein, wie wir aus unserem Körper zu gehen lernen, um physisches oder emotionales Leid nicht spüren zu müssen. Doch so gut wie jeder von uns kennt ein gewisses Maß von Körper-Geist-Dissoziation infolge von Anpassungen, die uns irgendwann einholen und uns in die Waden beißen. Wenn wir uns von unserem Körper dissoziieren, hören wir die leisen Warnungen nicht mehr, mit denen er versucht, uns wieder auf Kurs zu bringen.

Aber dies muss nicht immer so bleiben. Wenn es Ihnen schwerfällt, in Kontakt mit der heilenden Weisheit Ihres inneren Leitstrahls zu bleiben, versuchen Sie, über den Körper Zugang zu Ihrer Intuition zu finden und auf diese Weise herauszufinden, was er braucht, um heil zu werden. Wenn Sie lernen, auf die Botschaften Ihres Körpers zu lauschen, bekommen Sie alle Antworten, die Sie brauchen, um sich auf Ihrer Reise der Selbstheilung zurechtzufinden. Gleichzeitig können Sie künftigen Krankheiten vorbeugen, wenn Sie darauf hören, was Ihnen Ihr Körper im Flüsterton mitteilt, lange bevor er laut schreiend zu rebellieren beginnt. (In Anhang A finden Sie Anregungen dazu, wie Sie in Ihren Körper zurückfinden können.)

Die folgenden Übungen können Ihnen helfen, die Botschaften zu erfassen, die Ihnen Ihr innerer Leitstrahl über den Körper vermittelt.

Übung: Überlassen Sie sich der Führung des Körpers

1. *Kommen Sie zur Ruhe.* Sitzen Sie einen Moment lang still und schließen Sie die Augen.
2. *Atmen Sie tief.* Spüren Sie, wie sich Ihre Brust hebt und senkt. Spüren Sie, wie die Luft in ihre Nasenlöcher ein- und wieder ausströmt.
3. *Achten Sie auf die Empfindungen Ihres Körpers.* Ist da irgendein Schmerz? Ein Gefühl von Enge? Ein Kribbeln? Wärme? Kälte? Offenheit? Blockade? Körperliche Krankheitssymptome?
4. *Fragen Sie Ihren Körper, was er Ihnen mitteilen will.* Bitten Sie Ihren inneren Leitstrahl um Antwort. Lauschen Sie. Welche Botschaften tauchen in Ihnen auf?
5. *Öffnen Sie die Augen und lassen Sie sich von Ihrem körperlichen Symptom oder Ihrer Krankheit einen Brief schreiben.* Leiden Sie unter Rückenschmerzen, dann sollen Ihnen diese einen Brief schreiben. (Liebe(r) [Ihr Name], ... Herzlichst, deine Rückenschmerzen.) Und haben Sie Krebs, dann drücken Sie diesem die Feder in die Hand. (Liebe(r) [Ihr Name], ... Herzlichst, dein Krebs.)
6. *Schreiben Sie zurück.* Antworten Sie Ihrem Symptom bzw. Ihrer Krankheit auf das, was in dem Brief stand. (Lieber Rückenschmerz, ... Herzlichst dein(e) [Ihr Name].)
7. *Führen Sie diesen Dialog fort, solange Ihr Körper Ihnen etwas zu sagen hat.* Achten Sie darauf, was in den Briefen zur Sprache kommt. Es ist Ihr innerer Leitstrahl, der da zu Ihnen spricht. Hören Sie gut zu.
8. *Danken Sie Ihrem Körper für das, was er Ihnen mitgeteilt hat.* Und versprechen Sie ihm, in Zukunft öfter mit ihm in Verbindung zu sein.

Wir ignorieren oft die Botschaften, die uns unser innerer Leitstrahl über unseren Körper mitteilt – entweder, weil wir nicht hinhören, oder weil wir das, was er uns sagt, nicht an uns heranlassen möchten. Verbinden wir uns mit der Weisheit unseres Körpers, kann das bedeuten, dass wir bestimmte Dinge ändern müssen. Und sind wir dazu noch nicht bereit, mögen wir das womöglich nicht hören.

So kann sich zum Beispiel hinter einem lästigen Husten die Aufforderung verbergen, das Rauchen aufzugeben, doch wenn uns die Bereitschaft dazu fehlt, gehen wir wahrscheinlich zu unserem inneren Leitstrahl auf Distanz. Ein Knoten am Kehlkopf will uns vielleicht sagen, dass wir zum Arzt gehen sollten. Doch wenn wir Angst davor haben, was er herausfinden könnte, ignorieren wir den Knoten womöglich, bis er so groß ist, dass er uns die Stimme abdrückt. Mit Schmerzen beim Sex könnte unser Körper uns sagen, dass wir uns in unserer Beziehung nicht mehr gut aufgehoben fühlen und es Zeit ist, eigene Wege zu gehen. Mit Krebs oder einem Herzinfarkt könnte er uns auffordern, *einen Gang zurückzuschalten*.

Wenn Sie es zulassen, können körperliche Symptome zur Brücke zwischen Ihnen und Ihrem inneren Leitstrahl werden. Lernen Sie, auf die Nuancen seiner Botschaften zu hören, entfällt für Ihren Körper die Notwendigkeit, diese auf der physischen Ebene zum Ausdruck zu bringen. Körperliche Symptome oder gar ernsthafte Erkrankungen können dadurch verhindert werden. Wenn Sie nicht so gut im Kontakt mit Ihrer inneren Stimme sind, können Sie sich von Ihrem Körper leiten lassen. Er verfügt über einen präzisen Kompass, der Ihnen den Weg nach Hause weist. Sie müssen nur hinhören.

Weitere Empfehlungen, um in Kontakt mit Ihrem inneren Leitstrahl zu kommen, und inspirierende Botschaften für jeden Tag finden Sie unter *www.InnerPilotLight.com* (in englischer Sprache).

VIERTER SCHRITT
DIAGNOSTIZIEREN SIE DIE TIEFEREN URSACHEN IHRER KRANKHEIT

Wenn Sie gesundheitliche Probleme haben, hat Ihr Arzt Ihnen vielleicht schon eine Diagnose gestellt: Angina pectoris, Morbus Crohn, Diabetes, Brustkrebs oder was auch immer. Ich wiederhole noch einmal: Sollten Sie irgendwelche Symptome haben und noch nicht damit beim Arzt gewesen sein, dann gehen Sie hin – und zwar gleich. Wir haben im letzten Jahrhundert große Fortschritte gemacht, und die moderne Medizin hat viel zu bieten, sodass es sehr wichtig ist, sich von Ihrem Arzt informieren zu lassen, welche schulmedizinischen Behandlungsmöglichkeiten es in Ihrem Fall gibt. (Vergessen Sie nicht: Wenn Sie diese Informationen einholen, heißt das nicht, dass Sie sich an die Empfehlungen halten müssten. Es geht um Ihren Körper, um Ihr Leben.)

Doch was, wenn Sie bereits bei fünf Ärzten waren und Ihre Krankenakte dick wie ein Lexikonband ist und trotzdem keiner herausfinden konnte, was Ihnen fehlt? Wenn Sie zur Schar der frustrierten Patienten gehören, denen kein Arzt weiterhelfen kann, verzweifeln Sie nicht. Manchmal wartet die Diagnose an der nächsten Ecke, und es kommt nur darauf an, den richtigen Arzt zu finden. Doch manchmal gibt es einfach keine medizinische Diagnose im konventionellen Sinne, was genau genommen etwas *ganz Großartiges* ist.

Es ist nicht etwa so, dass Ihre Symptome »bloß im Kopf« existierten, denn sie manifestieren sich ja eindeutig in Ihrem Körper. Doch wenn sie sich nicht diagnostizieren lassen, sind sie oft von Stressreaktionen ausgelöst, denen keine entsprechenden Entspannungsreaktionen gegenüberstehen. Die Schulmedizin verfügt einfach noch nicht über einen Sammelbegriff, mit dem sie diese physiologische Kaskade von symptomverursachenden Wirkungen bezeichnen könnte.

Ob man Ihnen nun eine traditionelle Diagnose gestellt hat, Sie unter Symptomen leiden, die sich schulmedizinisch nicht erklären lassen oder Ihnen nichts fehlt und Sie vorbeugend etwas tun wollen: Es kann gut sein, dass Sie die Selbstheilungsfähigkeiten Ihres Körpers und damit Ihre Heilungschancen nicht optimal nutzen. Darum geht es im nächsten Schritt.

So gut wie jede Krankheit ist entweder ganz oder teilweise auf die wiederholte Auslösung von Stressreaktionen zurückzuführen, also auf ein Geschehen, das sich auf der körperlichen Ebene vollzieht, aber im Geist seinen Ursprung hat. Es ist zwar möglich, Stressreaktionen zu einem gewissen Grad abzufangen, ohne zu verstehen, was genau sie ausgelöst hat. Dennoch empfiehlt es sich, weiter zu graben und die tieferen Ursachen dafür herauszufinden, *wie es zu den Stressreaktionen gekommen ist.* Betreiben Sie entspannende Aktivitäten wie Meditation, kreativen Ausdruck, Sex oder Sport, ohne die eigentlichen Stressursachen auszuschalten, bleiben Ihrem Körper die optimalen Heilungschancen versagt. Gehen Sie das Problem jedoch von der Wurzel her an und unterbinden die Stressreaktionen an ihrem Ausgangspunkt, ist die Wahrscheinlichkeit weit größer, dass Sie wieder gesund werden.

Identifizieren Sie die eigentlichen Auslöser Ihrer Stressreaktionen, wird Ihnen klar, wie sehr Ihr Körper über die geistige Schiene in Mitleidenschaft gezogen wird. Sie entdecken nicht nur Möglichkeiten zu deren Vermeidung, sondern auch, wie Sie natürliche Entspannungsreaktionen erzeugen können, die erwiesenermaßen zur Krankheitsvorbeugung und Heilung beitragen. Eines aber sollten Sie nicht vergessen: Vorbeugen ist immer besser als behandeln, zumal sich manche der körperlichen Folgen von chronischem Stress nur schwer beheben lassen (auch wenn es nicht unmöglich ist).

Für präventive Maßnahmen mag es zu spät sein, wenn Sie bereits krank geworden sind, doch es ist nie zu spät, um Stressreaktionen zu lindern und Entspannungsreaktionen zu aktivieren. Die Ergebnisse mögen unterschiedlich ausfallen und manche Krankheiten eher auf eine Verminderung von Stressreaktionen und vermehrte Auslösung von Entspannungsreaktionen ansprechen als andere, doch wenn Sie die natürlichen Selbstreparaturmechanismen Ihres Körpers mobilisieren, ist alles möglich. Es könnte durchaus zu einer Spontanheilung kommen, selbst wenn man Ihnen gesagt hat, dass Ihre Krankheit chronisch oder unheilbar ist.

Bevor ich Ihnen nun eine Reihe von Übungen vorstelle, die Ihnen helfen können, die Auslöser für Ihre Stressreaktionen zu identifizieren, will ich kurz auf das Thema von Schuldzuweisungen, Schuldgefühlen und Scham eingehen – eben jenen Gefühlen, die so gut wie immer genannt werden, wenn man mit Patienten über die tieferen Ursachen ihrer Krankheit oder über die Möglichkeit einer Selbstheilung spricht. Wenn ich behaupte, dass Sie über die Fähigkeit verfügen, sich selbst zu heilen und Sie erkennen, dass irgendetwas in Ihrer Macht Stehende Ihre Krankheit verursacht hat oder verschlimmert, könnten Sie den Wunsch verspüren, entweder sich selbst oder mich zu treten. Da ich beides vermeiden will, rufe ich hiermit offiziell eine schuldzuweisungs-, schuldgefühl- und schamfreie Zone aus.

Krank zu sein heißt nicht zwangsläufig, dass Sie irgendetwas falsch gemacht haben. Es bedeutet auch nicht, dass Sie immer schreckliches Pech haben. Die Wahrheit liegt irgendwo dazwischen. Es steht fest, dass Dutzende von Faktoren darüber entscheiden, warum der eine Mensch krank wird und ein anderer nicht oder warum es bei dem einen Patienten zu einer Spontanheilung kommt und der andere krank bleibt. Eine Rolle spielen unter anderem bewusste und unbewusste Glaubenssätze, die Wahl der richtigen Behandler, die Ernährung, wie gut der Einzelne für sich sorgt, ob er sich geliebt fühlt und seinen eigenen Wert erkennt, ob er glücklich ist, Entspannungsmethoden anwendet und wie es um bestimmte spirituelle Fragen steht, auf die ich hier nicht näher eingehen möchte.

Wir haben mit Sicherheit großen Einfluss darauf, wie gesund wir sind. Wenn jemand drei Päckchen Zigaretten am Tag raucht und dann Lungenkrebs bekommt, sich täglich mit Fast Food ernährt und eines Tages einen Herzinfarkt erleidet, sich drei Jahrzehnte lang regelmäßig mit Alkohol vollschüttet und eine Leberzirrhose entwickelt oder so lange in einer toxischen Beziehung ausharrt, bis er eine Autoimmunerkrankung bekommt, dann liegt es auf der Hand, dass sich die selbstgewählte Lebensweise negativ auf die körperliche Gesundheit ausgewirkt hat.

Doch es geschehen auch Dinge auf der körperlichen Ebene, die außerhalb unserer Kontrolle liegen: Wir kommen mit einem Chromosom mehr auf die Welt. Unser Auto wird vom Wagen eines betrunkenen Fahrers gerammt. Wir ziehen, ohne es zu wissen, in die Nähe einer Giftmülldeponie. Wir werden Opfer eines Amokschützen, der aus einem vorbeifahrenden Auto eine Kugel auf uns abfeuert. Der Faltmechanismus des Minitrampolins klappt während des Hüpfens plötzlich zusammen, und wir brechen uns das Handgelenk.

Dumm gelaufen.

Ob wir krank werden, weil wir zu viel geraucht, getrunken oder gegessen haben oder einfach nur Pech hatten – es bringt nichts, uns wegen Dingen zu grämen, die wir nicht ändern können. Dies würde nur noch mehr Stressreaktionen auslösen und alles zusätzlich verschlimmern.

Dennoch gibt es den Aspekt der persönlichen Verantwortung. Ich habe mich einmal mit Dr. Christiane Northrup über dieses Thema ausgetauscht, und sie formulierte so treffend: »Wir sind nicht *für* unsere Krankheit verantwortlich. Wir sind ihr *gegenüber* verantwortlich.« Ich stimme ihr zu. Krankheit bietet uns die wertvolle Chance, unser Leben vorurteilsfrei unter die Lupe zu nehmen, die möglichen tieferen Ursachen unserer gesundheitlichen Probleme zu identifizieren, uns spirituell neu auszurichten und alles in unserer Macht Stehende zu tun, um unseren Körper reif für ein Wunder zu machen. Nähern wir uns unserer Krankheit mitfühlend und urteilsfrei, kann sie zu einer großartigen Gelegenheit zu persönlichem Wachstum und spirituellem Erwachen werden.

Noch einmal der Hinweis: Bevor Sie an die folgenden diagnostischen Übungen gehen, stellen Sie sicher, dass Sie die geeignete Unterstützung haben. Wir kommen jetzt ans Eingemachte, und ich will, dass Sie sich sicher, geliebt und genährt fühlen, nicht nur von anderen, sondern in erster Linie von sich selbst. Nachdem dies alles gesagt ist, lade ich Sie nun ein, mit mir gemeinsam die folgenden Übungen durchzugehen, die ich meinen Patienten gebe, um ihnen beim Identifizieren der tieferen Ursachen ihrer Krankheiten zu helfen.

DIAGNOSTISCHE ÜBUNG 1
Was braucht Ihr Körper, um gesund zu werden?

1. Schließen Sie die Augen und atmen Sie tief ein und aus.
2. Verbinden Sie sich mit der Weisheit Ihres inneren Leitstrahls.
3. Fragen Sie sich: »Was braucht mein Körper, um gesund zu werden?« Ihr innerer Leitstrahl könnte Ihnen intuitive Ideen zur Behandlung anbieten – etwa, indem er zu bestimmten Medikamenten ja oder nein sagt. Aber trauen Sie sich ruhig, tiefer zu gehen. Einmal von den Empfehlungen Ihres Arztes abgesehen, was braucht Ihr Körper noch, um gesund zu werden? Trauen Sie sich, sich die Wahrheit zu sagen.
4. Öffnen Sie Ihren Geist und lauschen Sie zwanzig Minuten lang unvoreingenommen ruhig auf das, was Ihr innerer Leitstrahl Ihnen zu sagen hat. Führen Sie sich vor Augen, dass Sie aus dem, was in Ihnen aufsteigt, keine konkreten Handlungen ableiten müssen. Es geht einfach darum herauszufinden, was Ihr Körper braucht, um gesund zu werden. Wenn Sie möchten, nehmen Sie Ihr Tagebuch zur Hand und schreiben Sie Ihre Gedanken darin auf.
5. Eine geführte Meditation hierzu finden Sie unter *www.MindOverMedicineBook.com* (in englischer Sprache).

BALANCE ZWISCHEN BERUF UND PRIVATLEBEN

Ich halte es für ein Ding der Unmöglichkeit, Beruf und Privatleben wirklich in Balance zu bringen. Viele meinen sogar, es handle sich hier um einen Mythos, der uns nur irre macht, weil er uns in ein chronisches Perfektionsstreben und Unzulänglichkeitsgefühl hineintreibt. Trotzdem ist es wichtig, achtsam zu schauen, wie wir unsere Zeit verbringen und ob wir Aktivitäten zur Förderung von Entspannungsreaktionen auch genügend Raum geben. Es stimmt sicher, dass ein perfektes Gleichgewicht zwischen Arbeit, Familie und Freizeit nur sehr schwer herzustellen ist. Unsere Tage ausgewogen zu gestalten, ist meines Erachtens nicht immer machbar. Doch über die ganze Woche hinweggesehen ist es durchaus möglich. Ich persönlich bin dazu übergegangen, die Maßnahmen zur radikalen Selbstfürsorge, die ich gern täglich ergreifen würde, aber nicht immer in meinem Programm unterbringen kann, dann ganz bewusst zu überspringen.

In einer perfekten Welt würde mein typischer Tag zum Beispiel damit beginnen, dass ich gleich nach dem Aufwachen meditiere, mein Yoga mache, mir meine Ration grünen Saft presse und ein gesundes Frühstück aus organischen Zutaten auf den Tisch bringe, das ich gemeinsam mit meinem Mann und meiner Tochter genieße. Dann würde ich schreiben, malen, mich um diverse berufliche Angelegenheiten kümmern, mit einer Freundin zu Mittag essen, wieder ein bisschen arbeiten, spazieren gehen, meiner Tochter vorlesen, zum Abendessen wieder eine gesunde Mahlzeit zubereiten und den Tag mit heißem Sex mit meinem Mann beschließen.

Tja. Die Realität sieht an manchen Tagen jedoch so aus, dass ich einen knappen Abgabetermin einzuhalten habe und darum vierzehn Stunden am Tag arbeite, meinen Mann und meine Tochter kaum zu Gesicht bekomme, meine Meditation und den Spaziergang ausfallen und mich vom Pizzadienst mit Essen versorgen lasse, meine kreativen Aktivitäten zurückstelle, mit meinem Mann kaum über einen Gutenachtkuss hinauskomme und an Sex nicht einmal denke. Ich bemühe mich, diese Art von Hektik nicht einreißen zu lassen. Und ich versuche, mir einen Ausgleich zu schaffen. Wenn der Montag so aussah wie beschrieben, unternehme ich alles in meiner Macht Stehende, um meine Familie und mich am Dienstag in den Vordergrund zu stellen, selbst wenn das heißt, dass ich einmal einen Termin verschieben muss. Am Mittwoch ziehe ich Halbwochenbilanz und schaue, ob ich meditiert und Sport getrieben, mich gut ernährt, meinen Liebsten verwöhnt, mit meiner Tochter Qualitätszeit verbracht und meinen kreativen Aktivitäten Raum gegeben habe – kurz: ob ich all die Dinge getan habe, die ich brauche, um in mir Entspannungsreaktionen auszulösen, mich geistig und körperlich zu nähren, zufrieden und gesund zu bleiben. Bis zum Wochenende ist es mir dann hoffentlich gelungen, auf eine ausgewogene Woche zurückzublicken, selbst wenn ich nicht alle Arbeit geschafft und alle Selbstfürsorgepraktiken angewandt habe, dich ich gern regelmäßig in meinem Zeitplan unterbringen würde.

Mit der nächsten Übung können Sie prüfen, wie es bei Ihnen um die Ausgewogenheit zwischen Beruf und Privatleben bestellt ist. So sehen Sie, ob Ihr Steinmännchen der ganzheitlichen Gesundheit womöglich an dieser Stelle aus dem Gleichgewicht geraten ist. Achten Sie darauf, welche von den Steinen, die Sie da aufeinanderschichten, eher Entspannungsreaktionen auslösen, und welche Sie als Stress erleben.

DIAGNOSTISCHE ÜBUNG 2

Wie ausgewogen ist Ihr Steinmännchen ganzheitlicher Gesundheit?

1. Kopieren Sie das Steinmännchen auf S. 249 sieben Mal oder nutzen Sie den Download über *www.koesel.de/rankin* (siehe S. 321).
2. Nehmen Sie sich eine Woche lang jeden Abend je eines der Blätter vor und malen Sie mit Buntstiften oder Markern die Steine an, die Sie an diesem Tag genährt haben. Wenn Sie guten Sex hatten, ist es die Sexualität. Wenn Sie etwas für Ihren Körper getan haben, ist es die körperliche Gesundheit. Wenn Sie sich Zeit für Ihre Kinder oder die beste Freundin genommen haben, sind es die Beziehungen. Wenn Sie den ganzen Tag gearbeitet haben, ist es der Stein mit der Aufschrift Beruf/Berufung … und so weiter.
3. Schauen Sie am Ende der Woche, wofür Sie die meiste Zeit und Energie aufgebracht haben. Sind es jeden Tag die gleichen Steine, die ins Hintertreffen geraten? Ist Ihr Steinmännchen nicht in Balance? Welche Steine bedürfen Ihrer Aufmerksamkeit?

DIAGNOSTIZIEREN SIE DIE TIEFEREN URSACHEN IHRER KRANKHEIT

Die nächste Übung soll Ihnen helfen, etwaige einschränkende oder selbstsabotierende Glaubenssätze im Hinblick auf Ihre Gesundheit zu identifizieren und sich klarzumachen, ob Sie sich bei Ihren Ärzten und Behandlern wirklich in guten Händen fühlen. Das Steinmännchen dient dabei als diagnostisches Instrument, um zu klären, welche Aspekte in Ihrem Leben Stressreaktionen auslösen und Sie anfälliger für Krankheiten machen. Gleichzeitig bekommen Sie dabei ein Gefühl dafür, mit welchen Aktivitäten Sie im Rahmen Ihres Behandlungsplans Entspannungsreaktionen auslösen könnten. Ziel der Übung ist, die Themen zu erkennen, die als Barriere zwischen Ihnen und einem optimalen Gesundheitszustand stehen.

Von allen sechs Schritten des Programms ist diese Übung die wichtigste. Gleichzeitig kann sie die schwierigste sein. Hören Sie also auf Ihren inneren Leitstrahl, während Sie sich damit befassen. Und nutzen Sie die Hilfe Ihres Unterstützungsteams.

DIAGNOSTISCHE ÜBUNG 3
Stellen Sie sich Ihre Diagnose

TEIL 1

Gehen Sie den folgenden Katalog von Fragen durch und lassen Sie sich so viel Zeit, wie Sie brauchen, um sie alle umfassend und wahrheitsgetreu zu beantworten. Es ist völlig in Ordnung, wenn Sie zwischendrin eine Pause oder Unterbrechung brauchen. Versprochen: Wenn Sie bereit sind, wirklich ehrlich mit sich selbst zu sein, werden Sie von Ihrem inneren Leitstrahl ein kostbares Geschenk bekommen – die Gelegenheit herauszufinden, was Ihnen wirklich fehlt, sodass Sie sich selbst Ihre Diagnose stellen können.

Vielleicht hilft es Ihnen, sich die Fragen laut vorzulesen, oder bitten Sie eine Person Ihres Vertrauens darum. Oder Sie führen ein Tagebuch dazu, in dem Sie Blätter mit den folgenden Rubriken (ab unten bis Seite 290) anlegen, mit ausreichend Platz für Ihre Einträge.

Den Fragebogen für diese Selbstdiagnose gibt es kostenlos auch als Download über *www.koesel.de/rankin* (siehe Seite 321).

Versuchen Sie, sich selbst in diesem Prozess unendlich mitfühlend zu begegnen. Sollten Sie spüren, dass Sie in eine Abwärtsspirale von negativen Gedanken hineingeraten, dann machen Sie eine Pause, holen Sie sich Hilfe und gehen Sie die Sache mit Unterstützung Ihres Teams erneut an. Achten Sie darauf, während dieses Prozesses radikale Selbstfürsorge zu praktizieren. Konzentrieren Sie sich auf Gefühle der Dankbarkeit, gönnen Sie sich Dinge, die Ihnen Freude bereiten, und seien Sie sich selbst Ihr bester Freund. Damit lindern Sie den Schmerz mancher Erkenntnisse und können sich leichter auf das konzentrieren, was in Ihrem Leben gut läuft. Auf diese Weise trauen Sie sich eher, sich mit dem zu konfrontieren und das zu ändern, was nicht funktioniert.

GLAUBENSSÄTZE

- Wie schätze ich meine genetische Veranlagung ein und inwiefern glaube ich, dass meine Gesundheit genetisch bedingt ist?

- Welche Einstellung habe ich zum Thema Gesundheit?

- Was denke ich über meine Krankheit?

- Wie hoch schätze ich die Fähigkeit des Körpers ein, sich selbst zu reparieren?

- Inwiefern glaube ich, meinen Körper über den Geist beeinflussen zu können?

- Bin ich bereit, mich für den Gedanken zu öffnen, dass die tiefere Ursache für meine Erkrankung nicht im rein Körperlichen zu suchen ist? Und wenn nicht, warum?

- Welchen Gewinn beziehe ich aus meiner Krankheit?

- Bin ich bereit, den Gewinn, den ich aus meiner Krankheit beziehe, aufzugeben, um gesund zu werden?

- Habe ich es verdient, wirklich gesund zu sein?

- Wie wirkt sich meine Kindheit auf meinen derzeitigen Gesundheitszustand aus?

UNTERSTÜTZUNG

- Inwieweit fühle ich mich von meinen Behandlern gesehen und gehört?

- Was ist meine größte Angst bei dem Gedanken, mich von einem Behandler zu trennen?

- Bringe ich meine Bedürfnisse meinen Behandlern gegenüber zum Ausdruck? Wenn nicht, warum?

- Kommt es vor, dass ich mich auf dem Weg der Genesung in irgendeiner Weise selbst sabotiere?

- Was tue ich selbst für meine Gesundheit?

- Wie fühle ich mich, wenn ich aus der Praxis meines Behandlers komme?

- Was würde mir helfen, mich in meiner Beziehung zu meinen Behandlern besser unterstützt zu fühlen?

- Halte ich vor meinem Behandler einen Teil der Informationen zurück? Wenn ja, warum?

- Bin ich es wert, im engen Kontakt zu meinen Behandlern zu sein?

- Welche Themen aus der Vergangenheit halten mich womöglich davon ab, meinen Behandlern als mündiger Patient auf Augenhöhe zu begegnen?

INNERER LEITSTRAHL

- Führe ich ein authentisches Leben im Einklang mit allem, was ich mir wünsche?

- Setze ich mich dafür ein, mir meine Wünsche zu erfüllen?

- Was möchte mein innerer Leitstrahl mir mitteilen?

- Wenn sich meine Intuition meldet, höre ich dann auf sie?

- Mit welcher Tatsache in meinem Leben möchte ich mich momentan nicht konfrontieren?

- Was gibt es in mir, das ich zurückhalte? Was sehnt sich danach, herausgelassen zu werden?

- Was steht zwischen mir und meinem inneren Leitstrahl?

- Bin ich bereit, alles zu riskieren, um auf meinen inneren Leitstrahl zu hören? Wenn nicht, warum?

- Wer wäre ich, wenn ich keine Angst hätte?

- Auf einer Skala von eins bis zehn: Wie sehr liebe und akzeptiere ich mich selbst?

BEZIEHUNGEN

- Wie sieht es mit meinem Liebesleben aus? Wie ist es um meine Freundschaften und mein soziales Netzwerk bestellt?

- Welche sich wiederholenden Beziehungsmuster begegnen mir in meinem Leben immer wieder?

- Gibt es etwas, was ich vergeben müsste? Bin ich bereit, der Person zu verzeihen? Warum? Oder warum nicht?

- Was müsste geschehen, damit ich mich rundum geliebt fühle?

- Welches Maß an Verletzlichkeit lasse ich im Umgang mit den Menschen in meinem Leben zu?

- Welchen Nachruf würde ich schreiben, wenn die Menschen, die ich liebe, heute sterben würden? Wenn die Menschen, die ich liebe, sterben würden oder bereits gestorben sind, wie viel ist zwischen uns unausgesprochen geblieben?

- Wenn ich mir meine Beziehungen betrachte: Gibt es da immer einen, der im Unrecht und einen, der im Recht ist?

- Wie oft fühle ich mich in meinen Beziehungen ausgenutzt? Bin ich bereit, mich aus der Rolle des Opfers oder Retters zu verabschieden, um gesund zu werden?

- Bin ich es wert, geliebt zu werden und Zuneigung zu erfahren?

- Wenn ich einen Zauberstab hätte, was würde ich im Hinblick auf die Liebe in meinem Leben verändern?

BERUF/BERUFUNG

- Was stimmt für mich an meiner Arbeit?

- Was will mich mein innerer Leitstrahl im Hinblick auf meine Arbeit wissen lassen?

- Bringe ich den überwiegenden Teil meines Tages mit Aktivitäten zu, die meinen Neigungen und meiner Berufung entsprechen?

- Über welche natürlichen Talente verfüge ich?

- Wie fühle ich mich geistig und körperlich, während ich arbeite?

- Würde man mir am letzten Tag meines Lebens ein Mikrofon in die Hand drücken und mich vor einen Saal mit Leuten hinstellen, was würde ich der Welt noch verkünden?

- Wenn ich und meine Familie finanziell komplett abgesichert wäre, was würde ich dann mit meiner Zeit anfangen?

- Wenn ich die Angst aus der Gleichung herausstreichen würde, welchen Einfluss hätte das auf meinen Tagesablauf?

- Ist mein Job eine Brücke, die mich meinen Zielen näherbringt?
- Nehme ich aus meinem Alltagsjob bestimmte Dinge mit, die ich können oder wissen sollte, auch wenn ich die Arbeit selbst eigentlich nicht mag?

KREATIVITÄT

- Was befeuert meine Kreativität? Wer oder was ist meine Muse?
- Bin ich mir im Klaren darüber, was ich aus meiner Seele heraus erschaffen möchte?
- Was hilft mir dabei, meine Kreativität frei fließen zu lassen?
- Welche Art von kreativen Projekten begeistert mich? Befasse ich mich regelmäßig mit solchen Dingen?
- Mit welchen kreativen Dingen habe ich mich in meiner Kindheit befasst?
- Wenn ich alle Zeit und alles Geld der Welt hätte, was würde ich dann erschaffen?
- Wie fühle ich mich, wenn es mir an Inspiration mangelt?
- Bin ich bereit, mich der Frustration im kreativen Prozess zu stellen?
- Bin ich es wert, mich kreativ auszudrücken?
- Welchen Stellenwert genießt die Kreativität in meiner Familie?

SPIRITUALITÄT

- Was gibt mir ein Gefühl der spirituellen Verbundenheit?

- Was ist mir heilig?

- Wenn ich mich nicht als »religiös« betrachte oder auch nicht an irgendeine höhere Macht glaube: Gibt es für mich dann andere Möglichkeiten, mein spirituelles Selbst zu nähren?

- Was denke und fühle ich zum Thema Religion? Welche negativen Gedanken habe ich im Hinblick auf Spiritualität und Religion?

- Gelingt es mir eher, in einer spirituellen Gemeinschaft zu meiner Spiritualität zu finden? Oder bin ich diesbezüglich eher ein Einzelwesen?

- Bin ich offen dafür, in Krankheiten eine Gelegenheit zum spirituellen Erwachen zu sehen?

- Was hält man in meiner Familie von Spiritualität?

- Liefert mir meine Spiritualität oder Religion in irgendeiner Weise Argumente zur Beurteilung anderer?

- Bin ich es wert, mich aufs Tiefste mit dem Göttlichen verbunden zu fühlen?

- Könnte es meinen Körper in die Entspannungsreaktion bringen, wenn ich mich der richtigen spirituellen Gemeinschaft anschließen würde?

SEXUALITÄT

- Was wünsche ich mir wirklich in sexueller Hinsicht? Erfülle ich mir diesen Wunsch?
- Was kann mir helfen, mein authentisches sexuelles Selbst stärker zum Ausdruck zu bringen?
- Welche Ängste, Glaubenssätze oder Komplexe hindern mich daran, meine Sexualität so offen und ehrlich zu leben, wie ich es möchte?
- Wie fühle ich mich im Hinblick auf mein allererstes sexuelles Erlebnis?
- Gibt es vielleicht Dinge in meinem vergangenen oder gegenwärtigen Sexualleben, die der Heilung bedürfen?
- Was törnt mich *wirklich* an? Was törnt mich *wirklich* ab?
- Was löst es in mir aus, wenn ich daran denke, Sex zu haben, ohne dass ich wirklich will?
- Regen sich in mir Gefühle von Sinnlichkeit, wenn ich gerade keinen Sex habe?
- Was denkt meine Familie zum Thema Sex?
- Wenn ich sexuell alles machen könnte und sicher wäre, dass keine Menschenseele je davon erfährt, was würde ich dann tun?

GELD

- Welche Gedanken und Gefühle habe ich im Hinblick auf meine finanzielle Situation?

- Stehe ich finanziell auf gesunden Füßen?

- Wie definiere ich Faktoren wie gesunde Finanzen, Erfolg und Überfluss?

- Bin ich ehrlich im Hinblick auf meine finanzielle Situation, oder stecke ich den Kopf in den Sand?

- Was denkt meine Familie zum Thema Geld?

- Von welchen einschränkenden Glaubenssätzen im Hinblick auf meine finanzielle Lage sollte ich mich verabschieden?

- Verfüge ich über ausreichende finanzielle Reserven, um Notfälle überbrücken zu können?

- Ist es möglich, arm und glücklich zu sein?

- Wie viel Zeit verbringe ich damit, mir Gedanken über Geld zu machen?

- Kann ich mit Geld Liebe kaufen?

ÄUSSERES UMFELD

- Lebe ich an dem Ort, an dem mein innerer Leitstrahl leben möchte?
- Wenn ich mich umschaue, gefällt mir das, was ich sehe?
- Bin ich von schönen Dingen umgeben? Spielt die Natur in meinem Umfeld eine Rolle?
- Wie gesund ist mein äußeres Umfeld?
- Welche Umwelteinflüsse könnten sich schädlich auf meine Gesundheit auswirken?
- Auf einer Skala von eins bis zehn: Wie »grün« bin ich?
- Was unternehme ich, um die umweltbedingte Schadstoffbelastung meines Körpers so gering wie möglich zu halten?
- Welche Einflüsse aus meinem äußeren Umfeld könnten sich negativ auf meine Gesundheit auswirken?
- Wie kann ich mich von unnötigem Ballast in meinem Umfeld befreien?
- Bin ich es wert, in der heilenden, friedlichen Atmosphäre eines Ortes zu leben, den ich wirklich liebe?

GEISTIGE AUSGEWOGENHEIT

- Was macht mich glücklich? Was macht mich unglücklich?
- Was würde mich auf der geistigen Ebene heilen?
- Leide ich immer noch unter Traumata aus der Vergangenheit? Wenn ja, welche sind das?
- Bin ich es wert, glücklich zu sein?
- Wie viel von meiner Zeit verwende ich auf negative Gesprächsinhalte, etwa indem ich mich auf Klatsch und Tratsch über andere einlasse, andere kritisiere oder mich über alles Mögliche beklage?
- Bin ich bereit zu prüfen, wie es um meine geistige Ausgewogenheit bestellt ist?
- Wofür bin ich dankbar?
- Bringe ich regelmäßig meine Dankbarkeit für die Dinge zum Ausdruck, die ich in meinem Leben schätze?
- Wofür kann ich heute dankbar sein?
- Halte ich mich eher mit den Dingen auf, die mir im Leben fehlen, statt zu würdigen, was ich habe?

KÖRPERLICHE GESUNDHEIT

- Wie sehen meine Ernährungs- und Bewegungsgewohnheiten aus?
- Wie konsequent halte ich mich an die Empfehlungen und Therapiepläne meines Behandlers?
- Von welchen schlechten Angewohnheiten sollte ich mich verabschieden?
- Wie sieht es mit meinem Energiepegel aus?
- Bringt mich irgendetwas um einen ruhigen Schlaf?
- Welchen Stellenwert genießt mein körperliches Wohlbefinden in meinem Leben?
- Bin ich bereit, Zeit, Geld und Energie zu investieren, um besser für meinen Körper zu sorgen?
- Was wird passieren, wenn mein Körper bei optimaler Gesundheit ist? Wie werden andere darauf reagieren?
- Wie gehe ich mit dem Thema Alter um?
- Wie gehe ich mit dem Thema Tod um?

ZU GUTER LETZT

- Wie hoch ist meine Bereitschaft, mich mitsamt all meinen gottgegebenen Unzulänglichkeiten voll und ganz zu akzeptieren?
- In welchem Maß gestehe ich mir das Recht zu, auch einmal einen Fehler zu machen?
- Bin ich bereit, mich auf meinem Weg der Heilung uneingeschränkt zu lieben und anzunehmen?
- Nachdem ich nun all diese Fragen beantwortet habe: Fühlt sich mein innerer Leitstrahl nun heller an? Habe ich das Gefühl, jetzt alles zu haben, was ich brauche, um meinen Körper auf ein Wunder vorzubereiten?
- Bin ich bereit, die in diesem Prozess gewonnenen Erkenntnisse zu nutzen, um mir selbst ein Rezept zu schreiben und die notwendigen Veränderungen in meinem Leben vorzunehmen?

TEIL 2

Können Sie aufgrund Ihrer Antworten die tieferen Ursachen Ihrer Krankheit erkennen?

Sabotieren Sie sich mit negativen Glaubenssätzen? Haben Sie die richtige Unterstützung? Haben Sie in Ihrem Steinmännchen (Seite 249) der ganzheitlichen Gesundheit irgendwelche Dinge entdeckt, die bei Ihnen Stressreaktionen auslösen und Ihrem Körper so schaden? Gibt es irgendwelche ungenutzten Möglichkeiten, Ihren Körper in die Entspannungsreaktion zu bringen? Haben Ihnen die Fragen geholfen, ein

Licht auf die blinden Flecken in Ihrem Leben zu werfen, die Sie sehen müssen, um wirklich gesund zu werden?

Tragen Sie in Ihrem Diagnose-Tagebuch (siehe Seite 278) für jede Kategorie im Fragebogen all die Dinge ein, die sich während des Prozesses als gesundheitsförderlich für Sie herausgestellt haben und die im Rahmen Ihres Plans zur radikalen Selbstfürsorge künftig mehr Raum einnehmen sollten.

Gratulation! Mit Ihrer Analyse der gesundheitsschädlichen und -förderlichen Aspekte in Ihrem Leben haben Sie sich soeben Ihre Diagnose gestellt. Wenn Sie erfahren möchten, wie meine eigene Diagnose aussah, auf deren Grundlage ich meine gesundheitlichen Probleme lösen konnte, blättern Sie weiter zu Anhang B.

FÜNFTER SCHRITT

SCHREIBEN SIE SICH SELBST EIN REZEPT

Inzwischen sind Sie bereits vier wichtige Schritte zur Selbstheilung gegangen: Sie haben beschlossen, auf Ihren Körper zu hören, sind in Kontakt zur Weisheit Ihres inneren Leitstrahls gegangen, haben Ihre Glaubenssätze überprüft, Ihr Unterstützungsteam unter die Lupe genommen und analysiert, haben herausgefunden, welche Steine in Ihrem Steinmännchen der ganzheitlichen Gesundheit aus der Balance geraten sein könnten. Und nachdem es Ihnen so gelungen ist, die tieferen Ursachen Ihrer gesundheitlichen Beeinträchtigungen zu diagnostizieren, ist es nun an der Zeit, einen ganzheitlichen Behandlungsplan zur radikalen Selbstfürsorge zu entwickeln.

Der Behandlungsplan, den ein Arzt im Krankheitsfall für Sie aufstellen würde, sieht normalerweise etwas anders aus. Nehmen wir an, die Diagnose lautet Krebs. Würden Sie sich mit einem solchen Krankheitsbild in die Hände eines versierten, erfahrenen, ganzheitlich orientierten Behandlers begeben, sähe er wahrscheinlich neben Operation und Chemotherapie eine vollwertige, rohkostbetonte oder vegane Ernährung, eine ganze Palette von Nahrungsergänzungsmitteln zur Stärkung des Immunsystems, die Teilnahme an einer Selbsthilfegruppe zur besseren Bewältigung der emotionalen Belastung und regelmäßiges Yoga für die innere Balance vor. Dieser Behandlungsplan wird Sie ein großes Stück voranbringen.

Wurzelt Ihre Immunschwäche jedoch in Einsamkeit, beruflichem Stress oder einer Depression, können Sie mit einer rein auf das Krebsgeschehen ausgerichteten Behandlung zwar kurzfristige Erfolge erzielen. Auf Dauer aber reicht sie nicht aus. Um optimal gegen Krankheiten vorzubeugen oder diese zu behandeln und nicht immer wieder in den geschwächten Zustand zurückzufallen, müssen UNBEDINGT die tieferen Ursachen angesprochen werden, die Sie anfällig für Ihre Beschwerden machen. Sie müssen auf Ihren inneren Leitstrahl hören und sich von ihm zu Möglichkeiten der inneren Neuausrichtung führen lassen, die über das von der schulmedizinischen Behandlung leistbare Maß hinausreichen.

Genau darum geht es, wenn Sie sich nun *Ihr eigenes Rezept schreiben*. Um es zusammenzustellen, müssen Sie zuerst den Chefsessel für sich beanspruchen und sich selbst zum höchsten Boss über Ihre eigene Gesundheit erklären. Sie allein treffen die Entscheidungen. Alle anderen arbeiten Ihnen zu.

Natürlich ist es die Aufgabe Ihres Arztes, Labortests anzuordnen und Ihnen zu helfen herauszufinden, was Ihnen fehlt. Er verordnet Ihnen die Medikamente, die Sie brauchen. Und auch wenn eine Operation oder andere medizinische Behandlung notwendig erscheint, leitet er die notwendigen Schritte ein. Aber ob Sie die Medikamente nehmen oder sich dem Eingriff tatsächlich unterziehen – das hängt allein von Ihnen ab. Genau das ist gemeint, wenn ich von Ihrem *persönlichen Rezept* spreche. Sie folgen den Anweisungen Ihres Arztes nicht blind. Sie werden zum vollwertigen Partner im Heilungsprozess. Sie lauschen in Ihren Körper hinein, hören auf Ihren inneren Leitstrahl und besprechen sich mit den Menschen, die Sie an Ihren runden Tisch der Heilung einladen.

Wann immer Sie Entscheidungen im Hinblick auf Ihre Gesundheit zu treffen haben, nur zu: Holen Sie sich den Rat der besten Spezialisten ein, die

Sie finden können. Aber vergessen Sie nie, dass sie da sind, *um Ihnen zu helfen*. Laden Sie Ihren Arzt, Therapeuten, Akupunkteur, Masseur, Lebensberater, ihre Mutter (wen auch immer!) ein, mit an Ihrem runden Tisch Platz zu nehmen. Diese Menschen sind Ihr Steuerungsteam, Ihr Beratungsgremium, Ihre Ausbilder.

Wählen Sie sie mit Bedacht. Wenn Sie es sich leisten können, legen Sie das Geld hin, um die besten Leute zu engagieren, die Sie kriegen können. Aber vergessen Sie nie: Es ist Ihr runder Tisch! Sie haben den Vorsitz. Es mag sein, dass die Teilnehmer der Runde widerstreitende Standpunkte vertreten. Gut möglich, dass Sie die unterschiedlichen Meinungen bisweilen verwirren. Aber weichen Sie nicht zurück. Sie kennen Ihren Körper besser als jeder andere.

Wenn es nur einen einzigen richtigen Weg gäbe, um den Körper zu heilen, wären wir alle einer Meinung. Aber den gibt es eben nicht. Darum spricht man bei der Medizin von einer Kunst. Letztlich muss sich der Behandlungsplan für Sie richtig anfühlen. Es geht um Ihren Körper. Ihr Leben. Ihre Entscheidung. Das letzte Wort haben immer Sie. Solange Sie Ihre Entscheidungen aus dem inneren Wissen schöpfen, das sich Ihnen im engen Kontakt mit Ihrem inneren Leitstrahl und Ihrem Körper erschließt, werden Sie immer richtig liegen.

Sich selbst ein Rezept zu schreiben, beschränkt sich aber nicht darauf, sich das richtige Team von Behandlern zusammenzustellen und eine aktive Rolle in der Entwicklung des Behandlungsplans zu spielen. Es geht tiefer. Vielleicht haben Sie beim Lesen dieses Buches erkannt, dass sich die einschränkenden, selbstsabotierenden, negativen Glaubenssätze, die Sie in Bezug auf Ihre Gesundheit haben, tatsächlich schädlich auf Ihren Körper auswirken können. Vielleicht ist Ihnen klar geworden, dass Einsamkeit dem Körper wehtut. Womöglich hatten Sie ein Aha-Erlebnis, als Sie erfuhren, wie tödlich beruflicher Stress sein kann. Sie haben vielleicht gemerkt, dass es höchste Zeit ist, Pessimismus in Optimismus zu verwandeln und Ihr Leben so zu gestalten, dass Sie zufriedener und glücklicher sind. Das Steinmännchen der ganzheitlichen Gesundheit hat Ihnen möglicherweise geholfen, einige der

Dinge zu identifizieren, die in Ihrem Leben aus der Balance geraten sind und Ihrer Gesundheit zusetzen.

Nun ist es an der Zeit, dieses neue Bewusstsein in einen Aktionsplan umzusetzen. Sie sollen nicht nur *wissen*, was Ihre Gesundheit aus dem Lot gebracht haben könnte. Sie sollen auch etwas dagegen *tun*, und nur Sie selbst können wissen, was das sein könnte. Ihr Arzt kann Ihnen Pillen verordnen, aber nur Sie selbst können sich ein Rezept dafür schreiben, was Sie in Ihrem Leben ändern müssen, um optimale Voraussetzungen für eine Heilung im ganzheitlichen Sinne zu schaffen.

Und hier kommt die Anleitung dazu:

EINE THERAPEUTISCHE ÜBUNG
Schreiben Sie sich selbst ein Rezept

1. Nehmen Sie einen Stift, Ihr Tagebuch oder ein paar Bogen Papier zur Hand und beschriften Sie es mit dem Wort »Rezept«. Listen Sie darin alle Rubriken aus der Diagnose auf – und lassen Sie wiederum genügend Platz für Einträge. Wenn Sie mögen, können Sie sich auch das unter *www.MindOverMedicineBook.com* zum Download bereitstehende Formular »The Prescription« (in englischer Sprache) ausdrucken.
2. Legen Sie nun die Diagnose bereit, die Sie sich inzwischen in allen Rubriken (siehe Seite 278 bis 290) in Ihrem Tagebuch oder auf losen Blättern erstellt haben.
3. Nehmen Sie sich einen Augenblick Zeit, um die Augen zu schließen und sich mit Ihrem inneren Leitstrahl zu verbinden. Achten Sie darauf, offen zu sein und sich selbst liebevoll und mitfühlend zu begegnen. Sobald Sie sich zentriert, entspannt und empfänglich für Intuitionen fühlen, öffnen Sie die Augen.

4. Gehen Sie Ihre Diagnose Punkt für Punkt durch und fragen Sie sich, was Sie tun können, um sich mit den tieferen Ursachen Ihrer Krankheit auseinanderzusetzen – und schreiben Sie dies auf Ihre Rezeptblätter. Vertrauen Sie auf Ihre Intuition und versuchen Sie, das, was in Ihnen aufsteigt, nicht zu beurteilen. Denken Sie daran, dass Sie die Aktionen und Maßnahmen nicht gleich in die Praxis umsetzen müssen, aber seien Sie unbedingt ehrlich mit sich selbst. Zensieren Sie nichts. *Was Sie zu Papier bringen, braucht niemand außer Ihnen je zu Gesicht zu bekommen.*
5. In der Einzelberatung gebe ich meinen Patienten oft speziell auf sie zugeschnittene Empfehlungen mit auf den Weg, die in das Rezept mit einfließen können, doch im Rahmen dieses Buches ist das leider nicht möglich. Wenn Sie zum Beispiel Probleme in der Ehe haben, würde ich Ihnen bestimmte Bücher ans Herz legen, Sie an eine Therapeutin meines Vertrauens verweisen oder Ihnen das eine oder andere Seminar vorschlagen. Doch Sie werden überrascht sein, wie viel Ihnen auch ohne meine Hilfe einfällt. Sie brauchen niemanden – weder mich, noch irgendjemanden sonst –, um herauszufinden, was Ihrem Körper oder Ihrem Leben fehlt.
6. Für den Fall, dass Sie dennoch auf ein Thema stoßen, das Sie nicht zu lösen wissen, will ich Sie nicht alleine lassen. Folgen Sie meinem Blog unter *www.LissaRankin.com*. Dort gebe ich konkrete Empfehlungen für ein Leben und Lieben ohne Angst und für ein optimales Leben. Oder schauen Sie bei *www.OwningPink.com* vorbei. Dort schreiben über dreißig Heiler und visionäre Lehrer darüber, wie Sie die einzelnen Steine Ihres Steinmännchens der ganzheitlichen Gesundheit in die Balance bringen können (beides in englischer Sprache).

Das Rezept, das ich mir selbst geschrieben habe, finden Sie in Anhang C (Seite 315).

WERDEN SIE AKTIV

Das Schreiben Ihres persönlichen Rezepts ist nur der Anfang. Der nächste Schritt in dem Prozess ist der spannendste und erfordert den meisten Mut. Sobald Sie sich darüber im Klaren sind, welche Veränderungen Sie in Ihrem Leben umsetzen müssen, um optimale Voraussetzungen für Ihre Gesundheit zu schaffen, ist es Zeit, aktiv zu werden.

Lassen Sie mich, bevor es weitergeht, in die Rolle des Cheerleaders schlüpfen: Sie schaffen das! Ich weiß es aus eigener Erfahrung. Ich erinnere mich genau, wie es war zu wissen, einfach zu *wissen*, was ich tun musste, um mir selbst das Leben zu retten. Und ich hatte schreckliche Angst. Gleichzeitig aber war ich aufgeregt, denn ich wusste im Innersten meines Herzens, dass sich mein Leben zum Besseren wenden würde.

Ich weiß, dass es Ihnen genauso ergeht, und so stehe ich jetzt vor Ihnen und wirble wie wild die Pompoms herum. Auf geht's! Los! Ich bin schon jetzt superstolz auf Sie, weil Sie eine Linie in den Sand gemalt und sie furchtlos überschritten haben.

Ich weiß, dass jetzt wahrscheinlich Ihr Herz rast. Sie haben Schmetterlinge im Bauch. Vielleicht löst schon der Gedanke, sich mit Ihrer Diagnose zu konfrontieren und Ihr Rezept umzusetzen, Stressreaktionen in Ihnen aus. Aber keine Sorge. Das geht vorüber. Ich verspreche Ihnen, dass schon bald der Entspannungsprozess einsetzen wird.

Ich habe meinen Job in der konventionellen Schulmedizin an den Nagel gehängt, um Klienten durch diesen Prozess zu begleiten, und darum weiß ich, welche Ängste er auslösen kann. Doch ich staune immer wieder, wie stark der menschliche Geist in Wirklichkeit ist. Die massiven Veränderungen, die ich bei denen erlebt haben, die sich trauten, den Weg der Heilung konsequent zu beschreiten, haben mir das Herz geöffnet und meine Vorstellungskraft gesprengt. Ich bin Zeugin von medizinischen Wundern geworden, von Spontanheilungen, die ich mir nur durch physiologische Selbstreparatur erklären kann. Immer wieder habe ich erlebt, wie sich Menschen ihren Ängsten gestellt, ihr Herz geöffnet und ihr Leben komplett verändert haben.

Denken Sie daran, während des gesamten Prozesses immer wieder Verbindung zu Ihrem inneren Leitstrahl aufzunehmen. Vertrauen Sie sich ihm wie Ihrem besten Freund an, und lassen Sie sich von ihm immer wieder vor Augen führen, welche Wahrheiten es zu suchen und welchen Gewissheiten es zu folgen gilt. Er begegnet Ihnen mit unendlichem Mitgefühl, und je tiefer sie sich auf ihn einlassen, desto freudvoller kann sich dieser Prozess gestalten.

Was aber ist, wenn Sie gar nicht handeln wollen? Wenn Sie wissen, was zu tun wäre, um gesund zu werden, aber einfach den Absprung nicht schaffen? Wenn es Ihnen so ergeht, seien Sie liebevoll mit sich selbst. Vielleicht ist die Zeit noch nicht reif. Sie werden wissen, wann es so weit ist, denn dann ist der Schmerz der Untätigkeit plötzlich größer als die Angst vor dem Unbekannten. Wenn Sie diesen Punkt noch nicht erreicht haben, ist es in Ordnung zu warten.

Aber warten Sie nicht zu lange. Ich möchte nicht, dass Ihr Körper anfängt zu schreien, nur weil Sie nicht bereit sind, auf sein Flüstern zu hören.

Während der Selbstdiagnose und der Arbeit am eigenen Rezept werden den meisten Menschen radikale Veränderungen abverlangt, und manche sind einfach nicht bereit, den Weg zu gehen, auf den ihr innerer Leitstrahl sie führen will. Die Frage, die ich meinen Patienten dann stelle, lautet: »Wenn Sie nicht bereit sind zu tun, was zu tun ist, möchten Sie lieber krank bleiben?«

Manche senken dann verlegen den Blick und nicken und geben zu, dass sie lieber ihre Gesundheit aufs Spiel setzen wollen als sich zu trauen, das zu ändern, was zu ändern ist. Und wenn das so ist, dann ist es in Ordnung. Ich will das nicht werten. Aber es ist gut, sich nichts vorzumachen und zu wissen, welche Entscheidung man da trifft.

Andere wiederum sagen mir, dass sie alles tun, jedes Risiko eingehen und sich allem Notwendigen stellen werden, wenn es nur den Hauch einer Chance gibt, physiologische Veränderungen in ihrem Körper zu bewirken. Dies sind die Menschen, die mich im Herzen berühren und bei denen ich feuchte Augen bekommen. Und sie sind es auch, die überdurchschnittlich oft von ihrer Krankheit genesen.

Also letztlich ist es Ihre Sache. Ihr Körper. Ihr Leben.

Wenn Sie wissen, welche Veränderungen in Ihrem Leben vorzunehmen sind, und beschließen, sie nicht umzusetzen, dann gehen Sie besonders liebevoll mit sich um. Setzen Sie sich nicht unter Druck. Machen Sie winzigste Schrittchen. Belohnen Sie sich oft. Bedenken Sie sich mit großzügigen Portionen von Akzeptanz, Dankbarkeit und Liebe. Sie werden es als Wegzehrung für Ihre Reise brauchen.

SECHSTER SCHRITT
LÖSEN SIE SICH VON ALLEN ERWARTUNGEN BEZÜGLICH DES MÖGLICHEN AUSGANGS

Nachdem Sie Ihre Einstellung zum Positiven gewandelt und sich die richtige Unterstützung gesucht haben, mit der Weisheit Ihres Körpers und inneren Leitstrahls in Kontakt gegangen sind, sich Ihre Diagnose gestellt, Ihr Rezept geschrieben und die dabei gewonnenen Erkenntnisse in entsprechendes Handeln umgesetzt haben, kommt irgendwann der Moment, an dem Sie sich dem Lauf der Dinge anvertrauen und von Erwartungen im Hinblick auf den möglichen Ausgang lösen müssen. Natürlich wollen Sie geheilt werden. Welcher Mensch wollte das nicht, wenn er krank ist? Aber die Wahrheit sieht so aus, dass es womöglich nicht passieren wird. Und es ist nicht Ihre Schuld.

Zwar bin ich davon überzeugt, dass wir mit Veränderungen in unserem Leben die Voraussetzungen für eine körperliche Selbstheilung schaffen können, doch wir müssen akzeptieren, dass es letzten Endes keine Garantie dafür gibt, ob wir krank bleiben oder gesund werden. Wir können alles »richtig« machen und trotzdem am Ende sterben – ein Schicksal, das uns eines Tages ohnehin alle ereilen wird. Oder wir unternehmen gar nichts, und es kommt trotzdem zu einer Spontanheilung.

Es kommt nur allzu oft vor, dass sich Menschen, die sich radikal für eine Selbstheilung entscheiden, wie Versager fühlen, wenn Ihre Krankheit dann nicht verschwindet. Aber warum sollten wir uns auf diese Schiene begeben? Woher wollen wir wissen, was das Universum für uns bereithält? Wie können wir vorhersehen, welche Lektionen wir hier auf Erden zu lernen haben und welchen Herausforderungen wir uns im Leben stellen müssen, um sie zu bewältigen? Vielleicht ist es manchen von uns vorbestimmt, krank zu sein, damit wir herausfinden können, wonach sich unsere Seele sehnt und wie wir solche schweren Zeiten mit Würde überstehen. Die Würde liegt darin zu kämpfen, bis es an der Zeit ist, das Kämpfen einzustellen und jeden Schritt der Reise wertzuschätzen, selbst wenn es nicht in die gewünschte Richtung geht.

Es ist schwer zu sagen, welche Gefühle der Prozess der Selbstheilung in Ihnen auslösen wird, darum möchte ich Ihnen eine kleine Aufmunterung mit auf den Weg geben. Ich habe viele Menschen auf dieser Reise begleitet und kann Ihnen bestätigen, dass diese für jeden anders verläuft, mit wechselndem Ergebnis. So litt beispielsweise eine meiner Patientinnen seit zwanzig Jahren an einer chronischen Krankheit, als wir uns gemeinsam an die Arbeit machten. Nach drei Monaten regelmäßiger Sitzungen und intensivem Einsatz ihrerseits verschwanden ihre Symptome. Ich war begeistert! Es hatte funktioniert!

Sie selbst aber war so sehr am Boden zerstört, dass sie morgens kaum noch aus dem Bett kam, obwohl sie ihre körperlichen Beschwerden losgeworden war. Sie trauerte um die zwanzig Jahre, die sie, wie sie meinte, mit einer Krankheit verloren hatte, die sich allein auf geistigem Weg heilen ließ. Mit täglichen Dankbarkeitsübungen, einer Gelegenheit, sich für weniger begünstigte Menschen einzusetzen, und durch die Geburt ihres Enkelsohnes konnte sie sich schließlich aus ihrer Depression befreien. Doch ihr Fall half mir zu erkennen, wie wichtig es ist, im gegenwärtigen Augenblick zu leben, wenn man einen Prozess wie diesen durchläuft. Es kommt entscheidend darauf an, optimistisch zu bleiben, sich auf den Aspekt der Dankbarkeit zu fokussieren und zu schätzen, was man hat, um nicht ins Hadern und Klagen über das zu verfallen, was alles hätte sein können.

Sollten Sie mit dem Glück gesegnet sein, infolge dieses Prozesses eine Spontanheilung zu erleben, bitte ich Sie inständig, sich bei Ihrem Schicksalsstern zu bedanken, dafür, dass es passiert ist. Sie haben eine zweite

Chance bekommen, und nun können Sie das Gelernte nutzen, um anderen zu helfen.

Bei einer anderen Patientin von mir, bei der es ebenfalls zu einer Spontanheilung gekommen war, geschah etwas ganz anderes. Auch sie hatte schwer unter ihrer Krankheit gelitten, doch sie schaute kein einziges Mal zurück. Sie betrachtete ihre Heilung als ein Wunder. Sie fühlte sich nicht nur spirituell bereichert und gesundheitlich wiederhergestellt, auch ihr Liebesleben sowie ihr beruflicher Alltag und Wohnort wurden von den Veränderungen erfasst.

Wieder eine andere Patientin stellte sich diesem ganzen Prozess mit so viel Mut, obwohl sich ihr Zustand rasch verschlechterte. Furchtlos konfrontierte sie sich mit dieser Wahrheit, stellte alle möglichen Beziehungen in ihrem Leben auf eine neue Basis, ging daran, sich einen lange gehegten Traum zu erfüllen, verabschiedete sich von altem Groll, ließ alte, schal gewordene Ängste los, vergab Menschen, gegen die sie sich seit ihrer Kindheit aufgelehnt hatte, entließ sich selbst aus der falschen Identität ihres Ego und richtete sich in allen Aspekten ihres Lebens nach ihrem inneren Leitstrahl aus. Obwohl sie am Ende ihrer Krankheit erlag, strahlte sie dabei eine solche Würde aus, das sie im Sterben Dutzende anderer Menschen heilte, vor allem in ihrer Familie. Sie erfuhr keine Genesung, aber sie starb geheilt. Hunderte kamen zu ihrer Beerdigung, um sich für dieses gut gelebte und gut beendete Leben zu bedanken.

Was können wir uns mehr wünschen auf unserer Reise? Wir können nur gewinnen. Ob wir gesund werden oder nicht – wir werden geheilt, und mit unserer Heilung bieten wir auch anderen Heilung an.

Sollten Sie offen für die Vorstellung einer Wiedergeburt sein, dann führen Sie sich vor Augen, dass Sie auf der anderen Seite ein Maß an Weite und Wachstum erleben werden, das unsere menschliche Vorstellungskraft sprengt. Sobald Sie alles getan haben, um Ihren Körper bereit für ein Wunder zu machen, geben Sie alle Erwartungen bezüglich des möglichen Ausgangs auf. Dann wird die Krankheit zu einer Chance des spirituellen Erwachens. Wenn

Sie es zulassen, kann vieles geschehen: Die Krankheit kann Ihr Ego aus dem Weg pusten und in Ihnen ein Feuer entfachen, das Ihnen den Antrieb gibt, neue Lebensprioritäten zu setzen. Sie kann Sie dankbar machen für das, was Sie haben, und Sie in Einklang mit Ihrem inneren Leitstrahl bringen. Und sie schafft mehr Nähe zwischen Ihnen und Ihrer Familie oder Ihren Freunden und auch mehr Nähe zur Göttlichkeit.

Im Rahmen eines künstlerischen Projekts mit dem Titel »The Woman Inside« (»Die Frau im Inneren«) habe ich die Torsi von Frauen mit Brustkrebs mit medizinischem Gips abgeformt und sie währenddessen zu dem Schönen in ihrem Inneren befragt. So gut wie jede von ihnen meinte, die Krankheit sei das Beste gewesen, das ihr je passiert sei. Denn sie führte sie letztlich dazu, Dinge zu tun, die ihr Leben langfristig zum Positiven wendeten.

Wir sollten nicht warten, bis uns eine Krankheit mit unserer Wahrheit in Einklang bringt, doch oftmals ist es so. So wie ich selbst meinen großen Sturm brauchte, der mich wachrüttelte, müssen viele erst krank sein, um aus ihrer Selbstzufriedenheit herausgestoßen zu werden und so zu leben, als würden sie morgen sterben.

Schlägt die Krankheit zu, ist dies eine mächtige Chance aufzuwachen, selbst wenn ein Teil unserer Lern- und Lehraufgabe hier auf Erden darin besteht, in Würde zu sterben. Ich glaube, dass Wunder immer möglich sind, doch manchmal will sich keine Genesung einstellen. Wir müssen mit dieser Tatsache unseren Frieden schließen. Wenn Sie sich auf den Weg der Selbstheilung begeben und sich auf vollständige Genesung fixieren, bloß um dann festzustellen, dass Sie trotzdem krank bleiben, stürzt Sie das womöglich seelisch in die dunkle Nacht der Verzweiflung. Wenn Sie aber alles in Ihrer Macht Stehende tun, um Ihren Körper reif für ein Wunder zu machen, und *dann loslassen und sich dem Lauf der Dinge anvertrauen,* bereiten Sie damit den Boden für ein Maß an Frieden, Gelassenheit und Freude, das selbst Ihre kühnsten Träume übersteigt.

WENN SIE GEHEILT, ABER NICHT GESUND WERDEN

Ich weiß, was das heißt. Ich habe es bei meinem Vater erlebt.

Als er krank wurde und einen Gehirntumor bekam, der sich schließlich zu einem metastasierenden Melanom entwickelte, war er überzeugt, den Krebs besiegen zu können. Er war jung – zu jung –, und er war optimistisch und voller Vertrauen. Er konnte sich auf ein gutes Netzwerk von Unterstützern verlassen, hatte eine Familie, die ihn bewunderte, und ein sehr offenes Herz. Ganz bestimmt hatte er nichts getan, um diese Krankheit zu verdienen. Er war ein wunderbarer Mann, der im Leben mit allem gesegnet war.

Trotzdem starb er. Es fühlte sich so unfair an.

Ich war gerade mitten in der Recherche für dieses Buch, als ich zu meiner Mutter fuhr, um seinen sechsjährigen Todestag zu begehen. Wir sprachen über meine neu gewonnenen Erkenntnisse, und da fragte sie mich, ob ich meinte, Vater hätte irgendetwas falsch gemacht. Hatte er nicht fest genug an die Möglichkeit der Genesung geglaubt? Hatte er nicht die richtigen Behandler gefunden? War sein Steinmännchen der ganzheitlichen Gesundheit aus der Balance geraten? Hätten wir ihn zu einer makrobiotischen Ernährung überreden sollen? Wäre sein Tod zu verhindern gewesen? Ich sagte ihr, dass ich es ehrlich nicht wüsste.

Ich habe während der Arbeit an diesem Buch sehr viel gelernt, und trotzdem gibt es noch immer eine Menge von Dingen, die ich nicht weiß. Wäre Vaters Tod vermeidbar gewesen? Hätte er den Krebs zurückdrängen können, wenn er grünen Saft getrunken hätte, statt Hähnchenflügel zu essen? Hätte er sich retten können, wenn er sich eine neue Herausforderung gesucht hätte, nachdem er Multiple Sklerose bekam und darum vorzeitig seinen Beruf aufgeben musste? Wäre er gesund geworden, wenn er sich ein kreatives Hobby zugelegt und damit sein Leben bereichert hätte? Hätte sein Liebesleben aktiver sein müssen? Hätte er stundenlang meditieren oder sich ein gesünderes Umfeld suchen müssen? Fehlte es ihm am Lachen? Am Sonnenschein? Gab es zu viele Stressreaktionen? Hätte er mehr Entspannungsreaktionen gebraucht?

Ich kann es nicht sagen.

Vielleicht hätte Dad überlebt, wenn er seine innere Einstellung verändert, sich die richtigen Behandler gesucht, Verbindung zu seinem inneren Leitstrahl aufgenommen, sich selbst eine Diagnose gestellt, sich ein Rezept geschrieben und die gewonnenen Erkenntnisse im Alltag umgesetzt hätte. Vielleicht aber auch nicht. Vielleicht wäre es auf dasselbe hinausgelaufen, wenn er das alles getan hätte.

Während ich meine Mutter umarmte, fragte ich mich, was mein Vater wohl von diesem Buch gehalten hätte, wenn er es noch hätte lesen können. Während der gesamten Recherche war seine Stimme ständig in meinem Hinterkopf präsent; er stellte laufend kritische Fragen, provozierte mich, drängte mich, tiefer einzutauchen, und schlüpfte laufend in die Rolle des großen Skeptikers, den es zu überzeugen galt. Schließlich sprang ich über meinen Schatten und fragte meine Mutter, was sie dazu meinte: Wenn Vater noch am Leben wäre, was würde er wohl von meinen Erkenntnissen und meinem Buch halten?

Meine Mutter wurde still und ging in sich. In einem Augenwinkel formte sich eine Träne. Dann verzog sich ihr Mund zu einem schiefen, süßen Lächeln, und sie sagte, am Anfang hätte er bestimmt geglaubt, ich hätte den Verstand verloren. Doch irgendwann hätte ich mit meiner Arbeit sicher den Wissenschaftler in ihm geweckt. Am Ende, so vermutete sie, hätte selbst er sich die Beweise angesehen und wäre gezwungen gewesen, sich *gerade eben weit genug* zu öffnen, um in Betracht zu ziehen, dass vielleicht zumindest ein Körnchen Wahrheit darin stecken könnte.

Als sie das sagte, brach ich in Tränen aus.

»Eines weiß ich mit Sicherheit«, sagte meine Mutter. »Wenn dein Vater heute hier wäre, er wäre unglaublich stolz.«

In diesem Augenblick vermisste ich meinen Vater so sehr, dass ich mein Herz spürte, wie es unmittelbar unter meiner linken Brust pochte, hohl und verletzt und wund, doch zugleich voll und überfließend. Ich gestand meiner Mutter, dass ich dieses Buch überhaupt nur für meinen Vater schrieb. Während ich an meinem Computer saß, war er mein zweites Paar Augen. Vielleicht würde es mir gelingen, ein Buch zu schreiben, das selbst Ärzte wie mein Vater lesen würden, ohne sofort in die Abwehrhaltung zu gehen; vielleicht könnte ich wirklich etwas bewirken an der Art und Weise, wie Medizin praktiziert und von Patienten empfunden wurde. Lag meine Berufung womöglich darin, Gesundheit neu zu definieren und Menschen dabei zur Seite zu stehen, auf völlig andere Weise heil zu werden? Vielleicht würde sich irgendwann eine ganze Schar von Patienten, Ärzten und anderen Vertretern der Heil- und Pflegeberufe für meinen Ansatz interessieren, weil sie ebenfalls der Ansicht sind, dass unser Gesundheitssystem kaputt ist und wir dringend eine Medizin mit Herz brauchen. Womöglich würde es mir gelingen, Menschen zu lehren, die Verantwortung für ihre Gesundheit zu übernehmen, und das Heilige in die medizinische Praxis zurückzuholen. Vielleicht, nur vielleicht, könnte ich auf diese Weise zur Gesundung meines geliebten Berufs beitragen.

Wie der Icherzähler und Arzt in Abraham Vergheses Roman *Rückkehr nach Missing* sagt: »Wir kommen ungefragt in dieses Leben, und wenn wir Glück haben, finden wir eine Bestimmung jenseits von Hunger, Elend und frühem Tod, die, das wollen wir nicht vergessen, den meisten beschieden sind. Ich bin aufgewachsen und habe meine Bestimmung gefunden, und die bestand darin, Arzt zu werden. Es ging mir nicht darum, die Welt zu retten, sondern selbst gesund zu werden. Nur wenige Ärzte werden es eingestehen, und gewiss nicht die jungen, doch unterbewusst, beim Eintritt in diesen Berufsstand, müssen wir glauben, dass der Dienst an anderen unsere eigenen Verletzungen heilt. Und das kann er auch. Aber er kann sie auch vertiefen.«

Ich gehörte zu diesen Ärzten, deren Verletzungen tiefer geworden waren, und dies hatte mich körperlich krank gemacht. Aber inzwischen habe ich gelernt, mich selbst zu heilen, und will anderen helfen, dies auch zu tun. Die größte Lektion, die ich gelernt habe, ist die: Wir können uns ein Leben lang von unseren Ängsten treiben lassen, uns an der Illusion von Kontrolle festklammern und nach allem greifen, was wir für sicher halten, nur um eines Tages zu spüren, dass unser Leben und unsere Gesundheit plötzlich wie ein

Kartenhaus in sich zusammenfallen. Oder wir können anerkennen, dass das einzig Sichere im Leben die Unsicherheit ist. Ob wir voller Angst auf diese Unsicherheit starren und die davon ausgelösten Stressreaktionen in Kauf nehmen, oder ob wir uns ihr stellen und zulassen, dass sie uns in die Entspannungsreaktion führt, ist unsere eigene Entscheidung. Ich persönlich habe Unsicherheit als etwas Schönes zu schätzen gelernt. Zwar wartet auf ihrer einen Seite das riesige, erschreckende Unbekannte, doch auf der anderen bieten sich uns in ihr unbegrenzte Möglichkeiten. Weil wir nicht wissen, was die Zukunft für uns bereithält, kann alles passieren.

Wenn ich dieser Tage morgens aufwache, bin ich mir voll darüber im Klaren, dass ich keine Ahnung habe, was auf mich zukommen wird. Natürlich habe ich einen Kalender voller Termine, doch Pläne ändern sich, neue Gelegenheiten ergeben sich und mein Zeitplan ist zu etwas Fließendem geworden. Wie sich dieses Jahr für mich entwickelt, deckt sich nicht mit dem, was ich mir vor einem Jahr vorgenommen habe. Genau genommen ist es besser als alles, was ich mir erträumt hatte. Was wunderbar ist, denn es bedeutet, dass im nächsten Jahr vielleicht noch mehr Diamanten darauf warten, gehoben zu werden; Diamanten, von denen ich noch nicht einmal weiß, wie ich sie mir in meinen Tagträumen ausmalen sollte. Die Welt ist wie eine Auster. Der Himmel ist die Grenze. Schau hinaus, Welt.

Das Gleiche gilt auch für Sie. Vielleicht haben Sie Angst, weil Sie nicht wissen, was die Zukunft Ihnen bringt (insbesondere, wenn Sie krank sind). Doch morgen könnte alles Mögliche passieren. Sie könnten heute Abend krank einschlafen und morgen früh gesund aufwachen. Ihre Symptome könnten für immer verschwunden sein. Ihre Stimmung könnte sich aufhellen. Die Liebe Ihres Lebens könnte im Coffeeshop hinter Ihnen in der Schlange stehen. Der große Coup könnte gelingen. Ihr Traumhaus könnte Ihnen quasi in den Schoß fallen. Ihr Lieblings-Star könnte anrufen. Sie könnten endlich schwanger werden. Sie könnten in der Lotterie gewinnen. Ihre lange vermisste Mutter könnte plötzlich wieder auftauchen. Sie könnten Erleuchtung erlangen. Das Meer könnte sich vor Ihren Augen teilen.

Wenn es Ihnen gutgeht, und Sie sich zur Krankheitsvorbeugung mit den sechs Schritten auseinandergesetzt haben, dann bravo! Sie haben sich mit Ihrem Mut meinen Applaus verdient, denn ich bin der festen Überzeugung, dass Sie Ihren Lebenshorizont erweitert haben. Und wenn Sie es getan haben, weil Sie krank sind, dann ebenfalls: Bravo!

Dies ist Ihr kostbares Leben. Genießen Sie es. Halten Sie sich am Ring des Karussells fest. Fahren Sie mit auf der Achterbahn. Schlagen Sie Räder. Öffnen Sie Ihr Herz. Lassen Sie niemals zu, dass Liebe unausgedrückt bleibt. Vergeben Sie großzügig. Folgen Sie Ihrem Traum. Sagen Sie die Wahrheit. Lachen Sie der Angst ins Gesicht. Wagen Sie immer wieder den Sprung ins Unbekannte. Machen Sie schöne Dinge. Würdigen Sie Ihre Sehnsüchte. Geben Sie sich dem Vergnügen hin. Hissen Sie Ihre verrückteste Flagge. Gehen Sie Risiken ein. Rechtfertigen Sie sich nicht dafür, wer Sie sind. Das heißt es, Krankheiten vorzubeugen. Und vielleicht retten Sie sich damit das Leben.

ANHANG

ANHANG A
ACHT TIPPS, UM IN DEN KÖRPER ZU KOMMEN

- *Konzentrieren Sie sich auf eine Körperstelle.* Spüren Sie in Ihre rechte Fingerspitze oder Ihr linkes Knie oder in irgendeine andere Stelle Ihres Körpers hinein. Wie fühlt sie sich an? Tut sie weh? Ist sie kalt oder warm? Spüren Sie einen Luftzug auf der Haut? Probieren Sie aus, wie es sich anfühlt, wenn Sie mit einer Feder darüberstreichen oder sie über den Teppich reiben. Achten Sie auf die Empfindungen von allen Sinnen.

- *Beschreiben Sie Ihre Empfindungen.* Worte sind zwar Produkte des Geistes, können aber helfen, eine Verbindung zwischen Körper und Geist herzustellen, weil sie unseren Empfindungen einen Namen geben. Seien Sie spezifisch in der Wahl Ihrer Worte: Fühlt sich die Körperstelle steif oder locker, leicht oder schwer, kribbelig, warm, kalt, empfindlich, taub, stark, schwach oder schmerzhaft an? Versuchen Sie, allgemeine Begriffe wie »gut« oder »schlecht« zu vermeiden. Vielleicht fühlen Sie Anspannung oder Weite oder ein Stechen oder Schwere. Setzen Sie in Ihrer Wahrnehmung möglichst viele Sinne gleichzeitig ein.

- *Üben Sie Ihre Beweglichkeit.* Mit körperlichen Aktivitäten wie Tanzen, Yoga, Wandern, Radfahren, Skifahren und ähnlichem können Sie Ihr Körperbewusstsein stärken, sodass Sie besser sagen können, was sich angenehm anfühlt und was schmerzt. Selbst Schmerzen können unser Körperbewusstsein schulen – haben Sie also keine Angst, sich dem hinzugeben, was Sie fühlen.

- *Gehen Sie auf den Boden.* Wenn es Ihnen schwerfällt, Ihren Körper im Raum zu spüren, versuchen Sie einmal, sich am Boden zu wälzen. Er gibt Ihrem Körper etwas, worauf er sich beziehen kann.

- *Wählen Sie die richtige Kleidung.* Lockere Kleidung, die über Ihre Haut streicht, wenn Sie sich bewegen, kann Ihnen helfen, Ihren Körper besser zu spüren. Wenn Sie enge Kleidung tragen, spüren Sie ihn vielleicht weniger gut als in Hosen oder Röcken aus fließenden Stoffen und Blusen mit weiten Ärmeln.

- *Suchen Sie die Sinnlichkeit.* Wenn es darum geht, den eigenen Körper zu spüren, geht nichts über fröhliches Herumbalgen im Heu!

- *Wann immer Sie eine Entscheidung fällen, achten Sie auf die Reaktionen Ihres Körpers.* Dieser Typ hat Sie zum Ausgehen eingeladen? Wie fühlt sich Ihr Körper an: leicht oder schwer? Ein neues Jobangebot? Fühlt sich Ihr Körper eher offen oder eher verschlossen an? Ihr Körper ist Ihr Kompass. Achten Sie auf ihn.

- *Atmen Sie.* Wenn Sie auf Ihre Atmung achten, hilft Ihnen das, sich im Körper zu zentrieren.

ANHANG B
LISSA RANKINS SELBSTHEILUNGSDIAGNOSE

Die folgenden Lebensbereiche habe ich in meiner persönlichen Diagnose als gesundheitliche Störfaktoren identifiziert. Sie bildeten die Basis für das Rezept, das ich später in meinem Alltag umzusetzen begann.

GLAUBENSSÄTZE

- Ich glaube nicht, dass ich mich selbst heilen kann, weil mir beigebracht wurde, nichts auf die Schulmedizin kommen zu lassen und im Krankheitsfall die Verantwortung an Ärzte abzugeben.

UNTERSTÜTZUNG

- Ich muss über den Rahmen der schulmedizinischen Behandlung hinausgehen und mir weitere Behandler suchen, die ich mit an meinen runden Tisch der Heilung einladen kann.

INNERER LEITSTRAHL

- Ich habe mich hinter so vielen Masken versteckt, um anderen gerecht zu werden, dass ich nicht einmal weiß, wer ich überhaupt bin. Mein innerer Leitstrahl fühlt sich so an, als wäre ihm die Energie völlig ausgegangen, aber ich weiß, dass er da ist.
- Ich fühle mich von meinem Körper abgeschnitten. Ich möchte ihn flüstern hören, bevor er laut zu schreien beginnt.

BEZIEHUNGEN

- Der Tod meines Vaters schlägt mir auf die Gesundheit. Ich muss um ihn trauern.
- Ich fühle mich manchmal einsam. Ich bin von lauter Menschen umringt und habe trotzdem das Gefühl, dass viele von ihnen mich nicht wirklich sehen oder kennen.
- Ich liebe meinen Mann, aber ich würde ihm gern näher sein, um sicherzustellen, *nicht noch einmal* eine Ehe in den Sand zu setzen.
- Ich gebe, bis ich nichts mehr zu geben habe.

BERUF/BERUFUNG

- Meine Arbeit bringt mich noch um.
- Ich weiß nicht mehr, worin der Zweck meines Lebens besteht.

KREATIVITÄT

- Wenn ich kreativ sein kann, bin ich wie im Rausch, und ich spüre, dass dies ein entscheidender Aspekt in meinem Heilungsprozess ist. Bitte mehr davon!
- Ich schreibe sehr gerne, aber ich tue es nicht oft genug. Ich denke, mehr zu schreiben, würde mir guttun.

SPIRITUALITÄT

- Ich würde mich Gott gern näher fühlen und glaube, das würde mir guttun; aber die Religion, in der ich erzogen wurde, entspricht mir einfach nicht.
- Ich habe trotzdem nie aufgehört zu beten und glaube, dass mir das guttut.

SEXUALITÄT

- Ich glaube, dass mir ein erfüllteres Liebesleben guttun würde.

GELD

- Ich verdiene genug, um ein gutes Auskommen zu haben und mich finanziell sicher zu fühlen, aber um welchen Preis? Mein Job laugt mich aus.
- Wenn ich kündige, bin ich pleite, und das macht mir großen Stress.

ÄUSSERES UMFELD

- Südkalifornien ist mittlerweile so hektisch und überlaufen, dass mich das Leben dort stresst. Wir leben so dicht an dicht mit den Nachbarn, dass wir uns von Balkon zu Balkon die Frühstückseier reichen können.
- Ich sehne mich nach mehr Natur, Raum und Ruhe in meinem Wohnumfeld. Ich würde gern nach Big Sur ziehen. Ich denke, das würde mir guttun.

GEISTIGE AUSGEWOGENHEIT

- Ich habe keine klinische Depression und bin von Natur aus optimistisch veranlagt und eher fröhlich gestimmt, aber tief in meinem Inneren sitzt eine Traurigkeit, die ich nicht abschütteln kann. Möglicherweise hat sie mit meiner gescheiterten Ehe zu tun, mit meiner grauenhaft anstrengenden ärztlichen Ausbildung und all den lieben Menschen, die ich verloren habe. Ich denke, dass es mir guttun würde, etwas zu tun, um mehr Glück und Freude zu empfinden.

KÖRPERLICHE GESUNDHEIT

- Zuhause achte ich zwar darauf, mich einigermaßen gut zu ernähren, aber bei der Arbeit habe ich so viel um die Ohren, dass ich dort nicht vollwertig esse.
- Selbst zuhause könnte ich einiges an meiner Ernährung verbessern. Ich esse *viel zu viel* Käse.
- Ich bewege mich weniger als früher, nachdem es bei meiner Schwangerschaft zu einer Symphysenlockerung gekommen ist. Ich denke, es würde mir guttun, mehr Sport zu betreiben.
- Ich wäre wahrscheinlich gesünder, wenn ich die zehn Kilo abnehmen würde, die ich in den letzten Jahren zugenommen habe.
- Ich hasse es, sieben verschiedene Medikamente einnehmen zu müssen, um diese ganzen Beschwerden in den Griff zu bekommen, aber ich halte mich an die Verordnung, weil das einfach notwendig ist.

ANHANG C
LISSA RANKINS REZEPT

GLAUBENSSÄTZE

- Einschränkende Glaubenssätze mithilfe der Klopftechnik überwinden; dazu mit EFT-Therapeuten Kate Winch und Nick Ortner arbeiten.
- Körperzentrierte Therapie bei Steve Sisgold, um die Glaubenssätze auf der körperlichen Ebene zu verändern.
- Termin für eine Psych-K-Sitzung bei Rita Somen vereinbaren.

UNTERSTÜTZUNG

- Behandler aus den verschiedensten therapeutischen Richtungen suchen und an meinen runden Tisch bitten.

INNERER LEITSTRAHL

- Bewusst darangehen, die Masken abzulegen und in allen Aspekten meines Lebens so sein, wie ich bin, ohne mich dafür zu rechtfertigen.
- Seminare in Retreat-Zentren wie dem *Esalen Institute* und *Kripalu* buchen.

- Mithilfe der Nia-Methode (ein von Debbi Rosas gelehrtes sensorisches Bewegungsprogramm) lernen, in den Körper zu gehen.
- Bei Ophirah Edut von AstroTwins eine astrologische Beratung buchen.

BEZIEHUNGEN

- *Die Gaben der Vollkommenheit*, wie sie von Brené Brown in ihrem Buch und ihren TEDx- und TED-Vorträgen gelehrt werden, in die Praxis umsetzen. Bereit sein, verletzlich zu sein, meine Fehler zu zeigen und mehr Nähe zuzulassen, wie sie entsteht, wenn ich die unmögliche Jagd nach Perfektion aufgebe.
- Damit aufhören, jeden, den ich liebe, *retten* zu wollen. Andere bedingungslos lieben, so wie sie sind, aber dem Impuls widerstehen, es für sie richten zu wollen.
- Mein »Helfersyndrom« überwinden. Mich dazu entschließen, erst für mich selbst zu sorgen, damit ich die Kraft habe, auch für andere zu sorgen.
- Eine Liste aufstellen mit den Menschen, auf die ich jeden Tag achtsam schauen will, um die Freundschaft zu denen zu pflegen, die mir am Herzen liegen.
- Mich von der Erwartung verabschieden, dass andere Leute meine Gedanken lesen können. Stattdessen klar zum Ausdruck bringen, was ich in meinen Beziehungen will und brauche. Andere bitten, im Hinblick auf ihre Wünsche und Bedürfnisse mir gegenüber genauso offen zu sein.
- Darauf achten, welche unausgesprochenen Vereinbarungen ich oft mit anderen treffe. Stattdessen bewusste, heilige Verträge mit ihnen schließen, zu deren Einhaltung sich beide Seiten verpflichten.
- Den Rat von Martha Beck befolgen und eine Liste mit den Menschen aufstellen, auf deren Meinung ich wirklich Wert lege, und dann aufhören, mir Gedanken darüber zu machen, was *alle anderen* denken, die nicht auf dieser Liste stehen.
- Andere mit »magischen Augen« betrachten (das heißt: von Seele zu Seele).

BERUF/BERUFUNG

- Meinen Job in der Schulmedizin an den Nagel hängen.
- Meinen Widerstand aufgeben und meiner Berufung folgen, das Gesundheitswesen zu heilen und etwas an der Art und Weise zu verändern, wie Patienten behandelt werden und sich behandeln lassen.
- Mich Dr. Rachel Naomi Remen und ihrer Gruppe von heilerisch tätigen Ärzten anschließen, um das Trauma zu überwinden, das ich aus meiner Tätigkeit in der Schulmedizin davongetragen habe.
- *www.OwningPink.com* lancieren – eine Internetplatform, auf der Menschen, die der Heilung bedürfen, mit Leuten in Kontakt gebracht werden, die sich dem Heilen verschrieben haben, und auf der Patienten und Heiler auf Ressourcen zugreifen können, die sie auf ihrem Weg unterstützen.
- Unter *www.LissaRankin.com* meinen eigenen Blog starten.
- Alle Bücher lesen, die Martha Beck je geschrieben hat.
- Mir von Melanie Bates, der perfekten virtuellen Assistentin/Lektorin/Coachin geschäftlich auf die Sprünge helfen lassen.
- Bei der Unternehmensberaterin Dana Theus lernen, meine Kompetenzen und Führungsqualitäten richtig einzusetzen.
- Einer Mastermind-Gruppe mit anderen Autoren/Coaches wie Amy Ahlers, Mike Robbins, Christine Arylo und Steve Sisgold beitreten.

KREATIVITÄT

- Kreative Rituale einführen, z. B. an meinem Kreativitätsaltar meditieren, eine Kerze anzünden und mein tägliches Gebet sprechen.
- Unter *www.LissaRankin.com* und *www.OwningPink.com* regelmäßig bloggen.
- An einem Schreibseminar von Nancy Aronie, der Autorin von *Writing from the Heart*, teilnehmen.
- Sechzig inspirierende Künstler in ihrem Atelier besuchen, um mein

Buch *Encaustic Art: The Complete Guide to Creating Fine Art with Wax* zu schreiben.
- Mehr schreiben.
- Malen, wann immer es möglich ist.
- Multimedia-Lernmodule kreieren (erhältlich unter *www.LissaRankin.com*)

SPIRITUALITÄT

- Mindestens zwanzig Minuten täglich meditieren.
- Mir Weisheit und Rat bei der intuitiven spirituellen Beraterin Tricia Barrett einholen.
- An Dharma-Belehrungen im *Green Gulch Zen Center* und *Spirit Rock Meditation Center* teilnehmen.
- Täglich beten und darum bitten, vom Universum wegweisende Zeichen geschickt zu bekommen und sie interpretieren zu können.
- Mir Zeit für die Pflege meines persönlichen Altars nehmen.

SEXUALITÄT

- Bei Sheila Kelley –*S Factor* – Kurse in sinnlicher weiblicher Bewegung besuchen.
- Zu Mama Genas *School of Womanly Arts Mastery* gehen und an Regena Thomashauers Ausbildung teilnehmen.
- Bei Nicole Daedone von *One Taste* die Technik der orgasmischen Meditation (OM) erlernen.
- Ein paar andere heiße Sachen ausprobieren – was genau, soll mein Geheimnis bleiben.

GELD

- Mit Affirmationen und Klopftechnik einschränkende Glaubenssätze auflösen, dic ich zu diesem Thema habe.
- Mit Finanzcoach Barbara Stanny an der Überwindung von diesbezüglichen einschränkenden Glaubenssätzen arbeiten.
- Ein Budget aufstellen (endlich).
- Mir Klarheit über meine finanziellen Ziele verschaffen. Absichten formulieren. Finanzielle Ängste loslassen. Auf den Prozess vertrauen.

ÄUSSERES UMFELD

- Aus meinem städtischen Umfeld in Südkalifornien wegziehen.
- Erkennen, dass materielle Güter nicht glücklich machen, und anfangen, mich von Ballast zu trennen. Mit meinem Kleiderschrank anfangen.
- In meinem Haus mit Feng Shui eine wohltuendere Atmosphäre schaffen.
- Darauf achten, meinen Haushalt umweltfreundlicher zu machen.
- An die Küste von Nordkalifornien ziehen und mich mit der Heilkraft der Redwoods, der Berge und des Meeres umgeben.

GEISTIGE AUSGEWOGENHEIT

- Erkennen, dass Schmerz unvermeidlich, aber Leiden freiwillig ist. Mich bewusst für Freude entscheiden.
- Lernen, optimistischer ins Leben zu schauen.
- Ein Dankbarkeitsritual einführen: Jeden Abend mit der ganzen Familie einmal um den Esstisch laufen und Dank sagen für all das Gute, das uns an diesem Tag widerfahren ist.
- Ein Dankbarkeitstagebuch führen.
- Ohne mich zu rechtfertigen die Dinge tun, die mir Spaß machen, solange sie nicht meinen Werten zuwiderlaufen.
- Tanzen. Oft. Zu lauter Musik.

- Ab und zu ein Rad schlagen. Wann immer ich Lust dazu habe. Einfach, weil es ein tolles Gefühl ist.
- Mich mit hausgemachter roher Schokolade verwöhnen.
- Meinen inneren Kritiker (den »Gremlin«) zum Schweigen bringen und ihn durch die Stimme meines inneren Leitstrahls ersetzen.

KÖRPERLICHE GESUNDHEIT

- Täglich grünen Saft trinken und alle drei Monate eine Entgiftungskur machen. (Wenn Sie meine ausprobieren möchten, schauen Sie bei *www.JuiceDietCleanse.com* vorbei.)
- Meine »Rohkost-Vegan-Allesfresser-Ernährung« konsequent durchziehen (überwiegend Gemüse, überwiegend vegan, oft roh, überwiegend gluten- und zuckerfrei, aber mit seltenen kulinarischen Genüssen wie Ente, Käse, Paninis und Crème brulée). Mich von Kris Carrs Buch *Crazy Sexy Diet* inspirieren lassen.
- Von den drei Medikamenten gegen Bluthochdruck zwei weglassen und das verbleibende auf die halbe Dosis reduzieren.
- Ohne Allergiepillen, Inhalatoren und Spritzen auskommen. Daran glauben, dass ich mich von meinen Allergien selbst heilen kann.
- Mir neben meinem konventionell arbeitenden Hausarzt einen naturheilkundlichen Behandler suchen.
- Täglich meine Vitamine nehmen (ein Multivitamin-Antioxidantien-Präparat, Kalzium, Mineralien in Chelatform, Vitamin D und Fischöl). Als Nahrungsergänzung Chia-Samen und Chlorella-Algen nehmen.
- Mir jeden Tag mindestens eine Stunde Zeit für Spaziergänge oder Yoga nehmen.
- Mindestens sieben Stunden pro Nacht schlafen.

WEITERE SCHRITTE AUF DEM WEG DER SELBSTHEILUNG

Wenn Sie mögen, besuchen Sie Lissa Rankin unter *www.MindOverMedicineBook.com*. Dort stehen für Sie alle Unterlagen, die Sie auf Ihrem Weg der Selbstheilung brauchen, zum Download bereit (in englischer Sprache).

Das **Steinmännchen-Modell** für ganzheitliche Gesundheit (S. 249) sowie den **Fragebogen für die Selbstdiagnose** (S. 248 bis 290) erhalten Sie auch in deutscher Sprache als Download – kostenlos über: **www.koesel.de/rankin**

ANMERKUNGEN

EINLEITUNG

1. Anne Harrington, *The Cure Within: A History of Mind-Body Medicine* (New York: W. W. Norton & Company, 2008), Seite 250–251.
2. Patrick Cooke, »They Cried until They Could Not See«, *New York Times Magazine*, 23. Juni 1991.

KAPITEL 1

3. Bruno Klopfer, »Psychological Variables in Human Cancer«, *Journal of Projective Techniques*, Band 21, Nr. 4 (Dezember 1957): Seite 331–340.
4. Stewart Wolf, »The Effects of Suggestion and Conditioning on the Action of Chemical Agents in Human Subjects: The Pharmacology of Placebos«, *Journal of Clinical Investigation*, Band 29, Nr. 1 (Januar 1950): Seite 100–109.
5. J. Bruce Moseley et al., »A Controlled Trial of Arthroscopic Surgery for Osteoarthritis of the Knee«, *New England Journal of Medicine*, Band 347 (11. Juli 2002): Seite 81–88.
6. Margaret Talbot, »The Placebo Prescription«, *New York Times Magazine*, 9. Januar 2000.
7. Henry K. Beecher, »The Powerful Placebo«, *Journal of the American Medical Association*, Band 159, Nr. 17 (Dezember 24, 1955): Seite 1602–1606.
8. Michael E. Wechsler et al., »Active Albuterol or Placebo, Sham Acupuncture, or No Intervention in Asthma«, *New England Journal of Medicine*, Band 365 (14. Juli 2011): Seite 119–126.
9. Femke M. de Groot et al., »Headache: The Placebo Effects in the Control Groups in Randomized Clinical Trials; An Analysis of Systematic Reviews«, *Journal of Manipulative and Physiological Therapeutics*, Band 34, Nr. 5 (Juni 2011): Seite 297–305.
10. Talbot, »The Placebo Prescription«.
11. H. J. Binder et al., »Cimetidine in the Treatment of Duodenal Ulcer: A Multicenter Double Blind Study«, *Gastro-*

enterology, Band 74 (Februar 1978): Seite 380–388.

12. Shirley S. Wang, »Why Placebos Work Wonders«, *Wall Street Journal*, 10. Januar 2012, http://online.wsj.com/article/SB10001424052970204720204577128873886471982.html.
13. F. J. Evans, »Expectancy, Therapeutic Instructions, and the Placebo Response«, in *Placebo: Theory, Research and Mechanisms*, Hrsg. Leonard White, Bernard Tursky und Gary E. Schwartz (New York: Guilford Press, 1985);
J. D. Levine et al., »Analgesic Responses to Morphine and Placebo in Individuals with Postoperative Pain«, *Pain*, Band 10, Nr. 3 (Juni 1981): Seite 379–389.
14. Irving Kirsch, *The Emperor's New Drugs: Exploding the Antidepressant Myth* (New York: Basic Books, 2010);
Irving Kirsch und Guy Sapirstein, »Listening to Prozac but Hearing Placebo: A Meta-Analysis of Antidepressant Medication«, *Prevention & Treatment*, Band 1, Nr. 2 (Juni 1998);
Shankar Vedantam, »Against Depression, a Sugar Pill Is Hard to Beat: Placebos Improve Mood, Change Brain Chemistry in Majority of Trials of Antidepressants«, *Washington Post*, 7. Mai 2002;
Arif Khan et al., »Suicide Rates in Clinical Trials of SSRIs, Other Antidepressants, and Placebo: Analysis of FDA Reports«, *American Journal of Psychiatry*, Band 160, Nr. 4 (1. April 2003): Seite 790–792.
15. Judith A. Turner et al., »The Importance of Placebo Effects in Pain Treatment and Research«, *Journal of the American Medical Association*, Band 271, Nr. 20 (Mai 25, 1994): Seite 1609–1614;
Leonard A. Cobb et al., »An Evaluation of Internal-Mammary-Artery Ligation by a Double-Blind Technic«, *New England Journal of Medicine*, Band 260, Nr. 22 (28. Mai 1959): Seite 1115–1118.
16. Elise A. Olsen et al., »A Multicenter, Randomized, Placebo-Controlled, Double-Blind Clinical Trial of a Novel Formulation of % Minoxidil Topical Foam Versus Placebo in the Treatment of Androgenetic Alopecia in Men«, *Journal of the American Academy of Dermatology*, Band 57, Nr. 5 (November 2007): Seite 767 ff.;
Richard A. Preston et al., »Placebo-Associated Blood Pressure Response and Adverse Effects in the Treatment of Hypertension: Observations from a Department of Veterans Affairs Cooperative Study«, *Archives of Internal Medicine*, Band 160, Nr. 10 (22. Mai 2000): Seite 1449–1454;
H. V. Allington, »Review of the Psychotherapy of Warts«, *AMA Archives of Dermatology and Syphilology*, Band 66, Nr. 3 (1952): Seite 316–326;
H. Vollmer, »Treatment of Warts by Suggestion«, *Psychosomatic Medicine*, Band 8 (März 1946): Seite 138–142;
Montague Ullman und Stephanie Dudek, »On the Psyche and Warts: Hypnotic Suggestion and Warts«, *Psychosomatic Medicine*, Band 22, Nr. 1 (1. Januar 1960): Seite 437–488;
Anton J. M. De Craen et al., »Placebo Effect in the Treatment of Duodenal Ulcer«, *British Journal of Clinical Pharmacology*, Band 48, Nr. 6 (Dezember 1999): Seite 853–860;
F. K. Abbot, M. Mack und S. Wolf, »The Action of Banthine on the Stomach and

Duodenum of Man with Observations on the Effects of Placebos«, *Gastroenterology*, Band 20, Nr. 2 (Februar 1952): Seite 249 ff.; Talbot, »The Placebo Prescription«; Paul L. Canner, Sandra A. Forman und Gerard J. Prud'homme, »Influence of Adherence to Treatment and Response of Cholesterol on Mortality in the Coronary Drug Project«, *New England Journal of Medicine*, Band 303 (30. Oktober 1980): Seite 1038–1041; Ibrahim Hashish et al., »Reduction of Postoperative Pain and Swelling by Ultrasound Treatment: A Placebo Effect«, *Pain*, Band 33, Nr. 3 (Juni 1988): Seite 303–311; Raúl de la Fuente-Fernández et al., »Expectation and Dopamine Release: Mechanism of the Placebo Effect in Parkinson's Disease«, *Science*, Band 293, Nr. 5532 (10. August 2001): Seite 1164–1166; C. Kirschbaum et al., »Conditioning of Drug-Induced Immunomodulation in Human Volunteers: A European Collaborative Study«, *British Journal of Clinical Psychology*, Band 31, Nr. 4 (November 1992): Seite 459–472; Predrag Petrovic et al., »Placebo and Opioid Analgesia: Imaging a Shared Neuronal Network«, *Science*, Band 295, Nr. 5560 (1. März 2002): Seite 1737–1740; Matthew D. Lieberman et al., »The Neural Correlates of Placebo Effects: A Disruption Account«, *Neuroimage*, Band 22, Nr. 1 (Mai 2004): Seite 447–455; Tor D. Wager et al., »Placebo-Induced Changes in fMRI in the Anticipation and Experience of Pain«, *Science*, Band 303, Nr. 5661 (20. Februar 2004): Seite 1162–1167.

17. Irving Kirsch, »Response Expectancy as a Determinant of Experience and Behavior«, *American Psychologist*, Band 40, Nr. 11 (November 1985): Seite 1189–1202.
18. I. Wickramasekera, »A Conditioned Response Model of the Placebo Effect: Predictions from the Model«, *Biofeedback and Self-Regulation*, Band 5, Nr. 1 (März 1980): Seite 5–18; Nicholas J. Voudouris, Connie L. Peck und Grahame Coleman, »Conditioned Response Models of Placebo Phenomena: Further Support«, *Pain*, Band 38, Nr. 1 (Juli 1989): Seite 109–116.
19. Asbjørn Hróbjartsson und Peter C. Gøtzsche, »Is the Placebo Powerless? An Analysis of Clinical Trials Comparing Placebo with No Treatment«, *New England Journal of Medicine*, Band 344, Nr. 21 (24. Mai 2001): Seite 1594–1602.
20. Daniel E. Moerman und Wayne B. Jonas, »Deconstructing the Placebo Effect and Finding the Meaning Response«, *Annals of Internal Medicine*, Band 136, Nr. 6 (19. März 2002): Seite 471–476.
21. Fabrizio Benedetti, *Placebo Effects: Understanding the Mechanisms in Health and Disease* (New York: Oxford University Press, 2009): Seite 29.
22. Jon D. Levine, Newton C. Gordon und Howard L. Fields, »The Mechanism of Placebo Analgesia«, *Lancet*, Band 312, Nr. 8091 (23. September 1978): Seite 654–657.
23. R. Ader und N. Cohen, »Behaviorally Conditioned Immunosuppression«, *Psychosomatic Medicine*, Band 37, Nr. 4 (Juli/August 1975): Seite 333–340.
24. Evans, *Placebo: Mind over Matter in Modern Medicine*, Seite 44–69.

25. Benedetti et al., »Loss of Expectation-Related Mechanisms in Alzheimer's Disease Makes Analgesic Therapies Less Effective.«
26. David J. Scott et al., »Individual Differences in Reward Responding Explain Placebo-Induced Expectations and Effects«, *Neuron*, Band 55, Nr. 2 (19. Juli 2007): Seite 325–336.
27. Carlyle Hirshberg und Brendan O'Regan, *Spontaneous Remission: An Annotated Bibliography* (Petaluma, CA: Institute of Noetic Sciences, 1993), http://noetic.org/library/publication-books/spontaneous-remission-annotated-bibliography/.
28. Ebd.

KAPITEL 2

29. D. P. Phillips, T. E. Ruth und L. M. Wagner, »Psychology and Survival«, *Lancet*, Band 342, Nr. 8880 (6. November 1993): Seite 1142–1145.
30. S. M. Woods, J. Natterson und J. Silverman, »Medical Students' Disease: Hypochondriasis in Medical Education«, *Journal of Medical Education*, Band 41, Nr. 8 (August 1966): Seite 785–790.
31. Bernie S. Siegel, *Love, Medicine & Miracles* (New York: Harper & Row, 1986), Seite 133; auf Deutsch erschienen in der Übersetzung von Charlotte Franke, *Prognose Hoffnung: Heilerfolge aus der Praxis eines mutigen Arztes* (Düsseldorf: Econ, 1993).
32. Pierre Kissel und Dominique Barrucand, *Placebos et Effet Placebo en Médecine* (Paris: Masson, 1964).
33. Stanley Schachter und Jerome Singer, »Cognitive, Social and Physiological Determinants of Emotional State«, *Psychological Review*, Band 69, Nr. 5 (September 1962): Seite 379–399.
34. Norman Cousins, *Anatomy of an Illness: As Perceived by the Patient* (New York: W. W. Norton & Company, 1979), Seite 59; auf Deutsch erschienen in der Übersetzung von Klaus Schomburg und Sylvia M. Schomburg-Scherff, *Der Arzt in uns selbst: Wie Sie Ihre Selbstheilungskräfte aktivieren können* (Darmstadt: Schirner, 2008).
35. Samuel F. Dworkin et al., »Cognitive Reversal of Expected Nitrous Oxide Analgesia for Acute Pain«, *Anaesthesia and Analgesia*, Band 62, Nr. 12 (Dezember 1983): Seite 1073–1077.
36. Avraham Schweiger und Allen Parducci, »Nocebo: The Psychologic Induction of Pain«, *Pavlovian Journal of Biological Science*, Band 16, Nr. 3 (Juli–September 1981): Seite 140–143.
37. Brian Reid, »The Nocebo Effect: The Placebo Effect's Evil Twin«, *Washington Post*, 30. April 2002.
38. Ebd.
39. Anthony Robbins, *Unlimited Power: The New Science of Personal Achievement* (New York: Free Press, 1986); auf Deutsch erschienen in der Übersetzung von Charlotte Franke und Christian Quatmann, *Das Power-Prinzip: Grenzenlose Energie; wie Sie Ihre persönlichen Schwächen in positive Energie verwandeln* (München: Heyne, 1995).
40. Bennett G. Braun, Hrsg., *The Treatment of Multiple Personality Disorder* (Arlington, VA: American Psychiatric Press, 1986).

41. Richard L. Kradin, *The Placebo Response and the Power of Unconscious Healing* (New York: Routledge, 2008), Seite 151.
42. Martina Amanzio et al., »A Systematic Review of Adverse Events in Placebo Groups of Anti-migraine Clinical Trials«, *Pain*, Band 146, Nr. 3 (5. Dezember 2009): Seite 261–269.
43. Walter B. Cannon, »Voodoo Death«, *American Anthropologist*, Band 44, Nr. 2 (April –Juni 1942): Seite 169–181.
44. John Cloud, »The Flip Side of Placebos: The Nocebo Effect«, *Time*, 13. Oktober 2009, http://www.time.com/time/magazine/article/0,9171,1 931 727,00.html.
45. Sanford I. Cohen, »Voodoo Death, the Stress Response, and AIDS«, *Advanced Biochemical Psychopharmacology*, Band 44 (1998): Seite 95–109.
46. D. N. Ruble, »Premenstrual Symptoms: A Reinterpretation«, *Science*, Band 197, Nr. 4300 (15. Juli 1977): Seite 291–292.
47. Michael J. Colligan und Lawrence R. Murphy, »Mass Psychogenic Illness in Organizations: An Overview«, *Journal of Occupational Psychology*, Band 52, Nr. 2 (Juni 1979): Seite 77–90.
48. Fabrizio Benedetti et al., »The Biochemical and Neuroendocrine Bases of the Hyperalgesic Nocebo Effect«, *Journal of Neuroscience*, Band 26, Nr. 46 (15. November 2006): Seite 12 014–12 022.
49. Bruce Lipton, *The Biology of Belief: Unleashing the Power of Consciousness, Matter and Miracles* (Carlsbad, CA: Hay House, 2008); auf Deutsch erschienen in der Übersetzung von Nayoma de Haen, *Intelligente Zellen: Wie Erfahrungen unsere Gene steuern* (Burgrain: Koha, 2006).
50. Robert A. Waterland und Randy L. Jirtle, »Transposable Elements: Targets for Early Nutritional Effects on Epigenetic Gene Regulation«, *Molecular and Cellular Biology*, Band 23, Nr. 15 (August 2003): Seite 5293–5300;
Eva Jablonka und Marion J. Lamb, *Epigenetic Inheritance and Evolution: The Lamarckian Dimension* (Oxford: Oxford University Press, 1995).
51. Walter C. Willett, »Balancing Life-Style and Genomics Research for Disease Prevention«, *Science*, Band 296, Nr. 5568 (26. April 2002): Seite 695–698.
52. Peter D. Gluckman und Mark A. Hanson, »Living with the Past: Evolution, Development, and Patterns of Disease«, *Science*, Band 305, Nr. 5691 (17. September 2004): Seite 1733–1736.
53. Peter W. Nathanielsz, *Life in the Womb: The Origin of Health and Disease* (New York: Promethean Press, 1999).
54. James W. Prescott, wissenschaftlicher Berater, *Rock A Bye Baby* (New York: Time-Life Films, 1970).
55. Patrick Bateson et al., »Developmental Plasticity and Human Health«, *Nature*, Band 430, Nr. 6998 (22. Juli 2004): Seite 419–421.
56. Andrew Weil, *Spontanheilung* (München: Bertelsmann, 1995).

KAPITEL 3

57. »One Scholar's Take on the Power of the Placebo«, *Science Friday*, NPR, 6. Januar 2012, http://m.npr.org/news/Health/144 794 035.
58. Michael Specter, »The Power of Nothing«, *New Yorker*, 12. Dezember 2011.

59. Michael E. Wechsler et al., »Active Albuterol or Placebo, Sham Acupuncture, or No Intervention in Asthma«, *New England Journal of Medicine*, Band 365 (14. Juli 2011): Seite 119–126.
60. Lawrence D. Egbert et al., »Reduction of Postoperative Pain by Encouragement and Instruction of Patients: A Study of Doctor-Patient Rapport«, *New England Journal of Medicine*, Band 270 (16. April 1964): Seite 825–827.
61. K. B. Thomas, »General Practice Consultations: Is There Any Point in Being Positive?« *British Medical Journal*, Band 294, Nr. 6581 (9. Mai 1987): Seite 1200–1202.
62. Ebd.
63. Fabrizio Benedetti et al., »When Words Are Painful: Unraveling the Mechanisms of the Nocebo Effect«, *Neuroscience*, Band 147, Nr. 2 (29. Juni 2007): Seite 260–271.
64. Richard H. Gracely et al., »Clinicians' Expectations Influence Placebo Analgesia«, *Lancet*, Band 325, Nr. 8419 (5. Januar 1985): Seite 43.
65. Janice L. Krupnick et al., »The Role of the Therapeutic Alliance in Psychotherapy and Pharmacotherapy Outcome: Findings in the National Institute of Mental Health Treatment of Depression Collaborative Research Program«, *Journal of Consulting and Clinical Psychology*, Band 64, Nr. 3 (Juni 1996): Seite 532–539.
66. Ted J. Kaptchuk et al., »Components of Placebo Effect: Randomised Controlled Trial in Patients with Irritable Bowel Syndrome«, *British Medical Journal*, Band 336, Nr. 7651 (1. Mai 2008): Seite 999–1003.
67. A. H. Sinclair-Gieben und D. Chalmers, »Evaluation of Treatment of Warts by Hypnosis«, *Lancet*, Band 274, Nr. 7101 (3. Oktober 1959): Seite 480–482; Owen S. Surman, Sheldon K. Gottlieb und Thomas P. Hackett, »Hypnotic Treatment of a Child with Warts«, *American Journal of Clinical Hypnosis*, Band 15, Nr. 1 (Juli 1972): Seite 12–14.
68. Curtis E. Margo, »The Placebo Effect«, *Survey of Ophthalmology*, Band 44, Nr. 1 (Juli/August 1999): Seite 33–34; Nicholas J. Voudouris, Connie L. Peck und Grahame Coleman, »Conditioned Response Models of Placebo Phenomena: Further Support«, *Pain*, Band 38, Nr. 1 (Juli 1989): Seite 109–116; Steve Stewart-Williams und John Podd, »The Placebo Effect: Dissolving the Expectancy Versus Conditioning Debate«, *Psychology Bulletin*, Band 130, Nr. 2 (März 2004): Seite 324–340.
69. Desonta Holder, »Health: Beware Negative Self-Fulfilling Prophecy«, *Seattle Times*, 2. Januar 2008, http://seattletimes.nwsource.com/html/health/2004101546_fearofdying02.html.
70. Norman Cousins, *Der Arzt in uns selbst,* (Darmstadt: Schirner, 2008)
71. Julia Kleinhenz et al., »Randomised Clinical Trial Comparing the Effects of Acupuncture and a Newly Designed Placebo Needle in Rotator Cuff Tendinitis«, *Pain*, Band 83, Nr. 2 (1. November 1999): Seite 235–241; J. Vas et al., »Acupuncture as a Complementary Therapy to the Pharmacological Treatment of Osteoarthritis of the Knee: Randomised Controlled Trial«, *British Medical Journal*, Band 329, Nr. 7476

(20. November 2004): Seite 1216–1219; Juan Antonio Guerra de Hoyos et al., »Randomised Trial of Long-Term Effect of Acupuncture for Shoulder Pain«, *Pain*, Band 112, Nr. 3 (Dezember 2004): Seite 289–298.

72. Edzard Ernst und Adrian R. White, »Acupuncture for Back Pain: A Meta-Analysis of Randomized Controlled Trials«, *Archives of Internal Medicine*, Band 158, Nr. 20 (9. November 1998): Seite 2235–2241; Matthias Karst et al., »Pressure Pain Threshold and Needle Acupuncture in Chronic Tension-Type Headache: A Double-Blind Placebo-Controlled Study«, *Pain*, Band 88, Nr. 2 (November 2000): Seite 199–203; Matthias Karst et al., »Needle Acupuncture in Tension-Type Headache: A Randomized, Placebo-Controlled Study«, *Cephalalgia*, Band 21, Nr. 6 (Juli 2001): Seite 637–642; Matthias Karst et al., »Acupuncture in the Treatment of Alcohol Withdrawal Symptoms: A Randomized, Placebo-Controlled Inpatient Study«, *Addiction Biology*, Band 7, Nr. 4 (Oktober 2002): Seite 415–419; Jongbae Park et al., »Acupuncture for Subacute Stroke Rehabilitation: A Sham-Controlled, Subject and Assessor-Blind, Randomized Trial«, *Archives of Internal Medicine*, Band 165, Nr. 17 (26. September 2005): Seite 2026–2031; K. Streitberger et al., »Effect of Acupuncture Compared with Placebo-Acupuncture at P6 as Additional Antiemetic Prophylaxis in High-Dose Chemotherapy and Autologous Peripheral Blood Stem Cell Transplantation: A Randomized Controlled Single-Blind Trial«, *Clinical Cancer Research*, Band 9, Nr. 7 (Juli 2003): Seite 2538–2544; K. Streitberger et al., »Acupuncture Compared to Placebo-Acupuncture for Postoperative Nausea and Vomiting Prophylaxis: A Randomised Placebo-Controlled Patient and Observer Blind Trial«, *Anaesthesia*, Band 59, Nr. 2 (Februar 2004): Seite 142–149; Matthias Fink et al., »Needle Acupuncture in Chronic Poststroke Leg Spasticity«, *Archives of Physical Medicine and Rehabilitation*, Band 85, Nr. 4 (April 2004): Seite 667–672; M. Linde et al., »Role of the Needling Per Se in Acupuncture as Prophylaxis for Menstrually Related Migraine: A Randomized Placebo-Controlled Study«, *Cephalalgia*, Band 25, Nr. 1 (Januar 2005): Seite 41–47.

73. Anita Catlin und Rebecca L. Taylor-Ford, »Investigation of Standard Care Versus Sham Reiki Placebo Versus Actual Reiki Therapy to Enhance Comfort and Well-Being in a Chemotherapy Infusion Center«, *Oncology Nursing Forum*, Band 38, Nr. 3 (Mai 2011): Seite E212–E220.

74. J. Kleijnen, P. Knipschild und G. ter Riet, »Clinical Trials of Homoeopathy«, *British Medical Journal*, Band 302, Nr. 6772 (9. Februar 1991): Seite 316–323.

75. Aijing Shang et al., »Are the Clinical Effects of Homoeopathy Placebo Effects? Comparative Study of Placebo-Controlled Trials of Homoeopathy and Allopathy«, *Lancet*, Band 366, Nr. 9487 (27. August – 2. September 2005): Seite 726–732.

76. »The End of Homoepathy«, Editorial, *Lancet*, Band 366, Nr. 9487 (27. August – 2. September 2005): Seite 690.
77. Iris R. Bell, »All Evidence Is Equal, but Some Evidence Is More Equal than Others: Can Logic Prevail over Emotion in the Homoepathy Debate?« *Journal of Alternative and Complementary Medicine*, Band 11, Nr. 5 (Oktober 2005): Seite 763–769.
78. David Spiegel und Anne Harrington, »What Is the Placebo Worth?«, *British Medical Journal*, Band 336, Nr. 7651 (3. Mai 2008): Seite 967–968.
79. Mary L. Smith und Gene V. Glass, »Meta-Analysis of Psychotherapy Outcome Studies«, *American Psychologist*, Band 32, Nr. 9 (September 1977): Seite 752–760.
80. Hans H. Strupp und Suzanne W. Hadley, »Specific vs. Nonspecific Factors in Psychotherapy: A Controlled Study of Outcome«, *Archives of General Psychiatry*, Band 36, Nr. 10 (September 1979): Seite 1125–1136.
81. Arthur Kleinman, *Rethinking Psychiatry: From Cultural Category to Personal Experience* (New York: Free Press, 1991).
82. Ted J. Kaptchuk et al., »Complementary Medicine: Efficacy Beyond the Placebo Effect«, in *Complementary Medicine: An Objective Appraisal*, Hrsg. Edzard Ernst (Oxford: Butterworth-Heinemann, 1996), Seite 42–70.
83. Michael Talbot, *The Holographic Universe* (New York: HarperCollins, 1991), Seite 107; auf Deutsch erschienen in der Übersetzung von Siegfried Schmitz, *Das holographische Universum: Die Welt in neuer Dimension* (München: Droemer Knaur, 1994)

KAPITEL 4

84. Richard A. Dienstbier, »Arousal and Physiological Toughness: Implications for Mental and Physical Health«, *Psychological Review*, Band 96, Nr. 1 (Januar 1989): Seite 84–100;
Marianne Frankenhaeuser, »The Psychophysiology of Workload, Stress and Health: Comparison Between the Sexes«, *Annals of Behavioral Medicine*, Band 13, Nr. 4 (1991): Seite 197–204;
Shelley E. Taylor, *Health Psychology* (New York: McGraw-Hill, 1999), Seite 168–201.

KAPITEL 5

85. Malcolm Gladwell, *Outfliers: The Story of Success* (New York: Little, Brown & Company, 2008), Seite 7; auf Deutsch erschienen in der Übersetzung von Jürgen Neubauer, *Überflieger: Warum manche Menschen erfolgreich sind – und andere nicht* (München; Zürich: Piper TB, 2009)
86. J. S. House, K. R. Landis und D. Umberson, »Social Relationships and Health«, *Science*, Band 241, Nr. 4865 (29. Juli 1988): Seite 540–545.
87. Ron Grossman und Charles Leroux, »A New ›Roseto Effect‹: ›People Are Nourished by Other People‹«, *Chicago Tribune*, 11. Oktober 1996, http://articles.chicagotribune.com/1996-10-11/news/9610110254_1_satellite-dishes-outsiders-town/2.
88. Lisa F. Berkman und S. Leonard Syme, »Social Networks, Host Resistance, and Mortality: A Nine-Year Follow-Up Study of Alameda County Residents«,

American Journal of Epidemiology, Band 109, Nr. 2 (1. Februar 1979): Seite 186–204.

89. Peggy Reynolds und George A. Kaplan, »Social Connections and Risk for Cancer: Prospective Evidence from the Alameda County Study«, *Behavioral Medicine*, Band 16, Nr. 3 (Herbst 1990): Seite 101–110.
90. Thomas A. Glass et al., »Population Based Study of Social and Productive Activities as Predictors of Survival among Elderly Americans«, *British Medical Journal*, Band 319 (21. August 1999): Seite 478.
91. L. C. Giles et al., »Effect of Social Networks on 10 Year Survival in Very Old Australians: The Australian Longitudinal Study of Aging«, *Journal of Epidemiological Community Health*, Band 59, Nr. 7 (Juli 2005): Seite 574–579;
J. S. House, C. Robbins und H. L. Metzner, »The Association of Social Relationships and Activities with Mortality: Prospective Evidence from the Tecumseh Community Health Study«, *American Journal of Epidemiology*, Band 116, Nr. 1 (Juli 1982): Seite 123–140.
92. Candyce H. Kroenke et al., »Social Networks, Social Support, and Survival after Breast Cancer Diagnosis«, *Journal of Clinical Oncology*, Band 24, Nr. 7 (1. März 2006): Seite 1105–1111.
93. Annika Rosengren, Lars Wilhelmsen und Kristina Orth-Gomér, »Coronary Disease in Relation to Social Support and Social Class in Swedish Men: A 15 Year Follow-Up in the Study of Men Born in 1933«, *European Heart Journal*, Band 25, Nr. 1 (Januar 2004): Seite 56–63.
94. Jo Märzant, »Heal Thyself: Trust People«, *New Scientist*, 30. August 2011, http://www.newscientist.com/article/mg21128271.800-heal-thyself-trust-people.html.
95. W. J. Strawbridge et al., »Frequent Attendance at Religious Services and Mortality over 28 Years«, *American Journal of Public Health*, Band 87, Nr. 6 (Juni 1997): Seite 957–961.
96. D. Oman und D. Reed, »Religion and Mortality among the Community-Dwelling Elderly«, *American Journal of Public Health*, Band 88, Nr. 10 (Oktober 1998): Seite 1469–1475.
97. T. E. Oxman, D. H. Freeman und E. D. Manheimer, »Lack of Social Participation or Religious Strength and Comfort as Risk Factors for Death after Cardiac Surgery in the Elderly«, *Psychosomatic Medicine*, Band 57, Nr. 1 (Januar/Februar 1995): Seite 5–15.
98. Harold G. Koenig et al., »Modeling the Cross-Sectional Relationships Between Religion, Physical Health, Social Support, and Depressive Symptoms«, *American Journal of Geriatric Psychology*, Band 5, Nr. 2 (Frühjahr 1997): Seite 131–144.
99. Christopher G. Ellison und Jeffrey S. Levin, »The Religion-Health Connection: Evidence, Theory, and Future Directions«, *Health Education and Behavior*, Band 25, Nr. 6 (Dezember 1998): Seite 700–720.
100. Robert A. Hummer et al., »Religious Involvement and U.S. Adult Mortality«, *Demography*, Band 36, Nr. 2 (Mai 1999): Seite 273–285;
Michael E. McCullough et al., »Religious Involvement and Mortality: A Meta-

Analytic Review«, *Health Psychology*, Band 19, Nr. 3 (Mai 2000): Seite 211–222.

101. Patrick R. Steffen et al., »Religious Coping, Ethnicity, and Ambulatory Blood Pressure«, *Psychosomatic Medicine*, Band 63, Nr. 4 (Juli–August 2001): Seite 523–530;
John Gartner, David B. Larson und George D. Allen, »Religious Commitment and Mental Health: A Review of the Empirical Literature«, *Journal of Psychology and Theology*, Band 19, Nr. 1 (Frühjahr 1991): Seite 6–25;
Harold G. Koenig und David B. Larson, »Religion and Mental Health: Evidence for an Association«, *International Review of Psychiatry*, Band 13, Nr. 2 (2001): Seite 67–78;
Sandra E. Sephton et al., »Spiritual Expression and Immune Status in Women with Metastatic Breast Cancer: An Exploratory Study«, *Breast Journal*, Band 7, Nr. 5 (September/Oktober 2001): Seite 345–353;
Teresa E. Woods et al., »Religiosity Is Associated with Affective and Immune Status in Symptomatic HIV-Infected Gay Men«, *Journal of Psychosomatic Research*, Band 46, Nr. 2 (Februar 1999): Seite 165–176.

102. Joseph L. Lyon, Kent Gardner und Richard E. Gress, »Cancer Incidence in Mormons and Non-Mormons in Utah (USA) 1971–1985«, *Cancer Causes & Control*, Band 5, Nr. 2 (März 1994): Seite 149–156.

103. William J. Strawbridge, Richard D. Cohen und Sarah J. Shema, »Comparative Strength of Association between Religious Attendance and Survival«, *International Journal of Psychiatry in Medicine*, Band 30, Nr. 4 (2000): Seite 299–308;
Doug Oman et al., »Religious Attendance and Cause of Death Over 31 Years«, *International Journal of Psychiatry in Medicine*, Band 32, Nr. 1 (2002): Seite 69–89.

104. Daniel N. McIntosh, Roxane Cohen Silver und Camille B. Wortman, »Religion's Role in Adjustment to a Negative Life Event: Coping with the Loss of a Child«, *Journal of Personality and Social Psychology*, Band 65, Nr. 4 (Oktober 1993): Seite 812–821.

105. Michael E. McCullough und Everett L. Worthington, Jr., »Religion and the Forgiving Personality«, *Journal of Personality*, Band 67, Nr. 6 (Dezember 1999): Seite 1141–1164.

106. Melvin Pollner, »Divine Relations, Social Relations, and Well-Being«, *Journal of Health and Social Behavior*, Band 30, Nr. 1 (März 1989): Seite 92–104.

107. Kenneth I. Pargament, »The Psychology of Religion and Spirituality?: Yes and No«, *International Journal for the Psychology of Religion*, Band 9, Nr. 1 (1999): Seite 3–16.

108. Harold G. Koenig, Kenneth I. Pargament und Julie Nielsen, »Religious Coping and Health Status in Medically Ill Hospitalized Older Adults«, *Journal of Nervous and Mental Disease*, Band 186, Nr. 9 (September 1998): Seite 513–521.

109. Pamela Kotler und Deborah Lee Wingard, »The Effect of Occupational, Marital and Parental Roles on Mortality: The Alameda County Study«, *American Journal of Public Health*, Band 79, Nr. 5 (Mai 1989): Seite 607–612.

110. Robert M. Kaplan und Richard G. Kronick,

»Marital Status and Longevity in the United States Population«, *Journal of Epidemiology and Community Health*, Band 60, Nr. 9 (September 2006): Seite 760–765.

111. Brigham Young University, »Happily Marrieds Have Lower Blood Pressure than Social Singles«, *ScienceDaily*, 21. März 2008, http://www.sciencedaily.com/releases/2008/03/080 320 192 610.htm.
112. American Academy of Sleep Medicine, »More Marital Happiness = Less Sleep Complaints«, *ScienceDaily*, 11. Juni 2008, http://www.sciencedaily.com/releases/2008/06/080 609 071 336.htm.
113. Sheree J. Gibb, David M. Fergusson und L. John Horwood, »Relationship Duration and Mental Health Outcomes: Findings from a 30-Year Longitudinal Study«, *British Journal of Psychiatry*, Band 198, Nr. 1 (2011): Seite 24–30.
114. Dario Maestripieri et al., »Between- and Within-Sex Variation in Hormonal Responses to Psychological Stress in a Large Sample of College Students«, *Stress*, Band 13, Nr. 5 (September 2010): Seite 413–424;
»Relationships Are Good for Your Health: Being Married or in a Long-Term Relationship Improves Your Ability to Deal with Stress, a New Study Suggests«, *Telegraph*, 18. August 2010, http://www.telegraph.co.uk/health/healthnews/7 952 466/Relationships-are-good-for-your-health.html.
115. BMJ – British Medical Journal, »Marriage Is Good for Physical and Mental Health, Study Finds«, *ScienceDaily*, 28. Januar 2011, http://www.sciencedaily.com/releases/2011/01/110 127 205 853.htm.
116. Ohio State University, »Marital Problems Lead to Poorer Outcomes for Breast Cancer Patients«, *ScienceDaily*, 10. Dezember, 2008, http://www.sciencedaily.com/releases/2008/12/081 208 123 304.htm.
117. Wiley-Blackwell, »Intimate Abuse Study Finds Clear Links with Poor Health and Calls for Holistic Primary Care Approach«, *ScienceDaily*, 6. Juli 2009, http://www.sciencedaily.com/releases/2009/07/090 706 090 438.htm.
118. James W. Pennebaker und Robin C. O'Heeron, »Confiding in Others and Illness Rate among Spouses of Suicide and Accidental-Death Victims«, *Journal of Abnormal Psychology*, Band 93, Nr. 4 (November 1984): Seite 473–476.
119. George Davey Smith, Stephen Frankel und John Yarnell, »Sex and Death: Are They Related? Findings from the Caerphilly Cohort Study«, *British Medical Journal*, Band 315, Nr. 7133 (20.–27. Dezember 1997): Seite 1641–1644;
Erdman B. Palmore, »Predictors of the Longevity Difference: A 25-Year Follow-Up«, *Gerontologist*, Band 22, Nr. 6 (Dezember 1982): Seite 513–518;
G. Persson, »Five-Year Mortality in a 70-Year-Old Urban Population in Relation to Psychiatric Diagnosis, Personality, Sexuality and Early Parental Death«, *Acta Psychiatrica Scandinavica*, Band 64, Nr. 3 (September 1981): Seite 244–253;
S. Ebrahim et al., »Sexual Intercourse and Risk of Ischaemic Stroke and Coronary Heart Disease: The Caerphilly Study«, *Journal of Epidemiology and Community Health*, Band 56, Nr. 2 (Februar 2002): Seite 99–102;

Monique G. Lê, Annie Bacheloti und Catherine Hill, »Characteristics of Reproductive Life and Risk of Breast Cancer in a Case-Control Study of Young Nulliparous Women«, *Journal of Clinical Epidemiology*, Band 42, Nr. 12 (1989): Seite 1227–1233;
Carl J. Charnetski und Francis X. Brennan, *Feeling Good Is Good for You: How Pleasure Can Boost Your Immune System and Lengthen Your Life* (Emmaus, PA: Rodale Books, 2001);
Carol Rinkleib Ellison, *Women's Sexualities* (Oakland, CA: New Harbinger Publications, Inc., 2000);
David Weeks und Jamie James, *Secrets of the Superyoung* (New York: Berkley Books, 1999);
Winnifred B. Cutler, *Love Cycles: The Science of Intimacy* (New York: Villard Books, 1991);
Helen Singer Kaplan, »Desire? Why and How It Changes«, *Redbook*, Oktober 1984, wie zitiert in B. R. Komisaruk und B. Whipple, »The Suppression of Pain by Genital Stimulation in Females«, *Annual Review of Sex Research*, Band 6 (1995): Seite 151–186;
D. Shapiro, »Effect of Chronic Low Back Pain on Sexuality«, *Medical Aspects of Human Sexuality*, Band 17 (1983): Seite 241–45, wie zitiert in Komisaruk and Whipple, »The Suppression of Pain by Genital Stimulation in Females«;
Beverly Whipple und Barry R. Komisaruk, »Elevation of Pain Threshold by Vaginal Stimulation in Women«, *Pain*, Band 21, Nr. 4 (April 1985): Seite 357–367;
Randolph W. Evans and James R. Couch, »Orgasm and Migraine«, *Headache*, Band 41, Nr. 5 (Mai 2001): Seite 512–514;
Joseph A. Catania und Charles B. White, »Sexuality in an Aged Sample: Cognitive Determinants of Masturbation«, *Archives of Sexual Behavior*, Band 11, Nr. 3 (Juni 1982): Seite 237–245;
David J. Weeks, »Sex for the Mature Adult: Health, Self-Esteem and Countering Ageist Stereotypes«, *Sexual and Relationship Therapy*, Band 17, Nr. 3 (2002): Seite 231–240;
Pamela Warner und John Bancroft, »Mood, Sexuality, Oral Contraceptives and the Menstrual Cycle«, *Journal of Psychosomatic Research*, Band 32, Nr. 4–5 (1988): Seite 417–427;
Edward O. Laumann et al., *The Social Organization of Sexuality: Sexual Practice in the United States* (Chicago: University of Chicago, 1994).

120. Vello Sermat, »Some Situational and Personality Correlates of Loneliness«, in *The Anatomy of Loneliness*, Hrsg. Joseph Hartog, J. Ralph Audy und Yehudi A. Cohen (New York: International Universities Press, 1980).
121. C. M. Rubenstein und P. Shaver, »Loneliness in Two Northeastern Cities.«
122. Roelof Hortulanus, Anja Machielse und Ludwien Meeuwesen, *Social Isolation in Modern Society* (New York: Routledge, 2004).
123. Robert D. Putnam, *Bowling Alone: The Collapse and Revival of American Community* (New York: Simon & Schuster, 2001).
124. John T. Cacioppo et al., »Loneliness and Health: Potential Mechanisms«, *Psychosomatic Medicine*, Band 64, Nr. 3 (Mai/Juni 2002): Seite 407–417.
125. Andrew Steptoe et al., »Loneliness and

Neuroendocrine, Cardiovascular und Inflammatory Stress Responses in Middle-Aged Men and Women«, *Psychoneuroendocrinology*, Band 29, Nr. 5 (Juni 2004): Seite 593–611.

126. Dara Sorkin, Karen S. Rook und John L. Lu, »Loneliness, Lack of Emotional Support, Lack of Companionship, and the Likelihood of Having a Heart Condition in an Elderly Sample«, *Annals of Behavioral Medicine*, Band 24, Nr. 4 (Herbst 2002): Seite 290–298;
Cyndy M. Fox et al., »Loneliness, Emotional Repression, Marital Quality, and Major Life Events in Women Who Develop Breast Cancer«, *Journal of Community Health*, Band 19, Nr. 6 (Dezember 1994): Seite 467–482;
Robert S. Wilson et al., »Loneliness and Risk of Alzheimer Disease«, *Archives of General Psychiatry*, Band 64, Nr. 2 (Februar 2007): Seite 234–240;
Ariel Stravynski und Richard Boyer, »Loneliness in Relation to Suicide Ideation and Parasuicide: A Population-Wide Study«, *Suicide and Life-Threatening Behavior*, Band 31, Nr. 1 (Frühjahr 2001): Seite 32–40.

127. J. Herlitz et al., »The Feeling of Loneliness prior to Coronary Artery Bypass Grafting Might Be a Predictor of Short- and Long-Term Postoperative Mortality«, *European Journal of Vascular and Endovascular Surgery*, Band 16, Nr. 2 (August 1998): Seite 120–125.

128. John T. Cacioppo et al., »Loneliness and Health: Potential Mechanisms.« a.a.O.

129. John T. Cacioppo et al., »Lonely Traits and Concomitant Physiological Processes: The MacArthur Social Neuroscience Studies«, *International Journal of Psychophysiology*, Band 35, Nr. 2–3 (März 2000): Seite 143–154.

130. Janice K. Kiecolt-Glaser et al., »Psychosocial Modifiers of Immunocompetence in Medical Students«, *Psychosomatic Medicine*, Band 46, Nr. 1 (Januar/Februar 1984): Seite 7–14;
Janice K. Kiecolt-Glaser et al., »Urinary Cortisol Levels, Cellular Immunocompetency, and Loneliness in Psychiatric Patients«, *Psychosomatic Medicine*, Band 46, Nr. 1 (Januar/Februar 1984): Seite 15–23;
Sarah D. Pressman et al., »Loneliness, Social Network Size, and Immune Response to Influenza Vaccination in College Freshmen«, *Health Psychology*, Band 24, Nr. 3 (Mai 2005): Seite 297–306;
Bert N. Uchino, John T. Cacioppo und Janice K. Kiecolt-Glaser, »The Relationship between Support and Physiological Processes: A Review with Emphasis on Underlying Mechanisms and Implications for Health«, *Psychological Bulletin*, Band 119, Nr. 3 (Mai 1996): Seite 488–531.

131. James J. Lynch, *The Broken Heart* (New York: Basic Books, 1977), Seite 84; auf Deutsch erschienen in der Übersetzung von Jürgen Abel, *Das gebrochene Herz* (Reinbek bei Hamburg: Rowohlt, 1979).

132. Karen S. Rook, »The Negative Side of Social Interaction: Impact on Psychological Well-Being«, *Journal of Personality and Social Psychology*, Band 46, Nr. 5 (Mai 1984): Seite 1097–1108.

133. Brené Brown, *The Gifts of Imperfection* (Center City, MN: Hazelden, 2010); auf Deutsch erschienen in der Übersetzung von Ute Weber, *Die Gaben der Unvoll-*

kommenheit: Lass los, was du glaubst sein zu müssen und umarme, was du bist (Bielefeld: Kamphausen, 2012); *Verletzlichkeit macht stark* (München: Kailash, 2013).

KAPITEL 6

134. K. Morioka, »Work Till You Drop«, *New Labor Forum*, Band 13, Nr. 1 (Frühjahr 2004): Seite 81–85.
135. Becky Barrow, »Stress ›Is Top Cause of Workplace Sickness‹ and Is So Widespread It's Dubbed the ›Black Death of the 21st Century‹«, *MailOnline*, 5. Oktober 2011, http://www.dailymail.co.uk/health/article-2 045 309/Stress-Top-cause-workplace-sicknessdubbed-Black-Death-21st-century.html.
136. Katsuo Nishiyama und Jeffrey V. Johnson, »Karoshi–Death from Overwork: Occupational Health Consequences of Japanese Production Management«, *International Journal of Health Services*, Band 27, Nr. 4 (1997), Seite 627–641.
137. Morioka, »Work Till You Drop.« a.a.O.
138. Ronald E. Yates, »Japanese Live … and Die … for Their Work«, *Chicago Tribune*, 13. November 1988, http://articles.chicagotribune.com/1988–11–13/news/8 802 150 740_1_karoshi-japanese-health-and-welfare.
139. Matthew Reiss, »American Karoshi«, *New Internationalist*, Band 343 (März 2002).
140. Alina Tugend, »Want to Work Better? Take a Vacation«, *New York Times*, 9. Juni 2008, http://www.nytimes.com/2008/06/09/business/worldbusiness/09iht-vac.4.13 584 260.html?_r= 2;
(Ergänzung der Übersetzerin: Daten in Deutschland und der EU, Spiegel Online, 21. Dezember 2011, http://www.spiegel.de/wirtschaft/soziales/demonstrativer-fleiss-arbeitnehmer-verschenken-jaehrlich-drei-urlaubstage-a-805 130.htm;
PRNewswire, Mercer's European Employment Conditions, Abruf 14. August 2013, http://www.prnewswire.co.uk/news-releases/grosse-variationsbreite-in-eu-urlaubsanspruechen---gb-unter-den-niedrigsten-154 182 065.html)
141. Brooks B. Gump und Karen A. Matthews, »Are Vacations Good for Your Health? The 9-Year Mortality Experience after the Multiple Risk Factor Intervention Trial«, *Psychosomatic Medicine*, Band 62, Nr. 5 (September/Oktober 2000): Seite 608–612.
142. Elaine D. Eaker, Joan Pinsky und William P. Castelli, »Myocardial Infarction and Coronary Death among Women: Psychosocial Predictors from a 20-Year Follow-Up of Women in the Framingham Study«, *American Journal of Epidemiology*, Band 135, Nr. 8 (15. April 1992): Seite 854–864.
143. S. L. Manne und A. J. Zautra, »Spouse Criticism and Support: Their Association with Coping and Psychological Adjustment among Women with Rheumatoid Arthritis«, *Journal of Personality and Social Psychology*, Band 56, Nr. 4 (April 1989): Seite 608–617;
Mary C. Davis, Alex J. Zautra und John W. Reich, »Vulnerability to Stress among Women in Chronic Pain from Fibromyalgia and Osteoarthritis«, *Annals of Behavioral Medicine*, Band 23, Nr. 3 (Sommer 2001): Seite 215–226;

A. J. Zautra, L. M. Johnson und M. C. Davis, »Positive Affect as a Source of Resilience for Women in Chronic Pain«, *Journal of Consulting and Clinical Psychology*, Band 73, Nr. 2 (April 2005): Seite 212–220.

144. B. A. Huyser und J. C. Parker, »Negative Affect and Pain in Arthritis«, *Rheumatic Disease Clinics of North America*, Band 25, Nr. 1 (Februar 1999): Seite 105–121; S. A. McLean et al., »Momentary Relationship between Cortisol Secretion and Symptoms in Patients with Fibromyalgia«, *Arthritis and Rheumatism*, Band 52, Nr. 11 (November 2005): Seite 3660–3669; S. A. McLean et al., »Cerebrospinal Fluid Corticotropin-Releasing Factor Concentration Is Associated with Pain but Not Fatigue Symptoms in Patients with Fibromyalgia«, *Neuropsychopharmacology*, Band 31, Nr. 12 (Dezember 2006), Seite 2776–2782.

145. L. Bendtsen, »Central and Peripheral Sensitization in Tension-Type Headache«, *Current Pain Headache Reports*, Band 7, Nr. 6 (Dezember 2003): Seite 460–465.

146. Ashley E. Nixon et al., »Can Work Make You Sick? A Meta-Analysis of the Relationships between Job Stressors and Physical Symptoms«, *Work & Stress*, Band 25, Nr. 1 (Januar–März 2011): Seite 1–22; S. T. Gura, »Yoga for Stress Reduction and Injury Prevention at Work«, *Work: Journal of Prevention, Assessment and Rehabilitation*, Band 19, Nr. 1 (2002): Seite 3–7.

147. R. Rau et al., »Psychosocial Work Characteristics and Perceived Control in Relation to Cardiovascular Rewind at Night«, *Journal of Occupational Health Psychology*, Band 6, Nr. 3 (Juli 2001): Seite 171–181; K. A. Ertel, K. Karestan und L. F. Berkman, »Incorporating Home Demands into Models of Job Strain: Findings from the Work, Family, and Health Network«, *Journal of Occupational and Environmental Medicine*, Band 50, Nr. 11 (November 2008): Seite 1244–1252; T. Roth und S. Ancoli-Israel, »Daytime Consequences and Correlates of Insomnia in the United States: Results of the 1991 National Sleep Foundation Survey. II«, *Sleep*, Band 22, Nr. 2 (1. Mai 1999): Seite 354–358; M. Jansson und S. J. Linton, »Psychosocial Work Stressors in the Development and Maintenance of Insomnia: A Prospective Study«, *Journal of Occupational Health Psychology*, Band 11, Nr. 3 (Juli 2006): Seite 241–248.

148. Steven J. Linton und Ing-Liss Bryngelsson, »Insomnia and Its Relationship to Work and Health in a Working-Age Population«, *Journal of Occupational Rehabilitation*, Band 10, Nr. 2 (Juni 2000): Seite 169–183.

149. G. Aguilera, »Regulation of Pituitary ACTH Secretion during Chronic Stress«, *Frontiers in Neuroendocrinology*, Band 15, Nr. 4 (Dezember 1994): Seite 321–350.

150. A. J. Dittner, S. C. Wessely und R. G. Brown, »The Assessment of Fatigue: A Practical Guide for Clinicians and Researchers«, *Journal of Psychosomatic Research*, Band 56, Nr. 2 (Februar 2004): Seite 157–70; Pascal M. L. Franssen et al., »The Association between Chronic Diseases and

Fatigue in the Working Population«, *Journal of Psychosomatic Research*, Band 54, Nr. 4 (April 2003): Seite 339–344.

151. Mark A. Demitrack et al., »Evidence for Impaired Activation of the Hypothalamic-Pituitary-Adrenal Axis in Patients with Chronic Fatigue Syndrome«, *Journal of Clinical Endocrinology and Metabolism*, Band 73, Nr. 6 (Dezember 1991): Seite 1224–1234.
152. A. K. Smith et al., »Polymorphisms in Genes Regulating the HPA Axis Associated with Empirically Delineated Classes of Unexplained Chronic Fatigue«, *Pharmacogenomics*, Band 7, Nr. 3 (April 2006): Seite 387–394.
153. Jack Sparacino, »Blood Pressure, Stress and Mental Health«, *Nursing Research*, Band 31, Nr. 2 (März –April 1982): Seite 89–94.
154. Nixon et al., »Can Work Make You Sick?« Siehe Anm. 146
155. Jay Kandiah, Melissa Yake und Heather Willett, »Effects of Stress on Eating Practices among Adults«, *Family and Consumer Sciences Research Journal*, Band 37, Nr. 1 (September 2008): Seite 27–38.
156. Ebd.
157. J. Liu et al., »The Melanocortinergic Pathway Is Rapidly Recruited by Acute Emotional Stress and Contributes to Stress-Induced Anorexia and Anxiety-Like Behavior«, *Endocrinology*, Band 148, Nr. 11 (November 2007): Seite 5531–5540.
158. Masahiro Ochi et al., »Effect of Chronic Stress on Gastric Emptying and Plasma Ghrelin Levels in Rats«, *Life Science*, Band 82, Nr. 15–16 (9. April 2008): Seite 862–868.
159. Ricard Farré et al., »Critical Role of Stress in Increased Oesophageal Mucosa Permeability and Dilated Intercellular Spaces«, *Gut*, Band 56, Nr. 9 (Februar 2007): Seite 1191–1197.
160. Martin E. Keck und Florian Holsboer, »Hyperactivity of CRH Neuronal Circuits as a Target for Therapeutic Interventions in Affective Disorders«, *Peptides*, Band 22, Nr. 5 (Mai 2001): Seite 835–844.
161. T. G. Pickering, »Blood Platelets, Stress, and Cardiovascular Disease«, *Psychosomatic Medicine*, Band 55, Nr. 6 (November/Dezember 1993): Seite 483–484;
E. M. Sternberg, »Does Stress Make You Sick and Belief Make You Well? The Science Connecting Body and Mind«, *Annals of the New York Academy of Sciences*, Band 917 (Januar 2000): Seite 1–3.
162. Bert Garssen, »Psychological Factors and Cancer Development: Evidence after 30 Years of Research«, *Clinical Psychology Review*, Band 24, Nr. 3 (Juli 2004): Seite 315–338;
Eric Raible und Allan S. Jaffe, »Work Stress May Be a Determinant of Coronary Heart Disease«, *Cardiology Today*, Band 11, Nr. 3 (März 2008): Seite 33;
S. O. Dalton et al., »Mind and Cancer: Do Psychological Factors Cause Cancer?« *European Journal of Cancer*, Band 38, Nr. 10 (Juli 2002): Seite 1313–1323;
Edna M. V. Reiche, Sandra O. V. Nunes und Helena K. Morimoto, »Stress, Depression, the Immune System, and Cancer«, *Lancet Oncology*, Band 5, Nr. 10 (Oktober 2004): Seite 617–625;
Ljudmila Stojanovich und Dragomir Marisavljevich, »Stress as a Trigger of Autoimmune Disease«, *Autoimmunity*

Reviews, Band 7, Nr. 3 (Januar 2008): Seite 209–213;
Eva M. Selhub, »Stress and Distress in Clinical Practice: A Mind-Body Approach«, *Nutrition and Clinical Care*, Band 5, Nr. 4 (Juli/August 2002): Seite 182–190.

163. Meredith Melnick, »Study: Your Hostile Workplace May Be Killing You«, *Time.com*, 10. August 2011, http://healthland.time.com/2011/08/10/study-your-hostile-work-place-may-be-killing-you/.
164. P. Butterworth et al., »The Psychosocial Quality of Work Determines Whether Employment Has Benefits for Mental Health: Results from a Longitudinal National Household Panel Survey«, *Occupational and Environmental Medicine*, Band 68, Nr. 11 (2011): Seite 806–812.
165. Robert Pear, »Gap in Life Expectancy Widens for the Nation«, *New York Times*, 23. März 2008, http://www.nytimes.com/2008/03/23/us/23health.html.
166. A. Antonovsky, »Social Class, Life Expectancy, and Overall Mortality«, *Milbank Memorial Fund Quarterly*, Band 45, Nr. 2 (April 1967): Seite 31–73;
Raymond Illsley und Deborah Baker, »Contextual Variations in the Meaning of Health Inequality«, *Social Science and Medicine*, Band 32, Nr. 4 (1991): Seite 359–365;
Tom Reynolds, »Report Examines Association between Cancer and Socioeconomic Status«, *Journal of the National Cancer Institute*, Band 95, Nr. 19 (2003): Seite 1431–1433.
167. »Are Poor People Less Likely to Be Healthy than Rich People?« *Public Health Agency of Canada*, 11. September 2008.
168. »Rich People Die Differently«, *WebMD*, 7. Juli 2005, http://men.webmd.com/news/20 050 707/rich-people-die-differently.
169. Dan Seligman, »Why the Rich Live Longer«, *Forbes.com*, 7. Juni 2004, http://www.forbes.com/forbes/2004/0607/113_print.html.
170. Graham S. Lowe, Grant Schellenberg und Harry S. Shannon, »Correlates of Employees' Perceptions of a Healthy Work Environment«, *American Journal of Health Promotion*, Band 17, Nr. 6 (Juli/August 2003): Seite 390–399;
Katherine Baicker, David Cutler und Zirui Song, »Workplace Wellness Programs Can Generate Savings«, *Health Affairs*, Band 29, Nr. 2 (Februar 2010): Seite 304–311.
171. Beata Tobiasz-Adamczyk und Piotr Brzyski, »Psychosocial Work Conditions as Predictors of Quality of Life at the Beginning of Older Age«, *International Journal of Occupational Medicine and Environmental Health*, Band 18, Nr. 1 (Januar 2005): Seite 43–52;
T. Theorell, »Working Conditions and Health«, in *Social Epidemiology*, Hrsg. L. F. Berkman und I. Kawachi (New York: Oxford University Press, 2000), Seite 95–117;
E. B. Faragher, M. Cass und C. L. Cooper, »The Relationship between Job Satisfaction and Health: A Meta-Analysis«, *Occupational and Environmental Medicine*, Band 62, Nr. 2 (Februar 2005): Seite 105–112;
R. Veenhoven, »Healthy Happiness: Effects of Happiness on Physical Health and the Consequences for Preventive Health Care«, *Journal of Happiness*

Studies, Band 9, Nr. 3 (September 2008): Seite 449–469;
Justina A. V. Fischer und Alfonso Sousa-Poza, »Does Job Satisfaction Improve the Health of Workers? New Evidence Using Panel Data and Objective Measures of Health«, *Health Economics*, Band 18, Nr. 1 (Januar 2009): Seite 71–89.

172. Joachim C. Brunstein, »Personal Goals and Subjective Well-Being: A Longitudinal Study«, *Journal of Personality and Social Psychology*, Band 65, Nr. 5 (November 1993): Seite 1061–1070.
173. Nancy Cantor, »From Thought to Behavior: ›Having‹ and ›Doing‹ in the Study of Personality and Cognition«, *American Psychologist*, Band 45, Nr. 6 (Juni 1990): Seite 735–750.
174. Amanda Enayati, »A Creative Life Is a Healthy Life«, *CNN.com*, 26. Mai 2012, http://www.cnn.com/2012/05/25/health/enayati-innovation-passion-stress/index.html.
175. Marti Hand, »The Benefits of Integrating Creativity in Healthcare«, Creativity in Healthcare, Abfragedatum 15. Mai 2012, http://creativityinhealthcare.com/creativity-in-healthcaremarti-handarts-in-healthcarehealthcarenursing-3/;
Gene D. Cohen et al., »The Impact of Professionally Conducted Cultural Programs on the Physical Health, Mental Health, and Social Functioning of Older Adults«, *Gerontologist*, Band 46, Nr. 6 (2006): Seite 726–734;
Daniel A. Monti et al., »A Randomized, Controlled Trial of Mindfulness-Based Art Therapy (MBAT) for Women with Cancer«, *Psychooncology*, Band 15, Nr. 5 (Mai 2006): Seite 363–373;
Bonnie Gabriel et al., »Art Therapy with Adult Bone Marrow Transplant Patients in Isolation: A Pilot Study«, *Psychooncology*, Band 10, Nr. 2 (März/April 2001): Seite 114–113;
Joe Verghese et al., »Leisure Activities and the Risk of Dementia in the Elderly«, *New England Journal of Medicine*, Band 348 (Juni 2003): Seite 2508–2516;
R. F. Cruz und D. L. Sabers, »Dance/Movement Therapy Is More Effective than Previously Reported«, *The Arts in Psychotherapy*, Band 25 (1998): Seite 101–104.

KAPITEL 7

176. Ruut Veenhoven, »World Database of Happiness: Continuous Register of Research on Subjective Appreciation of Life«, in *Challenges for Quality of Life in the Contemporary World: Advances in Quality-of-Life Studies, Theory and Research*, Hrsg. W. Glatzer, S. von Below und M. Stoffregen (Dordrecht, NL: Kluwer Academic Publishers, 2004).
177. Corey L. M. Keyes, »Mental Illness and/or Mental Health? Investigating Axioms of the Complete State Model of Health«, *Journal of Consulting and Clinical Psychology*, Band 73, Nr. 3 (Juni 2005): Seite 539–548.
178. Thomson Healthcare, Washington, D.C. »Ranking America's Mental Health: An Analysis of Depression across the States«, *Mental Health America*, 11. Dezember 2007, http://www.mentalhealthamerica.net/go/state-ranking.
179. National Institute of Mental Health, »Any Mood Disorder Among Adults«,

Abfragedatum 15. Mai 2012, http://www.nimh.nih.gov/statistics/1ANYMOODDIS_ADULT.shtml.

180. R. Veenhoven, *Conditions of Happiness* (Dordrecht, NL: Kluwer Academic Publishers, 1984).

181. Lawrence LeShan, »Cancer Mortality Rate: Some Statistical Evidence of the Effect of Psychological Factors«, *Archives of General Psychiatry*, Band 6, Nr. 5 (Mai 1962): Seite 333–335;
Reiner Rugulies, »Depression as a Predictor for Coronary Heart Disease: A Review and Meta-Analysis«, *American Journal of Preventive Medicine*, Band 23, Nr. 1 (Juli 2002): Seite 51–61;
Redford B. Williams und Neil Schneiderman, »Resolved: Psychosocial Interventions Can Improve Clinical Outcomes in Organic Disease«, *Psychosomatic Medicine*, Band 64, Nr. 4 (Juli/August 2002): Seite 552–557;
Robert Anda et al., »Depressed Affect, Hopelessness, and the Risk of Ischemic Heart Disease in a Cohort of US adults«, *Epidemiology*, Band 4, Nr. 4 (Juli 1993): Seite 285–294;
Anne Harrington, *The Placebo Effect: An Interdisciplinary Exploration* (Cambridge, MA: Harvard University Press, 1999), Seite 60;
Biing-Jiun Shen et al., »Anxiety Characteristics Independently and Prospectively Predict Myocardial Infarction in Men: The Unique Contribution of Anxiety among Psychological Factors«, *Journal of the American College of Cardiology*, Band 51, Nr. 2 (Januar 2008): Seite 113–119;
R. M. Gallagher und S. Cariati, »The Pain-Depression Conundrum: Bridging the Body and Mind«, *Medscape Today Clinical Update*, 2. Oktober 2002;
D. C. Turk, »Beyond the Symptoms: The Painful Manifestations of Depression« (Vortrag gehalten anlässlich von *Pain and Depression: Navigating the Intersection of Body and Mind Symposium*, San Diego, 20. August 2002).

182. P. McCarron et al., »Temperament in Young Adulthood and Later Mortality: Prospective Observational Study«, *Journal of Epidemiology and Community Health*, Band 57, Nr. 11 (November 2003): Seite 888–892;
LeShan, »Cancer Mortality Rate: Some Statistical Evidence of the Effect of Psychological Factors«;
Sabrina Paterniti et al., »Sustained Anxiety and 4-Year Progression of Carotid Arteriosclerosis«, *Arteriosclerosis, Thrombosis, and Vascular Biology*, Band 21 (2001): Seite 136–141.

183. Ed Diener und Micaela Chan, »Happy People Live Longer: Subjective Well-Being Contributes to Health and Longevity«, *Applied Psychology: Health and Well-Being*, Band 3, Nr. 1 (März 2011): Seite 1–43.

184. Ebd.

185. Yoichi Chida und Andrew Steptoe, »Positive Psychological Well-Being and Mortality: A Quantitative Review of Prospective Observational Studies«, *Psychosomatic Medicine*, Band 70, Nr. 7 (September 2008): Seite 741–756.

186. Michael Lemonick, »The Biology of Joy«, *Time*, 9. Januar 2005.

187. Joshua Wolf Shenk, »What Makes Us Happy?«, *The Atlantic*, Januar 2009,

http://www.theatlantic.com/magazine/archive/2009/06/what-makes-us-happy/7439/#.

188. Bernie S. Siegel, *Love, Medicine & Miracles* (New York: Harper & Row, 1986), Seite 76; auf Deutsch erschienen in der Übersetzung von Charlotte Franke, *Prognose Hoffnung: Heilerfolge aus der Praxis eines mutigen Arztes* (Düsseldorf: Econ, 1993).
189. Christopher Peterson, Martin E. Seligman und George E. Vaillant, »Pessimistic Explanatory Style Is a Risk Factor for Physical Illness: A Thirty-Five-Year Longitudinal Study«, *Journal of Personality and Social Psychology*, Band 55, Nr. 1 (Juli 1988): Seite 23–27.
190. Lisa G. Aspinwall und Richard G. Tedeschi, »The Value of Positive Psychology for Health Psychology: Progress and Pitfalls in Examining the Relation of Positive Phenomena to Health«, *Annals of Behavioral Medicine*, Band 39, Nr. 1 (Februar 2010): Seite 4–15.
191. Erik J. Giltay et al., »Dispositional Optimism and All-Cause and Cardiovascular Mortality in a Prospective Cohort of Elderly Dutch Men and Women«, *Archives of General Psychiatry*, Band 61, Nr. 11 (November 2004): Seite 1126–1135.
192. Sheldon Cohen et al., »Positive Emotional Style Predicts Resistance to Illness after Experimental Exposure to Rhinovirus or Influenza A Virus«, *Psychosomatic Medicine*, Band 68, Nr. 6 (1. November 2006): Seite 809–815.
193. Christopher Peterson, »Explanatory Style as a Risk Factor for Illness«, *Cognitive Therapy and Research*, Band 12, Nr. 2 (1988): Seite 119–132.
194. Martin Seligman, *Learned Optimism: How to Change Your Mind and Your Life* (New York: Vintage Books, 1991); auf Deutsch erschienen in der Übersetzung von Christa Broermann, *Pessimisten küsst man nicht: Optimismus kann man lernen* (München: Droemer Knaur, 1991).
195. Lemonick, »The Biology of Joy« a.a.O.
196. Christopher Peterson und Mechele E. De Avila, »Optimistic Explanatory Style and the Perception of Health Problems«, *Journal of Clinical Psychology*, Band 51, Nr. 1 (Januar 1995): Seite 128–132; Kymberley K. Bennett und Marta Elliott, »Pessimistic Explanatory Style and Cardiac Health: What Is the Relation and the Mechanism that Links Them?« *Basic and Applied Social Psychology*, Band 27, Nr. 3 (September 2005): Seite 239–248; Katri Räikkönen et al., »Effects of Optimism, Pessimism, and Trait Anxiety on Ambulatory Blood Pressure and Mood During Everyday Life«, *Journal of Personality and Social Psychology*, Band 76, Nr. 1 (Januar 1999): Seite 104–113.
197. Laura D. Kubzansky und Rebecca C. Thurston, »Emotional Vitality and Incident Coronary Heart Disease: Benefits of Healthy Psychological Functioning«, *Archives of General Psychiatry*, Band 64, Nr. 12 (Dezember 2007): Seite 1393–1401.
198. Shelley E. Taylor et al., »Are Self-Enhancing Cognitions Associated with Healthy or Unhealthy Biological Profiles?« *Journal of Personality and Social Psychology*, Band 85, Nr. 4 (Oktober 2003): Seite 605–615.
199. Christopher Peterson und Martin E. Seligman, »Causal Explanations as a Risk Factor for Depression: Theory and

Evidence«, *Psychological Review*, Band 91, Nr. 3 (Juli 1984): Seite 347–374.

200. Chida und Steptoe, »Positive Psychological Well-Being and Mortality«. a.a.O.

201. M. A. Visintainer, J. R. Volpicelli und M. E. Seligman, »Tumor Rejection in Rats after Inescapable or Escapable Shock«, *Science*, Band 216, Nr. 4544 (23. April 1982): Seite 437–439.

202. M. Seligman und M. Visintainer, »Tumor Rejection and Early Experience of Uncontrollable Shock in the Rat«, in *Affect, Conditioning, and Cognition: Essays on the Determinants of Behavior*, Hrsg. F. R. Brush und J. B. Overmier (Hillsdale, NJ: Erlbaum, 1985), Seite 203–205.

203. Ellen J. Langer und Judith Rodin, »Effects of Choice and Enhanced Personal Responsibility for the Aged: A Field Experiment in an Institutional Setting«, *Journal of Personality and Social Psychology*, Band 34, Nr. 2 (1976): Seite 191–198.

204. Martin Seligman, *Authentic Happiness: Using the New Positive Psychology to Realize Your Potential for Lasting Fulfillment* (New York: Free Press, 2003); auf Deutsch erschienen in der Übersetzung von Siegfried Brockert, *Der Glücksfaktor: Warum Optimisten länger leben* (Bergisch Gladbach: Ehrenwirth, 2003).

205. Deborah D. Danner, David A. Snowdon und Wallace V. Friesen, »Positive Emotions in Early Life and Longevity: Findings from the Nun Study«, *Journal of Personality and Social Psychology*, Band 80, Nr. 5 (Mai 2001): Seite 804–813.

206. R. Veenhoven, »Healthy Happiness: Effects of Happiness on Physical Health and the Consequences for Preventive Health Care«, *Journal of Happiness Studies*, Band 9, Nr. 3 (September 2008): Seite 449–469.

207. Janice K. Kiecolt-Glaser et al., »Hostile Marital Interactions, Proinflammatory Cytokine Production, and Wound Healing«, *Archives of General Psychiatry*, Band 62, Nr. 12 (Dezember 2005): Seite 1377–1384;
Janice K. Kiecolt-Glaser et al., »Emotions, Morbidity, and Mortality: New Perspectives from Psychoneuroimmunology«, *Annual Review of Psychology*, Band 53 (Februar 2002): Seite 83–107.

208. J. Licinio, P. W. Gold und M. L. Wong, »A Molecular Mechanism for Stress-Induced Alterations in Susceptibility to Disease«, *Lancet*, Band 346, Nr. 8967 (Juli 1995): Seite 104–106;
Ryan T. Howell, Margaret L. Kern und Sonja Lyubomirsky, »Health Benefits: Meta-Analytically Determining the Impact of Well-Being on Objective Health Outcomes«, *Health Psychology Review*, Band 1, Nr. 1 (Juli 2007): Seite 83–136.

209. Lemonick, »The Biology of Joy«;
Erin S. Costanzo et al., »Mood and Cytokine Response to Influenza Virus in Older Adults«, *Journals of Gerontology*, Band 59, Nr. 12 (Dezember 2004): Seite 1328–1333;
Marian L. Kohut et al., »Exercise and Psychosocial Factors Modulate Immunity to Influenza Vaccine in Elderly Individuals«, *Journals of Gerontology*, Band 57, Nr. 9 (September 2002): Seite 557–562.

210. R. W. Bartrop et al., »Depressed Lymphocyte Function after Bereavement«, *Lancet*, Band 1, Nr. 8016 (16. April 1977): Seite 834–836.

211. D. M. Byrnes et al., »Stressful Events, Pessimism, Natural Killer Cell Cytotoxicity, and Cytotoxic / Suppressor T Cells in HIV+ Black Women at Risk for Cervical Cancer«, *Psychosomatic Medicine*, Band 60, Nr. 6 (November/Dezember 1998): Seite 714–722.
212. Peter Kirsch et al., »Oxytocin Modulates Neural Circuitry for Social Cognition and Fear in Humans«, *Journal of Neuroscience*, Band 25, Nr. 49 (7. Dezember 2005): Seite 11 489–11 493;
C. Sue Carter, »Neuroendocrine Perspectives on Social Attachment and Love«, *Psychoneuroendocrinology*, Band 23, Nr. 8 (November 1998): Seite 779–818.
213. Tiina-Mari Lyyra, »Predictors of Mortality in Old Age: Contribution of Self-Rated Health, Physical Functions, Life Satisfaction and Social Support on Survival among Older People«, *University of Jyväskylä: Studies in Sport, Physical Education and Health*, Band 119 (2006).
214. Diener und Chan, »Happy People Live Longer«, siehe Anm. 183;
Lemonick, »The Biology of Joy«;
Chida und Steptoe, »Positive Psychological Well-Being and Mortality.« a.a.O.
215. S. Levy et al., »Survival Hazards Analysis in First Recurrent Breast Cancer Patients: Seven Year Follow Up«, *Psychosomatic Medicine*, Band 50, Nr. 5 (September/Oktober 1988): Seite 520–528.
216. Veenhoven, R., »Healthy Happiness«, siehe Anm. 206;
Leonard R. Derogatis, Martin D. Abeloff und Nick Melisaratos, »Psychological Coping Mechanisms and Survival Time in Metastatic Breast Cancer«, *Journal of the American Medical Association*, Band 242, Nr. 14 (5. Oktober 1979): Seite 1504–1508.
217. Frits Van Dam, »Does Happiness Heal?«, in *How Harmful Is Happiness? Consequences of Enjoying Life or Not*, Hrsg. R. Veenhoven (Niederlande: Universitaire Pers Rotterdam, 1989), Seite 17–23.
218. Richard E. Lucas et al., »Reexamining Adaptation and the Set Point Model of Happiness: Reactions to Changes in Marital Status«, *Journal of Personality and Social Psychology*, Band 84, Nr. 3 (März 2003): Seite 527–539.
219. Sonja Lyubomirsky, Kennon M. Sheldon und David Schkade, »Pursuing Happiness: The Architecture of Sustainable Change«, *Review of General Psychology*, Band 9, Nr. 2 (Juni 2005): Seite 111–131.
220. Sonja Lyubomirsky, *Glücklich sein: Warum Sie es in der Hand haben, zufrieden zu leben.* (Frankfurt: Campus, 2008)
221. S. W. Cole et al., »Accelerated Course of Human Immunodeficiency Virus Infection in Gay Men Who Conceal Their Homosexual Identity«, *Psychosomatic Medicine*, Band 58, Nr. 3 (Mai/Juni 1996): Seite 219–231.

KAPITEL 8

222. »Easy Ways to Take the Edge Off«, *ABC News Video*, 22. April 2009, http://abcnews.go.com/video/playerIndex?id= 7 392 433.
223. »Eliciting the Relaxation Response«, Benson-Henry Institute for Mind Body Medicine, Massachusetts General Hospital, Abfragedatum 15. Mai 2012, http://www.massgeneral.org/bhi/basics/eliciting_rr.aspx.

224. Richard J. Davidson et al., »Alterations in Brain and Immune Function Produced by Mindfulness Meditation«, *Psychosomatic Medicine*, Band 65, Nr. 4 (Juli/August 2003): Seite 564–70.
225. Bonnie Horrigan, »Meditation Reduces Pain Scores«, *Explore: The Journal of Science and Healing*, Band 7, Nr. 4 (Juli/August 2011): Seite 215–216;
R. Manocha et al., »A Randomized, Controlled Trial of Meditation for Work Stress, Anxiety and Depressed Mood in Full-Time Workers«, *Evidence-Based Complementary and Alternative Medicine* (7. Juni 2011);
W. P. Smith, W. C. Compton und W. B. West, »Meditation as an Adjunct to a Happiness Enhancement Program«, *Journal of Clinical Psychology*, Band 51, Nr. 2 (März 1995): Seite 269–73;
A. Nesvold et al., »Increased Heart Rate Variability during Nondirective Meditation«, *European Journal of Preventive Cardiology*, Band 19, Nr. 4 (August 2012): Seite 773–780;
F. Zeidan et al., »Mindfulness Meditation Improves Cognition: Evidence of Brief Mental Training«, *Consciousness and Cognition*, Band 19, Nr. 2 (Juni 10, 2010): Seite 597–605;
L. Fortney und M. Taylor, »Meditation in Medical Practice: A Review of the Evidence and Practice«, *Primary Care*, Band 37, Nr. 1 (März 2010): Seite 81–90;
R. Walsh und S. L. Shapiro, »The Meeting of Meditative Disciplines and Western Psychology: A Mutually Enriching Dialogue«, *American Psychologist*, Band 61, Nr. 3 (April 2006): Seite 227–239;
Maura Paul-Labrador et al., »Effects of a Randomized Controlled Trial of Transcendental Meditation on Components of the Metabolic Syndrome in Subjects with Coronary Heart Disease«, *Archives of Internal Medicine*, Band 166, Nr. 11 (12. Juni 2006): Seite 1218–1224;
S. I. Nidich et al., »A Randomized Controlled Trial of the Effects of Transcendental Meditation on Quality of Life in Older Breast Cancer Patients«, *Integrative Cancer Therapy*, Band 8, Nr. 3 (September 2009): Seite 228–234.
226. F. Zeidan et al., »Effects of Brief and Sham Mindfulness Meditation on Mood and Cardiovascular Variables«, *Alternative and Complementary Medicine*, Band 16, Nr. 8 (August 2010): Seite 867–873.
227. Ann MacDonald, »Using the Relaxation Response to Reduce Stress«, *Harvard Health Publications*, 10. November 2010, http://www.health.harvard.edu/blog/using-the-relaxation-response-to-reduce-stress-20 101 110 780.
228. Jeffery A. Dusek et al., »Genomic Counter-Stress Changes Induced by the Relaxation Response«, *PLoS ONE 3*, Nr. 7 (Juli 2008).
229. »Almost a Quarter of All Disease Caused by Environmental Exposure«, *World Health Organization*, 16. Juni 2006, http://www.who.int/mediacentre/news/releases/2006/pr32/en/index.html.

KAPITEL 9

230. Kelly Ann Turner, »Spontaneous Remission of Cancer: Theories from Healers, Physicians, and Cancer Survivors«, Herbst 2010, http://www.shuniyahealing.com/offer/research.html.

DANKSAGUNGEN

Ein Buch zu schreiben ist wie eine Geburt. Mag sein, dass du selbst die Wehen aushalten und das Pressen übernehmen musst, aber es bedarf eines ganzen Teams von Hebammen, die dich während der Schwangerschaft begleiten und das Baby zur Welt bringen. Ich schätze mich glücklich, Dutzende von Hebammen an meiner Seite gehabt zu haben, und ich danke all jenen, die mich in diesem Prozess unterstützt haben.

Ein riesiges Dankeschön an meine Agentin, Michele Martin, die mir die Anregung gab, die eine Botschaft, die ich bis ans Ende meiner Tage lautstark von den Dächern predigen werde, in Buchform zu fassen. Es wird viele weitere Bücher geben, aber diese eine Anregung hat alles verändert. Ich bewundere dich aus tiefster Seele und fließe über vor Dankbarkeit darüber, wie weit du gegangen bist, um mich beim Schreiben dieses Buches zu unterstützen. Ich empfinde es als solches Glück, dass du ausgerechnet in dem Augenblick in mein Leben getreten bist, als dieses Buch reif war, von mir geschrieben zu werden.

An Reid Tracy, Louise Hay, Patty Gift, Sally Mason und dem übrigen Team von *Hay House*. Ich danke euch dafür, dass ihr euch meinen Diamanten in der Rohform angesehen und mir Zeit und Raum gegeben habt, den Weg durchs Labyrinth zu meiner Botschaft zu finden; und dafür, dass ihr mich in die Familie aufgenommen habt. Ich kneife mich noch immer. Oft. Ich fühle mich beschenkt.

An meinen Ehemann und unermüdlichen Rechercheassistenten Matt Klein: Sei gesegnet, mein Liebster. Du weißt, welche Herkulesaufgabe es war, die Informationen für dieses Buch zusammenzutragen und es zu schreiben. Ohne deine Unterstützung, Liebe, Kinderbetreuungseinsätze, Sushi-Bestellungen und Küsse hätte ich es nie geschafft. Ich bin die glücklichste Frau der Welt, jeden Morgen neben dir aufwachen zu dürfen.

An Siena Klein: Danke, dass du mich noch immer lieb hast, auch wenn ich bis tief in die Nacht an meinem Schreibtisch gesessen habe, um zu recherchieren und zu schreiben, obwohl du dir gewünscht hast, dass ich mit dir dein Hello-Kitty-Malbuch ausmale. Als ich dich gefragt habe, ob du mir böse bist, weil ich so viel arbeite, und du geantwortet hast: »Mama, ich verstehe, dass die Welt dich braucht«, war das wie Balsam auf meine Seele. Ich habe die kostbarste Tochter, die man überhaupt haben kann, und ich verspreche dir, dass wir Achterbahn fahren, wenn das hier vorbei ist!

An Melanie Bates, Redakteurin von *www.OwningPink.com*, meine Assistentin, inoffizielle Therapeutin und hoch geschätzte Freundin: Danke dafür, dass du dich mir täglich als Sounding Board für all die vielen Ideen zur Verfügung gestellt hast, die während meiner Recherche und der Arbeit an diesem Buch in mir aufgestiegen sind. Diffuse Gedanken in eine Sprache zu bringen, die die Leute verstehen, ist keine kleine Aufgabe, aber dank deiner Hilfe hat es sich angefühlt wie ein Picknick. Ich habe es genossen, dich bei dieser ganzen Arbeit an meiner Seite zu wissen, und werde dieses Buch immer auch ein Stück weit als das Deine betrachten. Du hast mir einmal gesagt, dass du es als Teil deiner Berufung ansiehst, mir zu helfen, meine Botschaft in die Welt zu tragen, und puh!, meine Liebe: Wir haben es geschafft! Ich danke dir.

An Tricia Barrett: Ein großes Dankeschön dafür, dass du mir geholfen hast, die Fragen für die dritte Übung im Selbstdiagnoseteil des letzten Kapitels zusammenzustellen. Deine Intuition und deine Fähigkeit, dich an den Strom des kollektiven Wissens anzuschließen, haben diesen Abschnitt ungemein bereichert. Ich danke dir auch für deinen seelischen Beistand, während ich meine Lektionen zu lernen hatte, und dafür, dass du mich in dem Glauben gestärkt hast, dass im Hinblick auf die Gesundheit alles möglich ist. Deiner Unterstützung, deiner Weisheit, deinem Rat und deiner Zuverlässigkeit hat dieses Buch und habe ich viel zu verdanken. Und außerdem macht es so viel Spaß, mit dir zusammen zu sein; ich liebe dein Lachen; und du siehst in dieser Hose, die du dir da ausgeliehen hast, einfach umwerfend aus. Und überhaupt: Ich hab dich einfach gern!

An die Pioniere, die mich mit ihrer Arbeit inspiriert und mir die meine mit ihren Forschungen erleichtert haben: Rachel Naomi Remen, Christiane Northrup, Bernie Siegel, Larry Dossey, Dean Ornish, Andrew Weil, Anne Harrington, Ted Kaptchuk, Bruce Lipton, Fabrizio Benedetti, Norman Cousins, Joan Borysenko, Deepak Chopra, Frank Lipman, Mehmet Oz, Mark Hyman, Herbert Benson, Arnold A. Hutschnecker, Louise Hay, Martin Seligman, Sonja Lyubomirsky und Brené Brown – ich danke euch dafür, dass ihr die Route abgesteckt habt. So war es mir vergönnt, unbeschwert einem viel beschrittenen Pfad zu folgen, bis ich den Abzweig entdeckte, der mich auf meinen eigenen Weg führte, den ich selbst erkunden musste. Ich bin euch unendlich dankbar für den Beitrag, den ihr zur Bewegung der Körper-Geist-Medizin geleistet habt und dem zu verdanken ist, dass sie allmählich im Mainstream ankommt.

An Marilyn Schlitz, Cassandra Vieten, Carlyle Hirshberg, Brendan O'Regan und alle anderen Mitarbeiter des *Institute of Noetic Sciences*. Ein riesiges Dankeschön für all die Arbeit, die ihr in die Erforschung der Heilung des Körpers durch den Geist investiert habt. Euer *Spontaneous Remission Project* war für mich wie ein Geschenk des Himmels, und ich weiß eure Freundschaft und professionelle Unterstützung SO SEHR zu schätzen.

Ein herzlicher Dank an dich, Kris Carr, die du, wie versprochen, mit einem großartigen Vorwort zum Gelingen dieses Buchs beigetragen hast. Du bist mir ein Quell der Inspiration mit deiner klaren Botschaft, dass jeder, der krank wird, dies als Gelegenheit zum Wachstum nutzen kann, und dass wir mit der Wahl unserer Lebensmittel Krankheiten vorbeugen und behandeln können. Ich schätze dich als Mentorin und Beraterin, als Heldin und vor allem als unschätzbare Freundin. Du bist mir so wichtig.

An meine Mutter, Trish Rankin: Danke, dass du dir mein andauerndes Geplapper über soeben gewonnene Erkenntnisse angehört und mir den Raum gegeben hast, mich weiterzuentwickeln, obwohl meine Entscheidungen und Ansichten so weit weg von allem waren, was Dad und meine Professoren an der Uni mich gelehrt hatten. Wenn sich Menschen im Leben radikal verändern, verlieren sie oft die, die sie am meisten lieben. Aber du, du bist die beste Mutter der Welt! Ich habe immer gewusst, dass du mir deinen Segen geben würdest, ganz gleich, zu welchem Stern des Nordens es mich hinziehen würde. Ich danke dir für deine Liebe und Akzeptanz und dafür, dass du auch dann noch stolz auf mich bist, wenn ich an den Gitterstäben des Vertrauten rüttle. Ich liebe dich.

Von allen Dächern schallt euch mein ganz besonderer Dank entgegen, den Masterminds und Rockstars unter meinen Lieblingsautoren und -referenten: Amy Ahlers, Christine Arylo, Mike Robbins und Steve Sisgold. Ihr habt mein Leben verändert und mich im Herzen berührt; und ihr habt dieses Buch erst möglich gemacht. Ich danke euch für euren professionellen and spirituellen Beistand von dem Augenblick an, wo ich noch ziellos mal dieses, mal jenes probierte bis zu dem Punkt, an dem ich schließlich meinen Weg fand. Es vergeht kaum ein Tag, an dem ich euch nicht in meinem Dankbarkeitstagebuch erwähne. Ich liebe euch über alle Maßen.

An Elisabeth Manning: Danke für deine spirituelle Führung und Inspiration, das Instrumentarium, mich mit der Weisheit zu verbinden, für deine Freundschaft und das viele Zuhören. Es ist ein Segen, dass es dich gibt. Und dir, Dana Theus, danke ich für die vielen anregenden Gespräche zum Thema Gesundheit, für die Botschaften von Engeln, für die Supervision bei meinen oft fehlgeleiteten Versuchen, die Führung zu übernehmen, und für deine Freundschaft, die ich sehr schätze. Danke, Cari Hernandez, fürs Zuhören und dass du mich auf dieser Reise begleitet hast mit viel Liebe, Tee und großer Freundschaft. Dir, Nicholas Wilton, danke dafür, dass du meine Kreativität immer wieder neu befeuert und mich gelehrt hast, wie es sich anfühlt, wenn ein Glas mehr Murmeln enthält, als es fassen kann.

Ich empfinde so viel Dankbarkeit für all die Mentoren und Lehrer, die auf meinem persönlichen und beruflichen Weg eine so große Rolle gespielt haben. Mein ganz besonderer Dank geht an Debbie Rosas, Sheila Kelley, Barbara Stanny, SARK, Regena Thomashauer, Anne Davin, Danielle LaPorte, Chris Guillebeau, Jonathan Fields, Tama Kieves, Frank Lipman und Brené Brown. Ihr habt mich mit euren Lehren vor mir selbst gerettet und dafür werde ich euch ewig dankbar sein.

Ein riesiges Dankeschön geht an dich, Martha Beck: Du hast mir gezeigt, was es heißt, tapfer zu sein. Vor vielen Jahren hast du mir geholfen, meinen Stern des Nordens zu finden, und erst vor kurzem habe ich durch dich begriffen, dass ich kein Dasein als einsame Pfütze friste, sondern Teil eines Ozeans von Suchenden und Heilern bin, die gemeinsam daran arbeiten, die Schwingung des Planeten zu erhöhen. Ich liebe dich jenseits von Worten und bin so dankbar für deine Freundschaft.

Ein Dank an Fred Kraziese, Bob Uslander und Ken Jaques, die Gesundheitsrevolutionäre, denen ich den Anstoß verdanke, um zur Tat zu schreiten und diese neue Form von Medizin im großen Stil in die Welt zu tragen.

An Rachel Carlton Abrams, Joanne Perron, Aviva Romm und Kim Goodwin einen Dank dafür, dass ich euch Löcher in euer Ärztehirn fragen durfte; für eure unverzichtbaren Rückmeldungen und dafür, dass ihr mir neues Vertrauen in die Zukunft der Medizin gegeben habt.

Dir, Kate McPhail, danke ich für die Anregung, dieses Buch so zu schreiben, als würde ich einer Jury von Kollegen eine Expertise vortragen (und dafür, dass du mir eine so gute Freundin bist).

Ein Dank an dich, Rob Zeps, meinen Lieblingsskeptiker.

An Barbara Poelle (alias »Monkey Barbara«): Danke dafür, dass du bereit warst, bald schon eine Messerstecherei zu riskieren, damit ich meine Botschaft in die Welt hinaustragen kann; dass du noch an mich geglaubt hast, als alle anderen es bereits aufgegeben hatten, und dass du mir mit deiner Liebe Schwingen verliehen hast, als es Zeit war zu fliegen.

Einen Dank an alle Mitarbeiter des *Clear Center of Health*, allen voran Dr. Beth McDougall: Ihr habt mich so vieles gelehrt, mir die Gelegenheit gegeben, die Form von Medizin zu praktizieren, die ich immer für möglich hielt, und zu lernen, was ich lernen musste. Und ihr habt mich gehen lassen, als es Zeit zum Weiterziehen war. Ich werde die Zeit mit euch immer dankbar in Erinnerung behalten und nie vergessen, wie ihr mich geheilt habt, nachdem ich dem Medizinbetrieb mit mehr als ein paar kleineren Schrammen entkommen war.

An Lisa Brent, Colin Smikle, Lakenda Wallace und Susan Fox: Danke für eure Hilfe bei der Gründung des *Owning Pink Center*, wo ich so viele der Lektionen gelernt und in die Praxis umgesetzt habe, von denen in diesem Buch die Rede ist. Jedem Einzelnen von euch bin ich ewig dankbar.

Ein Dank an Joy Mazzola, Lauren Nagel und Megan Monique Lewis: Ihr habt mich ertragen, als ich noch völlig mit meinen Recherchen beschäftigt und nicht wirklich bereit war zu lehren oder zu führen. Ich weiß euren Einsatz zu schätzen.

Ein Dank an Katsy Johnson, Chris, Keli, Kim, Malen, Nick, Trudy und Larry Rankin, Izayah Graham, Rebecca Bass Ching, den Wirick-Clan, April Sweazy, Genevieve Leck, Diane Zeps, Kandy Lozano, Vera Sparre, Scott Richards, Maya und Jochen Pechak, Geoff Rogers, Lawrence Kolin, Stephanie Walker, Tori Mordecai, Jory Des Jardins und Kira Siebert – einfach, weil ich euch liebe.

Und schließlich und an sehr wichtiger Stelle ein riesiges Dankeschön an alle Mitglieder der Internetplattform *www.OwningPink.com* und *www.LissaRankin.com*, an alle, die mir auf Twitter unter *@lissarankin* folgen, an meine Facebook-Freunde, die meine Newsletter lesen und kommentieren und an die Abonnenten der *Daily Flame*. Ihr habt mir alle so viel Raum und ein so gutes Feedback gegeben, während ich mich in diesem Projekt vorangetastet habe. Ihr ahnt nicht, welch großen Einfluss eure Posts, Kommentare, E-Mails und Tweets auf den Inhalt dieses Buches hatten. Ich bin euch ewig dankbar. Ihr seid der Grund, warum ich dieses Buch geschrieben habe.